시나리오 경영

SCENARIOS: THE ART OF STRATEGIC CONVERSATION, 2ND EDITION
Copyright ⓒ 2005
All rights reserved.

Korean translation copyright ⓒ 2011 by BOOK 21 PUBLISHING GROUP,
Korean translation rights arranged with John Wiley & Sons International
Rights, Inc.
through EYA(Eric Yang Agency).

이 책의 한국어 판 저작권은 EYA(에릭양 에이전시)를 통한
John Wiley & Sons International Rights, Inc.사와의 독점계약으로 한국어 판권을
'(주)북21' 이 소유합니다.
저작권법에 의하여 한국 내에서 보호를 받는 저작물이므로
무단전재와 복제를 금합니다.

시나리오 경영
SECOND EDITION

케스 반 데르 헤이든 지음 | 정수지 옮김

www.book21.com

| 서문 |

나(케스 반 데르 헤이든)는 글로벌비즈니스네트워크(Global Business Network, 이하 GBN)의 회장이자 세계적인 시나리오 기획자 피터 슈워츠(Peter Schwartz)와 함께 전략적 대화 및 시나리오 기술에 관해 다음과 같은 대담을 나누었다.

피터 어떻게 전략적 대화와 시나리오를 엮을 생각을 했나요?
케스 저는 분석 도구로서 '시나리오'가 무엇인지, 그리고 프로세스 도구로서 시나리오는 어떤 힘을 지니는지 표현하고 싶었습니다. 시나리오 작업에는 언제나 그와 관련한 사람들의 대화가 존재하죠. 대화가 잘 이뤄진다면 조직은 전략에 필요한 기술 수준을 높일 수 있습니다.
   전략의 발생 과정을 살펴보는 방법에는 기본적으로 세 유형, 즉 합리주의, 진화론, 과정주의가 있습니다. 합리주의는 세상에 하나의 진실이 있으며 전략가의 기술은 그 진실에 근접하기 위한 도구라고 가정합니다. 예를 들면 우선 여러분은 마음속으로 해답을 냅니다. 그런 후 그 최고의 전략에 충분히 근접한 때가 언제인지 결정하고 실행하죠. 이때 생각과 행동은 따로 나뉘어 있습니다. 다시 말해 일을 기획 부서에 위임할 수 있는 것입니다. 그저 이렇게 요청하면 되는 거죠. "가서 상황을 분석하여 바깥 상황이 어떤 식으로 진행되는지, 그리고 어떤 행동을 취하는 것이 최선일지 보고하세요."

피터 방금 말씀하신 방법은 아주 흔히 볼 수 있는 것입니다. 분명 인기 있는 패러다임이죠. 그리고 많은 뛰어난 시나리오 분석들이 이런 관점에서 이뤄집니다. 사람들은 그들이 처해 있다고 생각하는 상황 속 선결 요소를 더 잘 이해하고, 미래를 더 잘 예측하려 애쓰죠.

케스 그렇습니다. 시나리오 기획의 선구자 피에르 와크(Pierre Wack)는 이 분야에서 매우 큰 업적을 이루었죠. 그는 우리가 최대한 열심히 전망한다면 늘 새로운 관점에서 상황을 보게 될 것이라고 생각했습니다. 이를 그는 '재인식(reperceiving)'이라 불렀죠. 상황을 재구성하고, 새롭고 독특하게 이해하는 것은 성공의 궁극적인 원천입니다.

피터 세상에 독창적인 것을 제공할 수 없는 조직은 절대로 성공할 수 없습니다. 따라서 정말 좋은 전략은 남들과는 다른 것에 기반을 둘 수밖에 없죠. 만일 모두가 같은 전략을 따른다면, 당시에 그 전략이 얼마나 좋았든지 간에 좋은 전략으로 오래 남을 수 없습니다. 구멍가게부터 세계적·다국적 기업에 이르기까지 모두 마찬가지죠. 너무나 당연해 보이지만, 사람들은 이 사실을 충분히 의식하지 못하죠. 피에르의 탐색은 이런 차별성을 만들어내는 토대인 독창적 이해를 얻기 위한 것이었습니다.

케스 피에르는 좋은 전략을 세우는 일이 항상 어려울 것이라고 생각했습니다. 생각해보세요. 좋은 전략을 세우기가 쉽다면 모든 사람이 그렇게 할 것이고, 그러면 그 전략 하나만으로는 성공할 수 없을 것입니다. 우리는 좋은 전략에 필요한 자원을 누구나 항시 이용할 수 있도록 준비해두어야 합니다. 필요한 자원을 확보하는 데 충분한 시간을 들여야 하죠. 마감이 있는 공식적인 기획 과정과 서식이 미리 정해진 보고서는 충분한 생각을 방해하는 적입니다.

피터 피에르는 서두르지 않았어요. 그는 한 번에 한 프로젝트만 하길 원했죠. 그는 반복 시나리오 사고 과정을 만들어냈습니다. 반복 시나리오 사고 과정에서는 배경 시스템에 대한 깊은 사고 및 연구와 시나리오 수립이 번갈아 일어나죠. 이 과정은 어느 날 갑자기 '이제 그것이 보인다'고 깨닫는, 진실의 순간에 이를 때까지 계속됩니다.

케스 하지만 '진화론자 패러다임'이라고 알려진 다른 관점도 있습니다. 헨리 민츠버그(Henri Mintzberg)의 창의적 전략이 그 완벽한 예죠. 그는 대부분의 전략이 이미 발생한 일에서 우리가 알게 된 패턴이라고 주장합니다. 이 이론에 따르면, 우리가 할 수 있는 일은 그다지 많지 않습니다. 미래에 미칠 수 있는 영향력 또한 극히 미미하죠. 여기서는 거의 모든 것이 불확실하고 예상할 수도 없습니다. 우리가 우리의 운명을 통제한다는 생각은 환상에 불과하죠. 그런 점에서 민츠버그는 '전략 기획의 몰락'을 말합니다.

피터 전 가끔 제가 만났던 CEO들 중 자신이 상황을 어느 정도 통제할 수 있다고 믿는 사람이 극소수에 불과하다는 사실에 놀라곤 합니다.

케스 네, 흔히 매스컴에서 묘사하는 것과는 상당히 다르죠. 그런데도 사람들은 아주 극단적 형태의 진화론적 패러다임은 직관적으로 맞지 않다고 생각합니다. 조직에 유익한 생각을 포기할 수 없는 거죠. 그건 어딘가에 쓰여야 합니다. 그래서 나온 것이 세 번째, '과정주의자 패러다임'입니다. 과정주의자는 불확실성이 높고 급변하는 상황에서 성공하려면 최고의 전략을 발견하는 것보다 좋은 과정을 거쳐야 하는 것이 훨씬 더 중요하다고 말하죠. 어쨌든 지금은 상황이 빠르게 변하고 있어 오늘은 최적으로 보이는 것이 내일은 재앙처럼 보일 수 있습니다. 정신적으로 민첩한 자세가 매우 중요합니다.

피터 저도 그 패러다임을 잘 압니다. 마이크로소프트는 윈도우95에 모든 관심을 쏟는 게 최선의 전략이라 생각해 IP(Information Provider, 정보 제공자)로 MSN을 설치했죠. 그리고 한동안 인터넷을 간과했어요. 쉘(Shell)은 심사숙고한 끝에 브렌트 스파(Brent Spar, 석유 저장 시설—옮긴이)를 버리는 게 최선이라는 결론을 내렸죠. 그런데 갑자기 환경운동가들의 강력한 반대에 부딪혔습니다. 예기치 않은 상황이었죠.

저는 전략 패러다임에 대해 이런 관점들을 논의하는 게 옳다고 생각합니다. 사람들은 자신들의 패러다임을 알지 못합니다. 그래서 다른 사람들이 다른 방식으로 이해한다는 사실을 모릅니다. 저는 기획자와 CEO가 같은 전략을 무의식중에 각기 다른 패러다임으로 이해하는 바람에 일이 잘못되는 경우를 여러 번 봤습니다. 케스, 당신은 어떤 패러다임에 동의합니까?

케스 전 이 세 가지 패러다임이 모두 유효하다고 봅니다. 일반적으로 전략을 세우려는 상황은 너무 복잡하기 때문에 도움이 되는 것이라면 전부 쓸 수 있다고 믿습니다. 일단은 과정에서 시작하겠지만 곧 내용이 들어오겠죠. 성공적인 조직을 만드는 일은 즉석에서 할 수 없습니다. 고유한 통찰 없이는 성공도 없다는 피에르의 견해를 무시해서는 안 돼요. 그리고 불확실성과 애매모호함은 늘 강한 것과 약한 것으로 나눠 생각해야 하죠. 그러므로 이 세 관점은 전부 도움이 되고 중요합니다. 각각 이야기의 일부를 담당합니다.

예를 들어 과정주의자의 관점에서 시작한다고 해봅시다. 조직 구성원이 두 명 이상이 되면 전략 수립 과정에 대화가 포함됩니다. 행동이 일어나려면 개인들의 마음속 멘탈 모델(Mental Model, 세상에서 일어날 수 있는 사건이나 상황을 묘사하는 마음의 표상–옮긴이)이 서로 맞아야 하죠. 전략적 대화를 통해 연결되어야 합니다. 조직적 대화의 기준은 합리성입니다. 사람들은 대화를 할 때 자신의 주장을 펴는데, 그러려면 상황을 합리화해야 하죠. 전략적 대화를 통해 의사결정자인 조직은 개인보다 더 합리적으로 됩니다. 이는 조직이 계속 존재하고 번창하는 이유 중 하나입니다.

피터 그런 식으로 본다면 대화가 전략과 과정, 내용 측면에서 중심이 됩니다. 대화는 좋은 과정을 만드는 중심 역할을 합니다. 전략에 대한 대화가 전략을 논리적으로 만드는 셈이죠. 하지만 합리주의자들은 전략에서 동기부여와 감정이 매우 중요한 역할을 하는 점을 잊어서는 안 됩니다. 감정을 동원할 수 있는지가 전략 기획의 성패를 좌우할 수 있기 때문이죠. 우리는 우리가 속한 조직의 심리 작용을 알아야 해요. 그래서 저는 대화를 넓은 범위에서, 또한 사람들의 경험 및 행동의 맥락에서 보고자 합니다. 사람들은 자신의 경험과 행동을 통해서 대화에 참여할 동기를 얻죠. 그래서 그들이 말한 것뿐만 아니라 왜 그런 말을 했는지, 왜 다른 말은 하지 않는지를 살펴야 합니다. 이것을 '학습 순환(Learning loops)'이라 부를 수 있겠네요.

케스 네, 대화는 지각 능력이 있는 사람, 사고 능력이 있는 사람, 행동 능력이 있는 사람들을 한곳으로 모읍니다. 이 세 부류 모두가 좋은 전략적 대화에 반드시 필요하죠. 세 부류 모두 전략적 대화에서 중요한 역할을 합니다.

피터 대화는 사람들이 자신이 습득한 공통의 지식을 정렬하는 데 쓰는 힘입니다. 만일 우리가 전략을 '결과로 초래된 행동에서 드러난 패턴'이라고 말한다면 우리는 공동체 의식, 대화, 동조, 동기부여, 공통된 생각과 행동, 다시 공동체 의식 개발 및 강화로 이어지는 순환을 끝낸 겁니다. 그런데 당신은 왜 이것이 현직 기획자에게 중요하다고 생각합니까?

케스 저는 대화가 어느 정도는 과정에 영향을 미칠 수 있다고 봅니다. 전략 과정에는 경영자가 설계한 공식적 부분과 미래에 관한 대화에서 자연스레 발생한 인과관계를 구성하는 비공식적 부분이 있습니다. 이 비공식적 부분이 특히 중요하죠. 비공식적 부분에 따라 사람들은 어디에 관심을 집중할지를 결정하기 때문입니다. 경영자는 비공식적 부분을 통제할 수 없습니다. 하지만 개입할 수는 있죠. 이때 문제는 많은 영향을 미칠 수 있는 지점을 찾는 것입니다.

피터 맞습니다. 공식 과정과 비공식 과정 사이의 불균형은 심각한 문제로 이어질 수 있습니다. 예전에 제가 일한 회사 중 아주 계층적이고 형식적인 에너지 회사가 있었습니다. 그런데 상황이 근본적으로 바뀌자 그 회사의 새 CEO가 더 이상 상의하달식 전략은 없다고 선언했죠. 그는 하의상달식 아이디어 창출을 용이하게 하려고 했던 겁니다. 반면 한 건축회사와 일한 적이 있는데 그곳의 분위기는 너무 비공식적이라 사람들에게 장기적 관점이 없었죠. 당면한 운영 문제에 대해서만 이야기를 나누고 있었어요. 어느 정도의 공식성은 모든 조직에 필요하다고 봅니다. 비공식적 대화 과정에 지나치게 의존한 기업들을 본 적이 있습니다. 그들은 자신들이 아주 근시안적으로 변해 장기 전략에 충분히 관심을 갖고 미래 잠재력을 개발하지 못하고 있음을 깨달았죠. 이런 회사들은 공식적인 시스템을 강화해야 합니다. 그저 안건에 전략을 집어넣는 것만으로도 충분하죠.

케스 저는 변화의 속도와도 관련성이 있다고 생각합니다. 조직 혹은 사업 환경이 급류를 타고 있는 조직에서 너무 공식적인 방식을 채용하면 시스템이 경직되고 구성원들이 충분히 적응하지 못하죠. 신기술 분야에서 활동하는 기업들을 보면 알 겁니다. 반면 느리게 변화하는 시기에는 적절한 공식적 전략 시스템을 마련할 시간이 있습니다. 하지만 그러는 동안에도 늘 비공식적 대화가 존재해야 하는 것을 잊어서는 안 됩니다. 빠르게 움직이는 시기에는 이와 같은 비공식적 대화가 상대적으로 더욱 중요합니다. 이런 상황에서는 개방적인 의사소통 문화가 필요합니다. 경영진의 성공 여부는 명령과 통제보다 심리 촉진에 더 많이 좌우될 것입니다.

피터 그럴 때 기획자에게는 강력한 과정주의적 기술이 필요합니다.

그 기술은 세 가지로 이야기할 수 있습니다. 첫째, 기획자는 경영진의 마음을 이해해야 합니다. 이때 기억할 것은 기발한 아이디어 창출뿐만 아니라 경영진의 멘탈 모델 변화를 목표로 삼아야 한다는 점입니다. 둘째, 대화에서 나온 의견들에 자신의 의견을 맞추면서 대화 통로를 열고, 대화를 만들어낼 준비를 해야 합니다. 때때로 우리는 이 과정을 '이타적 기획자(Altruistic planner)'라고 말하죠. 셋째, 이 과정을 본 게임에 앞서 진행해야 합니다. 상당히 어려운 일이죠.

케스 그렇습니다. 회사는 여기서 최적의 상태를 찾아야 합니다. 통합과 구분을 동시에 이루는 것은 모든 조직의 딜레마죠. 지나친 구분은 조직을 무너뜨립니다. 공식적이든 비공식적이든 더 이상 전략적 대화는 오가지 않겠죠. 모든 사람이 자신의 안건에만 치중해 정치적 벽을 세우고 자기 생각대로 할 겁니다. 이런 조직은 제대로 돌아가지 못해요. 정당은 내부 충돌 때문에 전혀 돌아가지 못하는 시기를 겪습니다. 유권자는 명확한 공약이 없는 정당을 좋아하지 않죠. 반면 지나친 통합은 조직에 '집단 사고(Groupthink)'와 같은 이상 현상을 가져옵니다. 이 현상 때문에 멘탈 모델 자체가 크게 줄어들 수 있습니다. 이는 인식능력 저하로 인한 조기 신호 인식 실패로 이어지죠. 1980대 후반 IBM이 전형적인 예입니다. 우리는 이 양극단에서 멀리 떨어져 있어야 합니다. 그러려면 지속적 관심과 집단 프로세스의 능동적 관리가 필요하죠.

피터 정말로 그렇습니다. 그래서 개입하려 애쓰는 경영진이 있는 거죠. 예를 들어 집단 사고를 멀리하기 위해 '새로운 피'를 수혈하거나(IBM이 했던 방식) 분열을 막기 위해 '팀 빌딩(Team building)'에 관여하거나 경영팀을 외국의 교육훈련 프로젝트에 보내기도 합니다. 이는 모두 전략적 대화에 경영진이 개입한 예입니다.

케스 또 다른 강력한 개입 방법으로는 비공식 대화가 열릴 공간을 더 마련하고, 즉각적인 의사결정을 내려야 한다는 압박 없이 의견을 나눌 수 있는 행사를 개최하는 방법이 있습니다. 제가 잘 아는 한 회사는 모든 경영자가 업무 현장에서 벗어나 미래에 관한 대화에 참여하는 전략 포럼을 도입했습니다. 그 방법은 경직된 조직을 느슨하게 풀어주는 인상적인 효과를 이끌어냈죠. 그러나 이런 유형의 개입은 통합과 구분 사이의 균형을 맞춰 시스템을 양극단으로 몰아가지 않도록 신중하게 설계해야 합니다.

피터 제 생각에는 시나리오를 적용할 수 있는 곳이 바로 이 지점인 것 같습니다. 제가 아는 한, 시나리오는 상황에 대한 서로 다른 관점을 반영하는(구분) 대화를 허용합니다. 이런 방법으로 사람들이 서로 다른 견해를 생각해볼 여지를 만들어줌으로써 서서히 그들이 원하는 동조('통합')를 이루도록 하는 최고의 수단입니다. 결국 진화론자 패러다임은 우리가 전략적 상황의 불확실성과 애매모호함을, 즉 벌어지는 일에 대해 서로 다르지만 동시에 존재할 수 있는 해석이 많다는 사실을 깨닫게 해줍니다. 시나리오는 이를 수행하기 위한 방법이죠.

케스 시나리오가 애매모호한 세상에서 과정에 관한 도구임은 틀림없습니다. 그러나 시나리오는 세상에 대한 새로운 시각을 얻게 해주는 점에서 내용에 관한 도구이기도 합니다. 피에르의 유산을 잊지 맙시다. 좋은 전략에는 독창적 발명이 필요합니다. 독창적 발명이 나오려면 지금까지 아무도 보지 못한 새로운 방식으로 세상을 보는 능력이 있어야 하죠.

피터 시나리오는 이런 상황을 재구성하게 해주는 수단입니다. 우리는 시나리오를 통해 불확실성에서 벗어나, 시스템과 그 기저에 깔린 구조적 관계를 움직이는 것은 무엇인지, 이미 진행 중인 것은 무엇인지 서서히 알게 됩니다. 일단 그렇게 되면 전략은 우리 앞에 자리하고 있을 것입니다. 어떤 일을 해야 하는지는 명확합니다. 의심할 여지가 없죠. 그러나 이 길은 예민한 사람은 갈 수 없습니다. 오로지 불굴의 끈기와 지구력이 있는 사람만이 그곳에 이를 수 있습니다. "새로운 시각이 옳은가, 아니면 경영팀이 만들어낸 또 하나의 해석일 뿐인가?" 하는 질문은 논란의 여지가 있는, 기본적으로 답이 없는 질문입니다. 그러나 문제의 핵심은 새로운 시각의 독창성과 명확성, 차별적인 이해입니다. 경영진은 움직일 준비가 되어 있습니다. 그리고 세상과 소통하면서 어느 것을 수정해야 할지 재빨리 알아낼 것입니다.

케스 저는 우리가 앞서 말했던 논지를 다시 한 번 강조하고 싶습니다. 우리는 '유레카'와 같은 순간은 만들어낼 수 없습니다. 스스로 드러나야 합니다. 시나리오 기획을, 미리 정해둔 시간에 끝나도록 되어 있는 알고리즘적(단계적) 과정으로 이해하는 사람들은 이 점을 이해하지 못할 겁니다. 오로지 팀이 시나리오 기획을 통해 계속 질문하고 답을 찾고, 새로운 영역을 탐구하고, 이 과정을 되풀이할 준비가 되어 있어야만 결국 보고 행동하는 새로운 방식으로 가는 문을 열 수 있습니다.

피터 좋은 전략은 쉽게 세울 수 없다는 말에 저 역시 동의합니다. 이건 우리가 반드시 이겨야 하는 시합입니다. 우리는 다른 사람과는 달라야 하고 더 나아야 합니다. 그러려면 강점과 좋은 지도력, 즉 강한 경영팀과 시나리오 기획자의 막중한 책임감이 필요합니다.

얼마 전 나는 전략 기획자들이 모인 자리에서 피터와 함께 위와 같은 대화를 나누었다. 이 대화는 이 책이 다루는 범위를 간략히 요약하고 있다. 다시 몇 가지 핵심 포인트를 살펴보면 다음과 같다.

이 책은 조직의 전략을 다룬다. 내가 생각하기에 '시나리오'와 '전략적 대화'는 전략적 측면에서 아직 충분히 다뤄지지 않았다. 나는 조직을 주체로 하는 복잡한 진화론적 과정에 우리가 어떻게 개입할 수 있을지를 생각하는 것이 전략 수립이라고 본다. 전략은 생존과 자기 발전으로 승리 여부가 결정되는 진화론적 과정에서 이기기 위한 것이다. 나는 전략 수립이 더 이상 줄일 수 없는 불확실성, 인간과 사회 해석, 대화가 개인의 생각만큼이나 중요한 곳, 직관과 창의성이 합리적 이유만큼이나 중요한 곳을 배경으로 일어난다고 가정한다.

전략은 온갖 종류의 일시적 유행이 생겨났다 사라지는 매우 역동적인 분야다. 그러나 실제로 수년간 유효하게 지속되는 것은 그중 한두 가지에 불과한 듯하다. 이런 것들은 대체로 구체적인 전략을 제시하기보다 그 밑에 깔린 기본 구조를 분석하기 위한 것들이다. 어쨌든 다른 이들도 다 하는 생각을 모방하는 것은 이기는 전략이 될 수 없다. 성공은 오로지 기존의 경쟁자, 혹은 잠재적 경쟁자와는 다른 무엇에 기반을 두는 수밖에 없다. 이것이 이 책에서 말하고자 하는 내용의 요점이다.

나는 전략에 관한 문헌을 조사하던 중 전략에 대한 접근법을 다음과 같이 세 '학파'로 구분하는 것이 도움이 된다는 사실을 발견했다.

- 합리주의자: '최적의 전략'을 추구한다. 마이클 포터(Michael Porter)가 여기에 속한다.
- 진화론자: 전략은 스스로 모습을 드러내며 오로지 돌이켜 보았을 때만 이해할 수 있다. 민츠버그가 여기에 속한다.
- 과정주의자: 합리주의와 진화론 사이에서 최적의 전략을 추구한다.

경영자들은 대체로 합리주의자를 선호하는 경향이 있다. 합리주의자의 관점에서는 경영자가 조직의 운명을 결정하는 힘을 쥐고 있기 때문이다. 그러나 경영자들은 합리주의자의 관점이 항상 잘 통하는 것은 아님을 알고 있다. 상황은 종종 계획과는 달리 다소 예상치 못한 방향으로 흘러가고, 심지어 그 계획이 옳다고 입증되었을지라도 계획 실행에는 너무나 많은 불확실성이 존재하기 때문이다.

대다수 경영자는 진화론자의 의견에 그다지 공감하지 못한다. 진화론자의 관점으로는 경영자들이 거의 아무런 영향력을 미치지 못하기 때문이다. 그래서 본능적으로 반감이 생긴다. 경영자에게는 합리주의와 진화론 사이의 뭔가가 필요하다. 바로 여기서 전략의 과정주의가 시작된다.

급변하는, 그래서 예측이 불가능한 상황에서는 오늘 세운 최고의 전략이 내일의 재앙으로 변해버릴지도 모른다. 경영자는 현실적인 조치를 취할 때까지 이런 변화를 감내해야 하고, 조치를 취하고 나서도 그 결과와 함께해야 한다. 예측하기 어려울수록 전략을 수립하는 과정에 더 많은 관심을 기울여야 한다. 이런 불확실성 때문에 기업 성공의 열쇠는 '최적의 전략'을 찾는 것에서 '더 잘 만들어진 전략 수립 과정'을 모색하는 것으로 바뀐다.

어떤 전략 수립 과정에서든 전략적 대화는 반드시 필요하다. 그리고 전략적 대화에는 조직을 불문하고 경영자들이 만들어낸 공식적인 부분과 함께 비공식적인 부분이 존재한다. 비공식적인 부분은 조직 내에서 자연스럽게 일어나는 미래에 관한 간단한 대화다. 이는 사람들의 관심을 어딘가로 집중시킨다. 경영자는 이를 완전히 통제할 수는 없지만 개입할 수는 있다. 이런 개입은 경영자가 조직의 발전 방향에 영향을 미치기 위해 사용할 수 있는 가장 강력한 수단이다. 여기서 문제는 영향을 가장 많이 미칠 수 있는 지점을 발견하는 것이다. 이것이 이 책이 다루는 주제다.

조직의 전략적 대화에서 사용하는 언어는 대체로 합리적이다. 만일 경영자가 조직의 비공식적인 대화에 개입하려 한다면, 사람들의 동조를 얻을 수 있는 확실한 전략적 이론을 세워야 한다. 그 시작은 경영진 내의 의견을 통일하는 것이다. 경영진의 개입 노력을 망치는 것을 한 가지 꼽자면, 바로 위에서 엇갈린 신호를 내려보내는 것이다. 그리고 경영진은 변화를 선도하는 사람이 자리를 박차고 일어나 '변화를 실현할 때까지' 전략적 대화를 계속 유지해야 한다. 그러므로 이 책에서 가장 중요한 부분은 경영진이 그들의 전략적 과정을 어떻게 정리해야 하는지에 관한 것이다.

하지만 확실한 논리를 세우는 것만으로는 충분치 않다. 결국 조직의 성공은 차별성에서 나오기 때문이다. 성공하려면 독창적인 전략을 발명해야 한다. 경영진은 독창적 발명에 유리한 환경을 조성함으로써 여기에 기여할 수 있다. 그러나 여기에는 늘 심오한 부분이 존재한다. 그렇지 않고서야 어떻게 발명이 진짜 독창적일 수 있겠는가? 독창적인 발명을 전략이라는 논리적 언어와 결합하는 것이 전략적 대화의 기술이다. 우리에게 독창적 발명을 만들어낼 방법을 알려줄 수 있는 사람은 아무도 없다. 물론 이전에 활동하던 대가들의 선례를 공부하고, 조직 내에 적절한 환경을 조성할 수는 있다. 하지만 그 순간이 닥치면 우리는 우리 자신에게 기댈 수밖에 없다.

문제는 진짜 전략적 독창성이 드러날 만한 환경을 어떻게 조성하느냐다. 피에르는 우리가 최선을 다해 열심히 전망한다면 어느 날 새로운 관점으로 세상을 보는 재구성의 순간이 도래할 것이며, 성공을 발견하거나 다시 얻는 법을 깨달을 것이라고 말했다. 이를 위한 경영 개입 사례로는 즉각적인 의사결정의 압력에서 벗어나 의견을 교환할 수 있는 행사를 조직해 비공식 대화가 이루어질 여지를 더 많이 만드는 방법이 있다. 즉각적인 의사결정을 내려야 한다는 압박감에서 벗어나면 사람들이 좀 더 자유롭게 가능성을 탐색할 수 있다.

일반적으로, 전략적 대화는 조직 구성원들이 세상을 어떻게 보느냐에 따라 달라진다. 구성원들의 멘탈 모델은 시간이 지남에 따라 조금씩 형성되고, 전략적 대화를 가능케 한 공통의 언어를 통해 연결된다. 시간이 흐를수록 사람들은 서로가 서로의 세상을 보는 방식에 영향을 미친다. 결국 멘탈 모델이 어느 정도 겹치게 된다. 이를 우리는 사회적으로 구성된 '현실', 혹은 '평상시(Business-As-Usual)' 모델, 혹은 조직 내 지배적인 통설이라 부른다.

사람들 간의 멘탈 모델이 겹치지 않는다면 전략적 대화는 존재할 수 없다. 전략이 없음은 물론이다. 조직은 독립적이고 무관한 개인들로 산산이 쪼개진다. 그러나 너무 많이 겹쳐도 위험이 생긴다. 만일 모두가 같은 방식으로 세상을 본다면 조직 내에서 미약하게 발생하는 신호들을 폭넓게 인식하지 못할 것이다. 그러면 세상에 대한 이해를 발전시키지 못할 뿐 아니라, 이런 이해를 토대로 조직의 시스템과 전략적 대화에 반응할 수 없다. 그러므로 멘탈 모델의 통합에서 구분에 이르는 연속된 조직 행동의 양극단에는 두 가지 병리 현상이 존재한다. 즉 통합이 지나치고 구분이 부족한 경우에는 '집단 사고'가, 구분이 지나치고 통합이 부족한 경우에는 '분열'이 발생한다. 그대로 둔다면 조직은 양극단 중 하나로 흘러갈 것이다. 두 극단 사이에서 균형을 유지하려면 능동적인 경영 참여와 개입이 필요하다.

이런 상황에서 시나리오는 전략적 대화를 위한 최고의 언어다. 시나리오는 사람들 사이의 시각차를 인정할 뿐만 아니라, 상황에 대한 이해를 공유하여 행동을 취할 때가 되면 분명한 의사결정을 할 수 있도록 이끌어준다.

경영자들은 이런 유형의 일에 늘 참여해왔다. 하지만 전략적 대화를 조직의 기초 '신경계'로 개념화한 것은 최근의 일이다. 우리는 이런 개입이 조직의 전략, 궁극적으로는 조직의 성패와 어떻게 연결되는지 분명하게 알고 있다. 경영자가 조직 내의 전략적 대화와 기회를 인식하면, 최고 경영자들이 늘 어떤 방식으로든 직관적으로 처리해온 일의 많은 부분을 능숙하고 계획적으로 해낼 수 있다.

이 책에 영향을 준 사상가들

이 책은 35년간 쉘에서 기획자이자 경영자로 근무한 나의 경험을 담고 있다. 그 후 나는 스트래스클라이드 대학에서 12년간 교수로 재직하면서, 쉘에서 경험한 것을 분명히 표현하고 이를 다양한 조직에 적용해 그 효과를 확인했다. 또한 나는 내 사고가 발전하는 결정적 시기에 중요한 역할을 한 '놀라운 사람들(Remarkable People)'과 책을 통해, 혹은 직접 만나 대화를 나누며 전략에 관한 사고가 만들어낸 유산에 접근하고자 했다.

1960년대와 1970년대 초반, 많은 사람들이 조직의 의사결정과 관련해 시나리오를 실험했다. 그중 역시 쉘에서 일했던 피에르가 1960년대 중반부터 시나리오에 기반을 둔 조직의 전략적 사고 영역을 선도했다. 그는 전략 개발을 위한 시나리오 사용의 필수 조건을 제시한 최초의 인물이다. 이후 시나리오 기법은 그가 예견한 대로 발전해왔다. 그 외에 좀 더 확률론적인 다른 방법들은 도중에 실패로 돌아갔다. 다음은 피에르가 제시한 시나리오 사용의 필수 조건이다.

- 의사결정자는 기존의 멘탈 모델을 출발점으로 삼아야 한다.
- 새로운 시각을 도입하여 상황을 재구성해야 한다. 성공적인 전략

은 새로운 방식으로 세상을 보고 독창적으로 이해하는 일과 관련이 있다.
- 예측 가능성과 불확실성을 이해해야 한다.
- 의사결정자의 멘탈 모델을 바꾸는 것을 목표로 한다.

쉘에서 이뤄진 초창기 시나리오 기획에서는 훗날 '놀라운 사람들'로 알려진 이들이 중요한 역할을 했다. 놀라운 사람들의 네트워크는 처음에는 쉘의 그룹기획실, 이후에는 GBN에서 일어난 시나리오 활동에서 상황을 재구성하는 데 결정적인 도움을 주었다. 이 네트워크가 가진 힘을 네이피어 콜린스(Napier Collyns)보다 잘 이해하는 사람은 없을 것이다. 현재 GBN에 있는 그는 나에게 인적 네트워크의 기술과 힘, 그리고 이런 네트워크를 만들려면 무엇이 필요한지를 보여주었다. 내가 특히 놀랍다고 생각하는 사람은 피터다. 그는 자신이 참여한 대화마다 새로운 관점을 소개하는 능력이 뛰어나다. 이 점에 관한 한 그는 타의 추종을 불허한다(Schwartz 1991).

흥미롭게도, 쉘이라는 회사 자체는 시나리오의 가치를 알아보는 데 아무런 문제가 없었다. 반면 초창기 시나리오 기획자들은 시나리오 활동에서 조직의 행동에 이르는 확실한 자취를 항상 남길 수 없다는 점에서 줄곧 시나리오 기법에 문제가 있다고 여겼다. 내가 에머리(Emery)와 트리스트(Trist)의 성과를 조사하는 동안에는 시나리오가 '조직 그 자체'를 이해하는 맥락에서만 의미가 있다는 사실이 더욱 분명해졌다(Emery & Trist 1965).

사려 깊은 경영자들은 시나리오가 의미를 갖는 조직 자체의 특성에 대해 매우 잘 알고 있다. 종종 직관적일 때가 있지만 말이다. 전략적 성공을 설계한다는 면에서 시나리오를 풍동 실험의 테스트 조건에 비유한 제이 오길비(Jay Ogilvy)의 비유는 이 점을 더욱 명확히 해준다.

여기서 나는 시나리오 기획의 전체적인 개념을 이해하려면 사람들이 조직 자체의 본질적 요소를 분명히 표현하는 것이 도움이 될지도 모른다고 생각했다. 조직의 본질적 요소를 표현하다 보면 조직과 환경을 서로의 맥락에서 볼 수 있을 것이고, 그러면 조직과 환경이 둘 다 유의미해질 것이다.

또한 피에르는 조직 그 자체에 대한 사고를 이끌었다. 피에르는 시나리오 기획 분야에서 잘 알려져 있지만〈하버드 비즈니스 리뷰〉에 실린 그의 글은 시나리오에 관한 문헌 중 가장 자주 인용된다. Wack 1985a, Wack 1985b), 그가 전략의 '자원 관점(Resource View)'을 최초로 표현한 사람이었다는 사실을 아는 이는 거의 없다.

1970년대 후반 피에르는 시나리오 기획의 전략적 맥락을 더 확실히 보여줄 목적으로 당시 실시되던 전략 수립에 대한 광범위한 연구에 착수했다. 1980년대는 마이클 포터로 대변되는 전략적 포지셔닝 학파의 전성기였다. 이런 시기에 피에르는 리처드 노먼(Richard Normann 1977)에게 영감을 받아 자원 관점이 기업의 성공에 관한 더 확실한 이론을 가져다줄 것이라 직감했다.

그는 〈하버드 비즈니스 리뷰〉에 게재된 두 번째 논문 말미에 간단한 도표와 함께 '전략적 비전(Strategic Vision)'이라는 개념을 도입했다. 그리고 전략적 비전을 격변과 불확실성을 다루기 위한 시나리오의 정점, 즉 정보를 체계화하기 위한 일반적인 틀인 복잡성의 축소기로 보았다. 이런 전략적 비전은 경영진이 사업 환경이라는 복잡한 배경에서 어떤 신호를 찾아야 할지 알 수 있게 해준다.

피에르는 1970년대부터 시작한 이런 생각을 한 번도 외부에 발표한 적이 없었다. 그는 쉘에서 근무하며 다음과 같은 전략적 비전 개념을 내부에서 역설했다.

- 전략적 비전은 사업 성공을 달성하기 위한 확실하고 명백한 근거로서, 잠재력이 있는 곳을 개발하는 방식으로 수익 잠재력을 쌓는 데 집중하는 것이다.
- 전략적 비전은 시장 지배를 위한 장치로, 무엇보다 중시되는 결정적 성공 요인으로 알려진 몇 가지(2~10가지) 역량을 키우는 데 전념하는 것이다.
- 독특하게 조합된 전략적 비전은 회사가 바라는 전략적 미래상을 경험하게 해준다.

그가 수익 잠재력을 철저히 강조하고 있는 것과, 차별화를 위해 제한된 수의 역량들을 조합하는 체계적 시각에 주목하자. 훗날 나와 피에르는 쉘에서 이 개념을 더욱 발전시켜 이 책에서 '비즈니스 아이디어'라 부르는 것을 만들어냈다. 그러나 시나리오는 그것이 암묵적이든 명시적이든, 조직과 비즈니스 아이디어의 정체성에 대한 이해를 기반으로 할 때 비로소 만들어진다는 통찰을 비롯해, 이 책에 등장하는 개념적 토대는 대부분 피에르가 만든 것이다.

또 아리 드 호이스(Arie De Geus 1988)를 통해 나는 윌리엄 스턴(William

Stern)의 이론을 알게 되었다. 그리고 이를 통해 수익 잠재력을 추구하는 것이 주주들의 이해와 관련이 있을 수 있음을 알았다. 하지만 결국에는 '유기체'의 기본적인 특성, 주로 생존하고 성장하고자 하는 욕구가 발현된 것임을 깨달았다.

수익 잠재력 추구와 관련해 또 다른 중요한 요소는 조직을 순환계로 보는 관점이다. 이 관점은 오래전부터 있어온 것으로 다윈, 마루야마, 베이트슨(Bateson), 바렐라(Varela) 등 많은 이들이 여기에 기여했다. 이런 관점에 따르면 성장이란 '강화 피드백'을 뜻한다. 마이클 부곤(Michel Bougon)은 이 개념을 사용해 조직의 성공 공식에 필요한 핵심 요소를 그려냈다(Bougon & Komocar 1990). 그의 공헌으로 성공 공식은 늘 강화 피드백 순환을 토대로 한다는 것이 더욱 명확해졌다.

나는 독창성이 강화 피드백에서 비롯한다는 점을 강조하고자 한다. 독창성에 관한 논란은 경제학에서 오랜 역사를 가지고 있다. 일반적으로 독창성은 희소성, 진입 장벽, 역량 면에서 논의한다. '차별적 역량(Distinctive Competency)'이란 용어의 유래는 적어도 셀즈닉(Selznick 1957)까지 거슬러 올라간다. 요즘 사람들은 '핵심 역량(core competency)'에 대해 이야기하기를 좋아하는 것 같은데, 나는 이것이 뒷걸음질이라 생각한다. 차별성에 비해 핵심이란 표현은 너무나 은유적이어서 개념적 검증이 불가능하다.

1970년대 후반, 피에르는 쉘의 그룹기획실에 딕 러멜트(Dick Rumelt)를 소개했다. 나는 그를 통해 이 분야의 경제 문헌을 접하게 되었다. 그리고 얼마 지나지 않아 폴 슈메이커(Paul Schoemaker)와 가까이 일할 기회를 얻었다(Schoemaker & Van der Heijden 1992). 당시 시카고 대학에 있던 그는 안식년을 연장해 우리와 합류했다. 우리는 함께 문헌을 연구하고 거기서 얻은 개념들을 쉘에 적용할 방법을 실험했다. 슈메이커는 차별성이 결코 영원하지는 않고 시간이 흐르면 가치가 떨어지는 만큼, 조직이 늘 앞서 나가고 싶다면 이런 차별성을 유지하고 발전시킬 필요성이 있다고 지적했다.

점차 우리가 찾고 있던 강화 피드백 순환의 세부 사항이 확실해졌다. 차별적 역량은 경쟁우위(Porter 1985)를 유발하고, 이는 수익 잠재력으로 이어지며, 수익 잠재력은 차별적 역량을 유지하고 발전시키는 데 투자할 자원을 가져온다.

노먼은 우리가 경쟁우위와 고객 가치, 차별적 역량 사이의 관계를 규명하는 데 큰 도움을 주었다. 특히 나는 노먼과 그의 동료 라파엘 라미레즈(Rafael Ramirez)와 함께 그들의 회사 SMG에서 발족한 '혁신가를 위한 사업 논리(Business Logics for Innovators)' 프로그램에서 나누었던 깊이 있는 토론들에 대해 정말 감사한다. 나는 그들의 책(Normann & Ramirez 1994, Ramirez & Wallin 2000, Normann 2001)이 전략에 관한 문헌 중에서도 가장 오랫동안 인용될 것이라고 믿는다.

비즈니스 아이디어 개념은 이렇게 구체화되었다. 그리고 이 개념은 시나리오 분석과 전략적 사고 및 전략적 대화 사이의 틈을 메우는 데 효과가 있는 것으로 입증되었다. 그 밑에 깔린 패러다임은 지속적인 전략 수립 과정을 강조한다.

불확실성을 인식하는 순간부터 성공으로 가는 열쇠가 '최고의 전략'을 개발하는 일회성 활동에서 가장 효과적이고 지속적인 전략 과정으로 옮겨간다는 사실을 내게 알려준 사람은 돈 마이클(Don

Michael)이다(Michael 1973). 그리고 스트래스클라이드 대학의 콜린 에덴(Colin Eden)의 영향으로, 나는 조직 내에서 끊임없이 일어나는 전략적 대화의 질이 매우 중요하다는 것을 이해하기 시작했다(Eden 1992, Eden & Ackermann 1998).

앞서 말했다시피 전략적 대화는 계획 수립 체계, 의무적 제출과 기록, 회의, 의사결정을 포함한 다양한 과정에서 일부 공식적으로 이뤄진다. 그러나 대부분의 전략적 대화는 비공식적이며, 사람들의 자연스러운 만남 속에서 일어난다. 따라서 이런 전체 과정의 맥락에서 시나리오와 비즈니스 아이디어의 역할을 이해하는 것이 중요하다.

드 호이스는 쉘의 그룹기획실에 참여했을 당시 이 모든 것을 요약한 '조직 학습(Organizational Learning)' 개념을 제안했다(De Geus 1988). 이후 우리의 목적은 조직 학습 개념을 단순히 은유적 수준을 넘어 개념화하는 것이 되었다. 에덴은 학습과 행동 간의 결정적인 상호작용을 제시했다. 그리고 데이비드 콜브(David Kolb)가 이런 상호작용을 학습 순환으로 구체화하면서(Kolb & Rubin 1991) 조직 학습 개념은 강화 피드백 순환이라는 아이디어와 직접적으로 연결되었다. 여기서 나는 이 책을 구성하는 전체적인 틀을 만드는 데 큰 도움을 얻었다.

이 책을 쓰면서 내 관심은 온통 실질적인 수단과 기법을 논의하는 데 있었다. 이렇게 실질적인 배경에서 검증을 할 수 있었던 데는 수년간 나와 함께 일한 수많은 사람들의 공헌이 컸다. 그리고 실험의 여지를 제공해준 쉘이란 회사에서 일할 수 있었다는 것에 늘 감사한다. 정말 많은 실험을 했다. 우리의 이론이 현장에서도 쓸모 있도록 만드는 데 가장 많은 도움을 준 사람은 잽 림휘스(Jaap Leemhuis)다. 우리가 함께 일하기 시작한 것은 1980년으로 거슬러 올라간다. 그때부터 우리는 시나리오, 전략 개발, 기업가적 혁신, 조직의 발전을 연구해왔다. 이 책에서 제안하는 방법 중 상당수는 그와 협력하는 과정에서 나온 것이다.

또한 쉘의 그룹기획실에서 함께 일한 동료들, 특히 그레이엄 갤러(Graham Galer), 브라이언 마시(Brian Marsh), 존 콜먼(John Collman)에게 감사한다. 그들이 아니었다면 이 책에 나오는 대부분의 아이디어는 이론에 불과했을 것이다. 그들은 전략에 접근하는 방법을 검증하기에 가장 좋은 곳이 중소기업이라고 알려주었다. 중소기업은 상부의 전체적 관점을 가리는 복잡한 기획 자원이 없다. 대기업에서는 복잡한 기획 관련 부서와 과정이 오히려 상부의 전체적인 관점을 가리고 만다. 나중에 안 일이지만, 중소기업에서 실험을 통해 어떤 실질적 결과를 얻으려면 우리가 시도하려고 하는 것이 무엇인지 아주 분명하게 밝혀야 했다. 결과적으로 이는 큰 도움이 되었다.

최근 20년간 나는 GBN의 일원이자 이 분야 최고의 전문가들과 대화를 나누는 특권을 누렸다. GBN은 1980년대 초에 전자기기를 이용한 네트워크 구축을 초기에 받아들인 곳 중 하나다. 이런 네트워크를 통해 전문가들은 이론과 실생활 경험을 비교했으며, 오고 간 대화의 많은 부분이 기록으로 남아 있다. 이런 대화에 동참한 사람이라면 대화로 발전된 사고의 수준에 감동받을 수밖에 없을 것이다.

끝으로 내가 스트래스클라이드 대학에 합류한 이후 내 연구의 폭을 넓히는 데 중요한 역할을 해준 에덴, 조지 버트(George Burt), 론 브래드필드(Ron Bradfield)에게 감사드린다.

이 책의 구성

이 책은 네 부분으로 구성되어 있으며, 다음과 같은 방식으로 주제를 다루고 있다.

1부에서는 전략에 대해 생각할 때 기저에 깔린 수많은 가정을 논의할 것이다. 그중에서도 세상을 보는 관점에 따라 합리주의, 진화론, 과정주의로 특징지을 수 있는 세 가지 관점을 논의할 것이다. 불확실성과 애매모호함을 고려하면, 이 가운데 어느 한 가지 관점으로 풀어나가기에는 상황이 너무 복잡하다. 따라서 이 세 가지 관점은 모두 유효하다.

그런 다음 조직 학습 개념을 도입하면서 세 가지 관점을 통합할 수 있다는 사실을 보여줄 것이다. 그 과정에서 전략에 대한 세 가지 전통적 관점이 조직 학습 순환에 어떻게 논리적으로 자리하는지를 살펴볼 것이다. 마지막으로 시나리오 기획을 이처럼 통합적인 조직 학습의 한 가지 형태로 볼 수 있다는 점을 역설할 것이다. 그리고 이를 토대로, 세 가지 사고방식을 모두 이용하는 실질적 수단을 만들기 위한 접근법을 개발한다는 면에서 시나리오 기획의 의미를 알아볼 것이다.

2부에서는 시나리오 사고 이론을 살펴볼 것이다. 시나리오 사고 이론은 조직 그 자체의 특성을 표현하는 것과 조직이 활동 중인 환경에 대한 고려를 바탕으로 한다. 조직 자체에 대한 이해는 훌륭한 전략의 출발점이다. 우리는 조직의 생존 및 발전과 밀접하게 관련된 측면을 분명히 표현하기 위한 한 가지 방법으로 비즈니스 아이디어 개념을 도입할 것이다. 사업 환경에서는 특히 불확실성과 애매모호함에 관심을 둘 것이다. 이들은 똑같이 실현 가능해 보이는 다수의 미래상에 특징을 부여한다.

그 후에는 이 불확실성과 애매모호함을 한데 묶어, 미래의 사업 환경에서 비즈니스 아이디어가 얼마나 탄탄할 것인지를 예측할 것이다. 필요하다면 비즈니스 아이디어를 재발명하는 방법도 알아볼 것이다. 그리고 점진적으로 변화하는 것을 가정한 적응적 시나리오 기획과, 기관의 생존을 위해 좀 더 근본적인 재설계를 가정한 생성적 시나리오 기획을 구분해 살펴볼 것이다. 이를 통해 전략적 방향에 대한 이해를 구하고자 한다.

3부에서는 시나리오 기획 과정을 수행하는 방법을 소개한다. 최고경영진의 통찰을 표면화하기 위한 사고 및 논의 과정에 착수하는 방법을 살펴볼 것이다. 이는 경영팀이 전략적 결론과 행동으로 이어지는 합리적인 논의를 하도록 하기 위함이다. 또한 '조직의 근시 현상(Institutional Myopia)'을 피하기 위해 이 과정에 외부 관점을 어떻게 도입할지를 논의할 것이다.

외부 관점을 도입하는 방법에는 여러 가지가 있지만 우리는 초보자들도 이용할 수 있는 구체적인 방법을 제안하려 한다. 이 방법에 따라 경영팀은 공유된 비즈니스 아이디어를 표현하고, 모든 불확실성을 염두에 두고 사업 환경을 분석한다. 또한 그 안에서 조직의 경쟁력을 분석하고, 전략적 적합성을 논의할 것이다. 이 과정은 여기서 나온 결론을 토대로 전략적 적합성을 높일 것인지, 아니면 주어진 상황을 활용하여 기존의 위치를 발전시킬 것인지 전략 옵션을 분명히 표현하는 데 도움을 줄 것이다.

3부에서 조직의 위치를 분명히 하기 위한 경영진의 합리적 사고 과정을 설명했다면, 4부에서는 더욱 폭넓은 조직 행동의 맥락을 소개하고자 한다. 이 책을 뒷받침하는 조직 학습 모델에 따르면 전략 개발에서는 행동과 경험이 결정적 역할을 한다. 따라서 조직 학습은 조직의 경영진뿐만 아니라 의사결정이 일어나는 모든 계층에서 일어나야 한다. 경영진만 따로 떨어진 채 독립적으로 전략을 개발하려 한다면, 머잖아 그 조직 전체는 실제 행동이나 전략이 세상과 유리되는 상황을 맞이할 수 있다.

만일 전략의 궁극적 목표가 변화하는 세상에서 조직이 좀 더 잘 적응하도록 만드는 것이라면 전략 과정이 조직 전체에 스며들어 있어야 한다. 그러려면 공식적인 계획 및 결정 과정을 고심할 필요가 있다. 우리는 전체 조직이 좀 더 능숙한 행동 패턴을 보이도록 취해야 할 조치들에 대해서도 살펴볼 것이다. 그리고 전통적인 합리주의자의 방식에서 조직 학습 방식으로 옮겨가고자 하는 조직은 문화를 바꾸려고 노력할 필요가 있다는 결론에 도달할 것이다.

시나리오 기획을 도입하는 것은 경영진의 결단뿐만 아니라 조직 내 문화적 과정이 뒤따라야만 효과를 볼 수 있다. 이는 경영진의 의식적인 결정뿐만 아니라 오랜 인내와 일관성을 필요로 하는 과정이다. 경영진은 그들이 앞으로 할 일이 많은 여정을 시작했다는 것을 깨달아야 한다. 그러나 우리는 조직의 삶과 죽음에 관한 문제를 논의하고 있다. '싸고 쉽게' 가면서 생존을 기대하는 건 비현실적이지 않은가.

추가 자료는 www.wiley.com/go/scenarios에서 찾아볼 수 있다.

Contents

|서문| • 4

Part 1 전후 관계

01 1965년부터 1990년까지: 쉘에서의 5대 발견 • **37**
02 시나리오 기획이란 무엇인가 • **51**
03 전략적 경영의 세 주요 학파 • **66**

Part 2 시나리오 기획의 원리

04 전략 수립 • **120**
05 조직의 비즈니스 아이디어 • **136**
06 불확실한 환경 • **181**
07 시나리오 분석 • **215**
08 시나리오와 전략적 대화 • **244**

Part 3 시나리오 기획의 실행

- **09** 시나리오 기획자의 기술 • **284**
- **10** 비즈니스 아이디어 구체화하기 • **350**
- **11** 경쟁적 포지셔닝 • **373**
- **12** 시나리오 개발 • **388**
- **13** 옵션 설계 • **479**

Part 4 시나리오 기획의 제도화

- **14** 변화 관리 • **507**
- **15** 계획 과정 • **519**
- **16** 비공식적인 전략적 대화 • **555**

|결론| • **587**
|참고문헌| • **593**

Part 1

전후 관계

1부에서는 시나리오 기획을 소개하고, 이를 좀 더 폭넓고 일반적인 경영 차원에서 살펴볼 것이다. 이런 논의는 시나리오 기획자의 궁극적인 목표가 ① 변화와 불확실성을 인식하고 ② 이를 유리하게 사용하여 좀 더 잘 적응하는 조직을 만드는 것임을 전제로 한다. 이것은 전통적으로 '전략 경영'이라고 알려진 분야의 주제이기도 하다. 1장에서는 이와 관련해 지난 몇 년간 개발된 다양한 학설을 거론할 것이다. 실제 조직에서 일어나는 일을 어떤 측면에 중점을 두고 설명하는지에 따라 세 가지 주요 학파로 구별된다.

한편 1부에서는 조직을 학습하는 유기체로 보는 개념을 이용해 이 세 가지 학설을 통합하는 하나의 틀을 제시할 것이다. 이는 단순한 비유의 수준을 넘는, 콜브가 제안한 일반 학습 모델에 근거하여 만든 조직 학습을 위한 모델이다.

이렇게 통일된 전략적 경영 이론을 다루다 보면 자연스럽게 시나리오 기획이 전략적 경영에 기여한 바를 논의하게 된다. 적절히 일상화된 시나리오 기획은 끊임없이 변화하는 환경에 적응하는 조직의 능력과 성공 가능성을 높이는 효과적인 수단이 될 수 있다.

1

1965년부터 1990년까지:
쉘에서의 5대 발견

시나리오 기획은 꽤 오랜 역사를 가지고 있다. 처음 조직 세계에 모습을 드러낸 것은 군대의 워게임(War Game)에 활용되면서부터다. 이후 시나리오 기획은 제2차 세계대전을 거치며 랜드연구소를 통해 민간 부문으로 전파되었고, 허먼 칸(Herman Kahn)이 랜드연구소를 나와서 설립한 허드슨연구소에서 발전을 거듭했다. 칸은 할리우드에서 SF영화의 소설식 줄거리를 '시나리오'라 부르는 점에 착안하여 '시나리오'라는 용어를 채택했다. 정확한 예측이 아닌 탐색할 이야기를 만든다는 주장에 힘을 싣기 위함이었다. 이후 스탠리 큐브릭 감독이 칸을 자신의 영화 캐릭터인 닥터 스트레인지러브의 모델로 삼으면서 할리우드와의 연관성은 더욱 강화되었다.

칸의 저서 중 가장 많이 인용되는 시나리오 관련 책은 1967년에 출판된 《2000년(The year 2000)》(Kahn & Wiener 1967)이다. 1960년대 후반 시나리오 기획은 재계에서 다시 도약하기 시작했다. 이후 시나리오 분석은 놀랄 정도로 빠르게 진화해왔다. 간략하게나마 그간의 과정을 살펴본다면 시나리오 분석의 기본 원리를 이해하는 데 도움이 될 것이다.

초창기 시나리오 분석은 기본적으로 전통적 기획 방식인 '예측과 통제'의 연장선상에 있었다. 물론 단선적인 예측 대신 실현 가능성이 있는 미래에 대한 확률적 평가로 가장 그럴듯한 예측을 한다는 점에서는 달랐다. 그러나 이때까지는 다른 예측 기법들과 견주어 본질적으로 더 진전된 것은 아니었다.

1960년대가 끝날 무렵, 초창기 시나리오 분석의 결함이 널리 알려졌다. 여기서 이 책이 다루는 시나리오 기획 과정은 그 당시와는 완전히 다른 핵심 아이디어에 기반을 두고 있음을 일러둔다. 이 시나리오 기획은 확률이 아닌 인과관계에 기반을 둔다. 따라서 사회구조의 변화를 더 잘 이해하고 싶어 하는 일반적인 의사결정자들의 직관적 욕구에 좀 더 부응한다. 시나리오 분석의 개척자 가운데 하나인 쉘은 아마도 이 방법론을 가장 먼저, 그리고 가장 일관되게 사용해온 집단이라 할 수 있다.

1960년대 중반 예측에 기반을 둔 계획이 자주 실패하자, 쉘은 지금에 비하면 개념 수준에 불과했던 시나리오에 눈을 돌렸다. 애초에 시나리오 기법은 모든 사람이 예측할 수 없다고 보는 것들을 예측하지 않은 채, 단지 계획을 위해 도입되었다.

쉘에 시나리오 기법을 도입한 피에르의 초기 시도는 칸의 철학에 바탕을 두고 있었다. 즉 계획이라는 것은 반드시 뭔가를 예측할 수 있다는 가정하에 이뤄져야 한다. 만일 미래가 100퍼센트 불확실하다면 기획은 분명 시간 낭비가 될 것이다. 따라서 무엇보다도 예측 가능한 것과 본질적으로 불확실한 것을 구분하는 작업이 먼저 있어야 한다. 이때 예측 가능한 요소를 '선결 변수(Predetermined Elements)'라고 한다. 칸의 시나리오 기법에서는 선결 변수가 모든 시나리오에서 똑같이 예측 가능한 것으로 나타난다고 본다. 반면 불확실성은 다양한 시나리오마다 다르게 나타난다고 본다.

확실한 의사결정

다수의, 그러나 똑같이 실현 가능성이 보이는 미래(시나리오)는 정책이나 계획 수립의 시험대로 쓰였다. 기술을 중시하는 회사인 쉘에서 미래와 관련한 중요한 결정은 프로젝트와 관련된 것이다. 각각의 프로젝트는 두세 개의 시나리오에 입각해 경제적으로 평가되고, 시나리오당 하나씩, 총 두세 가지의 결과가 산출된다. 그리고 해당 프로젝트를 계속 진행할지 여부는 단 하나의 숫자 대신 다수의 가능한 결과를 바탕으로 결정한다.

목표는 어떤 시나리오 아래서도 긍정적인 결과가 나올 법한 프로젝트를 개발하는 것이다. 엄밀히 말해 시나리오는 프로젝트를 진행할 것인지 말 것인지를 알리는 결정 계산식이 아닌, 결정과 관련한 정보를 만들어내기 위한 장치다. 결정은 더 그럴듯한 시나리오 하나에 의존해 내리는 것이 아니다. 기획자는 모두 동일한 가능성이 있어서 유사하다고 여기는 각기 다른 여러 미래 상황을 동시에 최적화하여 프로젝트의 가치와 위험도를 평가한다.

마찬가지로 특정 전략이나 계획을 평가할 경우에도 각 시나리오별로 동일한 절차를 수행하고, 여기서 나온 복수의 평가 결과를 사용해 의사결정을 내린다. 예를 들면 하나의 그림이 아닌 세 개의 그림을 보는 것이다. 35년 넘게 시나리오 분석을 실시한 쉘의 최고경영진은 이 과정 중 어느 하나도 줄이고 싶어 하지 않았다. 전략적 결정의 특성을 어느 하나의 지표로 줄일 경우, 프로젝트와 관련한 기본적인 불확실성에 대한 중요 정보가 걸러질 것임을 잘 알았기 때문이다. 여기서 시나리오 기획의 첫 번째 목표이자 효과는 다양한 미래에 대한 가정 아래서 좀 더 확실한 프로젝트와 결정을 만들어내는 것이었다.

멘탈 모델의 확장이 발견으로 이어지다

초창기 시나리오 기획자들은 선결 변수를 찾으려면 사업 환경의 원동력을 어느 정도 고려해야 한다는 사실을 발견했다. 선결 변수와 불확실성을 구분하기 위해서는 전후 관계를 심도 있게 분석할 필요가 있다.

피에르 팀이 만든 초창기 시나리오가 그 좋은 예다. 1970년대 시나리오 기획의 뜨거운 화두는 뭐니 뭐니 해도 석유 가격이었다. 따라서 기획자들은 석유 가격에서 예측 가능한 것과 본질적으로 불확실한 것을 구분해야 했다. 다시 말해 석유 가격을 결정짓는 그 무엇,

즉 전체적인 수급 문제를 점검해야 했다는 뜻이다.

흥미롭게도, 당시 전 세계 석유 수요 예측은 그다지 문제될 것이 없었다. 당시에는 석유 수요가 매년 6퍼센트씩 꾸준히 증가하고 있었기 때문에 사람들은 석유 수요를 예측 가능한 것으로 여겼다. 그와 같은 추세는 제2차 세계대전 이후 계속되어왔던 터라 의심할 이유는 전혀 없었다. 그러니 공급에 관심이 쏠린 것도 당연했다. 석유 공급과 관련해서는 어디까지가 예측 가능하고 어디까지가 불확실한 것인가? 이 질문은 '석유가 어디에서 공급되는가'라는 문제와 연관되어 있었고 이와 관련해 자연스럽게 중동 지역이 부각되었다.

쉘의 기술자들은 공급 가용량을 이미 결정된 것으로 보았다. 지하자원은 충분했고 유정은 필요한 만큼 뚫을 수 있었다. 그러나 피에르는 이 같은 결론에 만족하지 않았다. 그는 겉으로 드러나지 않은 사람들, 석유 비축분을 통제하고 실제 생산 결정을 내리는 사람들을 고려했다.

1960년대 말은 여전히 대형 석유회사의 입김이 강했지만 한편으로는 산유국들이 그들만의 기관을 설립하던 시기였다. 피에르는 기술적인 현상이나 거시적인 현상뿐만 아니라 배후에서 결정을 좌지우지하는 사람들을 주목해야 한다고 주장했다. 이는 시나리오 과정에 큰 공헌을 했다. 기획자들은 산유국의 입장에서 석유 소비자들이 요구하는 대로 계속 생산량을 늘리는 것이 타당한지에 대해 의문을 품기 시작했다. 그리고 새로운 시나리오를 만들어야 할 만큼 불확실한 상황이라는 결론에 다다랐다. '위기 시나리오'라 알려진 이 시나리오(최초의 여섯 개 가운데 하나)는 산유국들이 그들의 관점에서 타당한 수준 이상으로 생산량을 늘리지 않을 가능성을 다루고 있다.

1973년 실제로 석유파동이 일어나자 시나리오 분석이 전통적 예측 방식으로는 불가능했을 방향으로 기업의 사고를 이끈다는 사실이 분명해졌다. 전통적 예측을 통해 도달할 수 있는 범위 이상으로 멘탈 모델이 확장된 것이다. 예측은 답을 주지만 시나리오 기획은 사람들이 결정적인 질문을 하게 만든다. 시나리오 기획은, 믿을 만하고 대중적이기는 하지만 실상은 잘못 각인된 미래상에 회사가 휘둘리지 않도록 해주었다. 쉘의 관리 담당 이사인 앙드레 베나르(Andre Benard)가 말한 그대로였다. "경험에 비춰볼 때, 시나리오 기법은 이전에 사용했던 예측 기법에 비해 사람들이 훨씬 깊이 미래를 생각하게 만든다."(Benard 1980) 미래에 대한 좀 더 나은 사고는 시나리오 기획의 두 번째 효과가 되었다.

기업의 지각 능력 강화

얼마 지나지 않아 기업에서 시나리오 기법을 사용했을 때 얻을 수 있는 세 번째의 강력한 효과가 드러났다. 즉 시나리오 기획을 실행한 사람들은 환경에서 얻은 정보를 주변인들과 다르게 해석한다는 사실을 발견한 것이다.

앞서 석유업계의 위기 시나리오 상황이 발생했을 때 쉘 경영진의 대처는 확실히 두드러졌다. 쉘은 1973년 중동에서 일어난 일련의 사태를 지켜보는 도중, 일전에 논의했던 에너지 위기 시나리오 요소 중 일부를 발견했다. 그리고 이렇게 중동에서 계속해서 보내는 신호를 위기 시나리오가 일어나려는 조짐으로 해석하고, 갖가지 중요한 전략적 결정을 내렸다. 그중 가장 중요한 결정은 위기 시나리오가 실제로 전개될 가능성에 대비해 원유 정제와 관련한 투자 정책을 바꾼 것이다.

그리하여 1973년 10월 중동발 석유파동이 일어났을 때 위기 시나리오가 현실화되었다는 판단 아래 재빨리 투자 방향을 바꿀 수 있었다. 대다수 정유업체는 기반을 뒤흔드는 커다란 사건이 일어났음을 인정하기까지 수년이 걸렸지만, 쉘은 경쟁사보다 훨씬 일찍 투자 방향을 전환했다. 타성에 젖어 있던 정유업체들은 정제 설비를 지나치게 많이 늘렸고 이는 결과적으로 수익성 악화로 이어졌다. 그러나 쉘은 투자 정책의 재빠른 변경 덕에 과잉 설비로 인한 고통을 줄일 수 있었으며 장기적으로 산업 평균을 훨씬 웃도는 수익을 올릴 수 있었다. 이 덕분에 쉘은 1970년대에서 1980년대 초반까지 이어진 격변기에서 살아남을 수 있었다.

시나리오를 활용하지 않았던 쉘의 다른 사업 부문, 예를 들어 해상수송부는 진행 중인 변화의 깊이를 알아채지 못했고 결국 효과적인 적응에 실패했다. 이들은 변화가 발생하고 한참 후까지 유조선에 돈을 쏟아부었고, 이후에도 과잉 설비로 인해 발생한 손실을 완전히 회복하지 못했다.

시나리오 덕분에 쉘의 생산 부문은 지각 능력이 강화되었다. 일련의 사건들을 한 가지 사태의 일부로 깨닫고 그로 인한 영향을 파악할 수 있었다. 시나리오 분석을 통한 마음의 준비가 없었더라면 일련의 사태에 즉각적으로 반응하기는 어려웠을 것이다. 이는 시나리오 기획의 세 번째 목표가 되었다.

이중 무엇보다 중요한 것은 조직적 측면이다. 여기서 말하는 결정이란, 개인이 독단적으로 내리는 것이 아니라 조직의 의견 일치나 협의가 어느 정도 이루어진 것을 뜻한다. 신호를 읽는 능력은 반드시 조직화되어야 한다. 어떤 행동을 불러오려면 충분히 많은 이들이 그 멘탈 모델을 함께 습득해야 하기 때문이다. 시나리오 분석이 규정된 기획 도구가 되어 조직의 대화 과정에 통찰력을 불어넣을 때 우리는 비로소 행동에 필요한 의견 일치, 최소한의 합의를 이끌어낼 수 있다. 기업이 이 과정에 전념할 때 시나리오는 빠르게 조직 언어의 일부가 된다. 시나리오는 복잡한 현실을 비교적 간단하고 수월하게 표현할 수 있는 가장 효과적인 방법이기 때문이다.

경영의 활성화

시나리오 기획의 네 번째 효과는 한참 뒤에야 드러났다. 최고경영진이 직접 개입하기보다는 전후 관계를 분명히 해 아랫선의 의사결정에 영향을 미치는 방식으로 시나리오를 사용하기 시작하면서부터였다.

대다수 조직에는 중요한 결정을 내리는 방법을 규정하는 공식적인 '게임의 규칙'이 있다. 여기에는 대규모 지출에 대한 최고경영진의 승인도 포함된다. 1980년대 초, 쉘에서는 게임의 규칙에 한 가지 변화를 주었다. 대형 프로젝트의 경우, 전부 지정된 일련의 시나리오를 배경으로 경제적 타당성을 제시하도록 한 것이다. 이는 프로젝트의 배경을 단선적으로 예측하고 그 안에서 타당성을 찾던 기존의 절차를 대신한 것이었다. 결과는 엄청났다. 시나리오가 중요한 전략적 결정의 배경이 되면서 프로젝트 책임자는 시나리오에 주목하지 않을 수 없었다.

　예를 들어 어떤 프로젝트가 시나리오 A에서는 높은 수익을 가져오지만 시나리오 B에서는 낮은 수익을 가져온다는 사실을 프로젝트 개발자가 알았다고 하자. 그는 이대로 프로젝트를 제안하지는 않을 것이다. 좋지 않은 결과로 이어질 가능성 때문에 해당 프로젝트가 기각될 수도 있기 때문이다. 이 상황에서 프로젝트 개발자는 가능하면 시나리오 A에서의 성과를 유지하면서 동시에 시나리오 B에서 더 나은 성과를 가져올 수 있도록 프로젝트를 수정할 것이다. 그 결과 여러 상황에서 성공할 것으로 여기는 좀 더 탄탄한 프로젝트를 만들 것이다.

　여기서 우리는 시나리오가 최고경영진에게 제출되기 전부터 프로젝트 개발에 영향을 미친다는 사실을 알 수 있다. 시나리오는 프로젝트의 세부 결정에 영향을 미친다. 최고경영진은 시나리오를 이용해 의사결정의 토대인 전후 관계를 철저히 정함으로써 직접적인 지시를 하지 않고도 프로젝트의 초기 단계부터 영향을 미친다.

지휘 수단으로서 시나리오

시나리오의 네 번째 효과로 발생하는 추가 효과는 최고경영진이 시나리오 과정에 더욱 관심을 갖게 된다는 것이다. 시나리오가 현업의 프로젝트 개발에 큰 영향을 미치면 시나리오에 대한 최고경영진의 참여는 더욱 높아질 것이다.

흥미롭게도 일상적인 실행에서 시나리오의 지휘 수단적 측면은 시나리오 기획자가 중계자로서의 역할을 완벽히 인식하지 못할 경우 잘 드러나지 않는다. 만일 시나리오 기획자가 자신만의 안건을 따르기 시작하면 그가 만들어내는 시나리오는 조직과 동떨어진 것이 되고, 결국 최고경영진의 관심을 떨어뜨릴 것이다. 최고경영진의 관심 부족은 조직 내에 빠르게 퍼져 시나리오 기획 노력이 점점 더 고립되는 결과로 이어진다. 이런 악순환이 시작되면 머지않아 시나리오의 상황 설정이 무력해지는 상황에 다다른다.

쉘의 최고경영진은 조직 전체를 지휘하는 수단으로 시나리오를 이용한다. 예를 들어 1989년(Kahane 1992a) 쉘의 최고경영진은 회사 전체가 환경문제에 접근하는 방식을 바꿔야 한다고 생각했다. 그들은 전반적으로 환경문제를 대하는 그들의 태도가 너무 방어적이라고 여겼고 이 문제를 다시 생각해봐야 한다고 느꼈다. 그 결과 1989년에 작성된 시나리오 중 하나는 환경문제에 적극적으로 반응한 회사만이 살아남을 수 있도록 환경 요인이 발전한 세상을 묘사하기에 이르렀다. 이로 인해 환경에 미치는 영향이 큰 프로젝트가 대두될 때마다 환경문제가 안건으로 올랐다.

쉘의 1990년 시나리오 과정
시나리오를 이용해 회사에 새로운 아이디어를 알리다

1980년대 후반, 쉘의 최고경영진은 특히 환경문제를 고민했다. 전 세계적으로 환경을 보호하려는 움직임이 강하게 이는 가운데, 쉘은 방어적인 태도를 취하고 있었다. 이러한 태도는 충분한 과학적 근거와 공학 논리에 근거한 것이었지만 세상의 흐름을 따르는 것은 아니었다. 쉘의 최고경영진은 이 점이 불만이었다. 그들은 회사가 이 문제에 앞장서서 구태의연함을 벗어던지고 새로운 세상을 위해 싸우는 진보적인 이미지로 보이길 원했다.

그러나 처음에는 이런 메시지를 회사에 전달할 뚜렷한 방법이 없었다. 과학적·공학적으로 좋은 방식을 버리라는 지시를 내릴 수는 없었다. 비이성적이기 때문이다. 그래서 이런 생각을 회사에 전달할 한 가지 방법으로 시나리오를 사용하기로 결정했다.

최고경영진은 세상이 '대단히 친환경적으로' 변하는 시나리오를 요청했다. '지속 가능한 세계(Sustainable World)'로 알려진 이 시나리오는 아주 극적이고 흥미롭지만 매우 치밀한 분석과 충분한 논의를 거친, 믿을 만한 시나리오였다. 쉘에서는 최고경영진에게 제출되는 대형 투자 프로젝트는 전부 현재 사용되는 모든 시나리오와 대비해 경제성 평가를 실시하도록 되어 있었다. 친환경 시나리오가 이중 하나가 되자 투자 제안서를 제출하려던 관리자들은 그들이 아끼는 프로젝트가 친환경 세상에서 살아남을 수 있을지를 고민할 수밖에 없었다.

이 방식은 몇몇 프로젝트에 상당한 영향을 미쳐 성공을 거뒀다. 하지만 회사 문화에는 충분한 영향을 미치지 못했다. 결국 쉘은 뒤에 살펴볼 예정인 악명 높은 브렌트 스파 사태에 직면했다. 나중에 알고 보니 당시 의사결정 과정은 매우 신중하게 진행되었다. 심지어 거기에는 사회 압력 단체의 강한 반발을 예상한 시나리오도 포함되어 있었다. 그 모든 것을 감안했지만 경영진은 좀 더 과학적으로 설득력 있는 해법을 택했고 그에 따른 위험을 받아들이기로 결정했다.

결정된 프로젝트를 실행하는 일은 운영팀의 몫으로 넘어갔고 경영진의 관심은 다른 곳으로 쏠렸다. 그러던 중 실행에 어려움이 생기자 경영진은 다시 이 문제에 관심을 쏟기 시작했다. 처음에 운영팀은 문제를 자체적으로 해결하길 원했기 때문에, 즉시 경영진에 도움을 요청하지 않았다. 안타깝게도 상황은 매우 빠르게 악화되었고, 운영팀이 주저하는 동안 상황에 대처할 수 있는 소중한 기회를 잃었다.

시나리오는 중요한 부분이긴 하지만 조직 문화의 변경이라는 광범위한 영역에서는 일부에 지나지 않는다. 우리는 시나리오를 전체 조직의 학습 체계와 관련해 좀 더 넓은 맥락에서 볼 필요가 있다. 여기서 말하는 조직 학습 체계에 실무진인 운영팀을 포함해야 함은 물론이다.

시나리오 사고는 현재 쉘의 안정적인 의사결정 방식을 뒷받침한다. 쉘의 전 직원은 보통 중요한 판단을 할 때 다수의 의사를 고려하지만, 의사결정에 필요한 전후 관계를 제공하기 위해 실현 가능해 보이는 미래를 토대로 생각한다. 이를 '집중 시나리오 사고'라고 한다. 집중 시나리오는 최고경영진이 전체적인 전략 틀을 수립할 때 사용하는 전 세계적인 시나리오와는 직접적인 관련이 없다. 집중 시나리오는 좀 더 낮은 단계의 의사결정을 돕기 위해 각 부서에서 개발한 것으로 다소 임시적 성격을 띤다. 쉘은 이런 노력(집중 시나리오)을 공식화하지 않고 각 단계별로 시나리오 분석을 하는 것에 만족한다. 쉘에서 중요한 것은 기획의 관료 체계가 아닌 사고 과정이기 때문이다.

시나리오 문화에서 두드러지는 특징은 전제와 가치, 멘탈 모델에 투자한다는 점이다. 수단과 기법은 그 다음이다. 아무리 정교한 수단일지라도 전제와 가치, 멘탈 모델에 유의미한 영향을 미치지 못한다면 사람들은 무슨 일이 일어날지 알려주길 바라는 옛 습관으로 쉽게 돌아갈 것이다.

반면 진정한 시나리오 문화에서는 사람들이 본질적인 불확실성뿐만 아니라 그 심층 구조까지 이해하며, 이에 따라 매일 당면한 문제를 처리한다. 쉘에서는 전략적 사고와 전략적 수단이 함께 진화한다. 더 나은 수단은 더 효과적인 사고를 불러오고 개념화가 한층 더 발전하면서 더 우수한 수단을 사용할 여지와 필요성이 생긴다.

쉘의 경험은 시나리오 기획이 일상적인 관리 업무에 반드시 필요하다는 기본적인 사실을 보여준다(Kirkland 1987). 시나리오 기획은 경영계에 불어닥친 새로운 유행이 아니다. 어쩌다 한번 발생하는 특별한 활동이나 정상적인 활동을 방해하는 것은 더더욱 아니다. 시나리오 기획은 조직의 정신에 파고들어 궁극적으로 모든 활동에 영향을 미치는 사고방식이다. 그리고 이는 쉘에서는 지극히 상식에 불과한 다음과 같은 기본적인 가정에 기초한다.

- 좋은 전략은 관리 업무의 복잡성을 줄인다. 전략적 논의를 구조화하는 데 들인 시간은, 관리자들이 매일 마주하는 일상적인 문제를 훨씬 더 효율적으로 처리하도록 하는 것으로 되돌아올 것이다.

- 전략을 논의하는 일은 전문가들만 할 수 있는 특별한 영역이 아닌 모든 관리 업무에서 빼놓을 수 없는 기본적인 부분이다.

좋은 전략에는 특별히 어려운 부분이 없다. 불확실한 상황에서도 언제나 상식적인 사고를 바탕으로 하기 때문이다.

2

시나리오 기획이란 무엇인가

왜 계획하는가?

이 책은 일선에서 전략 경영을 실천하고 있는 이들을 위한 책이다. 이들은 바로, 가고자 하는 방향을 고민하는 데 투자를 해야 한다고 믿는 경영자들이다. 이들의 목표는 주어진 시간과 자원을 최대한 활용할 수 있도록 하는 것이다. 이를 위해 구조화된 효율적 방법을 이용하여 매일매일 결정을 내림으로써 더 나은 결과를 얻는 것이다. 또한 이런 사고와 표현은 논리적 정합성을 바라는 심리적 욕구에도 부응한다. 대부분의 경영자들은 전적으로 '직관적인' 방식에만 의존하길 꺼린다.

어떤 결정이 '좋은' 결정인지는 결코 간단하게 판단할 수 있는 문제가 아니다. 한 가지 결정을 내리고 나면 상황이 변하기 때문이다. 그리고 다른 결정을 내렸다면 어떤 일이 벌어졌을지는 아무도 모른다. 따라서 좋은 결정과 나쁜 결정은 결과로는 측정할 수 없다. 결과가 아닌 과정, 즉 의사결정자가 그런 결정을 내리기 전에 얼마나 신중하게 주의를 기울였는지를 측정해야 한다. 재니스(Janis & Mann 1977)는 다음의 요소를 충족할 경우 충분히 주의를 기울인 결정이라고 말한다.

- 근거가 합리적이다(즉 분명하고 이해 가능하며, 논리적 정합성이 있고, 기존에 알려진 사실에 부합한다).
- 근거가 적절히 이뤄진 관련 실증 조사에도 흔들리지 않는다.
- 근거가 미래의 불확실성을 고려하고 있다(비상 계획).

충분한 주의를 기울이려면 상대적으로 중장기에 초점을 두는 지적인 도전을 필요로 한다. 이는 경영이란 동전의 한 면이다. 다른 한 면은 긴급한 운영 문제가 잇따라 발생하는 상황에서 경영자가 처리해야 하는 그날그날의 일들이다. 경영자들은 당장 급한 일 때문에 중요한 것을 소홀히 하고 있음을 잘 안다. 그래서 조금이라도 여유가 생기면 많은 이들이 자신들이 중요한 일에 충분히 신경 쓰지 못하고 있다며 불평한다. 내가 이 책에서 다루고 싶은 부분은 바로 이런 욕구다.

지금부터 이야기할 접근법은 나아갈 방향을 미리 생각하고 거기에 근거하여 정책과 전략을 짜는 노력이 조직에게 필요할 뿐만 아니라 효율적이라는 가정을 전제로 한다. 목적은 좀 더 구조화되고 효율적인 경영 방법을 도출하여 모든 계층의 경영 관리자들이 의사결정을 내릴 때 좀 더 장기적인 목표를 고려할 수 있게끔 하는 것이다. 연구 결과에 따르면 이런 접근은 전체적으로 더 나은 결과를 가져온다(Hart & Banbury 1994).

이외에도 전략적인 경영 정책을 구축하는 데 투자해야 하는 이유는 또 있다.

- 미리 신중하게 기획을 해놓을 경우 위험한 상황이 닥쳤을 때 아무런 사전 지식 없이 생각해야 하는 사태를 막을 수 있다. 이는 시간을 활용하고 생각을 돕는 자원을 얻는다는 측면에서 효율적이다.
- 적절한 기획은 개인의 통찰을 조직의 행동으로 바꾸는 데 일조한다.
- 적절한 기획은 조직 학습과 기억 체계를 새롭게 구축하여 조직이 동일한 실수를 반복하지 않도록 돕는다.

경영상 어려움을 겪고 있는 경영자들은 자신들이 처한 상황을 생각하고 지금의 상황을 바꿀 방법을 찾기 위해 백방으로 노력하게 마련이다. 그래서 보통 이들에게 현재 상황을 더 구조적으로 이해하는 데 약간의 전략적 사고가 도움이 될 것이라고 설득할 필요는 없다. 이미 알고 있기 때문이다. 조직은 통일성(coherence)에 대한 욕구가 강하다. 통일성이 강력한 행동과 결부되기 때문이다. 주로 문제가 되는 것은 전략적 사고를 진행하는 데 필요한 시간과 자원을 찾는 일이다. 이런 맥락에서 이 책은 불확실한 상황에서 비즈니스 아이디어에 입각하여 전략적으로 사업을 계획하는 효과적인 방법인 시나리오 기획에 대해 이야기하려 한다.

조직의 반응 속도가 생존과 성장에 결정적 영향을 미치는 급격한 변화의 시기가 있다. 효율적인 전략적 사고의 필요성은 이 시기에 가장 두드러진다. 모든 조직은 이따금씩 이런 시기를 맞이한다. 문제는 이런 시기와 상대적으로 변화가 적은 안정기가 번갈아 찾아온다는 점이다. 조직은 종종 기존의 방식에 젖어 변화의 시기에 대비하지 않는다. 그러나 변화에 느리게 대처할 경우 엄청난 대가를 치러야 할 수도 있다. 만일 어떤 기업이 변화에 얼마나 빨리 반응하는지를 알고 싶다면, 큰 변화를 가져온 충격적인 일이 발생했을 때 그들의 행태를 연구하는 것이 도움이 될 것이다. 앞 장에서 살펴보았듯이 석유산업은 1973년 1차 석유파동으로 심각한 공급 중단 사태를 겪었다. 지금부터는 이 경험에서 얻은 교훈을 살펴볼까 한다.

첫 번째 예는 정제 부문의 투자 결정에 대한 것이다. 〈그림 1〉은 이 그래프가 만들어진 1945년을 시작으로 1973년 오일쇼크를 거쳐 1980년대에 이르기까지 석유제품에 대한 전체 산업 수요를 보여준다. 그래프를 보면 1973년 석유파동으로 인해 석유제품에 대한 수요 추세에 변화가 생겼음을 알 수 있다. 석유파동이 발생하기 전까지 일관되게 이어지던 급격한 성장세는 이후 보합세로 바뀌게 된다. 그 후 수요는 해마다 감소와 증가를 거듭했지만 전반적인 수요는 거의 변하지 않았다.

또한 〈그림 1〉은 석유정제산업이 이 극적인 사업 환경 변화에 어떻게 반응했는지도 보여준다. 전 세계 석유 정제 능력을 의미하는 그래프 상의 선은 석유파동이 일어난 직후 거의 변화를 보이지 않는다. 당시 석유산업은 매년 6퍼센트에서 7퍼센트의 급격한 성장에 익

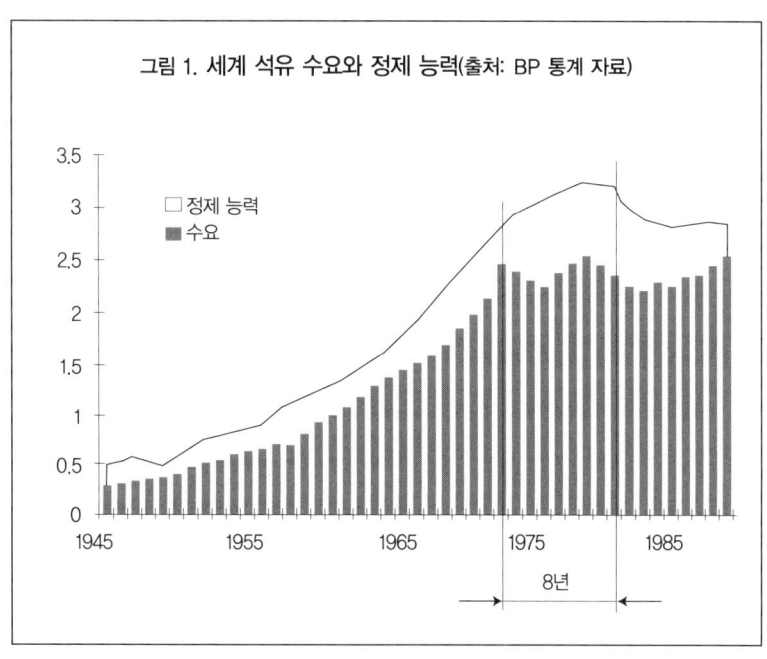

그림 1. 세계 석유 수요와 정제 능력(출처: BP 통계 자료)

숙해져 그 밖의 일들은 상상조차 하지 못했던 것 같다. 신규 설비 투자에 대한 계획은 늘 하는 일이 되었다. 매해 6퍼센트 성장이 기정사실화된 상황에서 추가 설비가 얼마나 더 필요한지를 계산하는 것은 어려운 일도 아니었다. 그리고 어쩌다 한 해 계산이 틀렸더라도 지속적인 성장 덕분에 이듬해에 비교적 큰 탈 없이 수정할 수 있었다. 그러다 갑자기 1973년부터 상황이 변한다. 이 시기에 이뤄진 설비 증설은 시사하는 바가 크다. 2년간 석유산업계는 석유파동에 전혀 반응하지 않고 기존의 익숙한 6퍼센트 성장에 맞춰 생산량을 계속해서 증설한다. 이후에는 다소 무뎌지긴 했으나 여전히 성장세가 지속되고 있음을 알 수 있다. 석유산업계가 1973년 이후 실제 발생한 수요 수준에 맞춰 생산량을 수정한 것은 1980년대 초반에 들어서면서였다.

석유산업계가 뭔가 일어났다고 알아채는 데는 2년이 걸렸다. 이후 석유파동이 수요에 미친 실제 영향을 알아내기까지 5~6년의 시간이 더 흘렀다.

물론 정제 능력을 새로이 계획하고 조정하는 데는 어느 정도 시간이 필요하다. 그러나 8년이나 걸릴 일은 아니다. 차이는 상황 인식에 걸린 시간이다. 결국 석유회사는 상황에 맞춰 설비 증설 계획을 수정했고 새로운 상황에 적응했다. 그러나 이 같은 결론에 이르기까지 걸린 시간 동안 과잉 설비로 인해 수십억 달러의 손실을 보았다.

두 번째 예는 유조선 발주에 관한 것이다. 〈그림 2〉는 1973년부터 1980년대까지 석유산업계의 유조선 발주량을 보여준다. 1973년에도 수요가 줄기는 했지만 신규 발주가 급감하기 시작한 것은 1977년에 이르러서였다. 이런 변화로 업계가 입은 타격은 실로 엄청났다. 심각한 과잉생산으로 말미암아 수많은 유조선이 전 세계 항구에 발이 묶였고 수년간 운임료는 최저치에 머물렀다.

석유파동 사태는 조직이 환경 변화에 반응하는 데 얼마나 오랜 시간이 걸리는지를 가장 확실하게 보여주는 대표적인 예 중 하나다. 다른 산업계(철강, 자동차, IBM 등)에도 변화에 반응하는 데 몇 달이 아닌 몇 년이 걸린 유사한 사례들이 있다.

예를 들어 어떤 회사가 3년이 아닌 1년 만에 새로운 환경에 적응했다고 생각해보라. 경쟁사들보다 2년 빨리 움직임으로써 그 회사가 얻을 경쟁우위를 상상해보라. 이렇듯 중요한 경쟁우위를 얻기 위

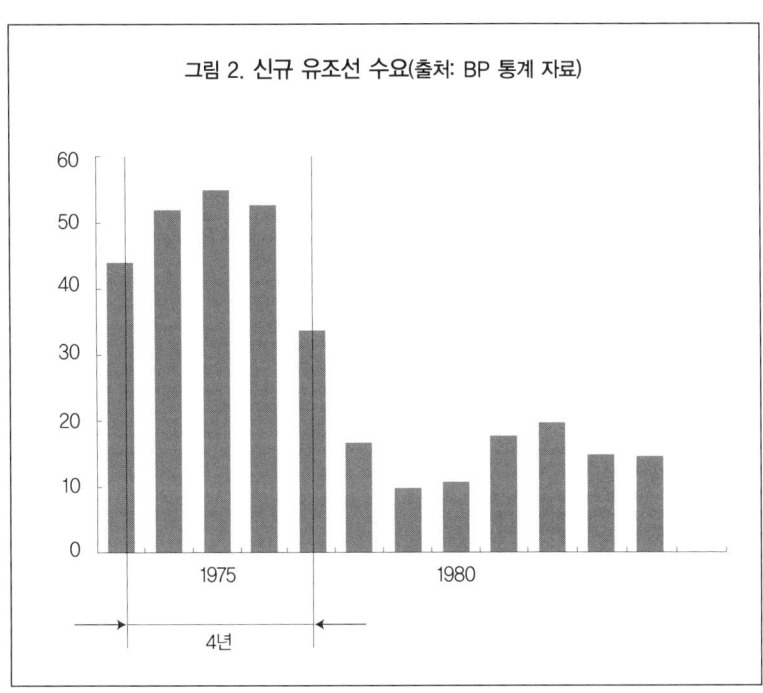

해 꼭 완벽한 예지력과 통찰력을 겸비해야 하는 것은 아니다. 필요한 것은 단 하나, 경쟁자보다 더 독창적이고 빠르게 환경 변화에 반응하도록 조직의 통찰력과 적응력을 강화하기만 하면 된다. 경영자들이 더 나은 성과를 성취하도록 돕는 것, 이것이 이 책의 목표다.

시나리오 기획은 '학습'이다

우리는 궁극적으로 시나리오 기획에서 무엇을 추구하는가? 결국 조직이 목적을 달성하려면 늘 변화무쌍한 환경에서 그만의 방식으로 잘 적응하는 수밖에 없다. 전략을 짜는 목적은 조직에 속한 개인들의 행동을 지도하는 정책을 만들어 조직 전체가 환경에 잘 적응하도록 하기 위함이다. 여기서 문제는 불확실하고 애매모호한 상황에서 이 일을 해야 한다는 점이다. 전부 알려져 있고 미리 결정되어 있다면 전략은 필요하지 않다. 그러나 마찬가지로 전부 불확실하고 예측할 수 없는 상황이라면 전략을 세우는 것이 불가능하다. 미래를 대비해 전략을 세운다는 생각은 기본적으로 미래를 어느 정도는 예측할 수 있다는 가정과 미래의 불확실성을 바탕으로 한다.

전통적인 '상식'에 따르면 좋은 전략은 다음 요소를 토대로 한다.

- 외부 명령 혹은 생존과 발전이라는 유기체의 목적을 달성하기 위한 자기표현
- 변화에 대처하는 능력과 같은 조직의 특징들을 평가
- 현재와 미래의 환경 평가
- 현재와 미래 환경 간의 적합성 평가
- 적합성을 높이기 위한 정책 개발
- 전략 수행에 필요한 결정과 행동

시나리오 기획은 이 여섯 단계를 모두 다루기 위한 접근법이다. 시나리오 기획은 전략적 질문에 담긴 애매모호함과 불확실성을 명쾌하게 다루는 점에서 전통적인 여타의 기획 방법들과는 차이가 있다. 시나리오 기획이 전략적 문제에 불확실성을 도입할 때 가장 기

본은 미래에 대한 계획을 한 번 하고 마는 일회성 활동에서 지속적인 학습문제로 바꾸는 것이다(Eden 1987). 불확실한 상황에서 계획은 끝나지 않는 학습이 된다. 우리의 마음속에는 상황을 이해하고 해결하려는 욕구가 내재되어 있다. 불확실성을 인정한 이상 이제 '우리가 계획을 완료했다'는 태도를 취할 수 없게 된다.

활동이 끝났다는 느낌을 얻지 못한다는 점에서 어떤 이들에게 지속적인 학습 개념은 다소 불편할 수도 있다. 그러나 전략은 미래를 대비한 것이니만큼 불확실성을 수반할 수밖에 없다. 전통적인 접근법에서는, '가장 그럴듯한 미래'에 대한 특별한 지식을 갖고 있어 특정 결과가 나타날 확률을 평가할 수 있는 전문가가 존재한다는 가정 아래 전략적 문제의 불확실성을 제거하려 한다. 반면 시나리오 기획은 전략가들이 마주한 모든 상황에는 더 이상 줄일 수 없는 불확실성과 애매모호함이 존재하며, 성공적인 전략은 이런 불확실성에 계속 활발히 반응하는 가운데 얻어진다고 가정한다.

시나리오 기획을 연구하는 것은 학습과 독창성을 연구하는 것이다. 이는 전체 시스템과 관련이 있다. 전체 시스템이란 조직을 구성하고 결과에 영향을 미치는 사람들뿐만 아니라 조직 구성원들의 인지 특성 위에 새롭게 나타난 창의적 특성을 띠는 조직의 인지 및 행태를 말한다. 여기서 말하는 '전체'란 다음과 같은 면에서 부분의 합과는 다르다.

- 조직은 각자 자신의 생각대로 조직 행동에 접근하는 사람들로 구성된다.

- 조직의 행동은 개인의 행동의 단순 합이 아니다.
- 개인의 전략이 의도한 결과를 얻으려면 '조직이 처한 환경에서 조직 전체의' 시스템적 특성을 전부 고려해야 한다.

특히 나의 관심을 끄는 이들은 조직을 성공적으로 이끌고 있는 경영자들이다. 종종 이들은 심각한 문제에 직면한 동료 경영자들과 견주면, 훈련된 방식으로 전략적 경영에 접근할 필요성을 덜 느낀다. 사업 성공에는 치명적인 해악이 따른다. 수년간 연구를 진행하며 이들을 지켜본 바에 따르면, 성공적인 조직을 이끄는 경영진은 위험에 처한 경영진보다 훨씬 더 전략 문제에서 의견 일치를 잘 이뤄냈다. 이들은 명확한 비전을 함께 공유한 덕분에 성공할 수 있었다고 말한다.

내가 보기에 이 인과관계는 거꾸로도 설명할 수 있다. 즉 성공했기 때문에 집중할 수 있었다는 것이다. 밀러(Miller 1993)는 가장 성공한 조직들은 곧 몰락한다고 주장한다. 경쟁우위에 너무 집착하기 때문이다. 그들은 다른 일들은 방치한 채 간추린 몇 안 되는 강점과 역량에 온 신경을 집중한다. 그렇게 조직은 더 적은 일을 점점 더 잘하는 효율적인 기계가 된다. 처음에는 이런 집중 전략으로 괄목할 만한 성공을 경험할 수도 있다. 이런 성공은 인식과 문화, 구조적 메커니즘을 통한 강력한 '성공 공식'을 강화한다. 문제는 사회 변화로 인해 해당 사업 품목의 수익이 줄어들 때 나타난다. 그제야 조직은 진화된 요구를 인식하고 거기에 적응할 만한 '필수다양성'(Ashby 1983)이 자신들에게는 없음을 발견한다.

이런 조직과 경영진은 훈련된 방식으로 일상적인 사업 범위의 밖을 살펴보고 그 관찰을 반영하는 법을 배워야 한다. 인식능력을 높이기 위해서는 사업 환경을 좀 더 세밀하게 이해해야 한다. 그리고 장기적 성공으로 이끌 특별한 통찰을 얻을 때까지 인식과 반영, 학습에 충분한 자원과 시간을 투자해야 한다. 이때 필요한 것은 전 조직에 걸쳐 인식, 문화, 구조, 과정을 동원하는 하나의 완벽한 철학이다. 회사 전체가 그 앞에 놓인 사업 환경의 중요한 변화를 보고, 이해하고, 조치를 취하는 데 필요한 지각 기술을 획득하려면 오로지 이 방법밖에 없다. 이 책은 이런 통합적 관점에서 전략적 경영과 시나리오 기획에 접근한다.

시나리오 기획의 목적

실제 실행 단계에서 시나리오 기획의 일반적인 목적은 구체적 임무로 특화하는 경향이 있다. 시나리오 기획은 특정 문제를 다루기 위해, 혹은 영구적인 능력을 정착시키기 위해 쓰인다. 혹은 마음을 열거나 전략을 완료하는 것을 목표로 쓰이기도 한다. 복잡한 상황을 이해하거나 행동 계획을 수립할 때, 선행 기술을 개발하고자 할 때도 쓰인다. 그 밖에도 시나리오 기획 참가자들이 시나리오 기획을 몸소 체험하도록 하기 위해 쓰이는 등 수많은 목표를 위해 쓰인다. 이중 많은 경우는 창의력을 강조한다. 전략과 관련한 모호한 언급만으로 인식도를 넓히고 상상도 할 수 없는 일을 상상하게 만드는 것이다. 예를 들어 미국의 한 대형 자동차 회사는 미래에 가능한 것에 대한 상상력의 한계를 밀어내기 위해 시나리오 기획을 활용한다. 반면에 다른 대형 자동차 회사들은 시나리오와 전략 개발을 분명하게 잇는 통합적 접근의 필요성을 강조한다.

하나로 전부를 만족하는 것은 어려워 보인다. 과정과 최종 산출물은 모두 과정의 성공 확률을 높이도록 설계해야 한다. 그리고 이 전부는 의뢰인과 의뢰인의 염원 체계를 이해하는 것에서부터 시작해야 한다. '뛰어오르기 전에 봐야 하는' 것이다.

실제로 시나리오를 시작할 때, 자신들이 목표하는 바를 구체적으로 명시하는 사람은 거의 없다. 대개 '시나리오 기획을 사용한다'는 결정은 논리보다는 감정에 근거한 '좋은 것'이라는 긍정적 이미지 안에 많은 요소가 뒤섞인 다소 모호하고 암시적인 심상을 근거로 한다. 이런 이유는 다 어딘가에는 근거가 있는 것들이다. 문제는 이 이유들이 정확도 면에서 많이 부족할 뿐만 아니라 사람에 따라 많은 것이 달라질 수 있다는 것이다. 그러니 때때로 시나리오가 실망스러운 것도 놀랄 일이 아니다.

모두를 만족시키는 다목적 시나리오 혹은 다목적 시나리오 접근법이란 없다. 규격품으로 쓸 수 있는 범용 기획이란 존재하지 않는다. 누군가의 시나리오가 여러분에게도 잘 맞을 확률은 아주 낮다. 각각의 기획은 구체적인 목표와 구체적인 조직의 필요를 기반으로 맞춤형으로 개발해야 한다. 오로지 사용자 전용으로 맞춤 개발된 접근법만이 기능을 다할 수 있으며 큰 성공을 거둘 수 있다.

시나리오 기획은 얼마나 많이 쓰이는가?

사람들은 내게 시나리오 기획이 얼마나 많이 쓰이는지를 자주 질문한다. 최근 기업전략위원회(Corporate Strategy Board)에서는 이 질문을 다룬 두 편의 보고서를 내놓았다. 첫 번째 보고서는 약 200명이 넘는 대기업 전략 책임자를 대상으로 한 설문을 토대로 작성한 것이다. 실제로 시나리오 기획과 시나리오 기획 다음으로 널리 쓰이는 도구 간에는 큰 격차가 있었다. 기업전략위원회에서 실시한 시나리오 기획에 대한 또 다른 연구에 따르면 기업전략위원회 회원사들 중 절반 정도가 시나리오 기획을 한 번 이상 사용한 적이 있다고 답변했다. 반면 컨설팅 회사인 베인앤컴퍼니(Bain and Co.)는 시나리오 기획의 인기가 한풀 꺾였다는 보고서를 내놓았다.

이들 보고서를 보고 나면 분명 해당 기업들이 어떤 종류의 시나리오 기획을 실시했는지(그리고 얼마나 성공적이었는지)가 무척 궁금해진다. 그러나 자세히 들여다보면 이런 통계적 관찰에 너무 많은 의미를 두어서는 안 된다는 결론이 나온다. 일단 이들 보고서는 시나리오 기획이 전략가들의 도구 상자 속에 들어 있는 많은 방법들 중에서 이해하기 쉬운 도구라는 가정을 근거로 한다. 이는 오해다. 시나리오 기획은 '도구'가 아니라, 모든 결과에 포함된 불확실성을 인식하는 전형적인 전략적 사고 방법이다.

나중에 얘기하겠지만 모든 인간은 선천적으로 시나리오 기획자다. 인간인 우리는 시나리오 식으로 생각한다. 그리고 미래에 대한 인간의 사고는 시나리오 없이 이뤄질 수 없다. 따라서 시나리오는 모든 조직의 전략적 대화의 일부일 수밖에 없다. 이런 측면은 조직에 따라 조금 더 혹은 조금 덜 쓰인다. 어떤 조직이든 미래 전략을 생각할 때, 최소한 즉석에서 나누는 대화단계에서만큼은 불확실성과 민감성, 다수의 그럴듯한 미래를 고려한다. 반면 시나리오를 전략적 대화의 배경에서 전략 개발의 중심으로 가져온, 정교한 공식 계획 구조를 만든 조직들도 있다. 그리고 이 사이 어딘가에 조금 더 혹은 조금 덜 공식적으로 시나리오 식의 계획을 세우는 이들이 존재한다.

시나리오 기획의 인기를 한 가지 기준으로 표현하는 것은 무의미한 일이다. 그러나 지난 10년간 시나리오 기획이 훨씬 더 널리 쓰이기 시작했음은 의심할 여지가 없는 사실이다.

이와 관련하여, "시나리오 기획이 그렇게 위대한 방법이라면 시나리오 기획을 이용해 높은 수익을 얻은 기업에는 어떤 기업이 있는가?"라는 질문이 나올 법도 하다. 현저한 수익 증가를 얻었는지 여부는 시나리오 접근을 하지 않았을 때의 결과와 비교할 경우에만 평가할 수 있다. 그리고 시나리오 접근을 하지 않았을 때의 결과는 우리가 결코 알 수 없는 것이다. 그러나 일부 경우에 한해 추측은 가능하다. 앞서 나온 쉘의 사례가 좋은 예다. 시나리오 대화는 구체적인 정책을 시행하도록 하는 결과를 낳았다. 결과적으로 그 정책으로 인해 쉘은 석유산업계 전체에 닥친 심각한 둔화 상태를 잘 견뎌낼 수 있었다. 여기서 우리는 쉘이 다른 경쟁자들처럼 느리게 대응했을 때 발생했을 결과를 계산할 수 있다. 그 차이는 수십 억 달러에 이른다. 그러나 이처럼 비교적 명백한 사례를 발견하기는 쉽지 않다. ROI(투자수익률)와 개입의 통계적 관련성을 알아내려는 시도는 시나리오 기획뿐 아니라 일반적인 전략 개입에서도 성공하지 못할 확률이 높다. 다음의 네 가지 이유 때문이다.

- ROI에 근거한 성공 측정은 연간으로 장기간 실시하면 오해를 불러올 소지가 있다('화폐가치' 문제).
- 불분명한 정의. 예를 들면, 수익성의 회계상 정의와 관례 혹은 '시나리오 기획'에서의 의미
- 원인과 결과 간의 시간, 거리. 대다수 연구에서는 즉각적인 관계를 측정하지만, 현실의 원인과 결과 사이에는 시간 간격과 시스템적 거리가 존재하기 때문에 경영진의 특정한 개입이 관찰된 결과에 미친 영향을 알아내기 힘들다(앞서 언급한 쉘의 사례를 보라).
- 실험적 잡음. 여기서는 시나리오 기획과 기업 가치, 이 두 변수 간의 시스템적 거리가 클수록 이와 무관한 사건들의 영향이 커진다.

그러나 우리는 여기서 좀 더 근본적인 사실을 알 수 있다. 통계적 관련성을 둘러싼 불확실성은 시나리오 기획 역시 다른 것들과 마찬가지로 고려할 가치가 충분하다는 것을 보여준다. 누군가 시나리오 기획에 하나의 정의를 내려 시나리오가 수익을 가져온다고 증명했다고 하자. 그러면 모두가 앞다투어 시나리오를 도입할 것이다. 경쟁 세계에서 모든 사람이 따라하는 비결은 성공을 위한 공식이 될 수 없다. 시나리오가 수익을 가져온다는 것을 증명하는 일은 가능하다. 하지만 늘 어려울 것이다. 본질적으로 질문을 정확히 규정할 수 없기 때문이다.

3
전략적 경영의 세 주요 학파

경영은 많은 연구가 이뤄진 활동이다. 많은 학자들은 오랜 시간 동안 지금 무슨 일이 일어나고 있는지를 해석하고 이해하려고 노력해왔다. 수년간 진화를 거듭해온 이런 노력의 결과, 이 분야의 연구는 몇 가지 학설로 확고하게 분류할 수 있게 됐다. 시나리오 기획을 이런 맥락에 놓고 보려면 이들 학설을 간단하게나마 알아보는 것이 좋을 듯하다.

지난 몇 년간 개발된 이론들은 경영자와 기업가들이 자신들의 일상 업무를 생각하는 방식에 따라 세 가지 학파인 합리주의, 진화론, 과정주의로 분류할 수 있다. 다른 분류 체계가 제시된 적도 있지만 (Whittington 1993 혹은 Mintzberg 1990) 이들 분류 체계를 여기서 말한 세 가지 학파에 대입하는 일은 그리 어렵지 않다.

합리주의적 접근법은 사고와 행동을 구분한다. 여기에는 기본적으로 세상에는 한 가지 정답이 존재하며 전략가가 할 일은 한정된 자원을 이용해 이 정답에 가까이 다가가는 것이라는 암묵적 전제가 깔려 있다. 전략가는 조직 전체의 이익을 생각하고, 수많은 옵션 중에서 효용가치가 가장 높은 것을 찾는 방식으로 최적의 전략을 찾아낸다. 전략 실행의 문제는 성공으로 가는 최적의 방식을 결정하고 나서 따로 다룬다. 민츠버그(Mintzberg 1990)에 따르면 합리주의적 접근법에 깔린 전제는 다음과 같다.

- 모든 것은 예측할 수 있으며, 외부 상황이 개입할 여지는 없다.
- 의도가 명확하다.
- 실행은 공식을 따른다(사고 과정과 행동은 완전히 별개다).
- 조직 전체가 상황을 완벽하게 이해한다.
- 합리적인 사람은 일을 합리적으로 처리할 것이다.

이 책을 읽고 있는 여러분은 이런 전제가 타당한 것인지를 따져보고 싶을지도 모른다. 비록 그렇다 할지라도, 합리주의적 전략 접근법은 건재하며, 실제로 전략에 관한 각종 문헌과 보고서의 절대 다수가 합리주의적 관점을 취하고 있다.

진화론적 접근법은 합리주의적 접근법의 범위를 벗어나는 조직 행동의 복잡한 특성을 강조한다(Lindblom 1959, Mintzberg & Waters 1985). 진화론적 접근법은 최근 '복잡성 이론(complexity theory)'이라는 신생 분야에서 지지를 받고 있다. 복잡성 이론은 독립적으로 행동하는 다수의 인자가 포함된 상황을 연구할 때, 전체 시스템이 기본적으로 정확히 규정할 수 없는, 완전히 새로운 창의적 행태를 보이는 것과 관련이 있다. 전략은 이처럼 새로운 행동에 대한 관점에 지나지 않는다. 돌이켜 보면 이기는 전략은 결과적으로 사업 환경의 진화과정에 가장 적합한 행동이었다고 표현할 수 있다.

이런 맥락에서 진화란 성공적으로 전략을 수행한 경험이 있는 조직의 차별적이고 전달 가능한 창의적 특성을 말한다. 이런 차별성은 스스로 쟁취한 것일 수도 있다. 아니면 외부에서 얻은 것일 수도 있다. 하지만 어쨌든 살아남은 전략이 살아남기에 가장 적합한 것이었음을 보여준다. 이 학파에게 전략은 무작위 실험을 통해 성공적이지 못한 것을 걸러내는 과정이다.

진화론적 접근법의 문제는 대부분의 진화 이론이 그렇듯 예측력이 거의 없다는 점이다. 대다수 경영자들은 자신들이 상황에 어느 정도 영향을 미칠 수 있으며, 그렇기에 전략적 사고가 도움이 된다고 믿는다. 그래서 사전 대책을 고민하는 경영자들은 진화론적 관점을 거부하는 경우가 많다. 진화론적 관점에서 그들은 상황에 따라 움직이는 하찮은 병정에 지나지 않기 때문이다.

과정주의적 접근법은 중간자적 입장을 취한다. 과정주의적 접근법에 따르면, 합리적 사고 과정만으로는 최적의 전략을 배출할 수 없다. 하지만 조직의 융통성과 적응력을 높이고 조직이 자신의 실수를 통해 배울 수 있도록 돕는 과정을 조직 내에 만들 수는 있다. 과정주의적 접근법의 궁극적 목표는 진화론적 관점에서 조직의 성공적인 행동을 찾는 것이다. 하지만 이 모든 과정은 고정된 것이 아니라 충분히 영향을 받을 수 있다고 믿는다. '변화 관리(management of change)' 문헌은 이런 관점을 보여준다.

세 학파는 조직을 인식하는 방식에도 차이가 있다. 모건(Morgan 1986)에 따르면, 사람들은 자신이 속한 조직을 자연에서 흔히 보이는 유사체에 빗대어 비유적으로 이해한다(Douglas 1986과 비교). 예를 들면 다음과 같다.

- 합리주의적 접근법은 조직을 기계에 비유한다.
- 진화론적 접근법은 조직을 생태에 비유한다.
- 절차적(과정주의적) 접근법은 조직을 살아 있는 유기체에 비유한다.

지금껏 세 학파가 가진 상대적 가치를 논하는 데 많은 수고를 들였지만, 현실에서 만들어지는 전략에는 이 세 가지 요소가 모두 나타난다. 좀 더 세련되고 적응력이 뛰어난 조직을 만들기 위해서는 복잡한 현상을 놓고 한 가지 학파를 선호하기보다는 세 가지 측면을 모두 살펴보는 것이 더 생산적이다. 이 책에서 전략에 접근하는 방식 역시 전략의 세 가지 학파를 모두 통합하려는 것이다. 그러나 그 전에 먼저 세 학파를 조금 더 자세히 살펴볼 필요가 있다.

합리주의적 접근법

1950년대와 1960년대에 이뤄진 미래 계획은 대체로 합리주의적 접근법에 기반을 둔 '예측과 통제' 원칙에 따랐다(Mintzberg 1990). 이 방식이 통하려면 먼저 미래에 대한 질문을 잘 정의해야 한다. 그러려면 원칙적으로 우리가 무엇을 해야 하는지를 알아야 한다. 그것도 어떤 행동을 해야 할 것인지 말 것인지가 아니라, 한다면 어느 정도나 해야 하는지를 알아야 한다. 그리고 사회 내 행위자들 간의 관계가 비교적 안정적이어야 한다. 만일 서로 맞닿아 있는 양 행위자들의 가치 체계가 비교적 안정적이라면, 양측 모두 상황이 잘 정의되어 있다고 가정하여 해당 거래 활동을 최적화하는 데 힘쓸 것이다. 예를 들면 기업은 고객과 접하는 고정요소인 물품 등으로 자신들을 정의하는 데 그다지 어려움을 겪지 않을 것이다('우리는 섬유산업에 속해 있다'는 식으로 말이다). 그리고 잘 알려진 자사 제품을 더욱 효과적이고 경쟁력 있게 시장에 내놓는 일에 집중할 것이다. 여기서 해야 할 일의 특성은 명확하다. 문제는 자세한 청사진을 설계하여 최대한 활용하는 것이다. 이곳이야말로 합리주의적 접근법에 근거한 예측–통제 기획이 통하는 분야다.

전략에 대한 합리주의적 접근법

합리주의적 관점은 세상에는 하나의 정답이 존재하며 전략의 임무는 그 정답을 찾는 것, 혹은 되도록 그 정답에 근접하는 것이라는 개념에서 시작한다. 합리주의자에게 전략가 자신의 관점은 별로 중요하지 않다. 하나의 정답만이 존재한다면 적절한 자원을 사용하기만 한다면 결국에는 누구나 그 답을 발견할 것이기 때문이다. 따라서 최고경영자가 직접 전략 개발을 수행할 수도 있지만, 더 합리적인 사고력을 가진 똑똑한 부하에게 위임할 수도 있다.

다음은 합리주의적 관점에서 조직이 자신의 목표를 되도록 효율

▎전략 개발 단계

- 임무 정의
  - 효용 정의
  - 전략적 목표 정의
- SWOT 분석
  - 내부 분석
  - 환경 예측
  - 전략적 옵션 확인
- 최대 효용을 주는 옵션 선택
- 실행
- 평가 및 통제

적으로 추구하는 전략으로 바꾸는 일련의 단계를 보여준다.

합리주의적 전략 설계는 종종 '임무'라 부르는 조직의 목표를 정의하는 것으로 시작한다. 이런 목표는 조직의 외부 '소유주'가 정하거나 CEO가 실제 혹은 상상 속 외부 소유주의 역할을 대신해서 정한다. 이 개념은 '전략'이라는 개념을 처음 사용한 군대에서 시작되었다. 군대는 전쟁을 수행할지 여부를 결정하지 않는다. 군대의 임무는 외부의 정치 세력이 결정하며 군대는 그 결정을 토대로 전략을 세울 뿐이다. 같은 맥락으로, 합리주의적 사업 전략가는 주어진 임무를 토대로 전략을 세운다. 흥미롭게도 이 임무가 어디에서 오는지를 다룬 전략 서적은 거의 없다. 그저 과거에 기업들이 만들어낸 여러 표현을 예로 보여주고 학생들이 이런 예들을 엿볼 수 있게 할 뿐이다. 현실에서는 주로 창업가가 자신의 비전을 기업 활동의 임무로 제시한다. 그리고 회사가 성장하고 성공적으로 운영되면서 사람들은 점차 그 사업에 익숙해지고 그 기본 목표에 의문을 던지지 않게 된다.

합리주의적 사업 전략가가 다음으로 할 일은 임무에서 일련의 전략 목표를 끌어내는 것이다. 이 작업은 조직의 임무와 운영 상황을 연결 짓고 조직의 목표를 영업 목표로 전환한다. 예를 들어 '투자수익을 극대화하는 것'이 임무라면, 목표는 이듬해 수익률을 몇 퍼센트 올리는 것 정도일 것이다. 이를 영업상의 목표로 전환하려면 먼저 조직의 능력과 한계를 포함한 내부적인 상황 분석이 필요하다. 이후에는 맥락적 환경과 업무 환경에 관심을 둔다. 이렇게 일련의 분석을 거쳐 실현 가능한 목표가 도출된다.

전략은 목표 달성을 위해 만들어진다. 보통은 수없이 많은 가능성을 고려하는데 합리주의적 전략가는 이 중 가장 효율적인 것을 선택한다. 이때 다양한 전략적 가능성을 평가하려면 미래 사업 환경에 대한 예측이 반드시 필요하다. 미래의 모습이 어떨지를 결정하고 나서야 비로소 각 옵션들의 효용을 평가할 수 있기 때문이다. 이 중 가장 효용이 높은 것이 가장 괜찮은 전략이다. 임무를 설정한 후 효용 극대화란 관점에서 전략 옵션을 선택했으니, 당연히 논란의 여지가 없다.

이론상으로는 그렇다는 것이다. 현실에서 합리주의적 기획자는 수많은 한계에 부딪힌다. 우선 그 수많은 옵션을 어떻게 다 찾아낼 것인가? 합리주의적 전략가들은 늘 자신의 지적 능력과 계산력의 한계로 인해 최고의 옵션을 알게 모르게 놓치는 성가신 문제에 직면한다. 그래서 그들은 끊임없이 탐색한다. '진짜' 최적의 전략에 얼마나 근접했는지 알 수 없기 때문이다.

게다가 전략 설계의 토대가 될 환경 예측과 관련한 문제도 있다.

예측 유형

합리주의적 패러다임에서 전체 조직을 대표해 생각하는 전략가들은 앞서 본 대로 최적의 전략을 추구한다. 그러려면 선택의 배경인 '가장 그럴듯한' 미래상을 예측할 필요가 있다. 물론 미래가 상당히 불확실하므로 정확하게 예측하는 것은 불가능하다. 그러나 여기서 전제는, 어떤 사람들은 앞으로 일어날 일을 예측하는 데 좀 더 뛰어나다는 것이다. 그래서 그 개인 혹은 단체에게 앞으로 닥칠 일들에 대해 깊이 생각한 의견을 달라고 청하는 것이 최선이라는 것이다(예, 델파이 기법 사용). 합리주의자의 최종 결론은 조직이 처할 상황을 가장 잘 예측한 것으로 여겨지는 하나의 미래상을 묘사한다. 비록 이 예측이 정확하지는 않겠지만, 이는 우리가 얻을 수 있는 최적의 근사치다(1971년, 쉘이 전문가들을 불러 델파이 기법을 실시한 결과, 미래의 유가는 배럴당 2달러를 넘지 않았다. 그러나 1974년에 유가는 12달러로 치솟았다).

모든 예측은 과거가 미래에도 이어진다는 가정에 기반을 둔다. 가장 간단한 수준의 예측은 변수의 통계적 추정이다. 그러나 급격한 변화가 있을 때 이런 예측 방식은 가장 먼저 실패한다. 좀 더 복잡한 예측 방식으로는 고려 중인 변수들 사이의 관련성을 감안해 만든 시뮬레이션 모델이 있다. 그 예로는 거시 경제모델에서부터 워게임에 이르기까지 다양하다. 그러나 시뮬레이션 모델 역시 과거가 미래에 반영됨을 전제로 한다. 변수가 아닌 관계 면에서이기는 하나, 안정적인 기반을 가진 구조를 전제하는 것이다. 그렇기에 근본적인 구조가 변하는 결정적인 순간에는 시뮬레이션 모델이 제대로 된 예측을 내놓지 못한다.

의사결정자로서는 하나의 미래를 바탕으로 전략 옵션을 고민하는 게 편하기는 하다. 그러나 그럴 경우 대가를 치러야 한다. 미래가 예상과는 완전히 다르게 펼쳐진다면 어떻게 될까? 조직은 살아남을 수 있을까? 예측은 불확실성을 반영하지는 않는다. 따라서 전략에서 예측은 상당히 제한적으로 사용된다.

민감도

이를 다루는 한 가지 방법은 민감도(sensitivity)를 고려하는 것이다. 의사결정자는 환경의 중요 변수가 예측과 다른 식으로 나타났을 때 어떤 일이 벌어질지를 연구한다. 예를 들어 매출이 10퍼센트 정도 낮아지면 수익성이 어떻게 될지를 생각해볼 수 있다. 그러나 이런 생각은 매출이 그 정도로 떨어질 수 있을까란 의문을 가져온다. 그리고 설사 그 정도로 떨어질 수 있다 하더라도 이런 일이 별개로 일어날 수 있다고 가정하는 것이 과연 타당한 일일까? 아니면 이처럼 저조한 매출이 가격 하락을 동반한 과도한 경쟁으로 인한 것은 아닐까? 혹시 가격이 지나치게 높아 판매량이 감소한 것은 아닐까? 민감도 분석으로는 아주 제한된 정보만을 알 수 있을 뿐이다. 민감도는 주어진 상황에서 모든 변수들 간의 관계를 다루지는 않기 때문이다. 민감도는 내적으로 일관성 있는 미래가 아니다. 따라서 오해의 소지가 충분한 의사결정 수단이다.

시나리오 기획에 대한 확률적 접근은 합리주의적 학파에 속한다

때때로 학자들은 시나리오 기획이라는 용어를 다수의 상이한 미래에 대한 확률적 평가를 수반하는 전통적인 결정 분석의 한 방법으로 지칭한다. 이때 시나리오 기획의 목적은 옵션을 고려할 때 토대가 되는 단일 기준을 개발하고 결과적으로 가장 적합한 옵션을 결정하기 위한 추론 선을 만드는 것이라는 점에서 합리주의적 패러다임과 일치한다.

이런 접근법의 전형적인 예로 매출을 고점과 저점으로 나누어 그 실현 가능성을 구체적인 확률로 평가하는 방법이 있다. 시나리오에 따라(일반적으로 최고, 최저, 그리고 가장 그럴듯한 것, 이렇게 셋으로 나눈다) 다양한 정책 옵션의 결과가 나오고, 각각의 미래상이 실현될 확률에 따라 가중치를 매긴다. 이런 식으로 각각의 옵션별로 전체적인 질적 평가를 하고, 이 중 가장 좋은 결과를 나타내는 옵션을 선택한다.

그러나 이는 이 책에서 말하는 시나리오 기획의 방식이 아니다. 이 책에서 말하는 시나리오는 준예측이 아닌 인식 장치다. 단순히 최고와 최저로 나눈 시나리오는 인식을 강화하지 못한다. 전통적 사고의 '예측' 방식에 새로운 개념을 더하지 않기 때문이다. 하나의 차원에 따라 주관적인 확률을 부과한 세 가지 미래를 만들어내는 것은 개념적으로 예측과 동일한 행위다. 미래가 완전히 다른 방식으로 펼쳐질 가능성을 탐구하게 만들지 못하는 것이다. 이 책에서 시나리오는 구조적으로 다른 미래의 집합이다. 미래상은 확률적 사고가 아닌 인과 과정을 통해 고안되며, 사업 환경의 기본 구조를 움직이는 현상에 대한 다른 해석을 반영한다. 시나리오는 구조적으로 완전히 다르다. 하지만 그럴듯한 수많은 미래상을 배경으로 전략을 충분히 생각하기 위해 쓰인다. 일단 시나리오 세트가 결정되고 나면 전략적 결정을 내릴 때마다 그 시나리오들은 전부 동일한 가중치로 똑같이 있음직하게 다뤄진다.

예측-통제가 실패하는 경우

모든 사업에는 위험이 따른다. 다만 시간에 따라 그 정도가 다를 뿐이다. 때때로 상황이 갑자기 바뀐 것처럼 보일 때가 있다. 모든 사업은 기존의 전제들이 갑자기 무력화될 때 급격한 변화의 시기에 부딪힌다. 보통 새롭게 진출한 이들은 기존의 암묵적 규칙에 따라 게임을 하지 않는다. 그들은 때로는 새로이 발견된 힘에 의해, 때로는 신기술을 기반으로 그 세계에서 뛰고 있는 이들 사이의 관계를 바꾸기 시작하고 기존 세력들은 무력감을 느낀다. 예측-통제는 더 이상 통하지 않는다.

반면 상대적으로 조용한 시기에는 상황이 좀 더 예측 가능해 보인다. 그렇다고 '변화가 없는 것'은 아니다. 1973년 석유파동이 일어나기 전까지 석유산업의 비교적 조용한 상황은 매년 6퍼센트 성장을 의미했다. 해마다 똑같은 성장이 계속되면서 정유회사들은 그에 맞춰 설비 확대를 계획했다. 이 같은 고성장은 석유산업계에 특히

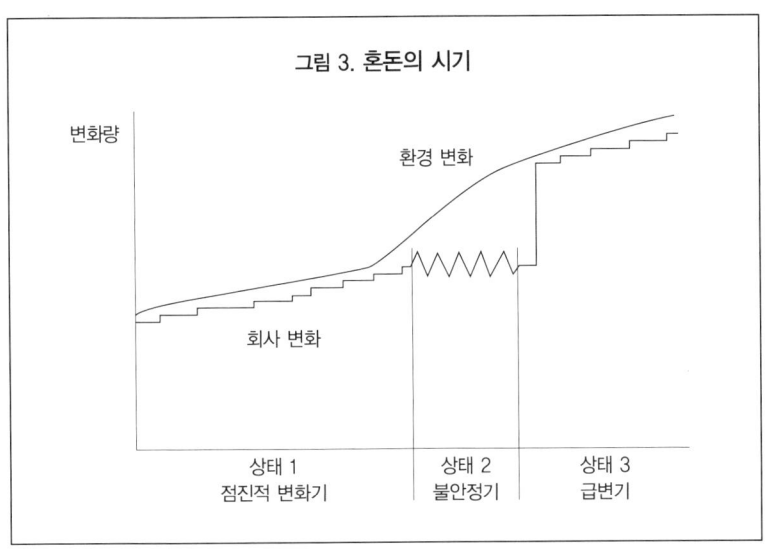

좋은 일이었다. 경쟁은 느슨했고 설령 설비 계획에서 다소 실수가 있었더라도 금방 만회할 수 있었다.

그러나 대부분의 기업은 전에 없던 격변으로 인해 비교적 조용했던 시기가 끝나는 때를 맞이하게 마련이다(Johnson & Scholes 2002에서 가져온 〈그림 3〉). 근본적으로 뭔가가 바뀌고 게임의 기본 규칙이 뒤집히는 것이다. 이런 상황에서 기업은 어디로 가야 할지 확신하지 못한다. 과거에 얻은 교훈이 더는 좋은 지침이 되지 못하기 때문이다. 새로운 행동 방식을 찾아야 한다. 이렇게 되면 실험이 곧 새로운 게임이 된다. 그 결과 많은 실험이 실패하겠지만 계속해서 새로운 실험을 고안하고 시도해야 한다.

IBM은 이런 불안정기를 경험한 대표적인 회사다(Gerstner 2002). 메인프레임 컴퓨터 시장에서 독보적 위치에 있던 IBM은 사업 정책에 약간의 수정을 가하는 것만으로도 충분히 사업을 근사하게 운영할 수 있었던 회사였다. 또한 체계가 잘 잡힌, 예측 가능한 산업에 속해 있었다. 그러나 1980년대 후반에 들어 핵심 기술이 서서히 변하면서 IBM은 심각한 경로 이탈을 경험한다. 여기서 우리는 정착된 산업의 경우, 무슨 일이 일어났는지를 깨닫기까지 상당한 시간이 걸린다는 사실을 다시 한 번 확인할 수 있다. IBM은 격변의 소용돌이에서 보낸 수년간 앞으로 나아갈 새로운 방법을 찾기 위한 실험을 거듭했다(예를 들면 분권화, 재중앙집권화, 브랜드 단일화·복수화 등). 그러나 수많은 실험을 실시했지만 회사의 상황은 나아질 기미를 보이지 않았다. 사업 환경이 변하면서 시장과 더욱 격차가 벌어지는 듯했다. 그렇게 IBM은 점점 더 어려움에 봉착했다.

아니나 다를까, 실제 사업 환경과 조직이 이해하는 사업 환경 간의 격차가 재무 상태에 반영되며 수익성은 떨어지고 IBM은 적자를 보기 시작한다. IBM이 위기에 처한 것이다. 경영진은 그동안 해왔던 여러 시도가 제대로 먹혀들지 않고 있음을 깨닫는다. 이렇게 되면 두 가지 상황 중 하나가 벌어지게 마련이다. 상당수 기업은 이 단계에서 무너진다. 그게 아니면, 회사는 적절한 시기에 급격한 변화를 단행한다. 위기에 봉착하기 전에는 문화적으로 가능하지 않았던 일을 벌이는 것이다. 이 일은 주로 새로운 인사와 연관된다. 당연히 CEO 교체도 해당한다. 새로운 팀은 새로운 업무 방식을 제도화한다. 만일 그들이 내린 진단이 옳다면 회사는 붕괴 직전의 위기에서 되살아날 것이다.

민츠버그(Mintzberg 1979)는 이런 과정이 주기적으로 일어난다고 말한다. 모든 조직은 이처럼 주기적으로 생사의 기로를 겪는다는 것이다. 새로운 성공 방식을 발견한 조직은 새로운 사고를 이용해 새로운 사업을 개척하여 위기를 벗어날 것이다. 그러나 다시 그 사업이 성장하면 상황은 점점 더 체계화되고, 경쟁 상황에서 기업은 갈수록 더 효율 좋은 기계처럼 움직이며 사고할 것이다. 이는 기업의 시야가 좁아지고 사업 환경 내 신개발에 더는 집중하지 않게 된다는 뜻이다. 새로운 위기에 봉착할 때까지.

이 문제는 종종 예측 문제로 받아들여지곤 한다. 그러나 사실 이는 그보다 더 근본적인 문제다. 조직은 '보는' 능력에 관심을 기울일 필요가 있다. '예측-통제'로는 제대로 된 질문을 만들어내지 못하기에 구조적인 변화를 다룰 수 없다. 확실한 것은 앞으로 나아가고 싶다면 지금의 예측 방식을 벗어나 미래를 좀 더 유연하게 바라보는 태도가 필요하다는 것이다. 그런 면에서 시나리오 분석은 예측과 달리 구조적 변화에 유연하게 대응할 수 있다.

사업 성공의 문제

세상에는 큰 성공을 거둔 조직이 많다. 그러나 성공을 거둔 조직일수록 자신들이 성공한 기업이라는 생각에서 벗어나 위기 속에서 발버둥치고 있는 경쟁사들보다 전략 경영을 더 많이 재고해야 한다. 피에르는 〈하버드 비즈니스 리뷰(Harvard Business Review)〉에 기재된 시나리오 기획에 관한 그의 논문에서, 급격한 변화의 시기에는 특히 기존에 잘나가던 대기업이 위기를 인식하지 못해 전략적 실패에 빠질 위험이 높다고 주장했다. 그는 이런 위험이 시대에 뒤떨어진 추측에 사로잡혀 이전과는 다른 현실을 보지 못하는 데서 온다고 말한다. 앞서 보았다시피, 밀러는 대체로 놀라운 성공을 거둔 조직이 나락으로 빠진다고 주장한다. 경쟁우위만 지나치게 내세우기 때문이다. 그들은 선별한 조직의 강점과 역량에만 집중하며 나머지는 도외시한다. 그렇게 점점 몇 가지 일만 잘하는 효율적인 기계가 되어간다. 이런 집중 전략으로 얻은 초창기의 큰 성공은 인식과 문화, 구조적인 메커니즘을 거쳐 조직 내에 강력한 '성공 법칙'으로 자리 잡게 된다.

  큰 조직은 작은 조직보다 그들의 방식을 훨씬 더 단단하게 정착시킨다. 큰 조직은 상황을 훨씬 더 상세히 체계화해야 하고, 일단 이렇게 정착된 절차와 방법은 바꾸기가 훨씬 어렵다. 기본 전제를 점차 잊고 급기야 거기에 이의를 제기하는 것조차 불가능해진다. 이런 상황에서 변화는 달갑지 않은 것이 된다. 게다가 '성공을 반박하기란 어려운 일'이다. 종종 기본 전제는 강한 문화에 스며들어 사람들의 비공식적이고 비언어적인 소통 방법에까지도 영향을 미친다. 이 같은 시스템은 조직의 멘탈 모델을 강화하고 결국 점점 더 뿌리 깊게 고정된다. 사업 환경을 바라보는 다른 시각은 밀쳐내거나 부인한다. 또는 받아들인 신호를 '일관성이 없다'며 조치를 취하기에 충분한 근거가 되지 않는다고 보기도 한다. 이러니 갑작스러운 변화의 시기에 이 같은 인식 문제가 나타나는 것은 어찌 보면 거의 불가피한 현상이다.

  조직이 주요 활동에서 벌어들이는 수익이 사회 변화로 인해 줄어들기 시작하면 문제가 수면 위로 떠오른다. 그때서야 조직은 외부에서 서서히 발생한 요구를 관찰하고 내면화하여 새로운 성공 법칙을 개발할 만한 멘탈 모델이 충분치 않았음을 깨닫는다.

만일 어떤 인지 시스템이 겉보기에 모순되거나 일관되지 않아 보이는 신호를 설명할 수 없다면 그 시스템은 세상을 충분히 세밀하게 본뜨지 못하고 있는 것이다. 만일 조직 주변에 일관성 없는 신호가 넘쳐난다면 그 조직은 그들의 현실 모델이 단순할 수도 있다는 생각을 해야 한다. 유기적인 조직이 살아남으려면 조직이 상호작용하는 환경의 복잡성에 상응하는 정도의 복잡성을 유지할 필요가 있다(애슈비의 필수다양성 법칙, Ashby 1983). 오랜 기간 성공을 누려온 조직은 이 같은 필수다양성이 거의 늘 부족하다.

연차 주주총회에서 환경운동가들의 거센 항의를 받은 GM의 최고경영자는 "시장이 결정하면 디트로이트(GM)는 기꺼이 협조할 것입니다"라고 말했다. 이 말은 시장이 환경문제에 '무질서하게' 대응한 것인지 아니면 GM의 멘탈 모델이 상황을 이해하는 데 부적합한 것인지 의문을 갖게 만든다. 만일 후자일 경우 GM의 멘탈 모델의 다양성이 필요한 수준까지 개발되었더라면 시장이 보내는 신호에 담긴 패턴과 일관성을 이해할 수 있었을까? 필수다양성이 부족한 시스템은 그 좁은 논리적 정합성 모델을 벗어난 신호를 인식하지 못한다. 시야가 좁기 때문이다.

이런 상황에서는 기업들에게 "스스로 복잡하게 만들라"고 말한 웨이크(Weick 1979)의 조언에 주의를 기울일 필요가 있다. 이 경우 외부에서 새로운 인식을 들여오는 것이 그 무엇보다 중요하다.

합리주의적 접근법의 위기

합리주의적 패러다임은 숱한 암묵적 가정을 토대로 한다. 그러한 가정은 합리주의적 접근을 가능케 하는 데 반드시 필요한 것이다. 그 기본 원칙은 다음과 같다.

- 해당 조직을 관련 환경 아래에서 활동하는 유일한 조직으로 간주하는 것이 좋다.
- 전략적 질문에는 반드시 가장 알맞은 한 가지 정답이 존재한다.
- 모든 이들이 조직을 대표하여 합리적으로 생각한다면 같은 결론에 도달할 것이다.
- 전략을 찾고 나면 실행은 자동적으로 뒤따른다.

합리주의적 방법은 상황이 명확하고 예측 가능하며 사람들이 합리적으로 이해하고 행동할 때만 효력을 발휘한다.

지난 기간 사람들은 합리주의적 전략 경영 덕분에 자신의 전략적 상황을 성공적으로 표현하고, 그것을 통해 앞으로 나아갈 수 있었다. 그러나 심각한 실패도 없지 않았다. 민츠버그(《전략 기획의 흥망성쇠 (The Rise and Fall of Strategic Planning)》, Mintzberg 1994)와 같은 연구자들은 이런 실패의 징후들을 많이 지적해왔다. 합리주의적 패러다임에 깔린 기본 전제를 표면화하다 보면 '합리성이 조직 행동의 전체적인 그림을 설명할 수 있을까' 란 의문이 든다. 결국 이런 의문은 전략을 바라보는 다른 시각을 불러왔다.

▎발명의 역할

성공적인 경쟁 전략은 반드시 최초로 발명한 것이어야 한다. 그렇지 않으면 성공적인 전략일 수 없다. 다용도 비즈니스 모델 혹은 성공 법칙을 팔러 다니는 '전문가들'에게 현혹되어서는 안 된다. 회사는 경쟁 환경 속에 살고 있으며 성공으로 이끌어줄 것처럼 보이는 것이라면 뭐든지 따라할 준비가 된 경쟁자들로 둘러싸여 있다. 경쟁에서 성공하려면 이런 모방을 차단할 장애물을 알아낼 필요가 있다. 따라서 성공적인 전략은 반드시 해당 조직에게만 해당하는, 다른 이들은 따라할 수 없는 것이어야 한다. 만일 세상에 하나의 정답을 말해주는 어떤 체계화된 방법이 있다면 이는 시장 내 모든 경쟁자들이 이용할 수 있을 것이고 그렇기 때문에 곧 틀린 답이 될 것이다. 결국 이것은 조직의 전략이라는 맥락에서 합리주의적 패러다임이 지닌 거부할 수 없는 철학적 문제다.

진화론적 패러다임

전략 경영의 규율에 가까운 전통적인 합리주의적 접근법으로 전략적 사고를 고안하기는 점점 더 어려워졌다. 전보다 빠르게 변하는 경쟁 세계에서 성공을 오래도록 유지하기 위한 방안을 찾는다는 개념이 논리적으로 맞지 않았기 때문이다. 그리고 복잡한 영역에 대한 이해가 늘면서 사람들은 예측의 근본적인 한계를 더 잘 이해하게 되었다.

합리주의자 학파를 향한 의심은 어제오늘의 일이 아니다. 조직의 의사결정을 연구하고 의사결정자들이 일상적으로 하는 일을 분석한 연구자들은 의사결정이 단순한 합리주의적 과정이 아님을 점차 깨닫게 되었다. 예를 들어 1950년대 찰스 린드블롬(Charles Lindblom)은 조직 내 경영자들을 연구했다(Lindblom 1959). 그 과정에서 그는 실제로 조직 내에서 일어나는 상황은 목표 추구라기보다 골칫거리, 손해, 제약을 피하는 전략을 목표로 하는 '재난 회피'에 더 가깝다는 사실을 알아냈다.

스튜어트 브랜드(Stewart Brand)는 자연이 목표를 향해서가 아닌 제약을 피해 진화한다고 주장한다(Brand 1999). 린드블롬은 경영에서도 같은 일이 일어나고 있다고 보았다. 게다가 사람들은 자신의 조직 내 위치에 따라 각기 다른 제약을 피해 움직인다. 조직의 의사결정 과정은 다중적이다. 따라서 조직이 뭔가 일관성 있는 일을 하려면 먼저 중심들 간의 조정과 협상이 필요하다.

즉 의견 일치를 보기 위한 행동에 높은 가치를 둔다는 뜻이다. 의견 일치를 이루지 못한 조직은 무력하다. 그러다 보니 조직은 대체로 개성이 강한 사람을 꺼려하고 공통된 결론에 도달하기 위해 노력할 준비가 된 사람을 원한다. 이런 사람들은 서로 생각이 다를 경우 보통은 머뭇거리며 명확하게 표현하지 않는다. 그런 행동이 협상 과정을 더욱 어렵게 만드는 것은 아닐까 우려하기 때문이다.

결과적으로 정책 결정은 연속된 과정을 거친다. 거창한 계획 따위는 없다. 하나가 끝나면 하나를 할 뿐이다. 린드블롬은 이를 '그럭저럭 해내기(muddling through)'라고 표현했다.

이 학파에서 최근에 주목받는 인물인 브라이언 퀸(Brian Quinn)은 제너럴일렉트릭(General Electric)과 다른 주요 대기업에서 일한 경험을 바탕으로 이런 글을 썼다.

전체 계획은 어떤 한 자리에서 작성되기 어렵다. 전체적인 전략은 보통 단편적이고, 진화적이며, 대개 직관적인 과정을 거쳐 수립된다. 종종 이렇게 단편적인 과정을 거치는 가운데 아주 세련된 전략 분석이 이뤄지기도 한다. 그러나 진짜 전략은 최고경영진들 사이에서 행동 방침에 대해 새롭고 광범위한 의견 일치를 이뤄내기 위한 내부 결정과 외부 사건이 함께 전개되면서 발전하는 경향이 있다(Quinn 1980).

민츠버그에 따르면 최고경영자들은 다음과 같은 특성이 있다.

- 수치 정보보다는 구두 정보를 선호한다.
- 문서보다는 대화를 선호한다.
- 입증되지 않은 것에서 정보를 얻는다.
- 타인의 일반론을 상당히 불신한다.
- '원대한 계획' 따위는 피한다.
- 작은 결정들이 조금씩 쌓여 큰 결정이 되길 바란다.
- 전체 전략이 자연스럽게 모습을 드러내도록 놔둔다.

그는 사람들이 전략을 말할 때 보통 과거의 일을 말한다는 점에 주목했다. 그래서 그는 '창의적 전략(emergent strategy)'이라는 용어를 만들었다. 사람들이 과거의 일을 소급해 하나의 패턴으로 해석되는 일련의 사건들을 '우리의 전략'으로 인식한다는 사실을 표현하기 위해서 이러한 용어를 사용한 것이다.

최근 복잡성 이론은 '자연에서 일어나는 많은 현상들이 예측 불가능한 것은 분석에 필요한 우리의 필수 지식이나 능력이 부족하기 때문이기도 하다. 하지만 원칙적으로 예측 불가능하기 때문이기도 하다'는 시각으로 전 세계 사람들에게 깊은 인상을 남겼다. 이런 시각은 시스템의 복잡성 및 비선형 특성과 관련이 있다. 또한 이 복잡성과 비선형 특성은 본질적으로 상세히 인식할 수 없는 행동으로 나타날 수 있다. 이런 시각을 잘 설명하는 현상으로 '나비효과(브라질에서 공기를 살랑인 나비의 날갯짓이 텍사스에서 토네이도를 유발한다는 이론)'가 있다. 조직의 복잡성에 관한 연구에서 얻은 교훈은, 간단히 말해 조직처럼 여러 참가자들이 상호작용하는 가운데 나온 인간의 행동은 창의적 행동일 가능성이 있다는 것이다. 창의성은 수많은 시스템 요소의 상호작용으로 인해 각각 독립적으로 활동할 때는 알 수 없었던, 그래서 예상하지 못한 행동이 나타나는 것을 말한다.

전략은 무엇보다도 경영자의 심리적 욕구, 특히 통제하려는 욕구를 충족하기 위해 존재한다. 반면 창의적 전략들은 임의로 생겨나고 그중 적합한 것만 살아남는다. 애플(Apple)은 살아남았지만 코모도어(Commodore)는 그렇지 못했다(한때 잘나가던 컴퓨터 제조사였던 이 회사를 기억하는 사람이 얼마나 될까?). 그렇다고는 하지만 코모도어의 주장이나 추론에서 애플보다 못한 점은 절대 찾을 수 없다는 게 진화론자들의 주장이다. 그저 어떤 시스템은 도움이 되는 돌연변이를 가졌고 어떤 시스템은 그 정도의 운이 없어서 가라앉은 것일 뿐이다.

진화론자들은 상황을 고민하고 적절한 전략을 개발하여 기업의 생존 기회를 높일 수 있다는 생각이 환상일 뿐이라고 말한다. 민츠버그는 사람들이 사실은 이를 알고 있으며 우리는 '전략 기획의 실패'를 목격하고 있다고 말한다.

진화론적 관점은 상당히 흥미로운 시각이기는 하나 기업의 경영자들에게는 인기가 없다. 이들은 자신들이 미래를 고민하는 이유가 사실은 머릿속을 정리하고 싶은 심리적 욕구 때문이라는 사실을 받아들일 준비가 아직 되어 있지 않다. 경영자들은 자신이 실제 세상에서 뭔가를 성취할 수 있어야 한다고 믿는다. 따라서 순수한 의미에서 진화론적 패러다임이 조직 세계에서 논의될 일은 거의, 아니 전혀 없다.

그러나 여느 때와는 다른 격변의 시기에는 사업 환경이 혼란스럽게 보인다. 변화는 가속화되는 듯하다. 경영자들은 관찰하는 것들을 체계화할 이론을 계속 다시 만들어내기가 어렵다. 어쩌면 정보가 너무 많다거나 상황을 제대로 파악하지 못하고 있다는 느낌이 들지도 모른다. 이런 상황에서는 진화론적 관점이 무척 크게 느껴진다. 즉 세상이 너무 복잡해 이해하려 애쓰며 전략을 고민하느라 시간을 보내는 게 무의미하게 느껴지는 것이다. 우리가 할 수 있는 최선은 그저 처한 상황에 대응하는 것이며 우리에게 이 약육강식의 세계에서 살아남을 돌연변이를 선택하는 작은 행운이 있기를 바라는 것뿐이다.

대부분의 경영자는 자신이 처한 상황에 무작위적인 요소가 상당히 많다는 것을 정확히 알고 있다. 민츠버그에 따르면 대다수 경영자는 모든 상황을 해결해줄 하나의 원대한 '전략적 해답' 따위가 존재할 거라고는 믿지 않는다. 린드블롬은 경영자들이 주장을 내세우는 데 주저하는 모습을 수없이 보았다. 그들은 협상과 타협으로 움직이는 시스템 아래에서 활동하고 있다. 따라서 너무 나서는 것보다 상황이 흘러가도록 두어 묘책을 고안해낼 가능성을 남겨두는 편이 낫다는 것을 안다. 언론은 무소불위의 용감무쌍한 CEO의 이야기를 다루고, 컨설턴트와 학자들은 최신 전략에 대해 조언하지만 경영자들은 늘 어느 정도 회의적인 태도를 유지한다. 경영자에겐 보고서가 필요하고 거기에 상당한 대가를 지불한다. 하지만 그 보고서들은 경영자들에게 그들이 무엇을 해야 할지에 대한 조언을 해주기보다는 다른 역할을 한다.

과정주의적 패러다임

변동 이론과 과정 이론

우리가 처한 상황에서 알 수 있는 것과 알 수 없는 것을 이야기하려면 먼저 세상을 보는 두 가지 상이한 이론인(Mohr 1982), 변동 이론과 과정 이론을 알아볼 필요가 있다.

변동 이론은 결과인 Y가 변수 X의 변동과 관련이 있다고 말한다. 둘 사이에는 고정된 관계가 있으며, X는 Y를 설명하는 필요충분 요소로 X가 많으면 Y도 많다(비록 이런 예측에는 통계적 변동이 있을 수 있지만). 예를 들어 폐암은 담배와 연관이 있다. 담배를 많이 핀다는 말은 폐암에 걸릴 가능성이 높아진다는 뜻이다. R&D에 투자를 많이 하면 혁신의 가능성이 높아진다. 자립심이 강한 직원이 많으면 생산성이 높아진다. 부풀리기는 확신을 무너뜨린다. 이런 식이다. 변동 이론은 실증적이다. 그러나 우리가 담배가 암을 어떻게 불러오는지 인과관계를 설명하려는 순간 우리는 과정 이론의 영역에 발을 딛는다.

과정 이론은 X가 어떻게 Y를 초래하는지를 설명한다. Y가 발생하는 데 X가 얼마나 필요한지를 구체적으로 명시한다. 종종 X만으로는 충분하지 않으며 다른 요소를 고려해야 할 경우도 있다. 우리는 과정 이론을 통해 과거를 설명할 수는 있지만 미래를 완벽하게 예측하지는 못한다. 예를 들어 말라리아는 모기를 통해 전염된다. 만일 내가 말라리아를 앓고 있다고 하자. 그러면 나는 말라리아를 앓고 있던 사람을 물었던 모기가 나를 물어서 말라리아를 옮겼다고 결론 내릴 수 있다. 그러나 모기가 문다고 해서 항상 말라리아에 걸리는 것은 아니다. 진화는 과정 이론이다. 과정 이론은 순차적인 사건 발생 순서를 고려해야 한다. 과정 이론에서는 시간 순서와 이력이 중요하다. 그렇기에 과정 이론으로 미래를 생각할 때 우리가 확신할 수 있는 것은 'X가 없다면 Y도 없다'는 것 정도뿐이다.

변동 이론은 예측을 목표로 하고 과정 이론은 인과관계 설명을 목표로 한다. 전략과 관련해서는 기업 성공의 변동 이론을 개발하기 위한 노력으로 PIMS 데이터베이스를 구축한 적이 있다(Buzzell & Gale 1987). 막대한 경험 자료에 근거한 수많은 전략 변수들이 어떻게 ROI를 변화시키는지를 알아내기 위한 것이었다. 경영상의 경험은 대부분 경영자의 머릿속에 변동 이론을 낳는다. 반면 조직의 진화는 일종의 과정 이론이다. 이는 특정 조직이 시간이 지남에 따라 어떤 식으로 발전하는지를 원인·결과 면에서 설명하는 데 초점을 둔다. 그러나 이것만으로는 어떤 유형의 조직이 앞으로 살아남을지 여부를 예측하는 데 한계가 있다.

변동 이론과 과정 이론의 구분은 일반적으로 패러다임 사이의 다툼을 명백히 설명하는 데 도움이 된다. 블레어 깁(Blair Gibb, 전 국제사면위원회(Amnesty International) 위원, Schwartz & Gibb 1999)은 다음과 같은 예를 제시한다. 수년간 인권단체는 인권 기준과 규범의 '보편성' 그리고 '문화적 상대성'을 두고 논쟁을 벌여왔다. 그 논쟁은 일정 부분 무익하고 막다른 길처럼 보이기도 했다. 깁은 문제를 변동 용어로 표현한 것이 적절하지 못하다고 생각했다. 그녀는 노예제도를 더 이상 받아들이지 않게 된 과정을 생각했다. 그러면서 그녀는 인권이란 발견해야 할 '물건'이 아니라고 생각했다. 대신 권력층(국가, 군대, 고용인 등)과 사람들(국민, 전시 민간인, 종업원 등), 다양한 문화(아시아, 서양 등)가 비교적 제한된 범위 안에서 지속적인 대화를 나누며 서서히 형성되는 상태라는 이론을 세웠다. 이 결론은 특정 가치를 강요하기보다는 이 과정을 이해하고 거기에 영향을 미칠 수 있는 개입점을 찾는 방향으로 인권운동을 해야 한다는 것이다.

전략의 과정 이론

합리주의적 전략 접근법이 변동 이론을 계속 사용하는 것을 전제로 한 반면, 진화론적 접근법은 과정 이론의 사용을 스스로 제한한다. 그렇다고 뒷짐 지고 물러앉아 상황이 흘러가는 대로 둘 수밖에 없다는 뜻은 아니다. 과정 이론에서 경영자들은 미래의 성공 기회를 높이기 위해 과정에 어떤 식으로 개입할지를 고민한다. 그 방법은 과정주의적 전략 사고의 영역이다.

　전략 경영에 서로 다른 패러다임이 존재하는 이유는 사업 상황이 불확실하기 때문이다. 전략 범위가 장기화될수록 불확실성이 두드러져서 진화론적 관점이 주목을 끈다. 예측 범위가 현재에 가까울수록 미래는 좀 더 예측 가능해지며 초단기는 대부분 합리주의적 패러다임을 이용해 예측하려 할 것이다. 맞은편에서 다가오는 차를 보며 달리 어떤 식으로 길을 건널 수 있겠는가?

　그러나 불확실성은 환경에만 존재하는 것이 아니다. 조직 내에도 존재한다. 민츠버그가 지적했듯이 합리주의적 패러다임은 조직의 목적이 명확하며, 전략을 완전히 이해한 합리적인 사람들이 합리적인 일을 한다는 가정을 전제로 한다. 이 부분을 전부 자신할 수 있는 경영자는 없을 것이다. 조직 행동의 단체적 측면은 여러 가지로 해석할 수 있다. 그리고 이런 해석은 과정주의적 사고의 영역이다.

　과정주의자의 관점은 기업의 성공을 변동 이론의 형태로 정리할 수는 없지만 전략 수립 과정을 좀 더 전문적으로 만드는 것은 가능하다는 전제에서 시작한다. 앞서 언급했듯이 성공은 오로지 독창적 발명에서만 꽃필 수 있다. 이 말은, 사람들의 지적 능력과 그들의 인적 네트워크, 그리고 관찰 기술을 동원하는 과정이 조직에 필요하다는 뜻이다. 아이디어를 끄집어낼 공간이 필요한 것이다. 조직의 역량과 사업 환경 간의 적합성을 높일 수 있는 발명 아이디어라면 그것이 조직의 어디에서 시작되었든지, 뭐든지 표현하고 고려해야 한다.

　전략가들은 실제 조직의 생존이 아닌 아이디어의 생존이라는 측면에서 진화 여부를 검토한다. 조직 내에서 일어나는 일에 관심을 기울이는 것도 이 때문이다. 합리주의자와 진화론자들은 조직에서 어떤 과정이 일어나는지에는 그다지 신경 쓰지 않는다. 하나의 정답이 존재하거나 혹은 답이 전혀 없는데 걱정은 해서 뭐하는가? 반면 과정주의자들은 내부 과정에 지대한 관심을 보인다.

조직 내에서 일어나는 과정을 연구하다 보면 과정주의적 패러다임의 근본적인 출발점, 다시 말해 행동과 사고가 엮이는 곳에 다다른다. 이와 관련해 얼베르트 센트죄르지(Albert SzentGyorgi)는 산에서 조난을 당한 병사들의 행태에 대해 이야기한다(Weick 1990).

소규모 헝가리군 부대가 알프스에서 군사작전을 수행하던 중이었다. 눈이 막 내리기 시작할 때쯤 부대를 이끌던 젊은 중위가 추위로 얼어붙은 산간에 정찰대를 보냈다. 그로부터 이틀간 쉼 없이 눈이 내렸고 정찰대는 돌아오지 않았다. 중위는 부하들을 사지로 내몰았다며 자책했지만 다행히 3일째 되는 날 정찰대가 무사히 돌아왔다. 도대체 그들은 어디에 있었던 것일까? 어떻게 돌아올 수 있었을까? 그들은 이렇게 대답했다. "네, 처음에는 조난당했다고 생각해 모든 것을 포기하고 죽기만을 기다렸습니다. 그런데 저희 중 한 명이 주머니에서 지도를 발견했습니다. 그걸 보니 진정이 되었습니다. 그래서 막사를 목표로 두고, 눈보라를 견뎌내며 지도를 이용해 주위를 살폈습니다. 그렇게 돌아왔습니다." 그들이 말한 지도를 본 중위는 크게 놀랐다. 그 지도는 피레네 산맥의 지도였다.

웨이크는 이렇게 말한다. "길을 잃었을 때는 옛날 지도라도 없는 것보다는 낫다." 지도 덕분에 병사들은 행동을 취할 수 있었다. 정신적으로 무력했던 그들은 주변 지형을 보여주고 있다고 생각되는 지도 덕분에 새롭게 주변을 인식하고 움직일 이유를 얻은 것이다. 행동에 나선 군인들은 주변 환경에서 새로운 피드백을 얻기 시작했다. 그로 말미암아 서서히 이해와 인식도를 높이는 새로운 '학습 순환'에 들어갔다. 지도가 무력감에 빠져 있던 그들을 건져낸 것이다. 여기서 정확성은 중요하지 않았다.

과정주의자들은 조직이 처한 상황이 대부분 전체를 분석하기에는 너무 복잡하다는 진화론자들의 의견에 동의한다. 처음에는 전략적 '답'의 옳고 그름이 중요하지 않다.

과정주의자들은 우리가 지속적인 학습을 하려면 활동, 인식, 사고로 이어지는 순환에 뛰어들어야 한다고 말한다. 가장 효과적인 전략은 우리가 이런 학습 순환에 성공적으로 들어가게끔 해주는 것이다.

학습 순환

'학습 순환'은 데이비드 콜브가 쿠르트 레빈(Kurt Lewin), 존 듀이(John Dewey), 장 피아제(Jean Piaget) 등의 이론을 종합하여 만들어낸 통합학습 모델이다.

〈그림 4〉는 이를 도표화한 것이다. 맨 위에서부터 살펴보자.

- 우리에게는 경험이 있으며, 그 가운데 몇몇은 중요한 의미를 지닌

다. 우리가 앞서 취한 행동과 관련이 있다고 인식되는 경험은 특히 중요하다.

- 우리는 이런 경험을 곰곰이 생각하며, 우리의 행동이 다른 사건들과 연관해 어떤 결과를 만들어냈는지를 관찰한다. 이렇게 회고한 결과, 이전에는 보지 못했던 사건의 새로운 패턴과 추세를 인식하기 시작한다. 이렇게 회고하는 작업은 우리가 기존에 사용하던 멘탈 모델과 달라진 현실에 대한 인식을 구분하는 우리의 능력과 관련이 있다.
- 지금까지의 관찰과 회고를 통해 얻은 '인과관계의 단서'를 통해 우리는 세상에 대한 우리의 생각을 어떻게 바꿀지에 관한 새로운 이론을 만든다.
- 이렇게 만들어진 이론을 이용해 새로운 조치를 계획하고, 그렇게 계획된 조치를 계속 실행에 옮기는 식으로 이론이 새로운 상황에 미치는 영향을 테스트한다.
- 이 과정을 통해 다시 맨 위로 돌아가, 우리의 활동과 연관된 새로운 경험을 얻는다. 활동 결과는 우리의 기대치에 부분적으로 부합할 뿐이므로, 여기서 다시 회고할 근거를 얻는다.

이렇게 우리는 배운다. 우리의 행동이 가져온 결과를 곰곰이 생각할 때마다 우리는 다시 이론을 발전시켜야 하고, 이 과정은 계속 반복된다. 콜브의 모델에서 행동은 모든 학습에서 반드시 필요한 역할이다. 학습 과정에서 행동이 지니는 중요성은 웨이크의 "내가 어떻게 행동하는지 보기 전까지 내가 무슨 생각을 하는지 어떻게 알겠는

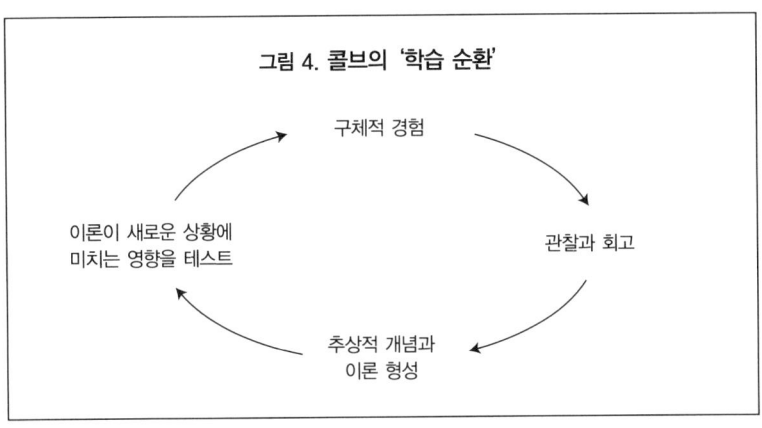

가?"(Weick 1979)라는 말에서 극명히 드러난다.

전략 수립에 적용된 학습 모델은 경험과 감각 형성, 행동을 통합해 하나의 전체적인 현상으로 보여준다. 학습 모델에 따르면 상황이 제대로 흘러가도록 하려면 우리는 다음과 같이 해야 한다.

- 약한 신호를 감지해야 한다.
- 과거에 배운 교훈을 기억해야 한다.
- 지금까지의 교훈만으로 실제로 일어난 일에 대응하는 데 모자람이 있다면 재빨리 수정해야 한다.

이 학습 모델은 '하나의 정답'이 아닌 지속적인 발전과 개선에 바탕을 둔다. 따라서 학습 모델 과정에서는 예측의 중요성이 상대적으로 덜하다. 오히려 불확실성과 애매모호함을 더 중요시한다.

조직의 관점에서 학습 순환을 어떻게 적용할 것인지 하는 문제는 뒤에서 더 자세히 알아볼 것이다. 우선은 그에 앞서 조직이 학습하는 유기체가 되도록 만드는 기본적인 힘을 살펴볼 필요가 있다. 이는 조직이 스스로의 사명을 어떻게 인식하고 있는지와 관련이 있다.

유기체로서 조직

과정주의적 패러다임은 조직을 복잡한 적응 시스템이라 본다. 조직은 외부 세계에 개방되어 있고 외부 세계에서 발견한 것에 맞춰 행동을 수정한다. 그러나 이 복잡한 적응 시스템은 단순히 탁구공이 오가듯 외부 충격에 직접적으로 맞대응하는 식으로 행동하지는 않는다. 오히려 개방적인 시스템들이 점점 더 복잡해지듯 이 복잡한 적응 시스템 역시 외부 영향력과 행동 사이에서 점점 더 복잡한 조정 과정을 스스로 전개한다. 복잡성이 증가할수록 조정 과정은 점점 더 자율적으로 변하고 행동에 대한 결정력 역시 높아진다. 이런 조정 과정을 거친 조직은 조직의 모든 구성단위가 독립적이라 가정했을 때의 예상과는 판이하게 다른 방식으로 행동한다. 조직의 정체성을 결정짓는 이런 차이는 전체 시스템의 창의적 행동에서 분명히 나타난다. 창의적 행동은 내적 조정 과정이 외적 행동으로 나타나는 것이다. 시스템 안에서 상위 계층은 하위 계층의 행동을 지도하고 제약한다. 이런 하위 계층에 대한 제약은 전체 시스템의 창의적 행동을 만들어낸다(Checkland 1981). 적절한 '게임의 규칙'을 (공식적으로 혹은 비공식적으로) 강요하는 것으로 상위 계층은 창의적 행동을 원하는 방향으로 조종한다. 그런 제약이 없었다면 하위층 구성원들은 마치 자기들이 독립적인 것처럼 움직였을 것이고 창의적 행동은 없었을 것이다. 결과적으로 더 큰 시스템을 위한 정체성이 생겨나지 않았을 것이다.

샤인(Schein 1992)은 이런 제약이 조직 안에서 총 세 단계에 걸쳐 작용한다고 말한다. 그중 가장 낮은 단계는 기본적인 가정의 형태로 부여되어 조직 구성원 대부분이 공유한다. 이 기본 가정은 다음 단계에서 공유된 가치의 형태로 나타난다. 그리하여 무엇이 좋고, 나쁘고, 그저 그런지에 대한 믿음을 형성한다. 그리고 세 번째이자 가장 가시적인 단계로 우리는 공유된 가치가 만들어낸 인위적인 결과를 발견한다. 각 단계마다 상부의 제약이 조직 구성원들의 행동에 영향을 미치고 구성원들은 더 이상 자유롭게 행동하지 못한다.

이런 과정은 기본적으로 다음의 세 가지 기능을 수행하기 위한 것이다(Checkland 1981).

- 외부에서 일어나는 만일의 사태에 대비해 시스템의 행동 방식을 수정한다.
- 시스템을 좀 더 유리한 환경으로 이끌어 살아남을 확률을 높인다.
- 이런 두 가지 임무를 더 효율적으로 수행할 수 있도록 시스템 구조를 재조직한다.

이 세 가지 기능을 수행하려는 욕구는 살아남으려는 욕구에서 나온다. 스턴은 이를 두고 '살아 있는' 시스템이라고 칭하고 살아 있는 시스템은 다음의 두 가지 목표를 향해 끊임없이 움직인다고 했다(Stern 1906).

- 적대적 환경에서 살아남는다.
- 우호적 환경에서 스스로 발전한다.

세상에는 생존을 목표로 하지 않는 조직도 있다. 그러나 이런 조직은 구체적으로 한정된 임무를 수행할 목적에서 만들어지며, 여기서 참여한 이들은 모두 임무를 수행한 후 조직을 청산한다는 데 뜻을 같이한다. 그러나 대부분의 조직은 그 자신의 생존과 발전을 목표로 세상에서 행동하는 방식을 택한다. 따라서 이런 조직은 스턴의 말처럼 살아 있는 유기체로 볼 수 있다.

성장으로서의 학습

많은 조직은 '전진하지 못하면 퇴보한다'는 관점을 갖고 있다. 그래서 성장 둔화는 붕괴의 지표로서 기본적으로 건전하지 못한 것으로 받아들인다. 어떻게 표현하든, 조직이 성장 혹은 발전을 하는 이유는 살아 있는 조직의 당연한 성질이기 때문이다. 성장은 시스템을 앞으로 움직이는 강화 피드백 순환이 존재함을 뜻한다. 후에 우리는 이 순환을 조직의 비즈니스 아이디어와 결합할 것이다.

확실한 성공 공식을 갖고 있는 조직은 종종 변화를 거부한다. 아직 사업이 발전 단계에 있어 바쁜 와중이라면, 조직은 좀 더 범위가 협소한 보조 균형 피드백 순환(단일순환 학습)을 운영하는 식으로 시스템 외부와 거리를 두려 한다. 이런 행동 방식은 환경 변화가 심하지 않은 경우에만 지속할 수 있다.

격변하는 환경 속에서 환경 내 변화 상황에 적응하려면 성장을 위

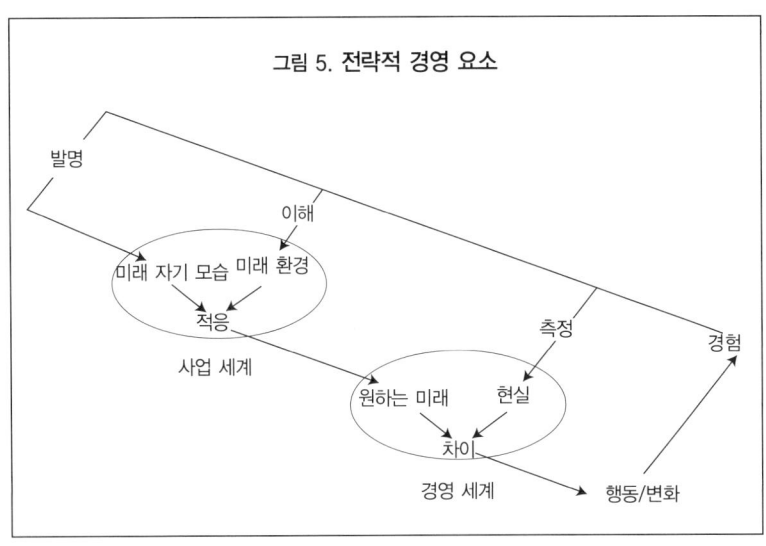

그림 5. 전략적 경영 요소

한 강화 피드백 순환이 필요하다(〈그림 3〉과 비교). 이 경우 조직은 보통 변화에 저항하기보다는 이중순환 학습이라 불리는 것을 개발할 것이다. 이중순환 학습에서 시스템은 사전에 정해놓은 선호 조건을 유지할 수 있도록 조정할 뿐만 아니라 환경에 맞춰 선호하는 조건을 변경하기도 한다(Argyrus & Schon 1978).

그 차이는 〈그림 5〉에 잘 나와 있다. 일단 원하는 미래상을 개발하고 나면 현실과의 격차를 줄이는 방향으로 행동하려 할 것이다. 그러려면 상황을 관찰하고 측정하며, 필요하다면 행동을 수정하는 과정이 필요하다. 이것은 단일순환 학습으로, 여기서는 '경영진의 사고 세계'라고 한다. 외부 변화가 조직의 수정 능력 범위 내에서 일어나는 한, 특별히 더 필요한 것은 없다. 그러나 상황이 바뀌어 시스템을 그 행동 수정 범위 밖으로 몰아내기 시작하면 원하는 미래상에 대한 재검토가 필요하다. 바로 더 높은 수준의 전략 수립, 즉 '사업의 사고 세계'로 향하는 것이다. 여기서 가장 먼저 할 일은 경험에 대한 이해다. 환경이 어떻게 작용하고 있는지를 새로운 시각으로 살펴보는 것이다. 다음으로는 미래를 바라보는 새로운 관점과 조화를 이루기 위한 새로운 성공 공식 혹은 비즈니스 아이디어를 고안한다. 이런 전략적 사고는 앞으로 경영 세계에서 행동을 가져올 새로운 이해를 감안한, 원하는 미래상의 재구성을 낳는다. 이렇게 더 높은 수준의 전략적 순환을 통해 시스템은 이중순환 학습으로 옮겨간다.

집단 학습

과정주의적 관점은 조직이 성공하려면 학습 순환 아이디어를 받아들여 인식, 회고, 환경에 대한 이론 개발, 그와 연관된 행동을 하는 능력을 높여야 한다고 말한다. 그러나 우리는 이런 생각을 조직이 처한 상황에 맞춰 좀 더 명쾌하게 알아볼 필요가 있다. 기관 안에서의 학습이란 개인의 학습과는 같을 수 없다. 조직의 학습은 단순히 조직 구성원들의 개인적인 학습이 합쳐진 것이 아니다. 사람들은 서로의 학습 방식에 영향을 미친다. 바로 이 부분이 우리가 집단 학습을 생각할 때 추가로 고려해야 할 부분이다.

콜브는 의사결정팀의 구성원을 선택할 때 학습 순환의 네 가지 기술(〈그림 4〉 참고)을 대표하는 구성원을 선택할 것을 제안한다. 이는 다양한 재능을 가진 사람들이 모이면 팀 내에 필요한 모든 능력을 갖추어, 전체적으로 집단의 학습 능력이 향상될 것이라는 가정을 토대로 한다.

그러나 우리는 이 모델을 다른 식으로 사용한다. 우리의 관심사는 이 학습 모델을 모임의, 심지어 전체 조직의 학습에 적용하는 것이다. 이런 측면에서 살펴보면 개인의 인식이 조직의 인식으로 바뀌는 과정을 포함해 조직 학습과 관련한 구체적인 질문이 제기된다.

조직 학습

린드블롬이 말했다시피, 조직은 구성원들 간의 생각이 일치할 때에만 구체적인 단체 행동을 보이기 시작한다. 조직의 관점에서 학습 순환은 사람들이 함께 참여하고, 경험을 곰곰이 생각하여 얻은 새로운 패턴에 대한 생각을 공유하며, 공통된 하나의 이론을 세우고, 함께 계획해 행동할 때 비로소 작동한다. 그 결과 구성원들은 조직 학습에서는 없어서는 안 될 공통된 경험을 갖게 되는 것이다.

우리는 조직 행동이라는 개념을 끌어들임으로써 이 이론을 개인 학습 차원에서 벗어나 조직 학습으로 확장한다. 우리는 조직 행동을 '조직 내에서 임계치 이상의 다수의 동의를 얻은 의견이 지지하는 일련의 통일된 개인행동'이라 정의한다. 즉 의미 부여와 대책이 '임계치' 이상의 동의를 얻을 때에 한해 이를 조직 행동이라 말할 수 있다는 뜻이다. 동의가 임계치에 미치지 못하면 연관성 없는 개인행동이 있을 뿐이다. 이는 조직 학습이 아닌 개인 학습이라는 결과를 낳는다. 의견 일치 혹은 의미 공유를 얻지 못한 개인행동은 통일되지 못하고, 조직은 이 단계까지 살아남아 있다 할지라도 조각조각 나뉜

채 결국 해체될 것이다. 그러나 조직 내 멘탈 모델이 어느 정도 동조를 얻을 경우, 기획은 사실상 공통된 행동을 가져온다. 공통된 행동은 구성원들의 공통된 경험으로 이어진다. 공통된 경험에 대한 숙고는 구성원들이 공유하는 멘탈 모델을 강화하는 결과를 낳는다.

따라서 학습 순환의 조직 버전은 조직 내 의견에 대한 동조 정도라는 추가 요소를 끌어들인다. 일단 그 동조 정도가 '임계치'에 도달하면 공통된 행동과 경험에서 피드백을 얻는 학습 순환을 통해 자가 발전할 수 있다. 이런 맥락에서 학습 순환은 피드백을 강화하는 식으로 순환한다. 최저 임계치 이상의 동조를 받는 학습 순환은 더 큰 의견 일치를 가져오고 결과적으로 더 강력한 행동으로 이어진다. 이런 식으로 학습 순환이 이뤄지려면 조직 학습에는 서로 전략적 인식을 비교하고, 이의를 제기하며, 협상할 수 있는 효과적인 대화 과정이 필요하다. 이 과정을 통해 대화 참가자들은 서로의 세계관과 노선을 이해하는 법을 배우고 머지않아 발생할 상황에 대한 이해를 공유한다. 그리고 결국 공통된 경험을 얻는다.

전략적 대화

조직 세계에서 과정주의적 패러다임은 대화를 중심으로 돌아간다. 학습 순환 모델에는 생각과 행동이 섞여 있다. 행동이 어떤 멘탈 모델에 기반을 둔 기획을 토대로 한다면, 조직 행동은 반드시 내부적으로 공유된 멘탈 모델을 토대로 해야 한다. 그리고 개인의 관찰과 생각을 조직에서 받아들이고 공유할 수 있는 이론으로 구조화해 안착시키려면 반드시 대화 과정을 거쳐야 한다. 마찬가지로, 조직 구성원이 조직이 처한 환경에서 겪은 경험을 회고하는 과정을 통해 새롭게 알게 된 기회와 위험은 오로지 대화를 통해서만 조직의 자산이 될 수 있다. 효과적인 전략적 대화는 최초의 구조화되지 않은 갖가지 생각과 관점을 통합하여 거기서 대다수 구성원들이 합리적이라고 생각하고 공유할 수 있는 공통의 세계관을 만들어낸다. 공통 행동이 새로운 공통의 경험을 이끌고 나아가 현재 공유된 이론의 강화라는 결과를 가져오려면 반드시 이런 안착 과정을 거쳐야 한다.

조직 내에서 효과적인 대화를 유도하려면 무엇이 필요한가? 한 가지 분명한 것은, 대화에는 그 무엇보다도 먼저 관심 대상을 표현할 수 있는 말이 필요하다는 점이다. 전략을 표현하는 언어 중 일부는 대중적으로 쓰는 언어로 이는 전략 경영을 다룬 책에서 배울 수 있다. 시간이 흐르면서 대부분의 조직들은 거기에 더해, 그들이 이전에 겪은 구체적인 실패 상황에 대한 대응 방안과 그들만의 성공 공식을 토대로 그들만의 언어를 만들어간다. 꼬리표를 붙이고 그들만의 은어가 확산되는 현상은 조직 학습이 일어나기 위해 반드시 필요한 언어 생성 과정이 일어나고 있다는 표시다.

그러나 개념적으로 이런 언어는 과거에 일어났던 문제들을 표현할 수 있을 뿐이다. 언어는 과거의 특정한 사건 패턴을 분류한 것으로, 과거에 만들어낸 것이며 구체적인 실패 상황을 다루는 데 쓰였다. 따라서 새로운 상황이 발생하면 언제나 처음에는 과거의 분류 형식으로 표현할 수밖에 없다. 이는 말이 새로운 현실을 완벽하게 묘사하지는 못한다는 뜻이다. 그러나 대화 과정은 이 새로운 상황에 맞설 새롭고 독창적인 대응책을 찾는 일을 가능케 한다. 어제의 개념이 내일의 독창적 발명을 이끄는 것이다.

대화 과정이 조직의 학습 순환을 활성화하려면 아이디어에 대한 동조를 늘려야 한다. 조직의 언어는 합리적이다. 사람들은 대화를 통해 서로를 납득시키려 한다. 즉 "나는 당신을 설득하려고 반론을 펴고 있고 당신 또한 나를 설득하려고 똑같은 일을 한다. 결과적으로 우리는 일정 부분은 당신이 나를, 또 다른 일정 부분은 내가 당신을 설득한 어떤 합의점에 도달할 것이다." 대화 과정은 조직 목표의 기반인 공통된 세계관에 의거해 서로 다른 생각의 효용을 측정하고 비교하는 과정이다. 이는 오직 기본적으로 공유된 원칙에서 출발할 때만 가능하다. 여기서 공유된 세계관은(예를 들어 스턴이 제안한 조직의 생존과 성장이라는 두 가지 목적에 근거한) 원하는 결과를 가져올 합리적인 근거를 수립하는 데 필요한 전략적 대화의 장(場)을 제공한다. 전략이 꼭 합리성을 토대로 만들어지는 것은 아니다. 그러나 전략적 발명으로 이어지는 전략적 대화를 만드는 데는 반드시 합리성이 필요하다.

진화론적 관점이 기여한 부분

지금까지 우리는 합리성과 과정주의적 관점이 조직 학습 과정에 기여한 부분(합리적 논쟁을 바탕으로 한 대화 절차, 즉 합리성, 동조 형성, 공통 계획과 행동)을 살펴보았다. 그러나 진화라는 개념을 도입하지 않고서는 이 모델을 완성할 수 없다. 학습은 일이 계획과는 다르게 예상치 못한 방향으로 벗어날 경우에만 일어날 수 있다. 만일 모든 것이 예상대로 일어난다면 학습은 없을 것이다. 학습의 이런 측면은 조직 자체의 진화라기보다는 조직 내부의 이론과 아이디어의 진화라는 면에서 진화론적 관점이 이바지한 부분을 강조한다. 만일 우리가 진화를 ① 변종 생성, ② 상대적으로 비효율적인 아이디어를 버리는 도태 메커니즘, ③ 습득한 교훈을 미래를 대비해 간직하는 상시적인 과정으로 정의한다면 모든 학습 과정은 아이디어의 창출, 아이디어 테스트, 아이디어 안착이라는 진화의 과정을 거친다.

팀 구성원들은 한 가지 정답이란 없음을 안다. 그래서 서로 다른 시각이 존재하는 것을 당연하게 받아들인다. 그 결과, 단체가 갖고 있는 '세계에 관한 이론'은 새롭게 변형되고 거기에 맞춰 행동도 수정된다. 팀은 그 결과를 경험을 통해 관찰하고 변화의 효과를 학습한다. 새롭게 변형된 이론과 행동은 그 결과에 따라 유지되거나 폐기 처분될 것이다.

학습의 병리 현상

조직 학습 과정에서는 두 가지 병리 현상이 일어날 수 있다. 첫 번째는 의견 일치가 '임계치'에 이르지 못했을 때 나타난다. 이 경우 관점의 다양성이 일종의 자기 강제적 과정으로 변할 수 있다. 충분치 못한 의견 일치가 다양한 행동과 다양한 경험, 나아가 그나마도 남아 있던 공통된 의견을 와해시키는 것이다. 이런 강화 피드백 순환은 분열로 치닫는다. 시스템이 통제 불능 상태에 빠지는 것이다. 의식적으로 조치를 취해 팀을 최소한의 합의점 이상으로 되돌리지 못한다면 조직은 이 문제를 절대 해결하지 못할 것이다. 이때 경영진은 조직의 결집력을 높이고 공통된 의견이 '임계점'만큼의 동조를 얻어 공통 행위를 재개할 수 있는 방향으로 조치를 취해야 한다.

한편, 이와는 정반대의 병리 현상도 있다. 이는 흔히 '집단 사고'라 일컫는, 생각의 다양성이 부족한 경우다. 단결이 너무 강한 경우 학습 순환을 거쳐 제 살을 깎아 먹기 시작한다. 이때 피드백 순환은 한 가지 세계관을 향해 달려간다. 행동에 대한 이론에 동의하면 할수록 행동의 공통점도 많아진다. 결국 더 많은 경험을 공유하여 세계가 어떻게 돌아가고 있는지에 대한 기존의 지배적인 관점을 강화하는 결과를 가져온다. 아이디어는 점점 더 하나로 모이고 그 질은 갈수록 저하된다. 그리고 환경 변화에 맞서 조직이 취할 수 있는 대응 방안은 자꾸만 줄어든다. 조직이 효과적인 학습 시스템을 만들려면 외부 세계에서 받은 신호들을 서로 연결할 수 있을 만큼 충분한 다양성을 갖춘 멘탈 모델이 필요하다. 이런 멘탈 모델이 없다면 외부에서 받은 신호들은 일관성 없거나 통일성이 없으니 이해할 수 없다고 여겨 결국 도움이 될 만한 학습이나 행동 수정과 연결되지 못한다.

지금까지 말한 두 가지 병리 현상은 단결 대 혁신적 다양성이라는 경영 딜레마를 낳는다. 조직 학습을 관리하는 것은 그 둘 사이에서 균형을 맞추는 데 지속적인 관심을 쏟는 것을 의미한다.

통합 모델

지금까지 살펴본 내용은 다음의 네 가지로 요약할 수 있다.

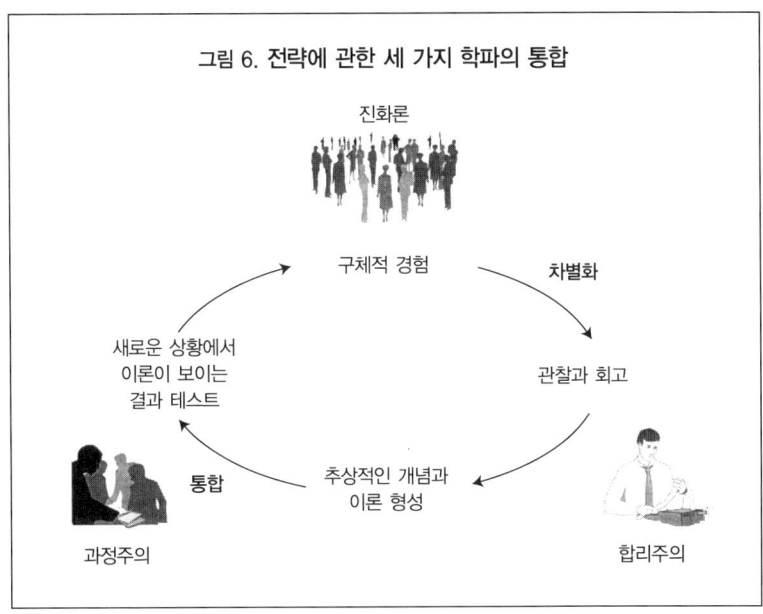

- 아이디어와 멘탈 모델에 대한 동조(통합)는 공통된 행동으로 조직 학습 순환을 시작하는 데 반드시 필요하다.
- 학습 과정은 강화 피드백 순환이다. 적극적으로 관리하지 않으면 통제 불능 상태로 심각한 역기능을 초래할 수 있다.
- 동조를 너무 많이 하다 보면 필수 다양성이 부족해지고, 이는 현재 일어나고 있는 상황을 인식하는 능력을 떨어뜨리는 결과를 낳는다.
- 구성원 간에 동조가 너무 적으면 분열을 가져와 결과적으로 조직 논리를 와해시킨다.

▮ 조직 학습과 전략의 관계

조직 학습	전략
학습 순환 동력	목표
멘탈 모델, 세계관	조직의 성공 공식
관점, 다양성, 경험 회고, 새로운 패턴 관찰	환경 분석
회고한 내용을 멘탈 모델에 통합	전략 적합성 평가
미래 단계 계획	적합성을 높이기 위한 정책 개발
행동	실행

계획된 전략에서 벗어난 창의적 전략은 조직 학습 순환을 움직이는 동력이다. 초기에는 이런 일탈이 사람들이 각자의 방식으로 상황을 이해할 수 있게 도와 조직 내에 다양한 관점을 형성한다. 이후 동조 과정은 이런 관점들을 한데 모으고 합리성을 토대로 한 합의를 이끈다. 전략에 관한 세 가지 학파는 모두 이런 식으로 조직 학습 과정에 기여한다(〈그림 6〉 참고).

'조직 학습'이란 관점에는 세 가지 모델(합리주의적, 진화론적, 과정주의적)이 전체적으로 포함되어 있다. 이 점은 〈그림 6〉에서 보다시피 경험, 관찰, 회고, 멘탈 모델 수립, 행동이라는 네 가지 요소를 가진 콜브의 학습 모델에 적용하여 보여줄 수 있다. 여기서 조직적 측면은 전략적 대화의 중요성을 더욱 강조한다.

요즘 같은 복잡한 상황에서 세 가지 관점을 고려하는 것은 지나치지 않다고 본다. 조직 학습은 우리가 현실을 묘사하는 데 핵심 역할을 하고 따라서 반드시 고려해야 하는 세 가지 관점을 통합하는 하나의 방법이다.

전통적으로 전략은 합리주의적 패러다임을 토대로 한다. 이 책에서 우리는 조직 학습을 토대로 급변하는 세상에 대처하기 위한 좀 더 폭넓은 모델을 제안하고자 한다. 전략과 학습 모델 간의 관계는 '조직 학습과 전략의 관계'에 요약해두었다.

조직 학습의 속도

우리는 학습 순환의 시작에서 행동의 중요성을 강조했다. 조직 내 어디서든 실행 권한만 있다면 학습 순환이 작동한다. 따라서 조직 안에서는 하나의 순환이 아닌 다수의 순환이 일어난다. 이들은 조직의 곳곳에서 개인과 집단을 거치며 작동한다. 순환이 짧을수록 학습도 빨리 일어난다. 이런 이유로 개인은 집단보다 빨리 배우고 집단은 전체 조직보다 빨리 배운다. 조직 내 의사소통은 시간이 걸리는 일이다. 각 계층은 다음 계층에게 메시지를 전달하기에 앞서 관찰 결과를 내재화하고 회고하여 멘탈 모델을 수정하는 시간이 필요하다. 에너지 파동이 발생했을 때 석유산업계가 그러했듯 계층구조가 복잡한 대조직일수록 반응이 느린 것은 바로 이런 이유에서다.

드 호이스는 조직 학습의 속도가 결국 경쟁 무기라고 말했다(De Geus 1988). 그렇다면 학습 속도를 높이기 위해 조직이 할 수 있는 일에는 어떤 것이 있을까? 가장 먼저 해야 할 일이 의사소통 통로를 뚫는 것임은 자명하다. 정보가 계층 사다리를 오르락내리락하지 않으면 전체 학습 순환은 제대로 작동할 수 없다. 그러나 의사소통이 효과적으로 이루어진다 해도 순환의 각 단계별로 개인이 정보를 소화하는 데 걸리는 시간으로 인해 어쩔 수 없는 정체가 일어난다. 그 결과 전체적인 반응 시간은 늘어날 수밖에 없다. 개인이 새로운 상황을 인식하는 속도는 어느 정도 달라질 수 있다(다음 '의사결정 속도 증가' 참고). 그렇다고 해도 개인이 새로운 정보를 회고하는 데 걸리는 시간은 여전히 제약으로 작용한다.

학습 속도를 올릴 유일한 방안은 학습 순환에 참여하는 개인의 수를 줄여 순환의 길이 자체를 줄이는 것이다. 학습 순환이 짧다는 것은 의사결정을 위임한다는 뜻으로, 조직적으로 실행 권한을 경험과 인식 단계에 가깝게 두는 것이다. 급변하는 환경에서 조직은 분권화하려는 경향이 있다. 이때 최고경영진은 전략 수립보다 조정의 주체로서 더 많이 활동한다. 학습 조직은 하나의 포괄적 전략이 아닌 부분적으로 조정된 다수의 전략을 갖고 있다. 이런 조직은 적응성과 융통성 면에서는 아주 좋을 수 있지만 단점도 있다. 조직을 작은 단위로 나누다 보면 규모의 경제와 같은 시너지 효과를 얻을 기회가 줄어든다.

비교적 안정된 상황에서는 비용 우위 전략이 중요하게 작용한다. 따라서 규모의 경제를 최대한 활용할 수 있도록 조직이란 기계를 세련되게 조율한다는 목적에 따라 권력을 집중시키는 경향이 있다. 이 경우 단점은 적응력이 떨어진다는 점이다.

이는 전형적인 경영상의 딜레마다. 경영자는 규모의 경제와 적응력 사이에서 균형을 이뤄야 한다. 양극단은 위험하다. 세련되게 조

▌의사결정 속도 증가

한 대형 화학회사에서는 전략가들이 각 계획별로 동시에 네 개의 서로 다른 단기 결과를 세운다. 다른 경로를 취할 시기를 알려주는 '이정표'를 미리 세우는 것이다. 이 회사의 시나리오 전략 책임자에 따르면 이런 작업 덕분에 회사는 몇 시간 내에 혹은 며칠 내에 특정 전략을 포기하거나 수정할 수 있다고 한다.

얼마 전 이 회사는 다른 회사에서 생산 중인, 컴퓨터 칩 생산에 쓰이는 화학물질의 판매 재개를 고민하고 있었다. 시나리오 전략 책임자는 당시를 이렇게 회상한다. "우리는 거기에 관한 전문 지식이 있기 때문에 거기서 훌륭한 새 사업 기회를 얻게 되리라 여겼습니다." 그러나 미리 세워둔 위험 이정표 중 하나를 통해 칩 메모리 시장에 활기가 없다는 것을 파악한 회사는 몇 시간 만에 그 프로젝트를 포기했다. "과거의 우리라면 시장에서 어떤 일이 일어나든 간에 사업을 성사시킨다는 한 가지 목표를 향해 움직였을 겁니다."

율한 기계는 생산하기로 결정한 상품과 함께 망한다. 최고의 학습 조직은 고비용으로 인해 망한다. 정답은 없다. 상황이 계속해서 바뀌는 한 최고경영진은 여기에 끊임없는 관심을 쏟을 필요가 있다.

시나리오 기획이 기여한 부분

일찍이 우리는 시나리오 기획을 계획 및 전략 수립에 대한 학습적인 접근이라 정의했다. 시나리오는 학습 순환의 전 부문에서 빠지지 않고 나타난다. 이제 시나리오 기획이 통합 모델에 기여한 부분에 대해 좀 더 자세히 알아보자.

개인적 차원

- 인지 장치로서 시나리오 기획: 시나리오 세트는 매우 효율적인 자료 구성 수단이다. 시나리오 세트는 처한 환경에서 일어나는 사건·패턴을 구조화하고 이를 명명한다. 이야기는 넘쳐나는 상이한 정보를 공통된 맥락 속에 집어넣어 인지된 상황을 좀 더 처리하기 쉽게 만드는 데 효과적이다.
- 지각 장치로서 시나리오 기획: 개인은 자신의 멘탈 모델과 그로 인한 기대에 근거해 어떤 상황은 보고 어떤 상황은 간과한다. 시나리오 과정은 참가자의 멘탈 모델을 확장하여 그들이 볼 수 있는 범위를 넓힌다.
- 반성 도구로서 시나리오 기획: 시나리오 과정은 사람들이 전략적 대화에서 나온 아이디어를 좀 더 효과적으로 생각하도록 돕는다. 그리하여 외부 세상을 새롭게 지각할 수 있게 해준다.

집단적 차원

- 전략적 대화가 광범위한(심지어 일부 상충되는) 관점에서 일어날 수 있도록 돕는 언어 제공자로서 시나리오 기획: 시나리오 과정은 다양한 관점을 고려하게 해준다. 더 이상 줄일 수 없는 불확실성을 확인하고 다양한 해석을 할 여지를 준다.
- 대화 촉진 수단으로서 시나리오 기획: 시나리오 기획은 조직이 처한 상황하에서 관련한 사업적 측면을 체계적으로 논의할 방법을 제공한다. 그리하여 조직 구성원들이 알고 있는 지식을 이용할 수 있게 돕는다.

- 멘탈 모델을 정렬하는 수단으로서 시나리오 기획: 시나리오 기획은 앞서 말한 모든 것을 전사적인 전략적 대화와 심사숙고에 적합한 형태로 만든다. 그리하여 통일되고 공통된 전략적 행동을 가져온다.

시나리오 기획은 똑같이 실현 가능해 보이는 다수의 미래를 검토한다. 상황에 내재된 불확실성뿐만 아니라 예측 가능하다고 여겨지는 것들도 반영하여 상황을 이해한다. 시나리오 기획은 비규정적이다. 성공적인 경쟁 전략은 반드시 조직에서 독창적으로 만든 것이어야 한다는 사실을 인정한다. 그리하여 시나리오 기획은 조직의 자원을 더 위대한 발명과 혁신을 가져오는 방향으로 활용할 수 있도록 촉진한다.

끝으로, 시나리오 기획은 경영진이 조직 내 집단 사고와 분열이라는 두 가지 병리 현상을 피하도록 돕는다. 하나의 멘탈 모델을 따라 움직이는 단단히 결집된 내향적 집단에게 시나리오는 "뭐가 잘못될 수 있는가?"를 물음으로써 주의를 준다. 시나리오는 그 집단이 한정된 시야로 인해 자문하지 못한 중요한 의문을 제기한다. 반면에 분열로 혼란스러운 집단에게 시나리오는 서로 다른 이해관계로 인한 긴장을 완화한다. 전략적 대화를 만들어 혼란 속에서 질서를 세우고 다른 사람의 관점에 대한 이해를 높여 공통 행동이 일어날 새 가능성을 열어주기도 한다.

2부에서는 지각, 이론 구축, 공통된 행동 수립으로 요약되는 학습 순환의 각 단계에서 시나리오 기획이 하는 역할을 구체적으로 살펴볼 것이다. 3부에서는 2부의 논의를 시나리오 기획으로 실행하기 위한 아이디어로 발전시킬 것이다. 4부에서는 조직의 역학 관계적 측면을 다룰 것이다.

Part 2

시나리오 기획의 원리

지금까지 우리는 전략의 세 가지 관점과 조직 학습이란 개념을 이용한 이 세 가지 관점의 통합 가능성을 살펴보았다. 이번 2부에서는 조직 내에서 일상적으로 일어나는 전략적 대화에서 조직 학습이 효과적으로 일어날 수 있도록 하는 틀을 개발하는 데 집중할 것이다.

전략은 이를 통해 조직이 스스로를 적응시켜 '우위를 점할 때', 즉 목표 달성 가능성을 극대화할 때 성공이라 말할 수 있다. 이런 일이 일어나려면 먼저 조직이 처한 환경뿐만 아니라 스스로에 대해서, 특히 조직 자신의 목표를 이해할 필요가 있다.

이를 위해 우리는 먼저 우리가 비즈니스 아이디어라고 말하는 '조직의 자아'를 정의할 것이다. 비즈니스 아이디어는 조직이 생존하고 발전하는 능력을 조직의 특성과 관련해 논리적으로 설명한다. 또한 여러 환경 가설하에서 설명하고 테스트할 수 있다. 그리고 성공적인 미래 비즈니스 아이디어의 핵심은 조직이 세상과 상호작용하는 방법을 새롭고 독창적으로 이해함으로써, 독창적인 기업가적 발명(entrepreneurial invention)을 하는 것임을 강조할 것이다.

그런 다음 조직의 현재와 미래의 비즈니스 아이디어를 둘러싼 사업 환경을 고려할 것이다. 그 과정에서 우리는 사업 환경이 불확실성과 애매모호함으로 가득하다는 것을 살펴볼 것이다. 그 이후, 시나리오 기획을 소개할 것이다. 시나리오 기획은 예측할 수 없는 것을 예측하려 애쓰는 것이 아니다. 오히려 다수의, 그러나 똑같이 실현 가능해 보이는 미래를 배경으로 불확실성을 다루려 애쓰는 것이다.

우리는 환경에 속해 있는 조직을 새로운 관점으로 바라보기 위한 학습 수단으로서 반복 시나리오 기획을 살펴볼 것이다. 반복 시나리오 기획을 통해 조직은 성공적인 비즈니스 아이디어의 중심에 자리한 독창적 이해를 서서히 얻게 된다. 그리고 시나리오 세트를 시험대로 사용해 독창적 비즈니스 아이디어를 테스트할 방법을 생각할 것이다. 테스트를 거치고 나면 앞으로 나아갈 방향이 자연히 모습을 드러낼 것이다.

여기까지 하고 나면, 조직의 관점에서 지금까지의 주제를 살펴보고 조직 안에서 '전략적 대화'가 하는 핵심 역할을 알아볼 것이다. 학습의 기본 3단계-지각, 이론 수립, 공통된 행동-는 모두 전략적 대화에 좌우되는 집단 행위다. 시나리오 기획은 이런 전략적 대화를 강화하는 효과적인 방법이라 볼 수 있다. 미래에 관한 다양한 이야기를 나누면서 조직은 주변 환경을 좀 더 잘 지각하게 되고 지금까지의 경험과 현재 사용 중인 이론을 성찰하게 된다. 비즈니스 아이디어를 조직적으로 성찰하는 행위는 공통된 행동의 옵션을 개발하는 행위로 이어진다.

끝으로, 누누이 말하지만 독창적 방식으로 세상에 접근하지 않는 조직은 성공할 수 없다. 전략의 핵심은 바로 독창성이다. 전략을 세우는 과정은 여기서 설명한 도구와 기법의 도움을 받을 수는 있다. 하지만 도구와 기법은 도움을 주는 것일 뿐, 이해의 순간까지 전략과 싸워야 할 경영인·기업가와 그의 팀의 사고 과정을 대체하지는 못한다. 독창적 발명은 강요할 수 없다.

전략 수립

이번 장에서는 경영진의 전략 수립이라는 다소 광범위한 맥락에서 시나리오 기획을 전반적으로 살펴볼 것이다. 중요한 측면은 장 후반부에서 좀 더 상세히 다룰 예정이다.

전략과 학습

지금부터 우리는 조직 모델에 근거해 이야기를 나눌까 한다. 조직 모델이란 조직을 생존과 자기 발전이라는 궁극적 목표를 내재하고 살아가는 학습 유기체로 보는 것이다. 앞에서 우리는 성공적인 조직의 전략 수립을 어떻게 지각, 사고, 행동으로 통합된, 하나의 학습 순환으로 해석할 수 있는지를 살펴보았다. 그리고 세 가지 전략 패러다임(합리주의자, 진화론, 과정주의)이 학습 순환 안에 어떻게 통합되는지를 살펴보았다. 이것이 바로 우리가 논의의 시작점으로 삼을 전략 수립의 정의다. 다시 말해, 지금부터 우리는 전략 수립 및 개발을 광범위한 통합 정신 활동의 일부로 볼 것이다. 이뿐만 아니라 지각과 실제 행동 역시 통합 정신 활동에서 중요한 부분이다. 이렇게 정의된 전략 수립은 순환 형태를 띤다. 즉 절대 끝나지 않는다. 현실은 늘 예상과 다르고 따라서 행동 방식에는 늘 수정이 필요하다.

조직 학습 개념을 소개하다 보면 '성공적인 조직이 되려면 무엇을 배워야 하는가' 라는 문제가 대두된다. 우리는 이 문제를 1부에서 다룬 '이중순환 학습' 모델(《그림 5》)에 따라 단일순환 혹은 적응 학습 그리고 이중순환 혹은 생성 학습으로 나누어 살펴볼 것이다.

적응 학습은 보통 길 찾기 과정에 비유한다. 어떤 동물이 숲속에서 생존에 필요한 자원을 얻기 위해 길을 찾고 있다고 하자. 길을 잘 찾으려면 무엇이 필요할까? 우선 자신의 기동력을 인식하는 것이 가장 필요한 일일 것이다. 새는 원숭이와는 아주 다른 능력을 갖고 있다. 원숭이 역시 사자와는 다르다. 각각은 고유한 강점과 약점이 있고 그에 따라 자신의 행동 방식을 최적화해야 한다. 또 주변 지역을 알고 거기서 발견한 장애물에 맞춰 자신의 행동 방식을 수정해야 한다. 일직선으로 움직이는 것은 위험할 수 있다. 어딘가에 부딪힐 수도 있기 때문이다. 움직이면서 방향을 틀고 몸을 돌리려면 지형을 인식하는 능력이 필요하다. 생존에는 자신의 능력을 아는 것만큼이나 주변 지형을 정확히 인식하고 사용하는 능력이 필요하다. 이것이 바로 전략 수립의 적응 파트다. 여기에는 자신의 강점과 약점을 알고 주변 환경을 정확히 인식해 강점을 이용하고 약점의 영향력을 최소화하는 과정이 포함된다. 전략 수립의 이런 면은 향후 시스템의 길 찾기 능력을 개선하기 위해, 강점은 더 개발하고 약점은 수정할 방법을 고민하는 것과 관련이 있다.

앞서 언급한 동물은 분명 어딘가에서 갈 길을 가고 있을 것이다. 이 동물에게는 앞으로 계속 나아가도록 동기를 부여하는 다소 복잡한 목표 체계가 있다. 조직은 인간의 활동 체계와 같아서 어떤 염원이 있을 때 통제력이 더 높아진다. 탐험가로서 우리는 특히 여행의 최종 목적지와 그곳으로 가기 위한 방향에 관심이 있다. 또 우리는 현재의 염원에 의문을 품고 새로운 염원을 만들 수 있다. 조직의 맥락에서 이는 조직이 임무를 바라보는 관점을 결정하는 영역이다. 여기서는 전략 수립의 생성 파트라 하자.

생성적 전략 수립은 적응적 전략 수립이 당장 필요한 경우 종종 우선순위에서 밀려나곤 한다. 대다수 조직이 그들이 원하는 미래의 발전상을 고려하고 표현하며 목표로 삼으려 애쓴다. 하지만 그중 많은 이들은 '먹을거리를 찾아야 하는' 시급함으로 인해 '장기 방향'에 대한 고민을 제쳐두는 생존 모드에 갇히게 된다.

길 찾기 경영이란 비유는 행동 규칙과 방식을 상황에 맞추는 것을 의미한다. 조직이라는 유기체는 반드시 학습할 수 있어야 한다. 즉 피드백을 성찰하고 거기서 깨달은 것을 조직의 행동 규칙을 수정하는 데 반영할 수 있어야 한다는 뜻이다. 규칙은 과거의 경험을 근거로 하며 시간에 따라 수정을 필요로 한다. 길 찾기 경영자는 이런 규칙을 생성하는 시스템 그 자체를 알고 있어야 한다. 전략적 사고 과정은 다음과 같은 질문을 연달아 쏟아낸다. "우리는 무엇을 하고 있는가?", "우리는 무엇을 할 수 있는가?", "무엇을 해야 하는가?" 등(Normann 2001). 첫 번째 질문은 '자신'에게, 두 번째 질문은 환경과 환경이 보여주는 대안들에, 세 번째는 전략적 의사결정에 초점을 두고 있다. 생성적 전략 수립을 고려하든 적응적 전략 수립을 고려하든 성공적으로 길을 찾으려면 우선 자신과 환경의 차이를 정확히 인식할 필요가 있다.

앞서 언급한 생성적 전략 수립의 정의는 방향을 결정하는 절대적 기준에 의문을 제기한다. 1부에서 우리는 조직의 가장 고차원적인 목표로 생존과 자기 발전이라는 이중 목표를 명시했다(Stern 1906). 생존과 성장 문제는 조직이 검토 중인 세부 사항과 관련해 다루어야 한다. 이에 관해 뒤에 다시 한 번 '비즈니스 아이디어' 개념을 소개할 것이다. 모든 성공한 조직의 밑바닥에는 성공을 향한 원동력 역할을 하는 어떤 생각이 자리한다. 이 생각은 아주 구체적인 것으로 두 조직이 같은 비즈니스 아이디어를 가질 수는 없다.

독창성은 우리가 전략 수립에 성공했는지 아닌지를 판단하는 절대적 기준이 된다. 다른 이들과 차별화하지 않은 성공 전략이란 없다. 당연히 생존과 자기 발전도 불가능하기 때문이다. 생존은 경쟁이다. 여러분의 전략은 반드시 달라야 하며 남보다 나아야 한다.

따라서 전략 수립의(특히 생성적 전략 수립의) 궁극적인 목표는 향후 사업 환경이 어떻게 발전할 것인지, 그리고 조직의 강점을 쓸 수 있는 곳이 어디인지에 대한 새롭고 독창적인 이해를 얻는 것이다. 사업 환경은 시스템으로 해석할 수 있다. 이해란 사업 환경과 조직 간의 관련성을 감지하고 영향력을 최대한 발휘할 수 있는 점을 파악한다는 의미다. 전략 수립, 즉 사고와 실행은 전략적 위기가 닥쳤을 때 필요한 독창적 이해의 근거로서, 외관상의 불확실성 뒤에 감춰진 선결 요소를 감지하는 것이다.

새로운 현실을 가장 먼저 감지한다면 외부의 힘을 피하기보다 유리하게 사용할 수 있다. 이 작업에서 시나리오 기획이 어떻게 경영을 보조하는지는 나중에 살펴볼 것이다.

통설과 재구성

만족화

과거의 경험을 살펴보면, 우리가 한물간 생각에 사로잡혀 외부에 문을 닫아걸 경우 심각한 위험에 빠진다는 사실이 분명해진다. 이전에는 없던 현실을 보지 못하게 되는 위험이다. 독창적 발명은 경영자의 일상적인 업무 영역은 아니다. 경영자들은 문제 해결자로서 매일 일정한 스트레스하에 퍼킨스(Perkins 외 1983)가 '타당성 인식론(makes-sense epistemology)'이라 부른 것에 지배받는다. 우리는 상황이 말이 된다고 느낄 때까지, 즉 이전의 믿음과 잘 들어맞을 때까지 일한다. 빨리 마치면 상충되는 근거를 발견할 위험을 피할 수 있다. 이런 일은 많은 시나리오 기획을 필요로 하지 않는다. 한눈에 자명해 보이는 주장이면 충분하다. 타당성을 얻으면 일을 지속할 필요가 없다. 이는 사이먼(Simon 1979)이 '만족화'라고 부른 것과 같다. 경영자들은 너무 많은 정보를 얻는다. "정보가 소모하는 것은 뻔하다. 정보는 정보 취득자의 관심을 소모한다. 이런 이유로, 정보가 너무 많으면 관심이 부족해진다. 따라서 넘쳐나는 정보 출처 사이에서 관심을 효율적으로 배분할 필요가 생긴다."(Simon 1971) 따라서 경영자들은 자연히 할 일 중 가장 간단한, 거의 기능적인 일을 한다. 이 '타당성' 접근법이 타당해 보이는 데는 수많은 이유가 있다.

- 빠르다.
- (대체로) 적당하다.
- 나쁜 이론은 걸러낸다.
- 자연스럽고 편하게 느껴진다.
- 오랫동안 동경하며 소중히 아껴온 방안을 보호한다.

'타당성'에 따른 상황 설명은 지배적인 사고 통념이 되는 경향이 있다. 대다수 조직은 새로운 이해를 얻기 위해 환경 분석에 에너지와 돈을 쏟는다. 환경 분석에는 경영자들의 개인적인 대화부터 전문 부서에서 만든 세부적인 통계 자료에 이르기까지 다양한 형태가 있다. 그러나 전통적인 분석의 밑바탕에는 언제나 설문 문항을 정하고, 검색을 제한하며, 설문 답변에 편견을 갖게 하는 지배적 사고 통념이 자리하고 있다는 문제가 있다. 시나리오 기획에서는 이를 평상시(Business-As-Usual) 멘탈 모델이라 부른다. 평상시 멘탈 모델만을 토대로 전략을 수립하는 것은 어제의 적과 싸우는 것이고 실패에 이르는 길이다.

구체화되지 않은 대형 이슈

그러나 대다수 회사들, 심지어 '타당성' 사고 모드에 있는 회사조차 집단의식의 가장자리 어딘가를 보면 피터 마틴(Peter Martin 1997)이 "구체화되지 않은 대형 이슈"라 부른 것이 어렴풋이 보인다. 누구나 그것을 느낀다. 눈앞에 닥친 위협 혹은 크기를 가늠할 수 없는 기회, 아무도 할 수 없는 도전이 늘 존재한다는 것을. 그것은 너무 크고 평상시와는 달라서 기존의 경영 사고로는 다룰 방법이 없다. 그런데도 그 대형 이슈, 즉 우리가 아직 씨름할 준비가 되지 않은 도전에 맞서 우리는 무엇을 해야 할까 하는 걱정이 내내 머릿속을 맴돈다. 그래서 조직은 이를 외면하고 다른 곳에 집중해 매일매일 해야 할 일을 진행한다. 때로는 이런 식의 반응이 합리적일 때도 있다. 미래를 너무 일찍 예측하는 것은 늦게 반응하는 것만큼이나 많은 대가를 치를 수 있기 때문이다. 그리고 어떤 경우든지, 심지어 그 도전을 제대로 식별했을 때조차 조기 예측이 제대로 된 대응을 보장하지는 않기 때문이다.

마틴은 몇 가지 예를 제시한다. 컴퓨터를 생각해보라. 컴퓨터 산업에 속한 그 어떤 회사도 아직 고객의 근본적인 욕구에 변화가 생겼음을 받아들이지 못하고 있다. 이렇게 되면 고객들은 더는 컴퓨터를 살 마음이 생기지 않는다. 왜냐하면 그들이 원하는 것은 쉽고, 싸고, 명료한 정보처리이기 때문이다. 그들은 기준 다툼, 제품 선택, 호환성 문제, 보안 문제 등 이 모든 소동이 사라지길 바란다. 시장점유율을 높이는 일에만 매달리고 있는 컴퓨터 산업은 아직 이런 고객의 욕구를 알아챌 준비가 되어 있지 않다. 그러나 결국 누군가는 해낼 것이다. 이 산업에 새로운 패턴을 세울 것이고, 이는 한동안 지속될 것이다.

자동차 산업에서 구체화되지 않은 대형 이슈는 유통이다. 자동차 사업에서 유통은 부가가치의 거의 절반 정도를 차지한다. 그리고 현재 기존의 소규모 가맹점 체계는 무너지고 있다. 인터넷을 통한 자동차 판매, 자동차 슈퍼마켓, 대우가 전액 출자한 영국 판매법인, 포드(Ford)가 인디애나폴리스에 도입할 가능성이 다분한 직접 판매 등 자동차 산업은 현재 새로운 틀을 세우기 위해 수없이 많은 시도를 하고 있다. 그러나 이 모든 시도는 한낱 작은 조짐에 불과하다. 산업 내 모든 이들이 이 문제를 알고 있지만 대기업들은 아직 새로운 방식에 모든 것을 걸 준비가 전혀 안 되어 있음을 보여주는 지표에 불과하다.

금융 서비스 업계의 대형 이슈는 은행 업무의 물리적 형태가 대부분 사라질 수 있다는 것이다. 고객들이 금융기관이 아닌 컴퓨터 예산프로그램을 통해 은행 업무를 처리할 때 금융 산업은 완전히 탈바꿈할 것이다. 대다수 대형 은행들이 이 문제를 다루는 방식은 극히 조심스럽다. 텔레뱅킹이나 전용 전자 시스템에 국한해 실험을 진행해오고 있다. 그러나 언젠가는 대형 주자가 인튜이트(Intuit)의 퀵큰(Quicken)이나 마이크로소프트머니(Microsoft Money) 같은 표준 프로그램으로 전환할 것이다. 그때가 되면 소액 은행 업무는 완전히 변할 것이다. 그러나 그전까지 금융 산업은 아무 문제없는 것처럼 행동할 것이다.

의료 및 제약 산업에서 아직 드러나지 않은 쟁점 이슈는 건강 경제다. 언제일지는 모르지만, 의료 서비스 구매자들이 약물치료를 할 때 의료 비용이 가장 적게 드는 병과 입원 치료를 할 때 의료 비용이 가장 적게 드는 병에 대해 고민하기 시작할 것이다. 의료 서비스 구매자들이 이런 계산을 하기 시작하면 일부 고가 의약품은 엄청난 할인을 할 것이다. 어떤 의약품은 이 위기를 넘기지 못할 것이다. 비슷한 맥락으로 일부 입원 치료는 경제적으로 우위에 있음이 밝혀지겠지만 그렇지 않은 경우에는 약물치료에 무너질 것이다. 의약품 순위는 완전히 바뀔 것이다. 입원 치료의 기존 패턴 역시 마찬가지다. 현재 두 산업은 이것이 큰 이슈임을 잘 알고 있지만 계속 거리를 두고 있는 중이다.

이 밖에도 비슷한 사례는 수도 없이 많다. 빠르게 바뀌는 소비재와 관련한 대형 이슈는 제품 확산(product proliferation)이다. 광고계의 쟁점 이슈는 고객이 언제 관심을 보이기 시작하느냐 하는 것이다. 회계와 일부 컨설팅 업계에서는 컴퓨터를 이용한 일상적 업무의 상품화 가능성이 문제다. 그리고 신문 업계의 대형 이슈는 '나만의 일보(Daily Me)'를 만들기 위한 독자별 뉴스 선별이 어디까지 가능한가 하는 것이다.

좋은 사고를 방해하는 장애물은 어느 산업에나 있게 마련이다. 그러나 역사는 결국 이런 대형 이슈가 산업 주자들을 제압하여 변화가 불가피해진다는 것을 보여준다.

인접 영역에서 특별한 통찰 얻기

대열에서 이탈해 최초로 독자적인 노선을 걸었다고 해서 그 회사가 늘 최후의 승자가 될 수 있는 것은 아니다. 그러나 크리스텐슨(Christensen 1997)이 지적하듯 가장 오랫동안 새로운 현실을 부정하며 기존의 것들을 붙잡고 있던 회사는 반드시 패한다. 독창적인 이해가 필요한 기업가적 발명을 이용한 전략 재개발에 휘말리지 않을 조직은 없다.

전략 수립의 핵심 역할은 내외부의 변화를 고려하여 우리가 평상시 모델을 벗어나야 할 때와 방향을 결정하는 것이다. 탐색 범위를 넓히는 것이 목적이라면 그 밑에 깔린 통설의 한계를 벗어던지고, 독창적인 이해를 얻을 수 있는 곳으로 이동할 필요가 있다. 카우프만(Kauffman 1995)은 그곳을 '인접 영역(adjacent space)'이라고 칭했다. 비고츠키(Vygotsky)는 '근접 발달 지대(zone of proximal development)'라고 칭했다. 문제는 과거에 단단히 뿌리내린 통설이 전략적 사고에 영향을 미친다는 점이다. 이는 사고 과정을 인접 영역으로 넓혀 독창적 발명과 가치 있는 생성적 전략을 개발하는 데 전혀 도움이 되지 않는다.

혁신가의 자세

성공적인 전략 수립 프로젝트의 특징으로 독창적 발명이 있다. 독창적 발명은 말 그대로 조직이 처한 전략적 상황을 독창적으로 재구성할 때 얻을 수 있다. 즉 새롭고 독창적인 방식으로 상황과 상황 속 기회를 바라보았을 때 얻을 수 있는 것이다. 그러려면 상황 속 원동력들 사이의 연관성을 좀 더 심도 있고 광범위하게 파악해야 한다. 또 이전과는 다른 차별화된 방식으로 상황을 강하게 지배하고 있는 구조를 이해해야 한다. 이미 진행 중인 일은 좀 더 정확하게 파악해야 한다.

따라서 시나리오 프로젝트는 다음과 같은 혁신가의 자세를 필요로 한다.

- 변화뿐만 아니라 영원히 변치 않는 것들, 그리고 미리 결정된 것들에 익숙하다.
- 이미 바뀌고 있는 것이 무엇인지를 안다.
- 미래와 현재를 잇는 가교를 만든다.
- 일련의 결과를 뒤따른다.
- 탁월한 주제를 찾는다.
- 깊게 파서 그 밑에 깔린 원동력을 파악한다.
- 이 모든 것을 포함한 큰 줄거리를 만든다.
- 지금 변하고 있을/변했을 가능성을 알아낸다.
- 그 안에 숨어 있는 기회를 찾아낸다.
- 멘탈 모델을 시험 제작한다.
- 시도하고, 테스트하고, 수정한다.
- 실패에서 교훈을 얻는다.
- 적극적인 태도로, 늘 새로운 아이디어와 새로운 기회, 혁신의 원천을 찾는다.

바꿔 말하면, 시나리오 기획자가 된다(Hamel 2000).

전략 개발

경영진의 역할

많은 경영진은 상황을 개선할 목적으로 개입을 결심한다. 그리고 근시안적 위험 극복을 목표로 제도적 과정을 도입한다. 인접 영역에 접근하여 거기서 전략을 개발하려고 애쓰는 것이다. 시나리오 기획도 일종의 그런 과정이다.

이런 과정은 확산이 가능하다. 다음 장에서는 이런 과정의 일반 원칙을 일부 알아볼 것이다. 개입을 하더라도 발명의 순간은 강요할 수 없다. 사고를 촉진하기 위해 미리 정해둔 단계를 도입할 수는 있지만 사전에 이해의 순간을 정하는 것은 불가능하다. 발명은 점진적 알고리즘이 아니다. 조직이 기존에 관여한 사업이나 기획 과정과도 맞지 않는다. 경영진이 할 수 있는 일은 '새로운 시각'을 얻는 데 필요한 깊이와 지속성을 인식하는 것뿐이다. 즉 사전 대책을 강구하여 적절한 집단 사고 과정을 선택하고, 이를 계속 실행하며, 여기에 계속해서 주의를 기울이고, 새로운 이해를 얻기 위해 노력하는 것뿐이다.

이것이 바로 시나리오 작업의 목적이다. '왜'라는 질문을 던지고, 이유의 이유의 이유를 발견하려 노력해야 한다. 이를 통해 시나리오를 인식한 모든 측면과 경험, 기존의 이해, 선결 변수들, 예측 가능한 구조, 불확실성, 의문, 전문 지식, 놀라운 이들과 그들의 독창적 생각, 직관, 호기심, (흔들리지 않을) 용기, 발명, 독창성, 감정, 지적 반짝임을 이용한 과정으로 만들어야 한다. 시간이 걸리는 일이며 강요할 수 없는 일이다. 일회성 워크숍 몇 번으로는 어림도 없다. 놀라움을 사냥하려면 반드시 시간이 필요하다. 제한된 시간으로는 확실한 것을 얻기 힘들다.

전략 요소

전략 개발은 조직이 '자신'을 이해하는 것에서 시작한다. 여기서 '자신'은 조직이 스스로 성공할 수 있다고 믿는 구석, 조직 고유의 역량과 활동을 의미한다. 이를 아주 간단하고도 집약적으로 표현한 말이 '비즈니스 아이디어'다. 비즈니스 아이디어는 조직의 성공 공식을 표현한다. 5장에서는 비즈니스 아이디어 개념을 좀 더 발전시켜 살펴보겠지만 지금은 비즈니스 아이디어의 세 가지 필수 요소의 성질을 이해하는 것만으로도 충분하다. 비즈니스 아이디어의 세 가지 요소는 다음과 같다.

- 이 조직에서 발명한 사회/고객 가치(즉 이미 다뤄진 사회적 희소성)
- 조직이 갖고 있는, 덕분에 가치를 만들고 책정할 수 있게 한, 차별적 자원과 능력
- 생각을 조직의 지속적인 생존과 성장에 필요한 자립 엔진으로 바꿔놓은 강화 피드백 순환

자신과 환경 사이의 경계는 다음과 같이 정의한다. '자신'은 전체 시스템의 일부로, 조직의 경영진이 많은 부분을 통제할 수 있다. '자신'의 바깥쪽은 사업 환경으로, 경영진이 영향을 미칠 수 있는 정도는 천차만별이다. 이 중 두드러지게 영향을 받는 곳은 업무적 환경

이라 부르고, 영향력이 거의 미치지 않는 부분은 맥락적 환경이라 한다. 이에 관해서는 7장에서 좀 더 자세히 알아볼 것이다. 조직이 맥락적 환경에 미치는 영향력은 미미한 반면, 맥락적 환경이 조직의 비즈니스 아이디어의 성공 혹은 실패에 미치는 영향력은 가히 절대적이다. 그런 만큼 조직은 당연히 맥락적 환경이 미래에 미칠 영향력을 관찰하고 연구하고 이해해야 한다. 환경을 표현하는 데 사용할 도구는 수많은 핵심 요건을 다룰 수 있어야 한다.

- 불확실성, 즉 다수이면서 똑같이 실현 가능해 보이는 미래를 다룰 수 있어야 한다(환경 내에는 더는 줄일 수 없는 불확실성/불확정성이 상당히 많기 때문에 하나의 미래가 아닌 여러 미래가 가능하다).
- 현재 일어나고 있는 일을 다양하게 해석하고, 주주들의 서로 다른 시각을 전략 안에 반영할 수 있어야 한다.
- 여러 가지 미래를 논리적이고 포괄적으로 묘사하기 위해 여러 지식 분야에서 얻은 지식 요소를 통합할 수 있어야 한다.

우리는 미래 사업 환경을 특징짓는 데 시나리오를 사용할 것이다. 불확실성으로 인해 똑같이 실현 가능성이 있는 다양한 결과를 대변하는 시나리오는 항상 세트로 나타난다.

적합성 개념

지금까지 설명한 도구들(비즈니스 아이디어와 사업 환경에 대한 시나리오 묘사)을 우리는 전략 수립에 어떻게 사용할 수 있을까? 이는 둘 사이의 적합성과 관련이 있다(Van der Heijden 1993). 적합성이 높다는 것은, 조직이 사회가 필요로 하는 영역에서 차별적 자원이나 역량을 갖고 있다는 뜻이다. 적합성이 낮다는 것은 조직의 자원이나 역량이 사회의 강한 욕구를 맞추지 못한다는 뜻이다. 적합성이 높은 조직은 성공할 것이고 비즈니스 아이디어를 유지하고 발전시킬 새로운 자원을 만들어낼 것이다. 적합성이 낮은 조직은 미래에 투자할 수 있는 잉여분이 거의 없을 것이다. 결국 조직은 축소되거나 붕괴할 것이다. 앞서 살펴본 대형 이슈는 사업 환경이 변해 기존에 갖고 있던 차별성이 그 가치를 잃은 예다. 조직들은 새로운 세상에 맞춰 조정할 수 있을 만큼 자원을 만들어낼 수 있을 때 이런 이슈를 고민해야 한다. 실제로 변화가 일어날 때까지 기다리고 현실을 '부인'하는 데 애쓴 조직은 자원이 말라버려 새로운 상황에 적응하기가 훨씬 어려울 것이다.

이런 문제를 다룰 방법은 기존의 비즈니스 아이디어와 관련 시나리오 세트를 병렬 배치해 적합성 정도를 알아보는 것이다(뒤의 〈그림 7〉 참고). 적합성이 낮으면 미래에 관한 새로운 생각이 구체화되기 시작할 때까지 비즈니스 아이디어와 시나리오를 서로의 맥락에서 분석하는 과정을 계속 진행해야 한다.

노력이 적게 들지도 않고 쉽지도 않다

좋은 시나리오는 사고 및 인식 수단이다. 시나리오는 고점과 저점을 예측하는 것이 아닌 새롭게 재구성된 관점을 뚜렷하게 만드는 일과 관련이 있다. 시나리오 워크숍에 참가한 사람들은 대부분 새롭게 통합된 방식으로 상황을 바라보면서 긍정적인 감정을 갖는다. 시나

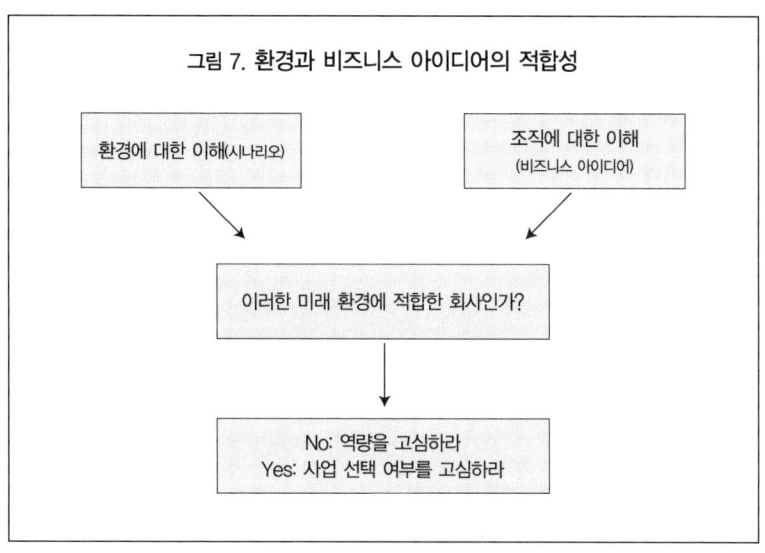

리오 기획이 최근 인기를 얻고 있는 것은 아마 이런 이유 때문일 것이다. 그러나 전체적으로 시나리오 기획이 조직의 안녕에 어떻게 이바지할지는 다소 파악하기 까다롭다. 시나리오 프로젝트의 성공 여부에 관한 우리의 연구에 따르면, 실제로 전략적인 영향력이 있는 시나리오 기획은 보통 범위 면에서 차이가 있었다. 시나리오를 수립할 때는 깊이 있는 연구와 분석을 반복했고, 거기서 나온 생각이 성숙하기까지 충분한 시간을 가졌다. 반면 단순한 시나리오 수립 프로젝트의 결과물은 아주 빨리 잊히는 경향을 보였다. '좋은 전략은 단순할 수 없다'는 논리가 확연히 드러나는 대목이다(만일 그렇지 않다면 누구나 모든 사람이 가는 길을 따라갈 것이다. 모든 사람이 따르는 전략은 좋은 전략이 될 수 없다).

시나리오 기획은 '공짜 점심'이 아니다.

5

조직의 비즈니스 아이디어

이번 장에서는 비즈니스 아이디어를 정의하고, 그 밑에 깔린 주요 원칙들을 논의할 것이다. 또 그 원칙들이 미친 영향력을 살펴볼 것이다. 지금까지 보았듯이 비즈니스 아이디어는 조직의 현재와 미래의 성공을 이끄는 조직의 멘탈 모델이다. 따라서 조직 학습을 가속화하려는 시나리오 기획자라면 비즈니스 아이디어를 구체화해야 한다. 구체화할 수 있어야 비즈니스 아이디어를 연구하고, 논의하며, 수정하고, 개선할 수 있기 때문이다.

우리는 이 책에서 사업 모델이라는 용어를 일부러 사용하지 않고 있다. 사업 모델은 고객 접점을 묘사할 때부터 복잡한 수학적 수익성 모델에 이르기까지 조직을 표현할 때 광범위하게 쓰는 용어다. 이에 비해 비즈니스 아이디어는 좀 더 구체적으로 정의한 개념으로, 성공에 필요한 모든 중요 요인을 유기적인 방식으로 통합하고 있다. 비즈니스 아이디어는 성공의 기본이 되는 것들을 하나의 포괄적인 표현 안에 구체적인 용어로 묘사한다. 비즈니스 아이디어는 조직의 도구로서 조직의 언어에 단단히 스며들게 된다. 조직의 언어는 합리적이다. 따라서 구체화된 비즈니스 아이디어가 조직 내에서 효과적으로 기능하려면 왜 조직이 과거에 성공했으며, 미래에도 성공하려면 어떻게 해야 하는지를 합리적으로 설명해야 한다. 그러려면 비즈니스 아이디어를 기본 원칙에 따라 형성할 필요가 있다.

수익 잠재력

기업은 가치를 창출할 때 성공한다. 이는 두 가지 방식으로 이루어질 수 있다.

- 이해 관계자들에게 이익을 남겨준다. 이해 관계자들은 이를 자신의 목적을 위해 사용하거나 (전체 혹은 일부를) 기업의 강점을 보호하고 개발하는 데 쓸 수 있다.
- 이해 관계자들에게 미래에 이익이 발생할 것이라는 기대를 준다. 미래의 이익은 성장을 위해 사용할 수 있을 것이다.

전략은 미래의 성공과 관련이 있다. 전략 목표는 장기적으로 기업의 가치 창조에 유리한 환경이 어떻게 만들어질지를 보여준다. 여기에 신뢰를 줌으로써 기대를 하게 만드는 것이다. 전략은 반드시 자신감을 심어줘야 한다. 그렇지 않을 경우 가치를 제시할 수 없다. 목적은 신뢰할 수 있는 수익 잠재력을 만들어내는 것이다. 이는 수익과는 다르다. 경영진은 수익성을 전략 하나에만 의존할 수는 없다. 전략이 수익 창출에 유리한 환경을 만들고 조직의 통일성을 높여 수익 창출을 용이하게 만들기는 하지만, 실제 수익은 매일매일의 직접적인 영업 활동에서 나온다. 이런 이유로, 전략과 수익을 일대일로 엮기에는 무리가 있다. 실행의 질 역시 수익 방정식의 한 부분이기 때문이다(다음 '전략과 수익성 변화' 참고).

사업 환경은 대체로 고도의 복잡성을 띤다. 그래서 시스템을 예측할 수 있는 기간이 보통 몇 달, 몇 년이 아닌 며칠 혹은 몇 주로 매우 짧다. 반면 경영상의 결정은 대개 장기적인 영향을 미친다. 경영상의 결정은 미래 수익 잠재력에 영향을 미치기에 그런 점에서 관심을 가질 필요가 있다.

수익 잠재력이라는 개념을 이해하기 위해 창업자의 사고 과정을 생각해보자. 창업자들은 먼저 고객 집단에게 가치를 제공해, 결국 고객들이 값을 지불할 것이라고 믿는 잠재 활동에 관한 아이디어에 집중한다. 여기서 아이디어는 수많은 요인과 역량을 모아 그 전에는 생각지도 못한 새롭고 차별화된 조합을 만듦으로써 고객 집단을 위한 가치를 만들어낼 수 있음을 구체적으로 보여준다. 창업자의 성공은 다음 세 가지 요인이 조합된 결과다.

- 고객에게 가치를 창조해주는 새로운 방법을 발견한다.
- 이런 가치를 창조할 새로운 역량 조합을 모은다.
- 생성된 가치를 일부 전용하기 위해 이 공식에 독창성을 부여한다.

▌전략과 수익성 변화

전략에는 성과를 개선할 가능성이 있지만, 실제 성과를 개선하려면 다음과 같은 일련의 일들이 발생해야 한다.

- 새로운 이해가 경영자의 멘탈 모델에 단단히 자리를 잡아야 한다.
- 새로운 이해가 성공 비결과 연결되어야 한다.
- 새로운 이해가 경쟁우위와 관련되어야 한다.
- 새로운 이해로 변화의 필요성을 인식하도록 해야 한다.
- 새로운 이해가 행동에 이르기 위한 임계점만큼의 의견 일치, 혹은 최소한의 합의를 경영진 내에서 만들어내야 한다.
- 새로운 이해가 변화 프로젝트로 바뀌어야 한다.
- 변화 프로젝트에 참가한 사람들이 인정받고 자극받아야 한다.
- 매일의 업무에 치이지 않고 항상 변화 프로젝트를 안건에 올리도록 리더십을 발휘해야 한다.

사슬의 강도는 그 사슬의 가장 약한 부분이 결정한다. 한 개인의 불이행은 프로젝트를 망친다. 그 사슬이 절대 끊어지지 않는다는 자신감이 있어야 수익 잠재력을 기대할 수 있다.

'제안(offerings)'은 고객의 가치 체계 안에서 공급자의 역량을 활용하기 위한 것이며, 판매자와 고객의 시스템을 하나로 연결하는 매개체다. 제안은 공급자와 고객이 만나는 온갖 종류의 접점을 모두 포함한다. 거기에는 광고 중인 제품뿐만 아니라 서비스, 위험 관리, 정보, 신뢰 등 무형의 것들도 있다. 노먼이 지적하듯, 제품 판매를 포

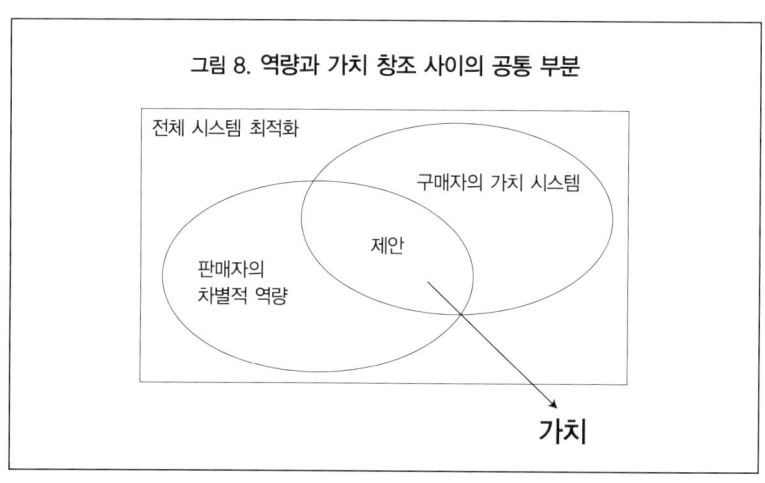

그림 8. 역량과 가치 창조 사이의 공통 부분

함한 각각의 상거래는 공급자와 고객 간의 일 분배로 볼 수 있다(Normann 1984). 따라서 성공적인 제품 개발은 전체 고객의 가치 체계 안에서 공급자의 역량이 미치는 영향력을 극대화하는 과정이 만들어낸 결과다.

고객 가치는 어디에서 오는가? 경제학자들은 거래 상황에서 수익 잠재력을 가리킬 때 '지대'라는 말을 사용한다. 경제학에서 지대는 희소성과 동일시된다. 만일 어떤 물건을 풍족하게 사용할 수 있는 효율적 시장이라고 가정했을 때 그 물건의 가격은 경쟁 때문에 (한계) 비용으로 결정된다. 이 경우 한계 공급자가 얻을 수 있는 수익 잠재력 혹은 지대는 거의 없을 것이다. 그러나 (특정 비용 수준의) 어떤 제품이 희소성을 띤다면 경쟁 상황은 발생하지 않는다. 이 경우, 가격은 제품의 비용이 아니라 고객이 대체 제품을 살 때 드는 비용으로 결정된다. 가격은 공급 비용을 상회할 수밖에 없다(그렇지 않다면 부족하지도 않았을 것이다). 따라서 공급자가 전용할 수 있는 수익 잠재력 혹은 지대가 생긴다. 공급자는 이 과정에 비용을 문다. 고객은 그 제품에서 가치를 얻고 대체품은 사지 않는다. 전체적으로 최상의 결과는 고객 가치와 공급자 비용 간의 격차를 극대화하는 제품을 만드는 것이다.

이렇게 최고치를 보여주는 제품은 보통 유형적 요소와 서비스 요소를 둘 다 포함한다. 제품은 어떤 측면에서 비용/편익 균형이 공급자 쪽으로 기울기도 하고(예 품질보증제), 때때로 그 균형이 구매자에게로 옮겨갈 때도 있다(예 셀프서비스, Normann & Ramirez 1994). 기업가는 전체 제안 안에서 유형의 제품과 서비스 요소를 묶은 최적의 조합을 찾으려 애쓴다. 그리하여 고객 가치 체계에서 공급자의 역량을 최대한 활용할 수 있기를 바란다.

비용을 제하고도 남은 가치 잉여분은 두 당사자가 나누어 갖는다. 고객 혹은 공급자가 얼마만큼의 가치를 나누어 갖는지는 각각의 협상력에 달려 있다(다음 내용 참고).

우리는 구조적인 수익 잠재력을 다른 이들이 쉽게 모방할 수 없는 차별적 방식으로 고객에게 가치를 창조해줄 수 있는 공급 시스템의 특성이라고 규정한다. 가치 창출과 독창성, 이 두 가지 측면은 서로 밀접한 관계가 있다. 가치 창출은 독창적인 특성을 지닌 시스템을 통해서만 사용할 수 있는 자원인 희소 자원에 대한 접근성과 관련이 있기 때문이다. 이 두 요소를 하나로 합치는 방법(부족한 상황에서 가치를 생성하고 유일무이한 공헌을 하는 것)을 담은 설명서가 바로 여기서 말하는 기업의 비즈니스 아이디어다.

차별적 역량

종종 기업가는 다른 이들이 새 조합을 쉽게 모방할 수 있음을 깨닫는다. 이는 진입 비용이 상대적으로 낮기 때문이다. 새로운 경쟁자가 떼로 몰려들면 자원의 희소성은 사라지고 성공은 오래가지 못한다. 그렇지 않으면, 역량 조합에 다른 이들이 쉽게 따라 하지 못할 차별성 혹은 독창성이 있을 것이다(Grant 1991, Kay 1993).

희소성은 흔히 말하는 자원 부족뿐만 아니라 분배 과정상의 실패로 인해 발생하기도 한다. 이런 분배 실패는 주로 정보와 투명성 부족에 기인한다. 이는 시장 실패로 이어진다. 희소성은 또한 공급자가 협상력을 발휘해 발생하기도 한다. 만일 공급자가 하나뿐이라면 그 회사는 시장 내에서 희소성을 유지해 그 자원이 항상 구매자에게 가치 있도록 만들려 할 것이다. 이런 식으로 강력한 비즈니스 아이디어는 생성된 가치의 많은 부분을 전유한다.

전유의 정도는 협상 과정에서 회사 대 고객의 협상력에 따라 달라진다. 고객의 협상력은 대체품을 찾을 수 있는지 여부에 따라 달라진다. 만일 시장에 구매자가 하나뿐이고 거의 같은 위치의 공급자가 수없이 많다면 공급자는 이윤을 창출하기 힘들 것이다. 방위산업체가 그 예다. 방위산업체는 주로 몇 안 되는 특별한 물건을 만들고 비용을 거의 넘지 않는 대가를 받는다(이는 정부가 자신들에게 장기간 의존하는 회사를 압박하는 방법이다). 고객이 아주 특별하다고 여길 만한 어떤 차별적 능력이나 역량을 만들어내지 않는 한 이들은 영원히 큰 성공은 거두지 못할 것이다. 가치를 유지하고 전유하는 방법은 유일한 혹은 지배적 공급자가 되는 것이다. 즉 특이한 요소가 든 제안을 제시하는 것만이 성공을 가져올 수 있다.

비즈니스 아이디어는 실제 혹은 잠재적 경쟁에서의 상대적 위치를 다루어야 한다. 그러나 여기서 말하는 경쟁이란 비용을 빼고 남은 가치 잉여분에 대한 경쟁이 아니다. 분명 같은 자원을 공급하는 사람들을 포함하기는 하지만 이들이 다는 아니다. 여기에는 전체 파이에서 자신이 갖는 부분을 늘리고 싶어 하는 다른 이들, 다음과 같은 이해 당사자들을 포함한다(Freeman 1984).

- 공급자
- 종업원
- 출자자
- 정부(세제)

궁극적으로 공급 회사가 가치를 전유하는 힘은 제품을 만드는 데 사용한 역량이 얼마나 독창적인 것인지에 따라 달라진다. 즉 공급 회사가 가치를 전유하려면 역량 그 자체가 혹은 서로 상호작용하는 역량 체계가 잠재적 경쟁자들이 모방하기 힘든 것이어야 한다.

차별적 역량이란 개념에서 '차별적'이란 말은 좀 더 설명이 필요하다. 회사의 '강점'과 차별적 역량은 다르다. 회사 스스로 강점이라고 믿는 많은 것들은 특이하지도 않을뿐더러 기존 혹은 새로운 경쟁자가 쉽게 모방할 수 있는 것들이다. 만일 인수나 제휴를 통해 어떤 강점을 취할 수 있다면 그 강점은 지대를 발생시킬 수 없다. 만일 어떤 비즈니스 아이디어가 이렇게 사고팔 수 있는 요소로만 이루어져 있다면 장기적 수익 잠재력은 취약할 수밖에 없다. 따라서 이러한 비즈니스 아이디어는 약한 비즈니스 아이디어다. 강한 비즈니스 아이디어는 시간이 흐르면서 조직 내에서 발생한 그 조직만의 요소를 담고 있다.

따라서 비즈니스 아이디어를 생각하는 사람이라면 반드시 선의의 비판자가 되어 일부러 반대 입장에서 질문을 해볼 필요가 있다. "이 공식의 특이한 점은 무엇이며, 왜 다른 이들이 모방할 수 없는가?"

티스(Teece 1986)는 차별적 역량이 발생하는 이유는 무엇이며, 왜 몇몇 성공 공식은 경쟁자들이 모방하지 못하는지에 관해 연구했다. 티스와 러멜트(Rumelt)가 규명한 '진입 장벽'을 근거로 우리는 차별성의 다섯 가지 원천을 찾아 두 가지 범주로 나누었다.

성문화되지 않은 조직의 지식
- 서로 인적 네트워크를 형성한 사람들 사이의 지식
- 정착된 과정 속 지식

매몰 비용/회수가 불가능한 투자
- 평판을 얻기 위한 투자
- 법적 보호를 위한 투자
- 특화된 자산에 대한 투자

암묵적이고 성문화되지 않은 조직의 지식에 근거한 역량은 모방할 수 없다. 그러나 독창적 지식 그 자체만으로는 충분하지 않다. 거기에는 중요한 조건이 있기 때문이다. 그 조건이란, 이런 역량이 반드시 기관인 회사에 속해 있어야 하며, 회사 구성원 개인이 독점하지 않는 것이어야 하는 것이다. 만일 회사의 사업 성공 여부를 한 전문가 개인에게 의존하고 있다면 결국 수익은 그 개인이 전유할 것이다(한 예로 미식축구 스타를 생각해보라). 이런 상황에서는 회사가 이런 강점을 지속 가능한 수익 잠재력으로 바꿀 수 없다. 그러나 조직의 지식에 근거한 비즈니스 아이디어라면 수익 잠재력을 유지할 수 있다. 그러므로 개인의 지식과 조직의 지식은 구별해야 한다. 종종 개인은 조직이 가진 강점에 힘입을 때만 개인적인 강점을 활용할 수 있다. 이런 도움은 유형의 것일 수도(예를 들어 컴퓨터 작업 시설과 같은) 무형의 것일 수도 있다(예를 들어 조직 내 동료들이 제공하는 상호 보완적 지식이라든지, 이야기를 전파해주는 '공명판(sounding board)' 기능과 같은 것). 조직의 지식의 토대는 서로 인적 네트워크를 형성한 사람들과 조직에 정착된 과정을 통해 만들어진다.

　차별성의 두 번째 원천은 경쟁자가 수익 잠재력을 다투려면 반드시 비용을 지불하게끔 만드는 것과 관련이 있다. 예를 들어 새로운 경쟁자가 기존 업체들이 이미 해놓은 투자를 똑같이 해야 하는 경우가 있다. 만일 이런 투자로 그간 발생한 비용을 건질 수 없다면 새로운 경쟁자는 기본적으로 무에 투자한 것이 된다. 그러나 여기서 우리는 '기회비용' 원칙을 적용할 수 있다. 만일 이런 투자를 시장성이 있는 자산을 대상으로 한다면 자산의 시장가치에 따라 비용이 당연히 발생할 것이다. 그렇게 되면 기존 업체와 신규 업체 간의 경쟁력 차이는 사라진다. 이때 기존 업체들은 신규 업체가 매입을 고려해야 하는 것처럼 자신들의 자산을 현금화할지를 고려해야 한다. 즉 신규 진입자에게는 처음에 투자를 하는 것이 장벽이 되듯이, 기존 업체들에게는 자산을 팔지 않는 것이 장벽이 된다. 그러나 많은 투자를 했을 경우, 적어도 어느 정도는 회수가 불가능하다는 점에서 기존 업체들은 신규 진입자가 마주한 경제적 판단을 할 필요가 없다. 그러므로 기존 업체들의 기회비용은 상대적으로 낮다.

차별적 역량의 예

다음에 나오는 차별적 역량들은 이런 원칙을 분명히 보여준다.

조직의 지식
- 조직의 연구 개발 역량
- 기업의 노하우
- 기능적 지식 풀
- 고객 가치 체계에 대한 지식
- 공유된 가정과 가치

정착된 과정
- 리더십 스타일과 헌신
- 고객 접근성
- 유통 경로 접근성
- 정부와 맺은 제도적 관계

- 내부 의사소통, 체계·문화
- 회사에 대한 직원의 심리적 공감, 직원의 헌신

평판과 신뢰
- 브랜드
- 지배 규모와 존재감
- 기반 조성
- 재정적 영향력

법적 보호
- 양허계약
- 특허권
- 주요 부지 소유권

활동과 관련한 특정 자산
- 지배 규모, 시장점유율, 이미지에 대한 투자
- 부지, 탐사, 실험, 특수 장비 등에 대한 매몰 비용
- 유통과 같은 규모의 경제에 대한 투자(예를 들면 낮은 재고량, 낮은 단위 간접비)
- 생산 시설에 대한 최초 투자

독창성은 차별적 역량 그 자체에서 혹은 그것들의 조합에서 나올 수 있다. 아마도 구체적인 차별적 역량의 어떤 측면을 모방하기 어

렵기 때문일 것이다. 그러나 가장 강력한 비즈니스 아이디어는 독창적인 역량 세트에서 유래한다. 역량들이 체계적으로 결합된 방식 때문이다. 강력한 비즈니스 아이디어는 상호 보완하는 차별적 역량을 포함한다. 몇 안 되는 역량들 사이에서 일어나는 이런 시너지는 완전히 다른 수준의 강점을 지닌 차별성을 만들어낸다. 이에 대한 좋은 예로 이케아(IKEA)가 있다. 이케아는 가구 산업과 가구 구매자 사이에서 '일의 범위를 새롭게 분할하여' 가치를 만들어냈다. 뿐만 아니라 조직의 지식(디자인, 글로벌 생산, 쇼핑 방식, 고객의 능력, 공급 시스템 등)과 가구 산업에서 가장 중요한 제조 및 소매 시스템에 대한 투자를 결합하여 하나의 고유한 역량 체계를 만들어내 가치를 창출할 수 있었다. 많은 이들이 이케아를 따라 하려고 하지만 (아직까지는) 그 누구도 완전한 공식을 따라 하지 못했다.

이케아의 예처럼 비즈니스 아이디어 저변에 깔린 일련의 차별적 역량들을 강화할 경우 전체 비즈니스 아이디어는 특히 더 강력해지고 모방하기가 어렵다. 바로 이런 이유 때문에 (이 같은 상호 간의 인과관계를 보여주는 방식인) 인과 고리를 도식화하는 작업이 성공 원동력에 대한 이해를 높일 수 있다(다음의 내용 참고).

차별적 역량은 시간이 흐르면서 그 가치가 떨어진다. 사업은 늘 변하고, 변화는 조직의 삶에서 빼놓을 수 없는 부분이다. 끊임없이 진화하는 세상에서 살아남기 위해서는 조직의 비즈니스 아이디어를 계속 업데이트해야 한다. 두 가지 이유에서 비즈니스 아이디어의 갱신은 반드시 필요하다.

- 결국에는 경쟁자가 차별적 역량의 핵심을 모방할 방법을 찾아내거나
- 고객의 가치가 진화함에 따라 차별적 역량과 고객 가치 체계 사이의 겹치는 부분이 줄어든다.

결과적으로 비즈니스 아이디어가 영원히 통할 수는 없다. 갱신 작업이 계속 필요하다는 뜻이다. 기존의 차별적 역량은 강화하고 새로운 역량을 개발해야 한다. 물론 기업가적 발명과 행운으로 새로운 차별적 역량을 만들 잠재력과 통찰력이 있는 조직이 되었을 수도 있다. 하지만 보통 새로운 차별적 역량은 기존에 있던 것을 개선해나가는 과정을 통해 만들어진다. 그 조직이 가진 차별성의 원천이 그것밖에 없기 때문이다.

슈메이커(Schoemaker 1992)는 차별적 역량의 본질을 분석했다. 그는 차별성의 특징을 이렇게 요약한다.

- 투자는 대체로 회수할 수 없다.
- 차별적 역량은 다른 기업에 이전(판매)할 수 없다.
- 투자를 지속적으로 늘리더라도 발전을 가속화하는 데는 한계가 있다.
- 발전은 집단 학습과 정보 공유를 통한 점진적인 진화 과정이다.
- 강력한 비즈니스 아이디어는 서로 상승작용을 일으키며 강화하는 다수의 차별적 역량을 활용한다.
- 차별적 역량은 고객 관점의 경쟁우위를 창출한다.

경쟁우위

만일 비즈니스 아이디어와 그 차별적 역량이 효과적이라면 경쟁우위를 만들어낼 수 있다. 경쟁우위를 수익 잠재력으로 바꾸는 데는 두 가지 방식이 있다(Porter 1985).

- 차별적 역량을 이용해 차별화된 제품을 만든다. 차별화된 제품의 특성은 경쟁을 불허한다는 것이다. 이런 이유로 고객은 기꺼이 높은 가격을 지불한다. 수익 잠재력은 높은 가격에서 나온다.
- 차별적 역량을 이용해 (차별화되지 않은) 제품을 저비용으로 생산하는 독창적인 방식을 개발한다. 이로 인해 공급자는 경쟁력 있는 가격에 제품을 제공하고도 비용 절감에서 온 추가 수익으로 수익률을 높일 수 있다. 이때 수익 잠재력은 비용 우위에서 온다.

제품 차별화

고객에게 지속적으로 추가 가치를 제공하며 남다른 제품을 만들 수 있는 기업은 경쟁우위를 누린다. 경쟁자들이 그 회사의 차별적 요소와 경쟁하지 못하는 한 그 기업은 추가 고객 가치의 일부를 전유할 수 있다.

제품 차별화를 가져오는 원천에는 두 가지 유형이 있다(Normann & Ramirez 1994).

- 생성 요인: 품질, 디자인, 원가, 유용성, 지원 등의 면에서 독창적인 속성을 가진 제안을 만들어낼 수 있는 능력

- 관계 요인: 신뢰, 접근, 효율적 의사소통과 같은 면에서 고객과 접촉하고 이해하는 역동적 능력

차별화를 하려면 무엇이 고객을 위한 가치를 만들어내는지를 깊이 이해해야 한다. 공급자의 차별적 역량은 경쟁자보다 '고객의 마음을 더 잘 읽는' 능력에 기반을 둔다. 고객의 욕구를 조사하는 것만으로는 부족하다. 공급자가 역량 부족으로 인해 고객들의 욕구를 충족할 가능성을 찾지 못한다면 고객들은 자신들의 욕구를 구체화할 수 없다. 독창적이고 차별화된 제품은 전체 고객·공급자 시스템을 최적화했을 때 비로소 만들어낼 수 있다. 이는 개념적으로 이야기하자면 통합 기획이라 할 수 있다. 제품을 연구하는 것만으로는 부족하다. 차별화된 제품을 만들려면 기업은 계속 콘셉트를 고민하고 새로운 기회를 찾아 전체 고객·공급자 시스템을 연구해야 한다.

구조적 비용 우위

가끔은 고객 가치를 비교적 정하기 쉬울 때도 있다. 이런 일은 제품이 '상품'이 되었을 때 일어난다. 이는 개방된 시장 거래로 표준화되고 제품을 만들어 그 제품을 거래하는 시장이 지속적으로 존재하여 시장가격을 알아볼 수 있을 때를 말한다. 이 경우, 개별 공급자가 고객에게 기여하는 가치는 이미 정해진 제품의 시장가격과 같다 (왜냐하면 고객에게는 그 가격에 그 제품을 살 수 있는 다른 기회가 수없이 많기 때문이다). 상품 시장이라 할지라도 비용 면에서 유일하게 월등한 상황을 이용해 큰 장기 수익 잠재력을 만들어낼 수 있다.

구조적 비용 우위의 한 예로 채굴료가 있다. 예를 들어 어떤 광업 회사가 양허 계약을 맺어 특별히 싼 비용으로 석탄을 채굴할 특권을 갖고 있다고 하자. 그러면 회사의 수익 잠재력은 보장된다. 사우디아라비아 같은 나라들의 석유 매장량은 채굴료의 대표적인 사례다. 이 석유를 채굴할 권리가 있는 이들은 수익을 얻을 수밖에 없다. 채굴료는 모든 석유·가스 회사들의 주요 수익 발생원이다.

많은 기업가들은 어느 정도 독창적인 고객 가치를 만들어낼 수 있어야 한다고 믿는다. 이 때문에 기업들은 차별화된 제안을 만들어 스스로를 차별화하기 위해 노력한다. 그러나 몇몇 기업은 상품 시장을 전략적 출발점으로 받아들이고 유일하게 유리한 비용 지위를 만들어내는 데 전념한다.

비즈니스 아이디어의 체계 구조

경영진이 생각할 수 있는 전략이라고 하더라도 무엇이든 그들 스스로가 선택할 수 있는 것은 아니다. 선택 가능한 전략은 반드시 일련의 차별적 역량에 기초를 두어야 한다. 이 차별적 역량들은 어떤 비즈니스 아이디어 내에서 상호작용을 통해 차별화된 제품 혹은 구조적 비용 우위를 창출한다. 비즈니스 아이디어는 근본이다. 경쟁우위는 비즈니스 아이디어가 발현된 것이다. 전략은 이를 바탕으로 해야 한다. 비즈니스 아이디어를 구체화하는 과정은 주로 그 회사가 활용한 경쟁우위(차별화 또는 비용 우위, 혹은 둘 다)를 규명하는 것에서 시작한다. 그런 다음 '차별성' 테스트를 통과한 특징들이 모두 드러날 때까지 이런 경쟁우위의 근본 원인을 찾는다. 위에서 논의했다시피, 차별적 역량은 시간이 흐르면서 가치가 떨어진다. 그러므로 회사는 비즈니스 아이디어를 유지하고 갱신하는 데 자원을 쏟아부어야 한다. 여기에 쓰는 자원은 비즈니스 아이디어를 활용하여 얻는다. 비즈니스 아이디어는 '강화 피드백 순환'을 포함한다. 따라서 경쟁우위는 자원과 지식을 만들어낸다. 그리고 자원과 지식은 경쟁 우위를 이끄는 기능을 강화하는 데 쓰인다. 경쟁우위는 더 많은 자원을 만들어낸다. 이런 식으로 계속 돌고 돈다. 이런 순환으로 말미암아 지속적인 성공과 성장이 가능하다. 그러나 강화 피드백 순환이 몰락으로 이어질 때도 있다(경쟁우위가 악화되면 자원을 적게 얻게 되고, 부족한 자원이 역량을 악화시킨다. 그러면 약화된 역량이 다시 경쟁우위를 악화시키는 식이다). 경영진의 주요 관심사는 이 강화 순환이 계속해서 상승작용을 일으키도록 하는 것이다. 베이트슨(Bateson 1967)은 조직의 기본 성질을 이해하려면 조직을 내·외부가 통합된 관계 네트워크상의 인공두뇌적 순환 체계로 개념화하는 방법밖에 없다고 말했다. 사람들은 이런 네트워크를 통해 서로에게 영향을 미친다. 여기서 영향력은 아래뿐만 아니라 위로도 퍼진다. 앞서 우리는 공급자가 고객에게 영향을 미치는 만큼 고객도 공급자에게 영향을 미친다는 사실을 확인했다. 계층이 공식적인 관계를 보여주는 반면 비공식적인 영향력은 간접적인 효과를 가진 긴 경로를 돌고 돈다. 비공식적인 영향력 순환은 사회 체계에 막대한 영향을 미친다. 종종 계층보다도 더 많은 영향력을 행사한다. 순환은 조직의 행태와 그로 인한 정체성을 결정한다. 베이트슨의 주장에 따르면, 여러분이 조직의 물리적 혹은 법적 대표에만 신경을 쓸 경우 조직과 변화를 이끄는 기본적인 형성력을 완전히 간과할 수도 있다.

회사는 회사의 성장을 가져오는 하나의 지배적 강화 피드백 순환 체계다. 즉 비즈니스 아이디어가 유리한 상태를 유지하도록 디자인된 균형 잡힌 피드백 순환 체계로 해석할 수 있다.

지금까지 살펴본 것을 요약해보면, 비즈니스 아이디어를 완전하게 규정하기 위해서는 다음과 같은 네 가지 요소를 명시해야 한다.

1. 창출된 사회 및 고객 가치(즉 다루어진 희소성).
2. 활용된 경쟁우위의 속성(차별화 혹은 구조적 비용 우위).
3. 차별적 역량, 이들은 서로 강화하는 상호작용을 거치며 경쟁 우위를 만들어낸다.

이후 이 세 가지 요소는 네 번째 요소 안에 배열해야 한다.

4. 강화 피드백 순환, 강화 피드백 순환 내에서 발생한 자원은 성장을 가져온다.

비즈니스 아이디어는 그 체계적 속성 때문에 영향력 도표로 표현할 때 가장 잘 이해할 수 있다.

〈그림 9〉는 비즈니스 아이디어를 일반적인 형태로 보여준다. 여기에는 처음 비즈니스 아이디어를 만들어낼 때 기업가적 발명의 역할

뿐만 아니라 앞서 언급했던 요소들이 모두 포함되어 있다.

〈그림 9〉는 영향력 도표의 한 예로 검토 중인 상황 속 핵심 변수들 간의 인과관계를 화살표로 보여준다. 화살의 앞머리는 화살의 꼬리 쪽 변수로 인해 파생된 효과를 가리킨다. 만일 어떤 화살에 더하기 부호가 달려 있거나 아무런 부호도 없다면(〈그림 9〉에서처럼) 화살의 앞뒤 양 변수는 모두 같은 방향으로 변한다. 원인이 되는 변수가 커지면 효과도 커진다. 원인이 되는 변수가 작아지면 효과도 작아진다. 만일 마이너스 부호가 있다면 서로 반대로 움직인다. 즉 원인이 증가하면 효과는 줄어들고 원인이 줄어들면 효과는 커지는 식이다.

〈그림 9〉에서 (높은 가격 혹은 비용 우위로 인해) 경쟁우위가 높아지면 그로 인한 결과는 좋아진다. 좋아진 결과는 자원 증가를 낳고 이는 자산에 대한 투자 혹은 학습을 통한 차별적 역량 강화를 가능케 한다. 강화된 차별적 역량은 경쟁우위의 기본인 일련의 독창적인 활동을 강화한다. 결국 이런 식으로 앞서 논의한 강화 피드백 순환이 완성된다.

이 일반 도표는 사회에서 증가하는 욕구에 대한 뛰어난 이해로 촉발된 한 기업가적 발명이 어떻게 독창적 활동들을 만들었는지를 보여준다. 이것이 바로 이 책의 중심 주제다. 조직과 사업의 생존과 성공은 결국 처음의 독창적 발명에서 얻은 독창적인 능력의 개발에 달려 있다. 그리고 기업가적 첫 발명은 새롭고 독창적인 이해를 얻고 나서야 가능한 일이다. 우리가 전략 수립을 하는 것은 전부 우리가 새로운 방식으로 세상을 바라봄으로써 이전에는 보지 못한 어떤 발견을 하기 위한 것이다. 시나리오를 토대로 한 전략 수립도 마찬가

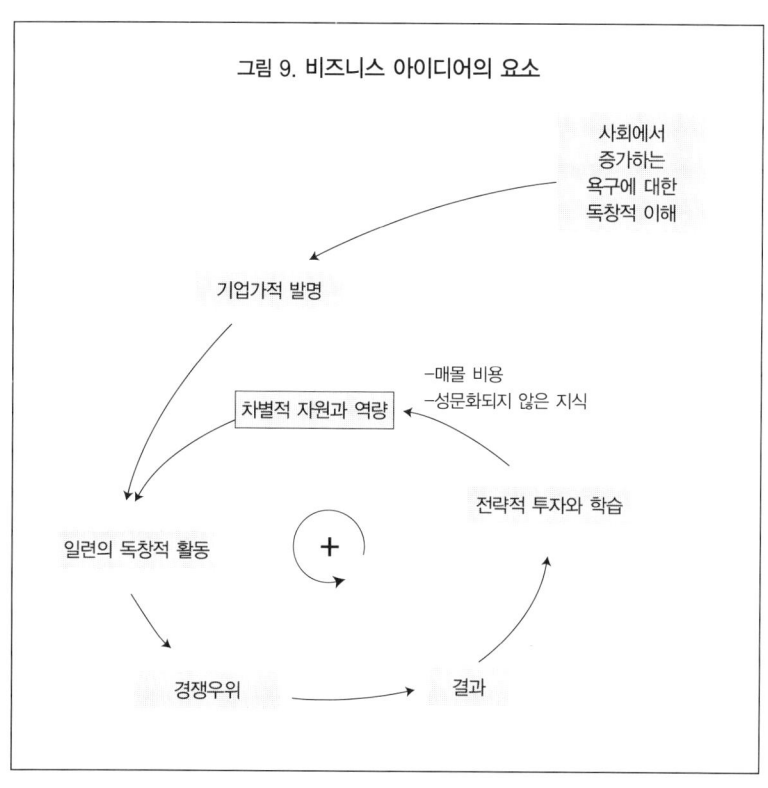

지다. 지금까지 보았듯이 사람들이 시나리오 기획에 참여하기로 결정하는 데는 여러 가지 이유가 있다. 그러나 이런 이유는 모두 새롭고 독창적인 이해를 얻는다는 하나의 궁극적 목표를 향한 하위 목표일 뿐이다(뿐이어야 한다). 성공은 독창성을 뜻한다. 결국 새롭고 독창적인 이해가 없다면 우리의 전략 수립 노력은 모두 물거품이 될 것이다. 독창적인 이해를 얻는 것은 모든 전략 수립 작업의 최종 성공 기준이다.

비즈니스 아이디어의 예

구체적인 비즈니스 아이디어 도표는 일반 도표의 요소들을 포함한다. 차이점이라면 일반 도표의 요소들과 그 요소들 간의 상호 관계가 구체적으로 표현되어 있는 것이다. 이와 관련해, 몇 가지 예를 살펴보는 편이 이해가 빠를 것이다.

킨더케어

첫 번째 사례는 미국 사립 어린이집 업계의 선두 주자인 킨더케어(KinderCare)에서 비즈니스 아이디어를 만든 일이다. 다음의 분석은 킨더케어 창업자 본인의 의견을 토대로 했다(Smith & Brown 1986, Bougon & Komocar 1990).

킨더케어는 페리 멘델(Perry Mendel)이 혁신적인 보육에 대한 욕구를 감지하여 세운 회사다. 그는 많은 부모들이 평범하게 아이를 돌봐주는 기존의 어린이집에 아이를 맡길 때 죄책감을 느끼는 점에 착안했다. 그가 발휘한 기업가적 아이디어는 아이들을 돌볼 뿐만 아니라 아이들에게 예비 학교와 비슷한 학습 환경을 제공하는 센터를 만들어 부모들이 호의를 품을 수 있도록 좋은 이미지를 심는 것이었다. 그의 이런 의도는 킨더케어 시설을 지칭하는 '교육 센터'라는 용어에서 매우 강하게 드러난다. 교육 센터의 프랜차이즈화를 시도하던 초기, 멘델은 프랜차이즈에 가장 적합한 인물 유형이 전직 교사라는 사실을 발견했다. 전직 교사들은 부모들에게 이 센터가 보통의 어린이집이 아닌 교육의 핵심 요소를 제공하는 곳이라는 확신을 심어줄 수 있었다. 그러나 이들은 보통 직업적 전문성은 갖추고 있었으나 프랜차이즈를 운영하는 데 필요한 경영과 재무 관련 지식(혹은 관심)은 없었다. 따라서 교육 센터가 재정적으로 성공을 거두기 위해서는 킨더케어 본사의 도움과 관리가 절실했다.

이런 관찰 결과를 토대로 하나의 순환 체계 안에서 일련의 상호의존성을 발생시키는 전략을 세웠다. 〈그림 10〉은 멘델의 이야기를 토대로 부곤이 만든 도표를 발췌한 것이다(Bougon & Komocar 1990).

킨더케어의 시스템을 이해하려면 킨더케어의 비즈니스 아이디어를 형성하고 있는 다음의 네 가지 요소를 살펴볼 필요가 있다.

① 창출된 사회 및 고객 가치

킨더케어의 고객 가치 창출은 많은 부모들이 보육 중심의 일반적인 어린이집에 자녀를 맡기는 데 만족하지 못하고 있다는 인식에서 출발한다. 학습 환경을 제공하여 이런 문제를 해결할 가능성을 제시한 덕분에 부모들은 자녀들을 킨더케어의 교육 센터에 보내고 홀가분한 마음으로 전에는 적당치 않다고 생각했던 일자리를 찾아 나설 수 있었다. 킨더케어 창업자의 비즈니스 아이디어는 자원의 재분배 혹은 추가 소득 발생을 통한 고객 가치를 만들어냈다.

② 활용된 경쟁우위의 속성

킨더케어의 운영 목표는 새롭고 강화된 제품을 제공하는 것이다. 즉 주로 신뢰에 바탕을 둔 차별적 특성을 통해 고객 가치를 창출하는 것이다. 킨더케어는 비용 우위를 추구하지 않는다.

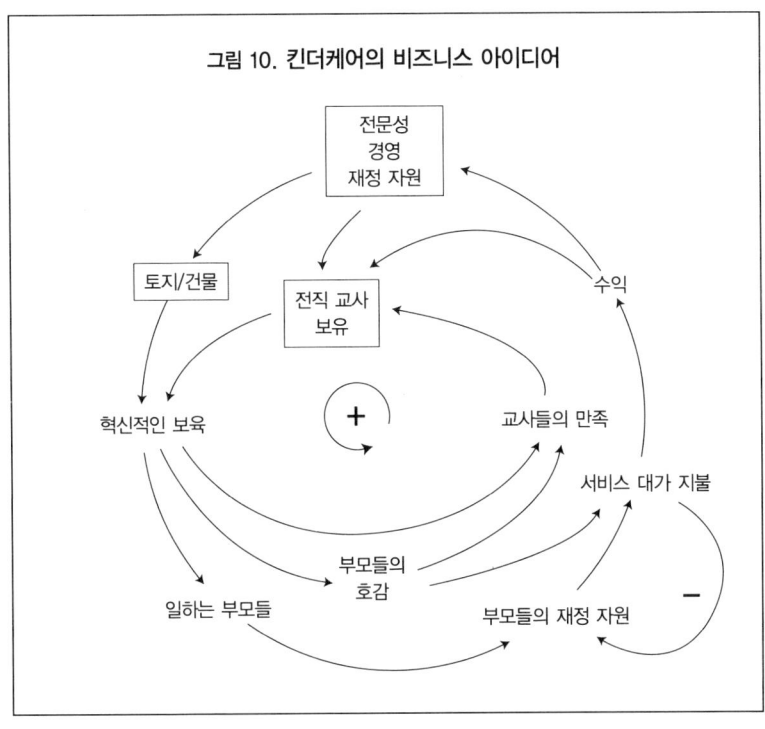

그림 10. 킨더케어의 비즈니스 아이디어

③ 서로 강화하는 형태로 결합된 차별적 역량들

킨더케어는 멘델의 아이디어를 실현하고자 많은 역량을 개발했다.

- 꼭 필요한 개인의 특성에 관한 지식
- 필요한 시설에 대한 지식
- 경영관리 체계와 전문 지식
- 특수 시설에 대한 접근
- 부모들의 신뢰를 얻기 위한 교육기관으로서 평판과 이미지

이런 역량들은 도표에도 나타나 있듯이 서로를 강화한다. 이때 적절한 인물(이 또한 희소 자원이다)의 고용 그 자체가 회사의 차별적 역량을 구성하고 있지 않음을 주의해야 한다. 교사 고용 그 자체로 창출된 가치는 결과적으로 꼭 필요한 특성을 가진 개인들이 전유하고 거기서 회사가 얻는 수익은 없다. 킨더케어가 만들어낸 그만의 차별성은 교사들이 교사 특유의 전문성을 발휘할 수 있는 시스템을 만든 것이다.

④ 성장을 이끄는 강화 피드백 순환

킨더케어 시스템에는 수많은 순환이 돌고 있다. 예를 들어 보육 방법이 혁신적일수록 교사의 만족도가 높아진다. 교사의 높은 만족도는 의욕적인 전직 교사들을 더 많이 보유할 수 있게 해준다. 이는 더 혁신적인 보육을 이끈다. 혹은 혁신적인 보육은 부모들이 더 많은 일 혹은 종일 근무를 하면서 느끼는 죄책감을 덜어주어 부모들이 좀 더 혁신적인 보육 서비스를 받기 위해 기꺼이 대가를 지불할 의지를 높인다.

우리는 여기서 주요 전략 순환이 양성 피드백 순환임을 알 수 있다. 이는 킨더케어의 성장을 잘 설명해준다. 혁신적인 보육은 소비자들이 서비스에 대가를 지불하게 만든다. 이는 경영 및 재정 역량에 더 많은 투자를 할 수 있도록 한다. 높아진 경영 및 재정 역량은 혁신적 보육을 질적·양적으로 확대시킨다. 킨더케어의 비즈니스 아이디어를 구성하는 각각의 역량을 모방하기는 그리 어렵지 않아 보인다. 그런데도 킨더케어가 승승장구할 수 있었던 까닭은 그 아이디어의 역동적 속성과 상대적으로 느린 경쟁사들의 반응에 있다. 경쟁사들이 따라잡을 수 없을 만큼 빠르게 성장함으로써 킨더케어는 규모의 경제 효과를 극대화했다. 경쟁사들이 따라잡을 능력을 갖추기 훨씬 전부터 킨더케어란 이름과 관련한 경영관리 체계와 평판을 세우고 강화함으로써 신규 진입자의 진입을 막는 장벽을 형성했다. 물론 이 장벽이 지속적인 경쟁우위를 보장해줄 만큼 충분히 높은지는 검토해볼 필요가 있다.

어떤 건설 회사의 비즈니스 아이디어

〈그림 11〉은 어떤 건설 회사의 비즈니스 아이디어를 도표로 보여준다. 건설 프로젝트는 대다수 고객에게 앞으로 상당 기간 필요한, 상대적으로 중요한 투자인 경우가 많다. 그 결과 건설업계의 고객들은 위험 회피적 성향을 띤다. 구입하기 전에 확인을 할 수 없는 제품의 특성상 해당 건설 회사가 기존에 보여준 작업 품질에 대한 평판은 매우 중요하다. 건설 회사는 '기존 건축물'을 통해 자신들이 제공하는 제품의 품질을 입증할 수 있어야 한다. 따라서 이미 자리를 확실히 잡은 회사들은 양의 피드백 순환에 의해 보호받는다. 기존 건축물로 새 계약에 필요한 품질에 대한 평판을 얻고, 그 평판이 다시 새로운 계약으로 이어져 기존 건축물이 추가되는 식이다. 이런 양의 피드백 순환은 신규 진입을 막는 상당한 진입 장벽이 될 뿐만 아니라 인정받는 건설 회사라면 갖추고 있는 비즈니스 아이디어의 기본적인 부분이기도 하다.

그러나 회사의 성공을 전적으로 이 피드백 순환에만 의지할 수는

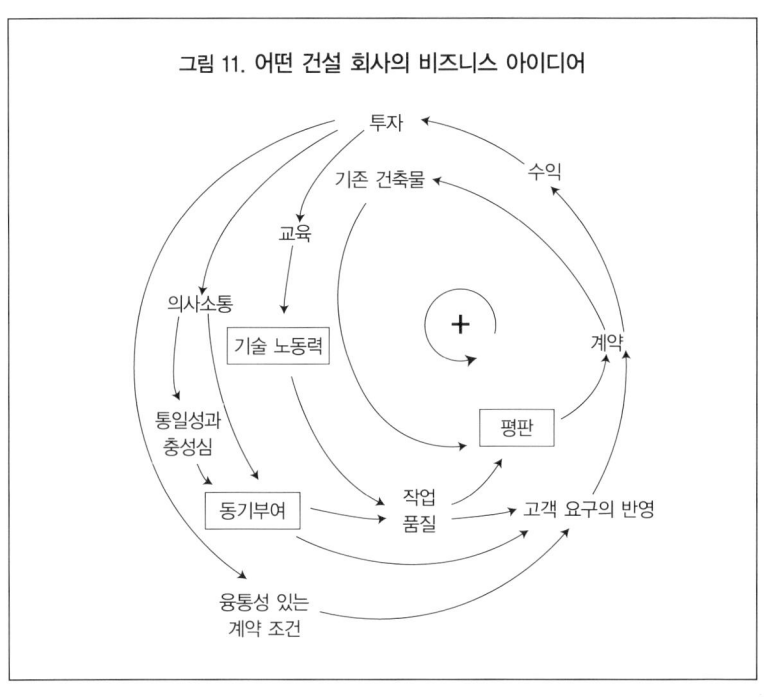

그림 11. 어떤 건설 회사의 비즈니스 아이디어

없다. 산업 내에서 이미 인정받는 회사들 간에도 경쟁을 벌일 가능성이 있을뿐더러 가끔씩 신규 진입자들이 진입 장벽을 넘고 들어오기 위해 투자를 하기도 하기 때문이다. 이런 이유로, 회사는 회사특유의 차별적 역량을 이용해 비즈니스 아이디어를 강화할 필요가 있다.

한 예로 〈그림 11〉은 어떤 건설 회사가 위험 회피적인 고객의 욕구에 대응하는 모습을 보여준다. 이 회사는 기존의 법률 중심적인 회사가 아니었다. 또한 계약을 수정할 때마다 수익을 내려 하면서 때때로 고객과 대립각을 세우는 고객과 계약자의 관계에서 벗어난 회사였다. 게다가 고객에게 회사가 유연하고 협조적인 사업 파트너로 인식될 수 있도록 하는 내부 문화를 가지고 있었다. 이렇게 고객과 협력하는 관계를 형성하려면 다음과 같은 요소가 필요하다.

- 협력 관계를 바탕에 둔 내부 문화. 〈그림 11〉에 나온 회사는 조직적인 조치와 사람에 대한 투자로 이런 문화를 개발하고 활성화했다.
- 고객의 특성에 맞춰 계약 조건을 개발하는 융통성 있는 접근법. 이 회사는 모든 계약을 개별 고객의 요구 사항에 맞춰 진행하는 역량을 기르는 데 많은 투자를 했다.
- 모든 계약의 구체적인 자금 조달 요건에 맞출 정도의 재정 건전성.

이런 방식으로 이 회사는 서로 대립하지 않는 협력 관계를 통해 품질만 보장된다면 기꺼이 높은 가격을 지불할 수 있는 고객들이 있는 틈새시장에서 한발 앞서 나가고 있다.

〈그림 11〉에 나온 비즈니스 아이디어의 강점은 기업 문화 정착에 있다. 기업 문화를 바꾸려면 몇 달이 아닌 수년간 신중히 평가한 장기 프로젝트를 가동해야 한다. 지난날 기업 문화에 투자한 기업들은 기업의 행동 특성과 고객의 욕구가 잘 맞아떨어지는 한 걱정하지 않아도 된다.

성장의 한계

킨더케어의 예는 균형 피드백 순환을 포함한다. 이 균형 피드백 순환은 앞서 설명한 대로 결국 강화 피드백 순환을 통해 성장을 제한할 것이다. 균형 피드백 순환은 수요의 포화 상태로 인해 기업 활동의 성장세가 누그러질 것임을 의미한다. 부모들의 재정적 한계로 인해 지불 의사와 함께 고객 가치 창출도 한계에 부딪힐 것이다. 포터의 5세력 경쟁 모델(Porter 1980)은 비즈니스 아이디어의 성장 한계를 파악하는 데 유용한 다음과 같은 틀을 제공한다.

- 수요 한계
- 공급 한계
- 경쟁 한계
- 신규 진입자가 생길 가능성으로 인한 한계
- 대안과 대체 상품이 생길 가능성으로 인한 한계

킨더케어의 예는 수요가 비즈니스 아이디어를 제한하는 모습을 잘 보여준다. 다른 한계 유형의 예로는 다음과 같은 것이 있을 수 있다.

- 공급 한계. 광업회사의 비즈니스 아이디어는 보통 양허 계약을 통한 '법적 보호'에 기반을 둔다. 그러나 이용할 수 있는 다른 매장지가 없는 등의 이유로 광업회사가 양허 계약을 연장하지 못할 수도 있다. 이 경우, 비즈니스 아이디어는 공급자 측에 의해 이용이 제한된다. 즉 이용 가능한 매장지가 있느냐에 따라 좌우된다.
- 경쟁 한계. 과점 시장에서 성장하고 있는 회사라면 비즈니스 아이디어를 활용하여 회사의 시장 지배력이 지나치게 높아질 경우 경쟁사들의 앙갚음이 있을 것임을 반드시 예상해야 한다.

- 모든 차별적 역량은 가치가 떨어진다. 결국 모든 비즈니스 아이디어는 어느 정도 대가를 치르면 모방할 수 있다. 성공적인 비즈니스 아이디어를 가진 회사가 성장 곡선을 따라 커나가다 보면, 신규 진입자들이 모방 비용을 들여서라도 대체 공급 업체로 시장에 진입하고 싶을 정도로 매력적으로 보이는 순간이 온다.
- 대체 상품의 경우도 마찬가지다.

지금까지 제시한 예들에서 우리는 기업이 성장을 하다 보면 어느 시점에는 비즈니스 아이디어 속에 균형 피드백 순환이 들어오는 모습을 목격했다. 그리고 그로 인해 회사의 이익 창출 잠재력은 줄어들고 결국에는 사라질 것이다. 그 시기가 오면 성장은 멈출 수밖에 없다.

그러나 균형 피드백 순환이 그 비즈니스 아이디어 고유의 것이라면 균형 피드백 순환으로 인해 비즈니스 아이디어가 무효가 되지는 않는다. 예를 들어 부모들의 재정 능력은 킨더케어의 사업 범위를 제한하지만 사업 자체를 없애지는 않는다. 오히려 어떤 독립적인 원천에서 이를 보상하기 위한 보상 균형 피드백이 발생한다면 상황이 더욱 위험할 수 있다. 왜냐하면 보상 균형 피드백이 기존의 강화 순환을 압도할 가능성이 있기 때문이다. 예를 들어 기존의 혹은 새로운 경쟁으로 인해 생겨난 균형 피드백 순환은 공급 한계 혹은 수요 한계로 인해 발생한 균형 피드백 순환보다 더 위험하다.

비즈니스 아이디어의 수준

경영팀이 조직의 목적을 추구하는 곳이라면 어디든지 비즈니스 아이디어가 생겨난다. 경영팀은 조직의 최고위층뿐만 아니라 개별 사업 부문에 이르기까지 조직의 여러 계층에서 발견할 수 있다. 당연히 비즈니스 아이디어 역시 이 모든 계층에서 발견할 수 있다.

사업 부문은 외부 고객을 상대한다. 따라서 외부 고객에게서 정보를 얻을 수만 있다면 고객 가치에 기여하는 방법은 비교적 쉽게 찾을 수 있다. 이를 시작으로 사업 부문 및 전사 부문 내 어떤 차별적 역량이 고객 가치 창출에 기여하는지를 알아봄으로써 비즈니스 아이디어를 구체화할 수 있다.

현재의 비즈니스 아이디어를 정의하고 나면 경영진은 이제 미래의 비즈니스 아이디어에 대해 생각해봐야 한다. 사업 부문 수준에서 이 일은 우선 "미래 고객을 위한 가치 창출이란 어떤 것인가"란 질문을 중심으로 돌아간다. 이는 창조적인 일이다. 기존 고객에게 물어보는 것은 아무런 도움이 되지 않는다. 고객들 역시 공급자 측에서 지금은 알려져 있지 않은 새로운 무언가를 기여할 경우 자신들의 가치 시스템이 어떤 식으로 바뀌게 될지 알지 못하기 때문이다.

전사 경영팀이 수많은 사업 부문을 지휘 감독하는 회사에서 전사적 비즈니스 아이디어를 구체화하는 일은 특히나 어려운 도전 과제다. 일단 외부 고객과 한 단계 떨어져 있다는 사실이 일을 더욱 복잡하게 만든다. 전사 부문은 외부 고객과 교류하지 않는다. 외부 고객과의 교류는 사업 부문을 통해서만 일어난다. 전사 수준의 사업 논리는 사업 부문과 전사 부문 간에 시너지 효과를 일으키도록 유·무형의 공유 자원을 개발하는 것을 토대로 한다. 여기에는 여러 방법이 있다.

- 사업 부문은 자신들의 비즈니스 아이디어 내에 다른 사업 부문의 차별적 역량을 포함할 수도 있다. 예를 들어 마케팅 부문은 개별 고객의 특성에 맞춘 맞춤형 제안을 하기 위해 제조 유연성에 의지한다. 이 경우 제조 유연성은 전사적인 차별적 역량이 된다.
- 하나 이상의 사업 부문이 같은 차별적 역량을 추구할 수도 있다. 이는 전사적인 차별적 역량 개발로 이어진다. 예를 들어 참여 경영을 통한 열린 문화 정착이 좋은 예다.
- 회사의 일부 특징들은 기본적으로 전사적이어서, 이 특징들이 지닌 차별성은 오로지 전사적 차원에서만 개발할 수 있다. 재정 능력, 위험 분산, 회사 평판 등이 좋은 예다.
- 모회사는 사업부와의 상호작용을 통한 가치 창출을 중심으로 비즈니스 아이디어를 개발할 수 있다('양육 우위', Goold, Campbell & Alexander 1994).

전사적 비즈니스 아이디어는 반드시 사업 부문별 비즈니스 아이디어를 토대로 사업 영역 전반에서 이용되는 차별적 역량에 집중해야 한다.

세분화

어떤 비즈니스 아이디어를 구체화하려면 먼저 무엇을 사업 부문으로 보아야 할지부터 정해야 한다. 지금까지 사업의 기본 특성들을 분석하기 위해 사업을 세분화(segmentation)하는 여러 가지 방법들을 고안했다. 그러나 기존의 이런 방법들은 대부분 비즈니스 아이디어를 개발한다는 목적에는 역부족이라 할 수 있다. 우선 비즈니스 아이디어는 일종의 인식 수단이다. 그리고 해당 사업 부문의 개인들, 경영자, 그 밖의 사람들의 마음속에 살아 숨 쉬는 비전이다. 자신들이 속한 사업의 정체성을 결정하고 미래를 향한 비전을 개발하는 사람들이 바로 그들이다. 따라서 비즈니스 아이디어를 표면화하는 것이 가치가 있는지를 결정하는 단 하나의 기준은 사람들이, 주로 경영팀의 사람들이 그 사업 부문의 개별 정체성을 알고 있는가 하는 것이다.

회사 내 수많은 사업 부문의 비즈니스 아이디어를 파악하고 비교하다 보면 조직 내 사업 세분화를 다시 검토해야 할 수도 있다. 하위 수준의 구분도를 나란히 놓고 보면 서로 동일한 사업을 좀 더 일목요연하게 알아볼 수 있다. 이는 중복되는 부분과 상호 의존하는 부분을 더 선명하게 드러내고 부문 간 접점을 단순화함으로써 더욱 간결한 비즈니스 아이디어로 이어진다.

일단 회사 내에 존재하는 일련의 비즈니스 아이디어가 확실해지면 성공의 기반인 차별성이 뚜렷해진다. 비즈니스 아이디어 중 어디에도 속하지 않는 활동은 회사의 수익 발생 가능성을 해치지 않고도 다른 회사에 (종종) 맡길 수 있다.

비즈니스 아이디어의 총체적 본질

비즈니스 아이디어가 머릿속에 하나의 총체적 개념으로 받아들여지면 비즈니스 아이디어는 조직의 강력한 원동력이 된다. 여기서 핵심은 그 속에 들어 있는 요소들이 함께 공조하는 방식에 있다. 강화 피드백 순환을 그 속에 들어 있는 요소마다 따로 떼어 이해할 수는 없다. 전체적인 시각에서 살펴볼 때만 중요한 핵심을 알 수 있다. 복잡한 시스템을 총체적으로 이해할 수 없다면 심리적으로는 시스템을 부분별로 나누려 할 것이다. 그러나 비즈니스 아이디어를 이런 식으로 나누다가는 그 본래의 의미가 사라지고 만다.

인간이 머릿속에 동시에 담아둘 수 있는 개념의 개수에는 한계가 있다(Miller 1956, 일곱 개보다 두 개 많거나 두 개 적은 개념을 담을 수 있다고 제안했다). 우리의 경험상, 효과적인 비즈니스 아이디어 도표는 그 속에 포함된 요소가 최대 열 개를 넘지 않는다. 그 이상일 경우 각각이 독립적으로 분열된 일련의 과제 및 활동들로 사람들의 머릿속 '목록'에 맞춰 빠르게 줄어들 것이다. 그리고 전체적 방향 지시 장치는 힘을 잃는다. 따라서 비즈니스 아이디어 도표를 개념화하고 만들 때는 그 구성 요소가 최대 열 개를 넘지 않도록 요약하는 것이 바람직하다. 좀 더 자세한 세부 설명이 필요할 때는 비즈니스 아이디어의 개별 요소를 별개의 도표로 확장하는 방법이 있다. 비즈니스 아이디어를 표현하는 기술은 시스템의 주요 요소를 적절한 수준에서 개념화하고 정의하며 도표 전체에서 일관성을 유지하는 데 있다.

우선 이는 좋은 관행인 듯하다. 그러나 큰 시스템을 전체적으로 보지 못하는 사람들의 무능력을 감안하면 인간의 또 다른 기본적 한계를 살펴볼 필요가 있다. 기업가적 비즈니스 아이디어를 따라가려면 조직 전체의 높은 결집력과 지속성이 필요하다. 그리고 경로를 이탈하지 않으려면 확실하고 분명한 나침반이 필요하다. 비즈니스 아이디어가 조직에 하나로 인식될 수 있다면 이 모든 조건을 해결할 수 있다.

경영팀이 있는 곳에는 어디나 비즈니스 아이디어가 있다. 경영팀은 한 번에 하나의 비즈니스 아이디어만 추구할 수 있다. 인수합병의 잦은 실패는 두 사업을 하나의 비즈니스 아이디어로 묶는 것이 얼마나 어려운지를 잘 드러내는 사례다. 합병 파기로 시장가치가 높아지는 모습을 흔히 봐온 금융시장은 둘 이상의 비즈니스 아이디어를 추구하겠다고 하는 경영진의 목표를 무시하는 경향이 있다. 시장은 분명한 경영 구조와 일관된 목표를 선호하며 목표의 명확성이 부족해 보이는 회사를 무시한다.

경영진이 오로지 하나의 비즈니스 아이디어를 추구한다고 해서 그 회사가 한 가지 사업에만 종사한다는 의미는 아니다. 예를 들어 거대 기업의 경영진은 자회사의 비즈니스 아이디어에 구체적으로 관여하지 않고도 구체적인 양육 우위를 제공할 수 있는 최우선 전사적 비즈니스 아이디어를 추구하는 예가 많다(Goole & Quinn 1990).

비즈니스 아이디어는 기업 인수 성공의 전제 조건으로 시너지 효과에 주목하게 만든다. 최우선 비즈니스 아이디어는 '공유 자원'일 뿐만 아니라 복잡성을 축소하는 기능 때문에도 중요하다. 최우선 비즈니스 아이디어는 사업 전체를 아우르는 하나의 총체적인 형태를 만들어내 경영진이 전 사업을 하나의 집합체로 관리할 수 있게 한다.

이 문제는 기업들이 다른 분야의 사업을 합병하고자 할 때 가장 뚜렷이 드러난다. 살펴본 것처럼 하나의 공통된 총체적인 비즈니스 아이디어를 앞서 발명하는 것은 성공적인 인수합병의 전제 조건이다.

경영진이 생각하는 비즈니스 아이디어

말했다시피, 강화 피드백 순환은 서로 반대되는 양방향으로 순환할 수 있다. 전환점 근처에서는 살짝 움직이기만 해도 성장이 하락으로 급변한다. 회사 경영진은 보통 이런 위험 지점을 본능적으로 알고 있으며 안전 한도를 유지하려 애쓴다. 회사의 목표는 보통 주주의 이윤 극대화라 일컫는다. 그러나 수익을 내고자 하는 욕구는 그보다는 강화 피드백 순환을 벼랑 끝에서 떨어뜨리기 위한 안전지대의 필요성과 더 많은 관련이 있다.

때때로 회사는 과거에 만들어둔 탄탄한 차별적 역량들을 토대로 성공적인 비즈니스 아이디어를 활용할 수 있음을 깨닫는다. 그리고 얼마 지나지 않아 사람들은 그런 배경에서 일하는 데 익숙해지고 비즈니스 아이디어를 구체화하는 일을 되풀이할 필요를 느끼지 못한다. 초창기에는 기저에 깔린 기업가적 아이디어를 확실히 이해했지만 이후 기본 원동력을 당연시하면서 제품과 생산 시스템의 효율성으로 관심을 돌리는 경우를 흔히 볼 수 있다. 한동안 사업에 종사해온 기업들이 고객이 회사가 제공하는 특정 제품 혹은 서비스를 사는 복잡한 이유를 망각하는 것이다. 상황이 잘 돌아갈 때 많은 경영자는 일상적 업무에 매달린다. 그리고 경쟁자의 맹공격을 버텨내기 위해 계속해서 암묵적 비즈니스 아이디어에 절대적으로 의지한다. 그러나 여기에는 많은 위험이 도사리고 있다. 앞서 보았다시피 차별적 역량은 시간이 지날수록 가치가 떨어지기 때문이다.

비즈니스 아이디어가 더 이상 분명하지 않고 집단의 이해를 얻지도 못한다면 모르는 사이에 강화 피드백 순환이 하락세에 빠질 위험은 특히 높아진다. 차별적 역량을 만드는 데 보통 오랜 시간이 걸린다는 점을 감안할 때 일단 수익성이 악화되기 시작하면 회사가 상황을 돌리는 데 심각한 어려움을 겪을 수 있다. 현 시장 상황에 맞춰 비즈니스 아이디어를 수정하는 데 필요한 시간이나 자원이 없을 수도 있기 때문이다.

이런 상황을 피하려면 경영진은 회사가 성공한 이유를 명확하게 표현하고 이해해야 한다. 비즈니스 아이디어에 대해 경영진이 지닌 다양한 생각을 공개적으로 토론해볼 필요가 있다. 비즈니스 아이디어 개념은 사고의 틀과 언어를 소개함으로써 경영진이 이런 과정을 좀 더 분명하게 해낼 수 있도록 돕는다. 그리고 다음 사항을 다 함께 합리적으로 사고할 수 있게 해준다.

- 현재의 비즈니스 아이디어
- 체계적으로 상호작용하는 현재의 차별적 역량이 지닌 강점과 약점
- 끊임없이 변하는 사회의 가치와 비교했을 때 차별적 역량의 향후 전망

일단 비즈니스 아이디어를 구체화하고 나면 비즈니스 아이디어를 잘 유지하기 위해 전략적 우선순위를 결정해야 한다. 미래에 대비한 전략 선택은 비즈니스 아이디어를 유지하고 강화하는 문제와 관련하여 결정해야 한다. 이것이 조직의 '운명을 좌우한다.'

신뢰 구축을 통한 가치 창출

비즈니스 아이디어, 그리고 비즈니스 아이디어가 가져오는 통일성은 전략 개발의 기본이며 경영에 도움이 되는 전략적 방향성을 제시한다. 또 이것은 주주들의 기대를 관리하여 가치를 창출하는 중요한 기능을 담당한다. 일례로 투자자를 생각해보라.

재계 지도자들은 금융시장이 너무 단기적이고 조급하게 투자 기회를 대한다며 자주 불평한다. 경영진은 장기 투자를 통해 사업을 발전시키고 싶어 한다. 반면 투자자는 즉각적인 수익을 얻기 위해 경영진을 압박하고 미래에 대비하려는 경영진의 노력을 좌절시킨다. 영미권 기업들은 종종 독일이나 일본에서 흔히 보이는 좀 더 장기적인 관계나 태도를 부러운 듯 바라본다. 금융시장은 장기 개발을 방해한다는 비난을 받는다. 어떻게 이런 일이 가능한 걸까?

기업의 가치는 향후 흑자가 발생할 것이라는 주주들의 기대에서 비롯한다. 현재의 흑자는 평가에 중요한 영향을 미친다. 단기 성과에 치우치는 것은 미래 가치 창출에 대한 기대가 낮기 때문이다. 만일 미래 수익을 장담할 수 있다면 시장은 기꺼이 기다릴 것이다. 닷

컴 기업들이 무너지기 전까지 제대로 수익을 내는 기업이 거의 없었지만 쉽게 투자를 받을 수 있었던 상황을 생각하면 확실히 알 수 있다. 경영진이 시장의 단기 성과 중심주의에 불만을 토로하는 것은 그들이 보는 미래 가치 창출 가능성은 시장이 보는 것과 다르다는 것을 뜻한다. 상업 위험을 바라보는 이런 시각차는 시장이 가치를 알아차릴 수 있게끔 알리고 설득하는 경영진 측 능력이 부족하다는 것 외에는 달리 설명할 방법이 없다.

즉 경영진이 메시지를 제대로 전달하지 못하고 있는 것이다. 경영진은 두 가지 과업에 직면해 있다. 첫째, 관련 위험을 내부적으로 평가한 결과가 외부 분석가들이 내린 평가 결과보다 양호하다는 점을 시장에 납득시키는 것이다. 둘째, 회사가 그 프로젝트를 달성할 능력이 있다는 확신을 주는 것이다. 역사적으로 기업과 자본가가 친밀한 관계를 유지해온 독일과 일본처럼 장기적 고려에 더 높은 가중치를 두는 나라에서는 이러한 과업을 달성하기가 훨씬 쉬울 것이다.

흔히 단기 성과 중심주의로 비난받는 시장도 신생 분야의 창업기업을 대할 때는 기꺼이 기다리는 경우가 종종 있다. 새로운 비즈니스 아이디어가 좀 더 확실해지고 의사소통이 원활해지려면 시간이 필요하기 때문이다. 오래된 기업은 보통 자신들의 비즈니스 아이디어를 신생 기업만큼 분명하게 보여주는 데 어려움을 겪는다. 오로지 직감적으로만 이해되는 경우가 자주 있기 때문이다. 시장은 비즈니스 아이디어를 명확히 밝히고 알리는 것이 해당 사업의 불확실성과 그에 따른 가치를 평가하는 데 유리한 영향을 미칠 수 있다고 말한다.

미래에 대한 대비

비즈니스 아이디어는 사업 환경의 변화에 맞춰 진화해야 한다. 경영진은 앞으로 필요할 새로운 신규 차별적 역량이 어떤 것일지 생각해야 한다. 그리고 그것을 미리 준비하려고 노력해야 한다. 이를 위해서는 시나리오가 제시하는 다양한 미래에도 견고하게 버틸 미래 비즈니스 아이디어의 논리 정연한 관점을 개발하는 것이 최선이다. 미래를 위한 비즈니스 아이디어를 개발할 방법은 무엇인가?

흔히 말하듯 독창성은 살 수 없는 것이다. 발명해야 하고 만들어야 한다. 비즈니스 아이디어를 발전시키려면 다음 두 가지 요소를 포함한 기업가적 발명이 필요하다. 첫째, 새로운 잠재 고객 가치를 발견하고 기존의 고객 가치를 효율적으로 만드는 새롭고 독창적인 방법. 둘째, 기존의 차별적 역량을 토대로 하는 방법, 옛 역량을 사용해 새로운, 즉 예상되는 새로운 사업 환경에 더 잘 어울리는 역량을 만들어내는 방법.

기존 사업의 미래 발전상에 대비하여 새로운 차별적 역량을 만들기 위해서는 현재 회사가 지닌 차별적 역량을 지렛대로 활용할 필요가 있다. 미래 비즈니스 아이디어를 만드는 작업에는 다음과 같은 특징이 있다.

- 미래의 고객 가치에 대응해야 한다.
- 강화 피드백 순환에서 활용할 수 있는 새롭고 독창적인 역량을 조합해야 한다.

• 현재 비즈니스 아이디어를 토대로 기존의 차별적 역량을 이용하여 만들어야 한다.

이런 제약하에서 새로운 조합을 만들어내는 것은 회사의 장기적인 수익 잠재력을 만드는 데 관심이 있는 경영팀이라면 누구나 맞닥뜨리는 과제다.

대다수 경영자들은 이 과제가 직관적인 일이라고 생각한다. 그렇다면 이 일이 자주 실패로 돌아가는 이유는 무엇 때문인가? 이 문제에서 가장 중요하고도 곤란한 부분은 비즈니스 아이디어를 전부 고려해야 한다는 점이다. 예를 들어 상호 보완적 기능이 있는 다른 회사를 인수해 미래를 위한 역량을 만들려는 경우를 생각해보라. 이때 회사는 인수를 통해 얻은 새로운 조합으로 시너지 효과를 만들어내길 기대할 것이다. 그러나 이 같은 사업 다각화가 실패로 돌아간 예는 무수히 많다. 시너지 효과를 얻지 못한 예로 자신들의 탐사 기술을 금속 채굴 사업에서 활용하고자 했던 정유 회사, 그리고 경영 컨설팅과 디지털 정보 시스템에 진출하면서 자신들의 기술과 구성원들의 기업가 정신을 활용하면 더 좋은 결과를 거둘 수 있을 것이라 기대했던 EDS 등이 있다(Lorenz 1993). 정유 회사들은 탐사가 금속 채굴의 '주요 업무'가 아님을 너무 늦게 깨달았다. EDS는 경영 컨설팅에서 두각을 드러내려면 기술과 기업가 정신 외에도 많은 것이 필요하다는 사실을 발견했다.

앞의 예들은 사람들이 전체 비즈니스 아이디어가 아닌 하나의 차별적 역량만을 활용하려 할 때 기업 인수가 어떤 식으로 실패하는지를 보여준다. 성공한 회사는 하나의 강력한 포괄적 비즈니스 아이디어를 갖고 있다. 사업 다각화는 기존 사업과 새로운 사업 활동의 전체 비즈니스 아이디어를 완벽히 이해하고 이를 하나의 신규 비즈니스 아이디어로 융합할 때 비로소 성공할 수 있다. 사업 다각화를 생각하는 기업이라면 비즈니스 아이디어를 구체화하고 이해하는 데 능숙해질 필요가 있다.

비즈니스 아이디어 개념의 요점

지금까지 '비즈니스 아이디어' 개념을 소개했고, 이를 이용해 조직의 전략을 세워야 한다고 말했다. 비즈니스 아이디어는 성공할 기회를 높이고 싶은 경영자들이 꼭 사용하길 바라는 새로운 수단이 아니다. 비즈니스 아이디어는 경영자들이 세상을 이해하는 데 사용하는 멘탈 모델에 이미 들어 있다. 우리는 단지 경영자들에게 이미 내재된 비즈니스 아이디어를 구체화할 것을 제안하는 것일 뿐이다. 비즈니스 아이디어는 각 조직에서 일어나야 하는 대화의 초점이 향후 전략 방향에 집중될 수 있도록 한다. 또한 이해 당사자들이 서로 조금이라도 파이를 더 가져가기 위해 압력을 가하는 동안에도 경영진이 방침대로 움직일 수 있게 돕는다.

전략의 주된 목표는 조직의 영속과 성장이다. 이것이 가능하려면 조직은 일상적인 활동에서 잉여 자원을 만들어내야 한다. 누가 무엇을 갖고 가느냐를 묻기 전에 우선 잉여 자원을 만들어야 하는 것이다. 그것이 가장 기본이다. 비즈니스 아이디어는 잉여 자원을 만드는 데 필요한 조건을 구체적으로 명시한다. 비즈니스 아이디어의 기본 원동력은 조직에서 만들어내고 활용하는 차별적 역량 체계다. 이 체계의 속성을 이해하고 나면 그 역량들이 가져올 수 있는 발전 범위와 본질적 한계를 알 수 있다.

성공적인 경영진은 하나의 비즈니스 아이디어에만 집중한다. 이는 한 가지 사업에 집중하는 것과는 다르다. 기반 비즈니스 아이디어와 그 안의 차별적 역량들이 동일하다고 해도 다른 사업을 할 수도 있다. 다시 한 번 말하지만, 비즈니스 아이디어는 일반적으로 '핵심 사업'이라 알려진 것과는 아무런 관련이 없다. 성공은 우선 독창적인 역량이 결정한다. 독창적 역량은 구체적인 업종과 관련이 있을 수도 없을 수도 있다. 경영진은 성급히 쉬운 결론을 내리기 전에 성공의 기본이 무엇인지를 충분히 고민하고 거기서 무언가를 얻어야 한다.

성공적인 비즈니스 아이디어는 지속적인 발명과 재개발을 의미한다. 전략은 우선 경쟁자가 하고 있는 것과는 다른 무언가를 하는 것이다. 이는 새롭고 독창적인 이해를 얻었을 때만 할 수 있는 일이다.

이지젯과 라이언에어는 영국항공보다 더 좋은 항공사가 되려 하지 않았다. 이들은 새로운 사업을 만들어냈다. 게다가 그 형식은 기존 항공사들이 결코 따라 할 수 없는 것이었다. 미국의 콘티넨털항공과 영국항공이 모두 모방을 시도했지만, 콘티넨털항공의 시도는 실패로 끝났고 영국항공의 저가 항공 부문은 매각되었다. 경영은 오로지 한 가지 비즈니스 아이디어만 좇을 수 있다. 그리고 저가 항공

사업의 비즈니스 아이디어는 주류 항공사의 비즈니스 아이디어와 결합될 수 없다. 저가 항공사는 미개척 시장의 틈새를 찾아냈고 경쟁에서 한발 물러서 있을 수 있는 차별성을 개발했다.

스웨덴 가구 제조 회사인 이케아는 밝은 조명이 비추는 방대한 할인 매장을 디자인이 멋진 제품들로 채우고 최저 가격에 판매하는 식으로 가구 산업을 재창조했다. 그들은 거기서 어떤 균형점을 만들 수 있다고 보았다. 고객은 선반에 놓인 가구를 골라서 집으로 운송하고 직접 조립해야 한다.

영국의 보험회사인 다이렉트라인은 전화로 판매하는 저가 보험을 발명했다. 델(Dell)은 전화와 인터넷으로 판매하는 컴퓨터를 발명했다. 그들은 판매 인력이나 소매상이 필요 없다고 생각했다. 그 밖에도 이런 예는 수없이 많다.

발명은 성공적인 비즈니스 아이디어의 핵심이다. 인터넷과 같은 신기술 개발과 정치·경제적 쇼크는 늘 새로운 가능성을 토해낸다. 그러나 회사는 아직 무엇이 새로운 기회인지를 모른다. 바깥세상의 잠재성을 기꺼이 받아들이고, 사람들의 생각을 깊게 파고들며, 독창적인 것이 무엇인지 안팎으로 끊임없이 대화를 나누는 회사만이 독창적인 이해를 얻게 될 것이다. 이는 성공에 필요한 기업가적 발명의 토대가 될 것이다. 이 일은 경영진이 차세대 비즈니스 아이디어를 눈앞에서 확실히 볼 때까지 끝나지 않는다.

지속성은 단계적 과정을 밟아나가거나, 워크숍을 한두 번 개최하거나, 혹은 계획 체계를 운영하는 것보다 더 중요하다. 단계적 과정, 워크숍, 계획 체계가 유용한 수단일지도 모른다. 그러나 더 중요한 것은 경영진이 새롭고 독창적인 미래를 보기 전까지 이 일을 지속하는 것이다. 독창적인 이해를 얻는 일은 시간과 자원, 그리고 무엇보다도 관심과 에너지가 필요하다. 그리고 경영진은 이 일이 끝날 때까지 계속해서 함께해야 한다. 생존은 힘들고 자원 집약적인 일이다. 이 말은 거의 진리다. 좋은 전략이 쉽다고 상상해보라. 그러면 모든 이들이 그 전략을 따라 할 것이다. 그리고 모든 사람이 따라 하는 것은 좋은 전략이 될 수 없다.

 독창적인 이해와 기업가적 발명은 생존과 성공의 전제 조건이었고 앞으로도 그럴 것이다. 비즈니스 아이디어란 개념은 기업가적 발명을 모든 경영진의 안건에 확실히 올려놓는다.

 기업가 정신에서 발명은 위험과 함께한다. 기업가는 불확실한 미래를 배경으로 자신의 비즈니스 아이디어를 생각해야 한다. 조직도 마찬가지다. 다음 장에서는 미래의 기회와 불확실성을 보기 위해 미래 사업 환경을 생각하는 여러 방법을 살펴볼 것이다. 그러다 보면 미래상을 그리는 여러 가지 방법과 시나리오 기획의 차이를 알게 될 것이다.

6
불확실한 환경

비즈니스 아이디어는 조직이 성공하는 토대가 되는 기본 원칙들을 식별한다. 그렇지만 그 아이디어가 건전하고 미래의 확실한 토대임을 경영진은 어떻게 장담하는가? 비즈니스 아이디어의 성공 혹은 실패는 언제나 사업 환경과 관련이 있다. 즉 조직과 조직을 둘러싼 세상이 서로 조화를 잘 이루어야 한다. 탄탄하고 건실한 조직을 만들려면 조직을 이해하는 것만큼이나 환경에 대한 이해가 필요하다.

사업 환경은 불확실하다. 사업이란 위험을 받아들이는 것이다. 전략적 경영은 미래가 불확실한 상황에서 기회를 활용하는 것이다. 불확실하지 않다면 모든 이들이 같은 위치에 있을 것이고 성공도 실패도 없을 것이다. 따라서 전략에 대한 고민은 불확실하다는 전제하에서만 의미가 있다.

불확실함이 성공의 전제 조건이라면 그것이 왜 문제가 되는가? 불확실성은 조직의 체계화와 추상적 개념화를 어렵게 만든다. 이는 조직의 정체성과 통일성을 위협한다. 따라서 조직은 이를 처리할 방법을 찾아야 한다. 통일성 부족은 심각한 에너지 유출로 인한 마비로 이어지기 때문이다. 통일성을 유지하려면 불확실성에 반응해야 한다. 그리하여 상황을 다시 파악해야 한다. 지금부터 우리는 불확실성을 다루는 문제에 있어 뭔가 쓸 만한 일을 할 수 있는지, 있다면 그것이 무엇인지, 그리고 어떻게 하는 것인지 살펴볼 것이다.

사업 환경의 복잡성

사업 환경을 분석하는 데 있어 가장 큰 걸림돌이자 주된 기회는 복잡성을 다루는 데 있다. 복잡한 환경에 대한 이해 부족은 불확실성의 첫 번째이자 가장 중요한 원천이다. 그러나 이해 부족은 또한 우리가 뭔가 조치를 취할 수 있는 불확실성의 일부다. 우리는 상황과 그 맥락을 분석함으로써 무슨 일이 일어나고 있는지를 이해하게 되고 미래를 좀 더 잘 예측할 수 있게 된다. 전략을 세운다는 것은 사업 환경 내에 예측 가능한 것뿐만 아니라 불확실한 것도 있다는 뜻이다. 만일 모든 것이 예측 가능하다면 전략 수립은 필요하지 않을 것이다. 만일 예측 가능한 것이 전혀 없다면 전략을 수립한다는 생각 자체가 말이 안 된다. 따라서 분명 어떤 것은 미리 결정된 예측 가능한 것일 것이다. 그렇다면 무엇이 예측 가능한지를 어떻게 결정할 것인가? 그리고 본질적으로 불확실한 것을 어떻게 다룰 것인가? 우리는 우리의 한정된 자원을 쏟아부을 가치가 있는 곳이 어디인지를 결정할 방법을 찾아야 한다. 그리고 사업을 계획할 때 어떤 요소를 고려하고 싶은지를 떠올리고 이들의 우선순위를 정해야 한다.

우리가 한정된 자원을 집중할 영역은 사업에 진정한 차이를 가져다주는 것이라 말할 수 있다. 시나리오 기획자는 사업 환경 내에서 몇 가지 주된 불확실성을 식별하여 "진정한 차이를 가져오는 것은 무엇인가?"란 질문의 답을 찾으려 노력해야 한다. 시나리오는 〈그림 12〉에서 보다시피 이런 주된 불확실성과 선결 요소가 서로 결합해 구성된다. 그러므로 우리는 주요 불확실성이 움직이는 방향에 따라 다양하고 상이한 원인-결과 구조를 보이는 다수의 미래를 고려해야 한다.

불확실성이 높아지면 초점을 둘 변수가 줄어든다

〈그림 12〉는 불확실성과 선결 변수가 둘 다 있다고 생각되는 상황에서 시나리오 기획을 이용하는 방법을 보여준다. 활동의 목표는 불확실한 상황에서 복잡성을 줄이고 선결 요소를 발견함으로써 선결 영역의 인식 범위를 넓히는 것이다.

얼마나 높은 불확실성이 내재해 있느냐에 따라 분석 시 적합한 세부 사항의 수준이 결정된다. 내재된 불확실성이 높다는 것은 분석이 피상적이고 개괄적인 수준에서 이뤄질 수밖에 없다는 뜻이다. 구체적으로 말해서, 다수의 불확실한 상황이 서로 독립적으로 움직인다(직교성)고 생각되면 가장 큰 영향을 미치는 요소들만 고려하면 된다. 직교성의 특성상 (표준편차의 이차 덧셈) 직교성을 띠는 요소가 소수에 불과할지라도 그것들은 보통 시나리오 의뢰인에게 영향을 미치는 다

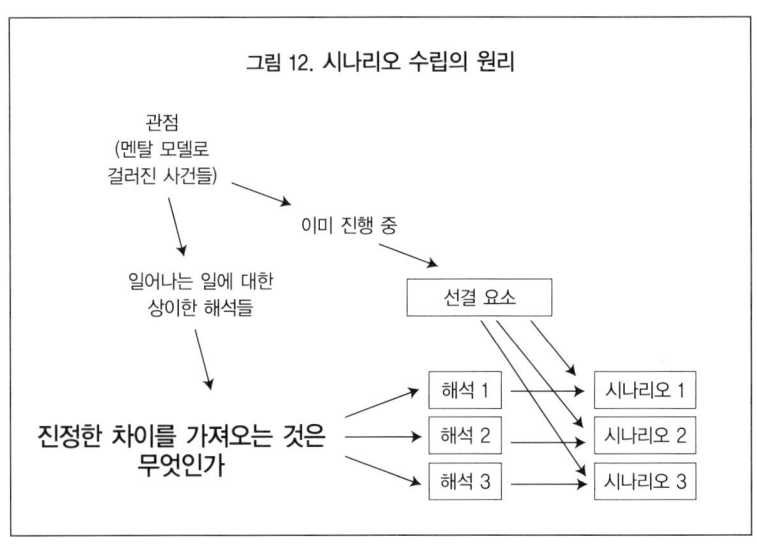

그림 12. 시나리오 수립의 원리

른 모든 요소를 압도한다. 그리고 상황의 전반적인 불확실성이 높아질수록 고려해야 하는 핵심 불확실성의 개수는 줄어든다. 불확실성이 증가할수록 초점을 둘 변수가 줄어드는 것이다. 이런 원리가 없었다면 고도로 복잡한 상황에 시나리오를 이용할 수 없었을 것이다.

일반적으로 전략적 경영은 적절히 폭넓게 다루되 정말 중요한 것에 집중하는 기술이다.

불확실성의 유형

우리는 미래에 어떤 일이 벌어질지 모른다. 하지만 전혀 모르는 것은 아니다. 미래를 어느 정도까지 설명할 수 있는지는 상황에 따라 다르다. 이와 관련해 우리는 불확실성의 다음의 세 가지 유형을 발견했다.

> ① 위험: 유사한 형태의 과거 사례가 충분하여 확률적으로 (비록 맞다 아니다 정도의 주관적 판단을 내릴 수 있을 뿐이라도) 다양한 예상 결과를 예측할 수 있는 경우.
> ② 구조적인 불확실성: 일어날 가능성을 지각하지 못할 정도로 너무나 특이한 사건. 사건 자체는 인과적 유추를 통해 예상할 수 있지만 그런 일이 일어날 확률이 얼마나 되는지는 판단할 근거가 전혀 없다.
> ③ 불가지(不可知): 사건 자체를 상상할 수조차 없는 경우. 역사를 거슬러 올라가보면 이런 일들이 많이 일어났음을 알 수 있다. 그러므로 미래에도 이 같은 일이 계속될 것이라고 가정해야 한다. 그러나 이런 사건이 도대체 어떤 것일지에 대한 실마리는 전혀 없다.

불확실성은 사업적 판단을 내리기 전에 평가해야 한다. 위험은 확률에 근거하여 계산할 수 있다. 이때 확률은 과거의 일들이 앞으로도 계속된다는 가정하에 과거 사례들을 통해 얻는다. 이를 토대로 위험을 예측하여 의사결정에 도움을 줄 수 있다.

그러나 전략에서 이야기하는 불확실성은 이와는 다르다. 여기서 불확실성은 사건에 대한 다양한 해석으로 나타난다. 그리고 이 다양한 해석을 근거로 다양한 미래가 생긴다. 이같이 구조적으로 불확실한 상황에서 우리는 보통 확률적 추측 근거가 전혀 없는 전대미문의 영역에 속해 있음을 깨닫는다.

시나리오 기획은 다양하게 해석할 수 있는 구조적 불확실성과 그로 인해 발생하는 다수의 미래상을 받아들인다. 그래서 경영자가 현 상황이 어떤 의미인지를 더 잘 판단하여 처한 상황을 감당할 수 있게 도와준다. 이는 각각의 가능한 해석이 미래 사업 환경에 어떤 변화를 가져올지를 알아보는 과정을 통해 이뤄진다. 보시다시피 이 과정이 상황 속 불확실성을 없애지는 못한다. 그러나 줄일 수는 있으며 경영자가 광범위한 불확실성 속에서 어느 정도 확신을 갖고 합당한 판단을 내리도록 도울 수는 있다. 그리하여 경영자는 전진 여부를 결정할 수 있고 지리멸렬한 마비 상태에서 벗어날 수 있다.

끝으로 불가지 영역에서 우리는 예측이 불가능함을 인정해야 한다. 불가지와 관련해 우리가 할 수 있는 일은 단 하나, 예상 밖의 일에 반응하는 데 좀 더 능숙해지는 것뿐이다. 이 말인즉슨, 성공을 향한 생성적 사고가 전부는 아니며, 전략 수립에는 조정하고 적응하는 부분도 필요하다는 뜻이다. 우리는 지각 능력을 높임으로써 여기서 말하는 적응력을 높일 수 있다. 이때 시나리오가 아주 강력한 도움이 된다. 실제로 이것이 시나리오의 가장 중요한 쓰임새라고 주장하는 이들도 많다. 이제부터는 불확실한 영역을 좀 더 자세히 살펴보자.

예측 가능한 위험

위험이 없으면 사업으로 인한 수익도, 수익성도 없다. 조직이 계속 존속하려면 더 이상 줄어들지 않는 불확실성 속에서 모험을 할 수밖에 없다. 반면 불필요한 위험을 무릅쓰다 보면 큰 문제가 발생한다. 이 게임의 기술은 위험을 받아들일 수 있고 계산할 수 있는 어떤 적절한 균형을 찾는 것이다. 현재 일어나는 일을 파악하고, 미래를 고민하고, 미래 전망에 맞춰 미리 조정하고 적응하는 데 좀 더 능숙해지는 것, 즉 위험 평가는 사업을 하는 데 필요한 기본적인 역량이다.

불확실성이라 해서 전부 불편한 것은 아니다. 많은 기업은 위험이 상당히 높은 상황에서도 살아남는 법을 터득했다. 예를 들어 석유 개발 기업들은 실패할 위험이 큰 조건인데도 대규모 투자를 감수한다. 높은 실패 위험은 그들에게 전혀 문제가 되지 않는다. 그들은 이미 이를 다룰 개념적 틀과 분석 기법을 개발해둔 상태이기 때문이다. 이런 개념적 틀과 분석 기법 덕분에 이들은 각각의 결정을 평균적으로 긍정적인 결과를 가져오는, 그와 유사한 많은 결정의 일환으로 생각한다. 어떤 하나의 결정이 의도한 효과를 보지 못했다 하여도 그들은 이를 경영진의 개입이 필요한 '실수'라 보지 않는다. 성과는 오랜 기간에 걸쳐 발생한 다수의 유사한 결정을 토대로 판단된다. 판매도 마찬가지다. 이들은 '항상 성공할 수는 없다'는 사실을 받아들인다. 이들의 이런 접근법은 기본적으로 확률에 뿌리를 두고 있다.

위험을 이런 식으로 다루는 방법은 이미 여러 가지가 있다. 예를 들어 기업 금융 분야에서 위험 관리 기술은 '예측 가능한 불확실성'이라는 원칙하에 이미 충분히 발달한 상태다. 보험은 어쩌면 일어날

지도 모를 수많은 상황을 다루기 위해 개발되었다. 헤징(Hedging) 수단 역시 기본적으로 보험과 같은 기능을 갖고 있다.

만일 경영자가 자신에게는 이 같은 위험을 평가하는 데 쓸 수 있는 틀이 없다고 느낀다면 그는 위험을 되도록 회피하기 위해 보수적으로 의사결정을 내리게 된다. 만일 예측 가능한 불확실성이 존재하는 환경에서 환경의 조건을 재개념화하여 현 상황을 계속 이어지는 이와 유사한 상황들 중 하나로 여길 수 있다고 하자. 그래서 확률적 판단과 적절한 위험 평가를 내릴 수 있다면 이는 실로 엄청난 경쟁 우위일 것이다.

예측의 필요성

확률을 가늠할 수 있는 영역에서는 예측이 통한다. 예측은 당연히 필요하다. 우리는 예측하지 않고서는 살 수 없다. 살면서 우리는 많은 문제를 예측 덕분에 피해 간다. 예를 들어 길을 건널 때 우리는 차에 부딪히지 않고 길 건너편에 닿을 시간이 충분한지를 판단하기 위해 다가오는 차의 움직임을 예측한다. 그리고 대부분 예측에 성공한다. 우리는 항상 예측하고 있다. 그리고 예측하지 않는다면 아무것도 하지 못할 것이다. 어떤 산업이 비교적 서서히 변화하는 상태에 있을 때 예측은 효과적인 계획 방법이다. 예측은 과거에 일어난 일을 근거로 미래를 예상하는 것이다. 우리는 슈퍼마켓에 갈 때 필요한 물건이 거기에 있을 것이라 예상한다. 석유 수요가 매년 6퍼센트씩 지속적으로 증가해왔다면 우리는 거기에 맞춰 내년도 계획을 짤 것이다.

예측의 맹점은 사람들이 일상에 안주하게 한다는 것이다. 즉 사람들은 지금까지의 상황이 앞으로도 영원히 지속될 것이라고 생각한다. 그러나 행태가 구조적으로 변하는 시기는 항상 도래한다. 한동안은 예측이 잘 먹힐 수 있다. 그러나 예측 전문가들은 갑자기 과거와 관계를 끊고 추세를 중단시킬 변수를 항상 주시해야 한다.

예측의 한계

그렇다면 우리는 왜 그렇게 예측할 수 없는 것을 예측하려 애쓰는 것일까? 일례로 영국 재무부가 발표하는 영국 경제 전망이 늘 신통찮음에도 이를 발표하도록 법으로 강제하는 이유는 무엇일까?

선오일의 앨버트 올렌작(Albert Olensak)은 이 상황을 이렇게 비유한다. 예측은 밤중에 눈보라를 뚫고 달리는 차의 헤드라이트 불빛과 같다고 할 수 있다. 그 불빛 덕분에 앞에 있는 것이 아주 뚜렷하지는 않지만, 그래도 약간은 드러난다. 운전자는 단지 위험을 피하고 목적지에 무사히 다다르기에 충분한 상세 정보를 얻으려 노력할 뿐이다. 그는 갑작스러운 대형 장애물에 대비하고, 자신의 제한된 시야를 의식하며, 그에 맞춰 속도를 조절하려 애써야 한다. 장애물은 갑자기 나타나기 때문에 어쩌면 거기에 맞춰 조절하기에는 너무 늦을 수도 있다. 운전자가 대비해야 하는 장애물은 그의 제한된 시야 밖에 있다. 따라서 인식의 한계에 맞춰 속도를 조절하는 대응이 필요하다. 우리는 예측해야 한다. 라이트를 모두 끈 채 차를 운전할 수는 없는 노릇 아닌가. 중요한 것은 시야의 한계를 깨닫는 것이다. 우리가 예측 능력을 넘어서 예측하는 행위는 필연적으로 인식의 위기를 불러온다. 만일 단기 예측은 유용하지만 먼 미래를 예측할수록 예측의 유용성이 감소하는 점을 받아들여 그에 맞춰 속도를 조절한다고 하면, 헤드라이트가 흐려지는 중장기를 대비해서도 뭔가 해야 할 일이 있지 않을까?

계획 기간과 변화 속도

사업 환경에는 예측 가능해 보이는 요소가 아주 많다. 서서히 변화하는 사업 환경에서는 장기적으로 계획을 세울 수 있으며 정책의 이행 수준도 매우 높을 수 있다.

그러나 빠르게 변하는 사업 환경에서는 계획이 점점 단기화되고 정책은 고도의 유연성을 보여야 한다. 전략의 세부 사항은 환경을 예측하는 정도에 따라 달라져야 한다. 대다수 조직이 마주하는 사업 환경의 복잡성을 감안하면, 사업 시스템이 예측 가능한 '기계'로 움직일 수 있는 시간대는 보통 몇 년이 아닌 몇 달 정도로 매우 짧은 편이다. 경쟁자와 상호작용을 통해 조직의 위치를 잡기 위한 정책을 고민하는 마케팅 포지셔닝 전략은 일반적으로 비교적 짧은 기간에 맞춰져 있다. 즉 이 전략은 계속되는 예상 밖의 변화와 기회로 인해 빈번한 업데이트가 필요하다는 뜻이다.

몇몇 현상은 좀 더 큰 관성을 보인다. 예를 들어 에너지 사용은 강한 관성을 보이기에 석유 회사는 상당히 오랜 기간에 대해 세심한 계획을 세운다. 반면 건설 회사는 3년 이상의 장기 계획을 세우는 경우가 거의 없다. 경험상, 그 이상을 넘어가면 미리 결정된 것이 거의 없기 때문이다. 사업의 계획 기간은 대부분 선결 변수와 불확실성 간의 합리적 균형을 유지하는 선에서 정해진다.

그러나 가장 변화무쌍한 산업에서조차 오랜 기간이 필요한 사안이 있게 마련이다. 이런 사안으로는 설비 투자, 직원 교육, 만족할 만한 조직 문화 조성 등이 있다. 한 예로 건설 산업을 들어보자. 건설 산업은 그 변화무쌍함으로 인해 향후 1~2년을 내다보는 계획을 세우기조차 힘든 곳으로 악명이 높다. 그러나 몇몇 회사들은 좋은 평판과 고객 중심 문화 조성을 목표로 회사의 역량 갖추기에 몰두하고 있다. 이런 사안들을 다루려면 경영진은 반드시 좀 더 장기적인 범위를 고려해야 한다. 이런 역량이 자리를 잡으려면 시간이 필요하기 때문이다. 하지만 이런 노력은 심지어 건설 부문과 같이 빠르게 움직이는 산업에서조차 장기 수익을 가져온다. 계획 기간은 수요의 속성뿐만 아니라 고려 중인 사안에도 영향을 받는다.

한편, 더 멀리 본다고 해서 항상 더 잘 보는 것은 아니다. 체스 게임에서 한 가지 재미있는 현상을 유추할 수 있다. 컴퓨터 과학자들의 초창기 예상과는 정반대로 딥소트(Deep Thought, IBM이 개발한 세계 최고의 대전용 체스 프로그램)도 그리고 세계 체스 챔피언도 뛰어난 게임을 하기 위해 아주 많은 수를 내다보지는 않았다. 분석에 따르면 보통 세계 챔피언은 우선 체스 판을 훑어보고 모든 말들을 한 번 움직였을 때를 예상한다. 그리고 나서는 가장 그럴듯한 몇 가지 운용 대안을 선택하고 각각의 결과를 좀 더 깊이 고민한다. 이론적으로는 한 번 움직일 때마다 고려할 수 있는 선택의 수가 기하급수적으로 늘어난다. 그러나 챔피언은 매번 차례가 돌아올 때마다 가장 그럴듯한 대항 옵션 몇 가지에만 집중할 것이다. 그러다 가끔 익숙한 상황을 포착하면 몇 수 앞을 내다보기도 한다. 경험적으로 그 상황이 중요하거나 위험함을 알고 있기 때문이다. 그러나 일반적으로 세계 챔피언(현재 챔피언은 딥소트다)이 강한 이유는 경험 법칙을 따르기 때문이다. 예를 들자면 이런 것이다. 세계 챔피언은 선택의 수를 늘리는 유리한 쪽으로 움직이며, 당시에는 결과가 좋을지라도 남은 선택의 수를 줄이는 움직임은 피한다. 주변에 좋은 위치가 많은 곳으로 말을 움직이고, 멀리 내다보되 현재 전체 판에서 일어나고 있는 일에 대한 집중을 잃지 않고 그 사이에서 균형을 이룬다(Kelly 1994).

마찬가지로 어떤 기업이 미래 계획을 얼마나 장기로 세울 것인지는 사업 환경 내 관성과 변동성 간의 균형에 따라 결정된다. 〈그림 13〉은 이런 맥락에서 이 요소들의 움직임을 보여준다. 미래를 살필 때 우리가 더 멀리 내다볼수록 예측 가능성은 서서히 감소하며 불확실성은 증가한다. 아주 단기라면 예측 가능성이 높다. 따라서 예측을 계획 방식으로 빈번히 사용한다(F-예측). 아주 장기라면 모든 것이 불확실하다. 따라서 계획에서 얻는 혜택은 줄어든다(H-희망). 어느 정도 예측이 가능하지만 불확실성도 상당히 높은 중간 영역에서는 시나리오가 진가를 발휘한다(S-시나리오).

사업이 마주한 불확실성 정도를 완벽히 인식하지 않은 채 전략적으로 계획을 수립하는 것은 매우 위험하다. 예컨대 〈그림 13〉의 S 영역에서 (시나리오 기획을 대신해) 예측을 사용하면 예측이 제시한 예측 가능성과 실제 불확실성의 불일치로 인해 과도한 계획과 헛된 안도감을 가져온다. 마찬가지로 F 영역에서 시나리오 기획을 쓰면 계획이 부족한 상황이 발생한다.

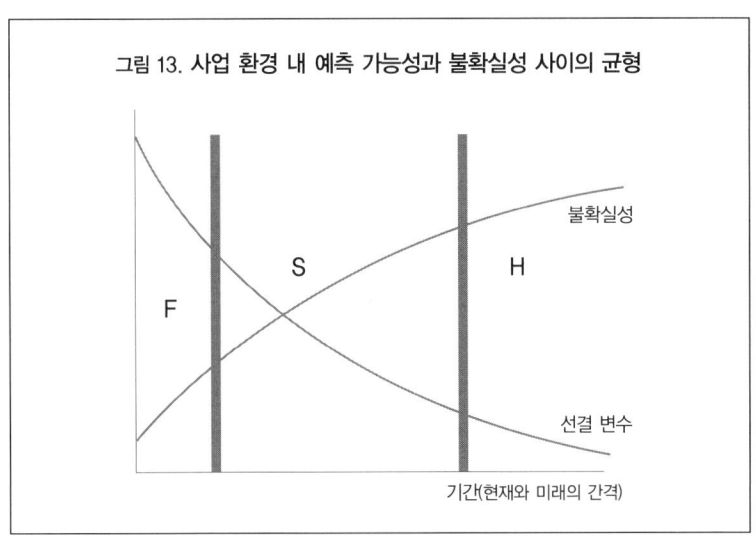

그림 13. 사업 환경 내 예측 가능성과 불확실성 사이의 균형

구조적인 불확실성

앞서 언급한 불확실성의 두 번째 유형은 구조적인 불확실성이다. 〈그림 13〉의 중간 영역은 구조적인 불확실성이 자리하는 곳으로 조직은 전인미답의 새로운 도전과 마주하지만 의지할 만한 통계 자료가 없다. 여기서는 사건을 계속해서 일어나는 비슷한 사건들 중 하나로 볼 수 없다. 각각의 결정은 단 하나의 고립된 사건이며 전체적인 통일성 따위는 없다. 심각한 전략적 문제는 보통 이 유형에 속한다.

이 영역에서는 시나리오를 사용한다. 구조적인 불확실성은 환경의 발전 방향을 하나 이상의 방식으로 설명할 수 있다. 즉 무슨 일이 일어나고 있는지를 설명할 수 있는 인과 구조가 여러 개란 뜻이다.

다시 말해, 우리가 어떤 구조를 채택하느냐에 따라 미래는 다르게 나타난다. 이처럼 서로 다른 구조에 통계적으로 타당한 근거를 기반으로 확률을 부여하는 일은 불가능하다. 따라서 의사결정자는 다수의 미래를 마주한 채 그것들이 전부 똑같이 실현 가능성이 있다고 여겨야 한다.

한 가지 흥미로운 예로, 몇 년 전 대규모 자연재해가 동시다발적으로 발생하면서 보험 청구 증가로 큰 손실을 입은 로이즈보험조합과 그 보험업자들을 살펴보자(로이즈보험조합은 회사 조직이 아니며, 개인 보험업자들의 모임이다. 로이즈보험조합은 보험 체결을 위한 장소 및 정보를 제공해줄 뿐 보험 인수는 직접 하지 않는다. 즉 로이즈보험조합에서 한 보험 체결은 개인 보험업자들과 하는 것이며 그 책임도 모두 개인 보험업자들이 진다—옮긴이). 로이즈보험조합에서 사용한 시스템은 조합원들(로이즈보험조합에 속한 개인 보험업자)에게 많은 위험을 안기고 있었다. 조합원들은 로이즈보험조합이 자신들에게 너무 많은 부담을 전가했다고 주장하며 로이즈보험조합을 고소했다. 법원은 조합원들에게 그 같은 자연재해가 언젠가 일어나고 그런 자연재해로 인한 결과를 재정적으로 처리할 수 없는 상황이 닥칠 수 있다는 것을 계산했어야 한다고 판결했다. 이 같은 사건이 발생할 수 있다는 사실은 누구나 알고 있었다. 확률은 문제가 아니었다. 조합원이 다수의 실현 가능한 미래를 고려했더라면 이와 같은 엄청난 재앙은 분명 안건에 올라 있었을 것이다. 본질적으로 이런 재앙은 언젠가는 일어날 사고였다.

또 다른 구조적인 불확실성의 예를 살펴보자. 보통 사업에서는 경제 전망을 상당히 중요하게 여긴다. 우리는 신문에서 미래를 전망하는 논평가의 의견을 읽는다. 몇몇은 우리가 경기 침체기에 있다고 말한다. 또 몇몇은 경기 회복의 첫 조짐을 보고하기도 한다. 그 글을 읽고 사람들은 과거를 통해 알아낸, 미래를 추정할 수 있는 어떤 패턴에 관찰 결과를 끼워 맞추려 노력한다. '경제성장은 경기순환을 따른다' 는 추정은 침체기에서 빠져나올 것이고, 성장률이 회복되며, 사람들이 다시 일터로 돌아갈 것이라고 예측할 수 있게 해준다. 또 향후 5년 내지 10년 후에 다시 침체기가 올 것임을 시사한다. 우리는 경기순환 모델을 이용해 미래를 특정 방식으로 예측한다.

그러나 또 다른 논평가는 어쩌면 다른 설명을 내놓을 수도 있다. 그들은 몇몇 서방국가가 최근 경제적 어려움을 겪고 있는 가장 큰 원인이 새롭게 출현한 해외 경쟁자들이라고 믿는다. 이들은 지금의 경기 침체가 최근 개발도상국들이 새로운 저비용 숙련 노동자 시장을 잇달아 개방하면서 발생한 것이라고 주장한다. 아웃소싱이 증가하면서 서방국가의 제조 부문이 해외 저비용 노동시장에 밀려 점차 사라지고 있다는 것이다. 그들은 서방국가에서 전통적인 산업 활동이 줄어들고 있으며 이런 현상이 한동안 지속되었음을 지적한다. 여기서 우리는 앞에서 보던 것과는 다른 해석을 마주한다. 만일 우리가 이 모델을 받아들인다면 제조 부문은 수년 내 회복되지 않을 것이다. 이 모델은 곧 있을 미래의 다른 모습을 보여준다. 우리는 이 해석에 따라 앞으로 펼쳐질 또 다른 미래상을 발견한다.

1970년대와 1980년대 미국 석유산업 내 한 대형 유전 장비 그룹이 개발한 시추 활동 시나리오 세트는 여러 해석이 사건을 움직이는 서로 다른 배경 구조를 이끈 흥미로운 사례다. 1981년까지 시추 활

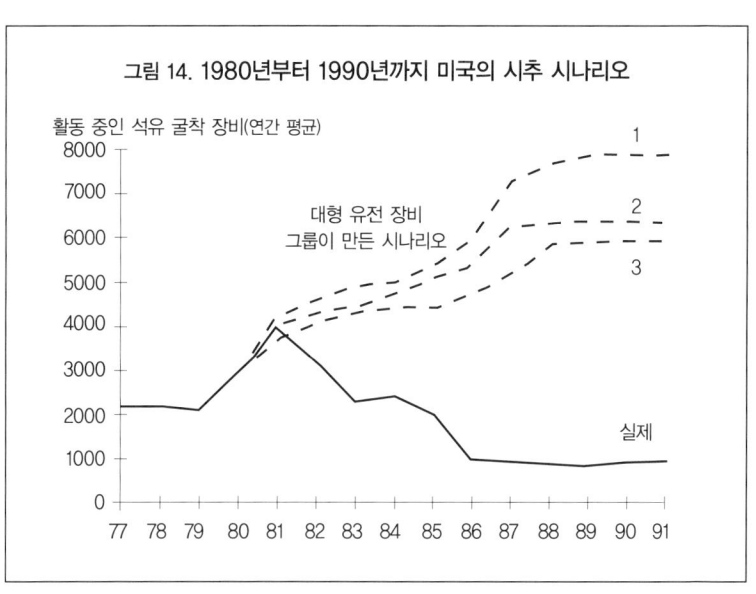

동이 점점 늘어나는 동안 향후 전망을 예측하는 데 널리 쓰이던 기본 모델은 시추 활동을 석유 수요 및 유가와 결부시켰다. 그리고 이 모델을 토대로 더 많은 시추 활동을 예측했다. 그러나 지금에 와서 돌이켜 생각해보면 당시 훨씬 더 중요했던 원동력은 석유 수요나 유가가 아닌 회계법이었다. 당시 회계법은 시추 활동에 대한 투자를 무손실로 만들었다. 석유를 발견하지 못하면 정부가 투자 손실을 보전해주었기 때문이다. 이런 변칙적인 상황이 바로잡히자마자 시추 활동은 서서히 가라앉았고, 1985년 유가 붕괴 이후에는 역대 가장 낮은 수준으로 떨어졌다《그림 14》.

상이한 해석이 상이한 추정 구조로 이어져 결과적으로 서로 다른 전망을 만들어낸 또 다른 예로 1980년대와 1990년대 PC 시장의 호경기를 들 수 있다. 이 호경기가 사용자 유형(사업용 제품, 소비용 제품)에 의한 것이라 가정할지 아니면 정보처리 유형(회계, 게임)에 의한 것이라 가정할지에 따라 나오는 수요곡선이 판이하게 달라진다.

예측 가능성

구조적 불확실성 영역에서 정량적 위험 평가와 예측이 제구실을 못한다 할지라도 우리는 뭔가를 예측할 수 있어야 한다. 뭔가를 예측할 수 있어야 전략 수립이란 활동이 말이 되기 때문이다. 전략 수립에 공을 들인다는 말은 불확실성이 아주 높은 곳에서조차 그 안에서 어떤 요소를 예측할 수 있다는 사실을 우리가 안다는 뜻이다. 이렇게 예측할 수 있는 요소를 '선결 요소'라 한다.

일례로 인구 변동을 들어보자. 사업 기획자들이 주로 생각하는 시간대에서(사업 유형 혹은 고려 중인 안건에 따라 이 시간대는 2년, 5년, 10년, 심지어 때로는 20년이 될 수도 있다) 인구는 예측 가능한 현상이다. 인구가 예측 가능한 이유는 오늘의 학생이 내일의 부모가 될 것이기 때문이다. 물론 아주 장기적으로 볼 때는 출생률 역시 다른 것들과 마찬가지로 예측이 불가능하다. 여기서 요점은 사업 기획자들이 사용하는 시간대에서 인구 변동은 예측을 할 수 있을 정도로 충분한 관성을 보인다는 것이다. 기술혁신은 또 다른 예다. 발명은 가장 예측하기 어려운 현상인 반면 혁신은 기존의 발명을 적용하는 것과 관련이 있다. 혁신은 시간이 오래 걸리는 과정이고 따라서 기획자의 시간대에 예측 가능한 요소로 표시된다. 생산능력의 성장률은 선결 요소의 또 다른 예다. 사람들은 다양한 속도로 생산 설비를 짓고 생산능력을 늘리지만 생산능력에는 가장 활동적인 회사조차 그 이상은 늘리기 힘들다고 여길 정도의 최대 한계치가 존재한다. 일부 대규모 종합 건설 프로젝트의 경우 리드 타임(설계가 끝난 후 생산이 시작되기까지의 시간—옮긴이)이 무척 길어질 수 있다. 따라서 의사결정자는 여기서 선결 요소를 추정해야 한다. 비교적 비정량적인 영역에도 관성은 존재한다. 예를 들어 정권 교체는 오랜 시간이 걸리고 따라서 예측 요소로 여길 만한 관성을 보여준다. 심지어 문화 이동은 이보다 더 느리다. 그리고 생존하고, 발전하며, '서로 관계를 맺는' 것과 같은 인간의 일부 특징은 영원히 변하지 않는다(Vickers 1965).

우리가 상황을 좀 더 정확하게 이해하려 하면 할수록 예측은 더욱 더 어려워진다. 전체적인 움직임의 방향은 결정할 수 있다 할지라도 구체적인 결과는 아주 불확실할 수 있다. 문화는 보통 상당 부분 이미 결정되어 있다. 사람들이 공동체 안에서 만들어낸 기본적인 믿음과 가치는 아주 느리게 변화한다. 반면 소규모 집단의 사고방식을 예측하는 일은 훨씬 더 어렵다. 마찬가지로 경제 발전은 상당히 제한된 폭 안에서 이뤄지지만 경제학자들은 구체적인 거시 경제적 성장 예측에 어려움을 겪고 있다. 우리는 이 같은 현상에 대해 전체 구조는 예측 가능성이 매우 높은 반면, 그로 인해 발생할 수 있는 세부적인 결과는 매우 불확실할 수 있다는 결론을 내릴 수 있다. 예를 들어 우리는 어떤 정책이 노동조합과 대립을 불러올 것임을 알 수 있지만 언제 파업을 할 것인지는 예측하지 못한다. 또 다른 예로, 정계의 전체적인 움직임은 결정되어 있을 수 있지만 누가 다음 대선에서 승리할지는 여전히 미지수다. 농학자들은 날씨보다 기후가 훨씬 더 흥미롭다고 생각한다. 반면 행락객들은 반대로 생각할 것이다.

만일 미래의 요소들이 어느 정도 '미리 결정되어' 있다면 시나리오 기획은 선결 요소와 불확실성을 둘 다 다룰 수 있어야 할 것이다. 시나리오가 이 두 요소를 다루는 방식은 〈그림 12〉에 도표로 나와 있다. 시나리오 설계 시 당면 과제는 환경 안에서 발생하는 사건들 속에서 구조를 발견하는 것이다. 이 가운데 일부는 미리 결정되어 있다고 간주해, 모든 시나리오에 같은 방식으로 반영될 것이다. 반면 상이한 구조들로 설명할 수 있는 부분에서 시나리오들은 서로 달라질 것이다. 이런 식으로 시나리오 세트는 상당히 탄탄한 계획의 기초로 여겨지는 것과 구조적으로 불확실한 것을 둘 다 표현한다.

구조의 이론

시나리오 기획에서 구조를 이해하는 것은 학습 순환의 '이론 형성' 부분에 해당한다. 이때 구조는 모든 시나리오 설계에서 아주 핵심적인 역할을 한다. 구조는 종종 시나리오의 내적 일관성에 대한 욕구라 표현한다. 내적으로 일관성 있는 시나리오는 관찰 결과에서 만들어낼 수 있는 모든 이론을 담고 있으며, 따라서 조직이 학습 순환의 다음 단계인 새로운 행동 수립을 하기 위한 근거가 된다.

발생 가능한 미래 사건이 그 속성상 너무 특별해 확률적으로 평가할 만한 근거가 절대적으로 부족하더라도 그 사건이 일어날 가능성 그 자체는 논리적인 인과적 사고를 통해 보여줄 수 있는 경우, '과정

이론'의 영역 안에 있는 것이다. 지금부터는 이런 논리적 구조를 어떻게 이해하고 개발할 수 있는지 살펴볼까 한다.

예측과 불확실성

앞서 말했듯이, 전략이라는 개념은 기본적으로는 불확실성에 의존한다. 하지만 맥락적 환경의 일부 측면을 어느 정도는 예측할 수 있다는 가정을 바탕에 둔다. 분석을 하는 목적은 사업 환경 내에서 발생한 사건들의 숨은 의미를 조금이나마 밝혀내는 것이다. 분석은 인식과 함께 시작하고, 인식은 사건을 관찰하는 것과 함께 시작한다. 사건은 현재 일어나는 일을 더 잘 이해하기 위해 작업해야 할 원재료다. 따라서 지금까지 목격한 여러 사건들을 검토해보고, 추세와 패턴을 알아내야 한다. 인간의 마음은 패턴을 인식하는 데 특히 강하다. 일단 패턴과 체계가 어느 정도 보이기 시작하면 이제는 이 체계가 어디에서 온 것인지가 궁금해지게 마련이다. 이것이 바로 인과적 사고의 기원이다. 인과적 사고는 관찰하는 사건들의 뒤에 숨은 기본적인 구조를 파악하도록 돕는다. 머릿속에 만들어진 인과 구조는 현실에 대한 과정 이론 혹은 '인식도'가 된다.

일단 이처럼 기본 원동력에 관한 이론을 세우고 나면 관찰한 사건에 맞서는 대응책을 고민할 때 좀 더 유리한 위치에 서게 된다. 새롭게 얻은 이해가 미칠 영향을 비즈니스 아이디어의 맥락에서 생각해보면서 기회를 새로운 방식으로 보기 시작한다. 이후 환경 분석은 전략적 시각, 비즈니스 아이디어, 전략 및 계획을 테스트할 수 있게 해준다.

안정된 구조 추정

시나리오 방법론이 가진 힘은, 넓게는 서로 관련이 있으나 겉으로는 전혀 무관해 보이는 자료와 정보를 (원인과 결과에 맞춰) 논리적으로 정리하는 능력에 있다. 이는 미래의 불확실성뿐만 아니라 선결 요소를 둘 다 추정함으로써 가능해진다.

선결정주의 현상은 계획을 수립하는 시간대 전반에 걸쳐 깊고 안정된 구조가 존재한다는 가정을 토대로 한다. 우리는 물리적 구조(기후, 지형)뿐만 아니라 사회적 구조(신념 체계, 문화) 역시 안정적이라고 본다. 반면 우리가 사건들을 여러 다른 방식으로 설명할 수 있다면, 사건을 만들어내는 구조가 하나 이상이라고 볼 수 있다면, 미래에 어떤 구조가 지배적일지 결정할 방법이 없다면, 그런 미래 요소들은 불확실하다고 본다. 어떤 구조를 고려하는지에 따라 상이한 미래들이 상이한 시나리오에 반영될 것이다.

우선은 계획을 세우기 위한 토대인 깊고 안정된 구조를 암시한다고 생각하는 미래 요소를 살펴보자. 이후에는 여러 다른 해석이 가능한, 불확실성을 포함한 미래의 나머지 요소들에 대해 논의할 것이다.

인과관계의 단서

시나리오 기획자들은 아주 광범위한 사건들 속에서 구조를 찾아내는 연습을 한다. 자료를 검토하는 한 가지 유용한 방법으로 '빙산'《그림 15》이라는 지식 분류법이 있다. 이 방법은 지식을 사건, 패턴, 구조라는 세 가지 유형으로 나눈다(Senge 1990). 빙산의 맨 위, '수면 위'는 우리가 주변에서 보는 뚜렷한 사건들이다. 시장의 발전, 고객의 행동, 정부의 규제 등이 여기에 속한다. 사건은 관찰할 수 있다. 사람은 누구나 스스로 모습을 드러내어 우리가 지각할 수 있는 사건을 통해 세상을 바라본다. 이는 눈에 보이는 빙산의 일각이다. 맨 처음 우리는 이 가시적 부분으로 세상을 묘사한다.

그러나 중요한 사건이 모습을 드러내면 우리는 곧 상황을 '이해하기' 위해 그 밑에 깔린 패턴과 구조를 찾으려 애쓴다. 일례로 9·11 뉴욕 세계무역센터 테러 공격에 대한 해석의 발전 단계를 살펴보자. 처음에는 어떤 이유도 확실치 않았다. 비행기가 처음 건물을 덮쳤을 때 많은 이들은 이것이 단순 사고라고 생각했다. 그러나 펜타곤(미국 국방부의 통칭)에 공격이 감행되고 뒤이어 세계무역센터에 두 번째 비행기 충돌이 일어나자 갑자기 이 일이 하나의 고립된 특이한 사건이 아닌 연계된 인과 구조를 보여주는 어떤 패턴이 있음이 명확해졌다. 이는 미국 본토에 추가 충돌로 이어져 더욱 힘을 얻었다. 이 사건은 알 카에다의 이른바 '대표적인 특징' 중 하나다. 알 카에다는 단독 공격을 하지 않는다. 공격은 무리 지어 이뤄진다. 거기에 연관된 세력이 있음을 충분히 드러낼 만큼. 이런 식으로 일원화된 조직의 힘을 세계인의 의식에 강하게 새기는 것이다. 여기서 패턴은 하나의 메시지다.

시나리오 기획자들은 사건에 단순히 보이는 것 이상의 훨씬 많은 것이 내포되어 있다는 전제에서 출발한다. 일부 사건은 이들의 예상이 완전히 빗나간, 즉 철저히 별개로 일어난 것일 수도 있다. 그러나 많은 사건은 조직화된 행태를 보여준다. 이때 가정은, 사건은 단순히 무작위로 일어나는 것이 아니라 원인이 결과를 가져오고 한

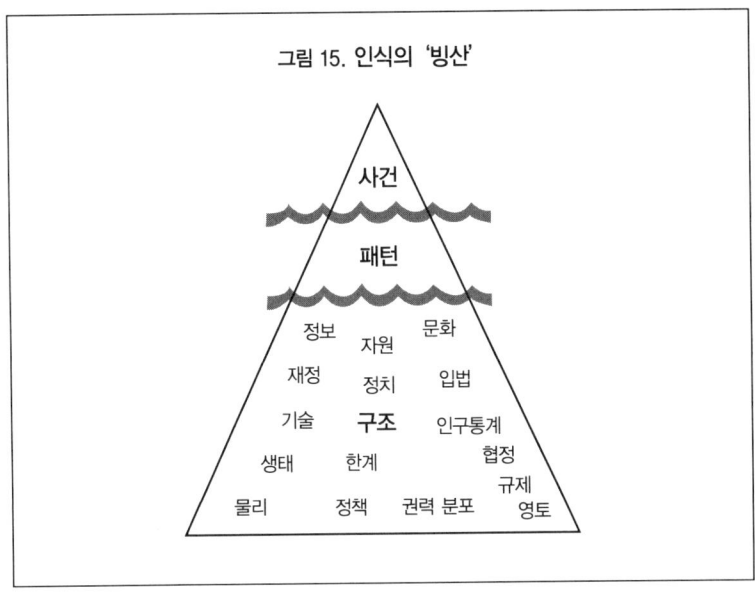

사건이 다른 사건을 불러오는 어떤 구조로 서로 연관되어 있다는 것이다.

그 결과, 어떤 변수는 일관되게 상승하거나 혹은 성장 경로가 가로막힐 경우 성장이 수그러들기 시작한다. 또 어떤 변수는 규칙적인 패턴을 보이며 올라가고 내려가고를 반복한다. 이런 패턴 뒤에 숨어 있는 구조를 알아내기 위해 우리는 여러 추세들 사이에서 상호 연관성을 찾고 구조가 모습을 드러내길 기다린다. 변수 x가 올라가는데 변수 y가 동시에 올라간다면 우리는 그 두 변수가 어떤 점에서 서로 연관되어 있을 수도 있겠다는 생각을 하게 된다.

구조는 우리가 추정한 인과관계의 결과다. 그 토대는 주변 사건들을 통해 인식하고 있다고 생각하는 패턴들이다. 우리는 이런 패턴을 인과관계의 단서로 사용한다(Einhorn & Hogarth 1982). 이런 패턴들은 다음과 같은 형태를 띤다.

- 시간적 순서. 시간대를 기준으로 정리한 사건. 예를 들면 사건들 내 시간 흐름에 따른 추세.
- 공분산. 여기서 우리는 시간에 따라 유사한 패턴을 보이는 서로 다른 변수들을 볼 수 있다.
- 공간상·시간상 밀접성. 하나가 늘 다른 하나를 따라간다면 이때 우리는 둘 사이에 어떤 관계가 있다고 가정한다.
- 형태 혹은 패턴상 유사성.

우리는 많은 인과관계의 단서를 발견하여, 결국 가시적인 사건을 가져올 것이라 추정한 전체적인 구조를 이루는 요소들을 추론한다. 이때 추정된 구조는 '과정 이론'('변동 이론'과 대조를 이루는 이론)이 되어, 불확정성을 인식함과 동시에 인과관계를 설명한다. 이는 단순히 무슨 일이 일어났는지를 이야기하는 것에 그치지 않고 왜 이런 상황이 발생할 수 있는지를 설명한다.

이런 식으로 우리는 세계관을 형성한다. 예를 들어 우리는 지난 40년간 인구가 서너 배로 증가한 아프리카 나라들에서는 기존의 생산 및 관리 체계가 더 이상 통하지 않는다는 사실을 알고 있다. 그 결과 비상사태와 위기, 그리고 이런저런 실험이 증가할 것이라 예상할 수 있다. 이런 요소는 미리 예정된 일들이다. 이미 이런 모습이 나타나고 있으며 이를 피할 수 없기 때문이다. 우리가 모르는 것은 이런 전환점에서 어떤 시스템이 만들어질 것인가 하는 것이다.

아래는 위의 상황 속 인과관계에 대한 생각을 토대로 구성한 하나의 예다. 이 국가들의 미래를 구성하는 틀로는 다음과 같은 것들이 있다.

- 시간 지연, 이미 '진행 중인' 그리고 앞으로 일어날 발전 국면. 예를 들면 인구통계.
- 시스템상의 제약. 예를 들면 성장 한계.
- 시스템 내 구조적 피드백 순환의 일반적 행태. 예를 들면 군비경쟁.
- 행위자의 논리와 동기부여. 예를 들면 영국 내 노동당과 토리당 혹은 미국 내 민주당과 공화당.
- 시스템의 관성(사회적 관성 포함). 예를 들면 경제개발 및 문화.
- 자연의 법칙.

다르게 해석할 여지는 얼마든지 있다. 사람들은 저마다 살아온 길이 다르고 따라서 각기 다른 결론에 도달할 것이다. 이런 결론은 그들이 본 것의 틀을 잡고, 결국 그들의 인과적 멘탈 모델을 만들어낸다. 누군가에게는 테러인 것이 다른 누군가에게는 자유를 향한 투쟁이다. 이런 틀을 알아내는 것이 의사결정자가 할 일이다. 서로 다르며 세상이 복잡하다는 사실을 인정할 때 비로소 가능한 이 일을 제대로 해낸다면, 시나리오는 상황의 심층구조를 간파하고 이를 이야기 형태로 표면화해 작용할 수 있게 만든다.

마지막으로 우리가 상황을 개념화하는 수준에 따라 많은 것이 달라진다. 우리가 사건을 얼마나 세분해서 보느냐에 따라 거기서 얻어지는 인과 구조가 결정된다. 복잡성의 선구자인 스튜어트 카우프만(Stuart Kauffman 1995)이 한번은 이런 말을 했다. "예전에 어떤 인테리어 전문가의 말을 대단히 흥미롭게 들은 적이 있다. 그리고 나는 그의 말에서 쓸 만한 구절 하나를 배웠다. '그런 상황입니다.' 여기 이 말은 상당히 광범위하게 쓰이며, 심지어 자세한 상황을 예측할 수 없을 때조차 여전히 그런 상황에 대해 생각할 수 있게 해준다." 인과 구조는 상황을 자세히 나눌 때보다 '그런 상황'일 때 더 분명하고 확실할 수 있다. 분석 시 적당한 입도(세밀한 정도) 수준을 결정하는 문제는 늘 의사결정자의 고민거리다. 예를 들어 지구촌을 위협하는 새로운 위협을 고민할 때 가장 적합한 수준이 무엇일까? 자살 폭탄, 알카에다, 아니면 전 세계 테러일까? 여러 해석과 이야기 속성에 기반을 둔 시나리오 접근은 이 같은 문제를 분석하는 데 특히 강하다.

구조 분석

우리는 과거와 미래를 연결하기 위해 이처럼 추정된 인과 구조를 사용한다. 이론상으로 그 과정은 다음과 같은 단계를 거친다.

- 우리가 뭔가 일어났음을 알 수 있는 상황과 중요한 사건들을 명시한다.
- 사건에서 관찰되는 추세, 시간에 따른 행태를 발견한다. 이는 변수의 개념화로 이어진다.
- 변수의 행태에 적용된 인과관계의 단서를 토대로 인과적 패턴을

추론한다.
- 인과관계를 통해 시스템을 하나로 연결하는 구조를 개발한다(인과적 패턴에 대한 상이한 해석에 따라 다수의 구조가 발생할 수 있다).
- 미래의 행태를 예측하는 데 개발된 구조를 사용한다(다수의 구조는 다수의 시나리오를 가져온다).

이를 통해 우리는 일부 발전 국면이 이미 시작되었으며 그 결과가 반드시 나오게 되어 있음을 깨닫는다. 관성 혹은 피드백 순환에 의한 잠금과 같은 시스템의 구조적 요소를 토대로 한 예측 가능한 결과는 향후 활동 계획의 토대를 제공한다.

이런 과정을 거쳐 우리는 미래 계획의 토대가 되는 선결 요소를 알아낼 수 있다.

예측 대 시나리오

불확실성을 안건에 올리다

지금까지는 시나리오의 설계 원칙을 알아보았다면 이제는 시나리오와 예측을 비교할 때다(van der Heijden 1994). 예측은 이른바 '변동 이론', 즉 사업 환경 내 변수 간에는 시간이 흘러도 사라지지 않는 지속적이고 일관된 상관관계가 있어서 그것을 토대로 미래를 예측할 수 있다고 가정한다. 이는 전략적 질문에는 하나의 정답이 존재하며 전략 수립은 이 정답에 되도록 가까이 가는 것이라는 합리주의자의 가정과 밀접한 연관이 있다. 따라서 예측 업무를 하는 사람은 반드시 가능한 정답에 가까운 답을 낼 수 있을 정도의 지능과 연산력을 지녀야 한다.

시나리오 기획은 아예 시작점부터가 다르다. 미래는 예측할 수 없다. 미래는 더 이상 줄일 수 없는 불확실성을 포함하고 있다. 그러나 사건들 속에는 인과 구조가 깔려 있으며 왜 사건들이 그런 식으로 발생하는지를 설명하는 '과정 이론'을 개발할 수 있다. 따라서 여기에는 정답이 없다. 하지만 인과 구조는 여기에 수면으로 끌어올려 구체화할 수 있는 선결 요소가 있음을 암시한다. 시나리오 기획은 사건을 움직이는, 그리고 이를 토대로 전략을 수립할 수 있는, 배경 구조에 대한 새롭고 독창적인 이해를 가져온다. 그러나 여기에는 더는 정확도를 높일 수 없는 어떤 선이 있다. 즉 여기서 중요한 것은 의사결정자가 불가피한 불확실성을 받아들이는 것이다. 기본적인 불확실성이 존재하는 영역을 예측하는 일은 위험하다. 의사결정자가 책임 있는 결정을 내리는 데 필요한 중요한 정보를 그들에게서 빼앗아버리기 때문이다.

때때로 예측 전문가들은 예측 가능한 불확실성을 반영하려 애쓴다. 예를 들어 예측이 전문가의 의견을 통계적으로 요약한 것일 때는 숫자 하나로 끝나지 않을 때도 있다. 때때로 예측의 분산 값을 표기하여 범위를 명시하기도 한다. 어떤 예측 전문가가 자동차 수요를 80에서 100 사이일 것이라 명시한다고 하자. 여기에는 어쩌면 각각 확률을 매긴 상한선과 하한선이 있을 수도 있다. 경영진들은 여기서 전문가들이 내놓을 수 있는 최고의 예측에 따르면 가장 유력한 결과는 90이지만 100이나 80도 될 수 있음을 알게 된다. 이는 확률 평가를 기반으로 전문가의 의견을 표현한 것이다.

예측은 실제 의사결정과는 거리가 먼 전문가들이 하는 것이다. 그리고 보통 불확실성의 원천은 너무 전문적이라는 이유로 명시하지 않는다. 그렇게 분석에서 불확실성의 원천은 모호해진다. 즉 예측 활동의 결과물을 받는 의사결정자는 그 배경에 깔린 사고 과정과 예측을 내놓는 데 쓰인 상관관계의 오차 범위를 알지 못한다는 뜻이다. 의사결정자가 마주한 위험은 바로 이런 단절에서 비롯한다. 의사결정자가 예측을 사용하기로 한 이상 그는 자신의 의사결정 과정에 어떤 위험 가설이 들어오게 되는지 알 수 없다. 그는 다른 가능성을 펼쳐볼 수 있는 위치가 아니다. 전문가에게 책임을 전가한 것이다. 결국 불확실성은 이 둘 사이 어딘가에서 사라져버린다. 선형 예측 과정은 알고리즘적으로 필연적 결과에 도달하고 사고는 멈춰버린다. 여기서 의사결정 과정은 본질적으로 우연한 사건에 불과하다.

이를 시나리오와 비교해보라. 시나리오에서 우리는 인과관계를 통해 중요 불확실성을 구체적으로 다룬다. 불확실성에 따라 핵심 논리도 달라지므로 시나리오는 불확실성을 경영 안건에 올리는 것이다. 시나리오는 의사결정자가 결과뿐만 아니라 사업을 어느 쪽으로든 움직일 수 있는 원동력도 보게 한다.

예측 전문가는 미래를 가두고, 시나리오는 사고 영역을 확대한다
예측을 하려면 먼저 우리가 예측하고 싶은 것이 무엇인지를 결정해야 한다. 자동차 업계에서는 자동차 수요를 예측하고 싶어 한다.

통계학자들과 전문가들은 국민총생산(GNP), 구매력, 소비 패턴 등 거시적 분석을 통해 시간이 흐름에 따라 다양한 영역에서 자동차 총수요가 어떻게 변할지를 예측한다. 가장 먼저 무엇을 예측할 것인지를 결정하면 그다음 할 일은 분석이다. 예측은 내부 지향적 사고(inside-out thinking)다. 이 사실은 매우 중요한 의미가 있다. 예측에서 해당 사업의 외부에 나타날 수도 있는 예기치 못한 영향은 분석 대상이 아니기 때문이다. 전문가가 세운 사업 및 환경 모델에 포함되지 않은 뜻밖의 변수는 안건에 포함되지 않는다. 우리는 예측에 들어가자마자 멘탈 모델에 갇혀 예상 밖의 일들을 차단한다. 조직은 이런 분석으로 인한 인식의 한계를 반드시 의식해야 한다.

1980년, IBM에서 PC 전략을 세우기 위해 전략 회의를 소집했다고 상상해보라. 회의에서 1990년 PC의 예측 수요가 27만 5000대라고 발표된다. 결론은 볼 것도 없다. PC는 중요하지 않다. 어쩌면 운영체제와 마이크로프로세서 역시 외주를 줄지도 모를 일이다. 그런데 누군가가 걸어 들어와서는 이렇게 말한다고 상상해보라. "그래요. 그런데 PC 수요가 6000만 대라고 가정하고, 그 모든 걸 마이크로소프트와 인텔에 넘겨준다고 생각해보죠." 이랬다면 그 사람은 분명 쫓겨났을 것이다.

조직이 평상시 사고의 틀 밖을 보게 하려면 뭔가 다른 것이 필요하다. 이때 필요한 것이 바로 외부인뿐만 아니라 조직 곳곳의 박식한 개인들을 동원하는 과정주의적 접근법이다. 다음으로는 조직 전체가 사업 환경 전면에 걸쳐 나타나는 변화의 신호를 보고 거기에 따라 조치를 취하는 인지 기술을 습득해야 한다. 이곳이 바로 시나리오가 관여할 영역이다. 시나리오 기획자는 예측에 구속받지 않는다. 그는 제품(예를 들어 자동차)에 대한 생각에서 출발해서는 안 되며 화폭을 더 넓혀야 한다. 그의 시작점은 '조직이 마주한 주요 불확실함'이다. 이 시점에서 시나리오 기획자가 하는 질문의 주된 주제는 경영팀의 관심 영역을 알아내는 것이다. 이런 질문에는 제품의 수요에 관한 것도 있을 수 있다. 하지만 보통 좀 더 기본적인 원동력을 알아내기 위한 방향으로 질문이 빠르게 옮겨간다. 예를 들어 자동차 산업에서 앞으로 테러리즘이 일반적인 운송 수단에 미칠 영향을 묻는 질문을 통해 여러 가지 원동력을 떠올릴 수 있다. 시나리오 기획자는 예측 전문가들보다 좀 더 넓은 시각으로 사업 환경을 본다. 기획 활동의 시야가 확대되었기 때문이다. 시나리오는 외부 지향적 사고다.

헤켈(Haeckel 1999)은 이를 '만들고 파는' 태도에서 '감지하고 반응하는' 태도로의 이행이라고 말했다. 여기서 문제는 선택이 아닌 균형이다. 회사는 네 가지를 전부 해야 하지만 전통적인 분석은 우리가 예측할 것을 미리 정의하는 것으로 시작한다. 이는 '감지하고 반응하는' 사고가 개입할 여지를 줄인다. 시나리오 분석은 이런 균형을 되찾을 수 있다.

효율적이지만 질적으로 떨어지는 예측

예측은 미래를 묘사하는 아주 효율적인 방법이다. 예측의 효율성은 단순한 의사결정 알고리즘에서 나온다. 예측은 많은 정보를 운용 목적에 맞춰 쉽게 전달할 수 있도록 하나의 단순한 형태로 줄이는 데 유용하다. 예를 들어 지어야 할 자동차 제조 공장의 크기는 이 방식으로 비교적 쉽게 알 수 있다. 일종의 요약이기 때문이다. 그러나 그렇기 때문에 그 정보는 질적으로 떨어질 수밖에 없다.

시나리오는 훨씬 더 많은 정보를 담는다. 그 이유는 시나리오가 원인과 결과를 전체적으로 보여주기 때문이다. 이를 통해 의사결정자는 왜 이런 일이 일어난 것인지를 이해할 수 있다. 그러나 같은 이유로 '예 혹은 아니요' 유형의 의사결정에서는 효율성이 떨어질 수밖에 없다. 예측에 비해 시나리오 세트를 토대로 한 의사결정은 훨씬 복잡하기 때문이다. 시나리오는 더 많은 사고를 요구한다. 시나리오 분석으로는 '예 혹은 아니요' 결정을 기계적으로 할 수 없다. 일반적으로 시나리오는 결론을 기계적으로 내놓지 않는다. 공장을 새로 지을지 아니면 지금 그대로 둬야 할지에 대한 판단은 확실치 않다. 시나리오 분석을 통해 어떤 행동을 결정하기까지는 더 많은 작업과 사고, 그리고 분석이 필요하다. 이런 사고 과정을 통해 사업 환경에 대한 이해는 더욱 깊어지고 결국 새로운 전략의 토대인 미래의 비즈니스 아이디어를 내포하는 새로운 이해와 사고가 생겨난다. 결과적으로 이는 우리가 앞서 논의한 기업가적 발명에 관한 것이다.

예측과 시나리오의 테스트

예측은 사건이 발생한 후에 테스트할 수 있다. 예상했던 것과 결과를 비교하는 것이다. 앞서 보았다시피 어떤 때는 예측이 맞고 어떤 때는 맞지 않는다. 그리고 불행히도 예측은 급격한 변화의 시기에 가장 빗맞는다. 시나리오는 당연히 입증 자체가 불가능하다. 무엇보다 그 방법론에서는 시나리오가 그렇게 구체화될 것이라 말하지 않는다. 그리고 시나리오는 그런 식으로 쓰여서는 안 된다. 실제로 어떤 연속선상의 한 지점에서 하나의 특정 시나리오가 낱낱이 그대로 펼쳐질 확률은 거의 0에 가깝다. 그러나 하나의 세트로서 시나리오들은 '일종의 일어날 수 있는 일'과 불확실성 정도에 대한 현시점의 이해를 보여준다. 만일 시나리오의 범위를 충분히 넓게 책정한다면 (상대적으로 알기 쉬운) 현실이 그 사이 어딘가에 해당할 확률이 높아진다. 따라서 시나리오는 애당초 실제로 일어날 일에 비춰 테스트할 수 있는 성질의 것이 아니다. 시나리오가 필요하고 사용할 때는 무슨 일이 일어날지 모른다. 따라서 시나리오가 유효한지 아닌지를 판단할 방법이 없다. 시나리오 테스트는 시나리오가 현시점의 상황과 전망에 대한 최선의 지식과 과정 이론을 표현하고 그로 인해 더 나은 전략을 이끌어내는지를 판단하는 것을 의미한다.

서로 다른 목적

요약하자면, 예측과 시나리오 기획은 그 목적이 전혀 다르다. 전략적 질문은 환경과 조직 내의 불확실성에 뿌리를 두고 있다. 불확실성은 우리가 더 멀리 내다볼수록 높아진다. 예측은 상황을 합리적으로 예측할 수 있고 우리의 예측 능력에 비해 불확실성이 비교적 적은 단기에 유용하다. 이 범위에서는 합리주의적 '예측과 통제' 계획이 의미가 있고, 또 필요하다. 반면 예측할 수 있는 것이 거의 없는 장기 계획에서는 더 이상 도움이 되는 활동이 아니다. 시나리오 기획이 제구실을 하는 범위는 불확실성과 예측 가능성이 둘 다 어느 정도 있는, 단기와 장기 사이의 미래다. 그리고 이 기간은 전략의 영역이기도 하다. 따라서 전략적 경영과 시나리오 기획은 아주 밀접한 연관이 있다.

시나리오는 다음의 구체적인 세 가지 방식으로 불확실성을 처리하는 데 도움을 준다.

1. 많은 결정을 단독 사건이 아닌 '장단점이 있는' 과정의 일부로 보게 하여 조직이 환경을 더 잘 이해하도록 돕는다.
2. 구조적인 불확실성을 안건에 올려 어떤 유형의 사고가 일어날 가능성이 있는지를 완벽히 알 수 있게 해준다. 그리하여 시나리오 기획은 경영자들이 지나친 위험을 무릅쓰지 않도록 한다.
3. 사업 환경을 바라보는 멘탈 모델을 확장하여 예기치 못한 사건을 인식하게 한다. 또한 사전 대책을 강구하는 데 필요한 지각 역량을 강화하여 조직이 더 잘 적응할 수 있게끔 돕는다.

7

시나리오 분석

시나리오와 시나리오 분석이 무엇인지 좀 더 자세히 알아볼 필요가 있다. 이 장에서는 우선 사업 환경에 대해 알아보기 위한 접근법인 시나리오 분석의 원칙을 좀 더 자세히 살펴볼 것이다. 8장에서는 행동 관점에서 시나리오 분석을 살펴볼 예정이다.

정의

시나리오는 대중적인 용어다. 그리고 여러 상황에서 다양한 의미로 쓰인다. 이 책을 읽고 있는 여러분은 '시나리오 기획'이란 말이 모든 이들에게 같은 것을 의미하지는 않는다는 점을 염두에 두길 바란다. 전략 관련 글에서 시나리오라는 용어를 명확히 정의하기는 쉽지 않다. 시나리오라는 말이 워낙 여러 접근법과 수단으로 활용되기 때문이다. 따라서 우선은 이 책에서 시나리오라는 용어를 어떻게 쓸지를 정의하는 것이 중요하다. 이 책에서 말하는 시나리오 기획은 앞 장에서 살펴본 다음과 같은 사고의 틀 안에 있다.

- 조직의 생존·자기 발전은 전략의 가장 기본적이고 주된 원동력이다.
- 전략 수립은 미래 행동에 대한 새롭고 독창적인 정책적 틀을 만들어낸다. 이는 우리 자신과 우리가 살아남아 발전해야 하는 환경 사이의 적합성에 대한 깊이 있는 이해를 토대로 한다.
- 비즈니스 아이디어는 조직에 대한 전략적 관점이다.
- 시나리오는 이런 비즈니스 아이디어를 적용할 환경에 대한 전략적 관점이다.

여기서 외부 세계 시나리오라 부르는 것과 조직이 관여한 전략적 서술은 별개의 것이다.

전략적 서술은 개인 혹은 일개 조직의 것이다. 또한 그 개인 혹은 그 조직이 상호작용하며 중요한 역할을 하는 세계의 미래 상황에 대한 그들의 예상과 관련이 있다. 전략적 서술은 원인과 결과가 있는 이야기 형태를 띠며 하나의 행동 옵션을 하나의 목표와 관련짓는다(만일 내가 이 일을 하면 이런 일이 벌어질 것이고 그 일이 뭔가를 가져와 결국 A라는 목표를 달성한다). 전략적 서술은 개인이 복잡하게 얽힌 옵션 지도를 통과하는 하나의 경로로 볼 수 있다.

개인이 자신의 내부 이야기에 관여하는 것은 지극히 당연한 일이다. 이는 우리가 일상적으로 사고하는 과정이자 자의식의 일부다. 내부 이야기는 규범적인 경향을 띤다. 몇몇 결과가 다른 결과보다 낫다는 식으로 우리의 염원 체계를 반영한다. 이것은 좋은 미래와 나쁜 미래의 세계다. 이 세계는 우리와 관련이 있다.

외부 시나리오는 외부 세계가 어떻게 돌아가는지에 관해 공유하고 합의한 멘탈 모델에서 나온다. 외부 시나리오는 우리가 거의 혹은 전혀 영향을 끼치지 못하지만, 우리에게 지대한 영향을 미치는 환경의 일부다. 시나리오는 내적으로 일관성 있게 표현되며 외부 세계에서 발생할 수 있는 미래를 서술적으로 묘사하려 한다. 시나리오는 세트로 나타난다. 이는 미래에 대한 불확실성이 높음을 뜻한다. 시나리오 세트는 외부 세계에서 발생할 수 있는 미래의 발전상과 결과를 표현하기 위해 만든 것이다. 사업에 지대한 영향을 미칠 수 있지만 기본적으로 통제할 수는 없는 환경 속 상황들을 묘사한다.

내부의 서술과 외부의 시나리오, 이른바 '욕구의 세계'와 '운명의 세계'를 확실히 구별하는 것은 조직 내에서 일어나는 전략적 대화에 큰 도움을 준다. 이 차이를 확실히 하기 위해 '외부 사업 환경에 대한 이야기에만 시나리오'란 용어를 사용할 것이다. 내부 이야기는 '전략적 서술'이라고 칭한다.

시나리오는 우리가 거의 영향을 미칠 수 없는 외부 세상만을 다루기 때문에 가치중립적이라 보는 것이 마땅하다. 허먼 칸은 관찰자가 주관을 개입하지 않고 객관적으로 탐구할 수 있게 하는 점에서 시나리오 접근법의 가치가 크다고 보았다. 이는 경영진이 서로 다른 시각에서 세상을 봄으로써 기존의 인식도를 넓힐 수 있게 도와준다.

주관이 개입되지 않은, 객관적인 시나리오는 경영진이 원치 않는 상황의 중대한 측면을 볼 수 있게 돕는다. 우리는 우리가 맥락적이라고 칭한, 통제할 수 없는 사업 환경 영역 내에서 상황의 중대한 측면을 확실히 추정한다. 시나리오의 이런 힘은 그 상황의 중대한 측면이 조직이 뛰고 있는 '경기장'에 다가오지 못하도록 하는 데 사용해야 한다. (일부 사람들은 시나리오가 완전히 가치중립적일 수는 없다고 반박하기도 한다. 설령 그렇다 할지라도 칸이 주장했듯, 각각의 시나리오는 우리가 영향을 끼칠 수 없는 '다수의 실현 가능한 미래' 중 하나일 뿐임을 고려하면 시나리오는 이런 정서적인 부분을 없애는 데 상당한 이점이 있다.)

여기서 전략가가 통제할 수 있는 조직 자체를, 조직이 경쟁자들과 상호작용하는, 영향을 미칠 수는 있으나 통제하지는 못하는 업무적 환경과 구분할 필요가 있다. 업무적 환경은 조직이 경쟁자들과 자원을 놓고 경쟁하는 '경기장'이다. 그리고 이 경기장 세계는 전략가가 거의 혹은 전혀 영향을 미치지 못하지만, 그것이 경기장과 조직 그 자체에 미치는 영향을 평가해야 하는 맥락적 환경의 일부다. 이 세 영역의 경계를 구분하는 것은 전략적 과제에서 핵심 부분이다.

에머리와 트리스트(Emery & Trist 1965)에 따르면 두 가지 환경의 범주는 다음과 같이 정의할 수 있다.

- 맥락적 환경은 조직에 중요한 영향을 미치나 조직은 거의 혹은 전혀 영향을 주지 못하는 환경 영역이다. 맥락적 환경 속 행위자는 '심판'이라 할 수 있다. 즉 우리의 영향을 받지 않으면서 우리가 하는 일에 규칙을 정한다. 조직은 맥락적 환경에 영향을 미치지 못하

는 반면, 조직에게 가장 큰 과제는 맥락적 환경에서 어떤 일이 벌어지든 효과적인 선수로 남을 수 있도록 조직의 사업을 배치하는 것이다.
- 업무적 환경은 그 안에서 조직이 중요한 역할을 하는, 결과가 조직에 미치는 영향만큼이나 조직이 결과에 영향을 미치는 환경 부분이다. 업무적 환경은 조직이 게임을 자신들에게 유리한 방향으로 몰아가기 위해 전략을 세우는 경기장이다.

외부 시나리오는 맥락적 환경에서 활동한다. 시나리오 기획의 (암묵적인 혹은 명시적인) 목적은 경영자가 여러 가능한 전략을 인식하도록 돕고, 외부 시나리오를 '테스트 조건'으로 삼아 조직의 장점과 건전성 면에서 그런 전략들을 고민하도록 하는 것이다. 이런 목적을 달성하려면 맥락적 환경과 업무적 환경을 명확히 구분할 필요가 있다. 그리고 테스트 조건이 업무적 환경과 상호작용하는 조직의 행동 특성을 판단할 수 있으려면 맥락적 환경에 대한 묘사가 필요하다.

맥락적 환경에서 발생 가능한 사건들을 묘사하는 시나리오는 좋을 수도 나쁠 수도 있다. 즉 시나리오는 우리의 행동과는 무관하게 독립적으로 발전 가능한 세상으로, 조직은 그 안에서 능숙하게 움직일 수 있어야 한다. 개인들은 이런 미래들에 대해 가치판단을 할 수 있을지 몰라도, 조직 전체로서는 그런 식으로 가치판단을 할 수 없다. 맥락적 세상을 현저히 바꿀 능력이 없는 조직은 다만 다가오는 맥락적 미래가 어떠하든 그 안에서 성공을 위해 노력하는 자세를 취할 수 있을 뿐이다. 이 주제는 '시나리오의 틀 만들기'란 제목하에 더 자세히 다룰 것이다. 그 전에 먼저 시나리오가 어떻게 생성되고 전략 수립 과정에서 어떤 역할을 하는지 살펴볼 필요가 있다.

전략 수립 목표

조직은 과거에 있었던 온갖 경험을 끌어안은 상태로 현재에 이른다. 조직의 역사가 의미 있게 드러나는 부분이 바로 비즈니스 아이디어다. 조직은 세심한 관찰, 실험, 그리고 깊이 있는 생각을 거쳐 과거와 현재의 성공 기반인 기업가적 아이디어에 도달했다. 그러나 시간은 계속 흐른다. 사업 환경은 늘 변한다. 그리고 거기에 적응해야 한다. 가끔씩은 너무 광범위하게 변화하여 비즈니스 아이디어 그 자체를 다시 개발해야 할 때도 있다. 그리고 가끔씩 조직은 전략 개발을 심각하게 고민해야 한다.

여기서 주된 문제는 조직이 다가오는 미래를 보고 이해할 준비가 잘 되어 있는가 하는 것이다. 이 일은 우선 주변에서 일어나는 일들을 조사하면서 향후 가치, 지대, 수익성을 가져다줄 원천을 알려줄 가능성이 있는 새로운 발전 국면을 찾는 것에서 시작한다. 그렇게 오랜 시간 열심히 찾다 보면 그런 가능성이 드러날 것이고, 고객 가치, 수요, 활동 세트, 경쟁우위(비용·차별화), 차별적 역량과 같은 비즈니스 아이디어의 순환 요소에 영향을 미칠 것이다. 이 모든 조사는 이런 요소들 속에 숨어 있는 독창적 발명을 찾기 위한 것으로, 조직은 이를 통해 앞으로 가치를 생성하고 전유하여 유리한 위치를 구축할 수 있게 된다. 가치 창출의 원천은 조직 '자체'와 환경 사이의 접점에서 발견된다. 따라서 우리는 둘 다를 이해할 필요가 있다. 비즈니스 아이디어를 감안하여 환경을 연구해야 하고, 사업 환경이 우리를 어디로 이끌고 있는지에 대한 깊은 이해 없이는 비즈니스 아이디어를 만들어낼 수 없다.

앞서 우리는 '생성적' 시나리오 기획과 '적응적' 시나리오 기획을 소개했다. 생성적 방식은 시나리오를 현재 비즈니스 아이디어와 비교해 연구하는 것이다. 비즈니스 아이디어를 재발명하기 위한 토대인 독창적인 이해를 얻을 때까지 미래와 관련한 중요한 질문을 던지고 이해를 높이는 것이다. 적응적 방식은 광범위한 시나리오를 배경으로 비즈니스 아이디어의 적합성을 알아내고 되도록 점진적으로 적합성을 높이기 위해 비즈니스 아이디어를 연구하는 것이다.

비즈니스 아이디어를 배경으로 한 환경 연구(생성적 방식)

전략 업무에서 가장 우선하는 일은 어렴풋이 보이는 대형 이슈에 대한 대책과 미래를 위한 새로운 기업가적 발명을 고민하는 것이다. 이는 생성적 전략 수립의 영역이며, 사업 환경이 어디로 가고 있는지에 대한 새롭고 독창적인 이해를 토대로 한다. 시나리오 기획은 여기서 큰 도움을 줄 수 있다.

이처럼 독창적인 이해를 얻으려면 미래에 관한 뭔가를 믿을 수 있어야 한다. 생성적 전략의 출발점은 올바른 길을 들여다보면 미래가 '보일' 수 있다는 생각이다. 그렇다고 이것이 일반적인 전략 기획자의 능력을 넘어서는 어떤 신통력이나 예지력 따위를 뜻하는 것은 아니다. 우리는 이미 존재하는, 그래서 미래를 어떤 유의미한 방향으로 한정 짓거나 결정하는 힘과 관계를 찾아야 한다. 이런 전략 업무의 가장 기본적인 단계에서 우리는 상황이 구조적으로 미리 결정된 곳을 찾기 위해 사업 환경의 인과 구조 속으로 들어가야 한다. 이런 식으로 우리는 일반적으로 알고 있는 확립된 사실뿐만 아니라 새롭게 일어나는 신기한 현상들을 보는 법을 습득할 수 있다.

이 방식을 도표로 나타낸 것이 〈그림 16〉이다. 생성적 시나리오 활동은 기본적으로 반복 활동으로, 질문 제기 단계에 시나리오가 많은 기여를 하는 행동 학습 과정에 비유할 수 있다. 이때 핵심은 아직 상황에 대해 제대로 구체화하지 못한 부분을 찾는 것이다. 연구자들이라면 누구나 경험하겠지만, 일단 질문이 구체화되면 분석을 하고 답을 찾는 일이 비교적 쉬워진다. 전략을 수립하는 기술은 중요한 질문을 표면화하고 표현하는 데 있다. 반복적 시나리오 방식은 여기에 크게 이바지한다. 반복적 시나리오 방식은 미래상을 표현하고 분석하는 문제에 체계적으로 접근하기 때문에 우리가 이해하지 못한, 그러나 분석할 만한 가치가 있는 '공백'을 알려준다.

시나리오는 광범위한 학습 과정에서 중요한 도구다. 시나리오는 반복을 거치며 조금씩 변한다. 이전 순환에 쓰인 시나리오를 이후 순환에서는 쓸 수 없다. 광범위한 학습 과정에서 나오는 주산물은 시나리오가 아니라 완전한 학습 순환이 만들어낸 사업 환경에 대한 체계적 이해와 새로운 관점이다. 바로 이런 이해가 새로운 미래 비즈니스 아이디어를 만들어내는 토대인 독창적인 통찰로 우리를 이끌 것이다.

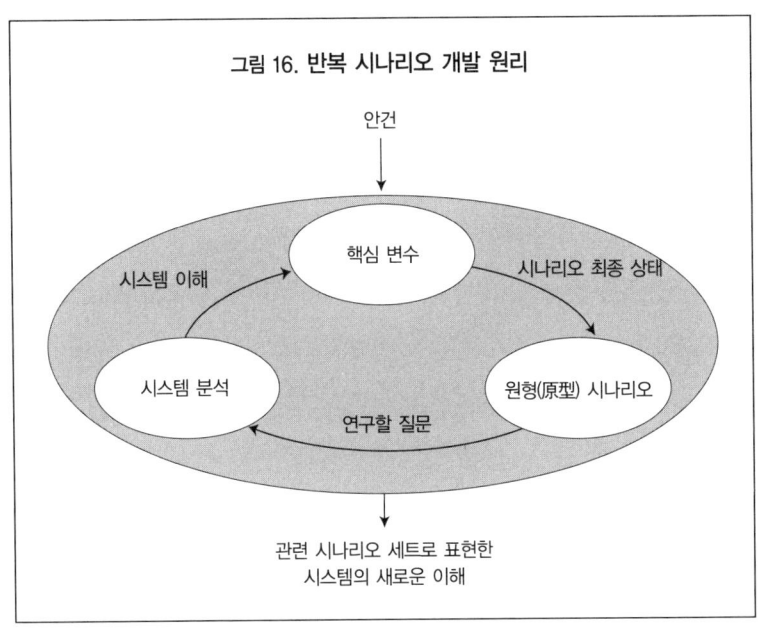

그림 16. 반복 시나리오 개발 원리

사업 환경 시나리오를 배경으로 한 비즈니스 아이디어 연구(적응적 방식)

일단 성공적인 비즈니스 아이디어 하나가 자리를 잡으면 그 비즈니스 아이디어를 환경에 대한 전망에 맞춰 계속 고민하고 수정해야 한다. 그렇다면 시나리오 사고는 이런 과정에 어떻게 기여할 수 있을까? 〈그림 17〉은 이를 간단히 보여준다. 시간에 따라 진화하는 시나리오는 비즈니스 아이디어를 위한 테스트 조건이라 볼 수 있다. 시나리오는 강력한 사고 수단으로, 다차원적인 사업 환경에 대한 막대한 양의 이질적인, 그러나 서로 연관된 자료들을 다루기 쉬운 덩어리로 정리한다. 시나리오는 더 이상 줄일 수 없는 불확실성뿐만 아니라 그 배경에 깔린 구조에 관한 지식을 반영하여 만든다. 즉 여

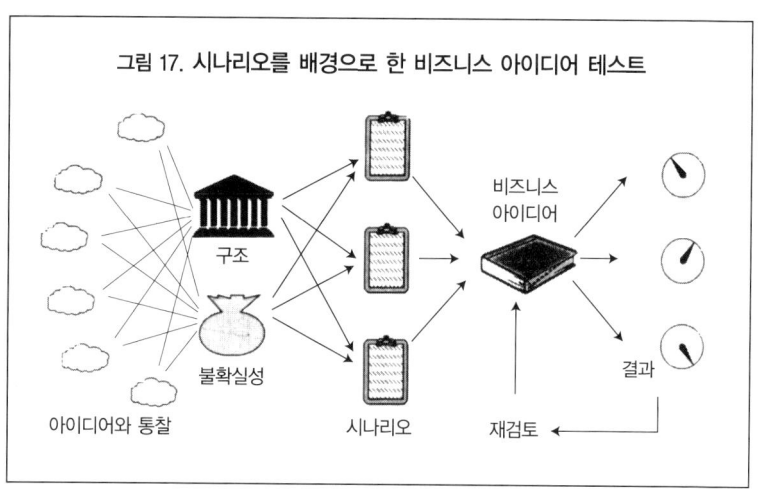

그림 17. 시나리오를 배경으로 한 비즈니스 아이디어 테스트

러 가지 미래 정책 모델을 테스트할 수 있는 좋은 '실험실'인 셈이다. 게다가 하나 이상의 시나리오를 사용하는 것으로 여러 가지 미래 정책의 견고성도 구체적으로 테스트할 수 있다.

이때 시나리오 활동은 앞서 〈그림 16〉에서 생성적 전략 수립을 논의할 때처럼 반복적이지 않고 단선적이다. 효과적으로 전략을 테스트하려면 핵심 환경 변수와 그 변수들 간의 연관성을 이해해야 한다. 사업 환경은 너무나 광범위하기에 조직은 비즈니스 아이디어와 관련하여 고민할 가치가 있어 보이는 것을 선택한다. 실제로 시나리오를 개발하려면 비즈니스 아이디어의 속성을 이해해야 한다. 무엇이 알맞은 '테스트 조건'인지를 결정해야 하기 때문이다. 시나리오를 전략 시험대로 사용함으로써 경영자는 환경에서 정말 중요한 것이 무엇인지를 구체화할 수밖에 없다. 적응적 시나리오 기획은 일종의 맞춤형 활동이다. 적응적 시나리오 기획 과정은 풍동을 이용한 모델 비행기 테스트에 비유할 수 있다. 초음속 전투기 설계는 행글라이더와는 사뭇 다른 풍동 조건을 필요로 한다. 당연히 포괄적 시나리오는 그다지 도움이 되지 못한다.

때때로 시나리오 활동의 목적이 최종 결론을 내리기 위한 것일 수도 있다. 하지만 보통 시나리오는 경영자가 발생할지도 모를 미래에 맞서 좀 더 적응성과 건전성을 높여 조직을 향상시킬 방법을 찾기 위해 전략적 제안을 테스트할 목적으로 사용한다《그림 17》. 시나리오는 정책 개발 도구인 것이다. 시나리오는 조직이 더 나은 정책을 반복해서 만들고 개발하도록 촉진하는 수단이 된다. 시나리오는 조직의 시야를 넓혀준다. 시나리오 기획자는 연관성 범위를 넓혀야 할 것이다. 그런 점에서 시나리오는 지각수단이 될 수도 있다. 시나리오를 이용하여 '주변 시야'를 개발함으로써 '인접 영역'으로 사고를 옮길 수 있다.

대부분의 조직에서 비즈니스 아이디어는 암묵적일 뿐만 아니라 사람들의 일상적 업무에서 당연시하는 것이다. 이런 이유로 전략 기획은 비즈니스 아이디어를 표면화하는 것에서 시작해야 한다. 3부에서는 비즈니스 아이디어를 표면화하고 그 결과를 다루기 쉬운 형태로 표현하는 과정을 알아볼 것이다. 그 목적은 두 가지다.

- 시나리오 안건을 만들어낼 수 있는 토대를 만든다.
- 조직의 성공 동인에 대한 이해를 공유한다. 이후 성공 동인은, 즉 비즈니스 아이디어는 조직에 미치는 영향을 논의하기 위해 시나리오를 배경으로 평가할 수 있다.

현재의 비즈니스 아이디어가 유효함을 확인해주거나 점진적 개선이 필요한 부분을 알려주는 적응적 시나리오 기획은 강력한 결과를 이끌어낼 수 있다.

분석 과정

시나리오 기획자는 의뢰인이 갖고 있는 잡다한 고민들을 기초로 작업을 시작한다. 어쩌면 하나 혹은 그 이상의 구체화되지 않은 '대형 이슈'를 둘러싼 불안감을 기초로 작업을 시작할 수도 있을 것이다. 이 단계에서 나오는 아이디어들은 기존에 가지고 있던 인식 구조로는 그다지 잘 연결할 수 없다. 이를 연결하기 위한 첫걸음은 예비 시나리오 안건을 개발하는 것이다. 이로써 분석 과정은 궤도에 오른다. 이런 이유로 예비 시나리오 안건을 개발하는 것은 의뢰인이 곤혹스러워 하는 영역의 구조를 조사하기 위한 좋은 출발점일 수밖에 없다.

연관된 몇몇 선결 요소는 첫 분석에서 모습을 드러내기도 한다. 누구나 인구통계, 경제 발전, 문화적 신념 등 이 세상에서 확실한 관성을 떠올릴 수 있을 것이다. 그러나 이러한 관성들은 고려 중인 특정 상황 속 원동력을 아주 흐릿하게 보여줄 가능성이 높다. 그 이유는 대부분의 선결 요소는 서서히 변하는 관련 시스템의 인과 구조가 낳은 창의적 특성이기 때문이다. 이들 선결 요소를 배치하려면 시나리오 과정으로 되도록 많은 인과관계를 알아내야 한다. 그러려면 시스템의 과거 행태를 모조리 훑어 '인과관계의 단서'를 찾아낼 필요가 있다.

시나리오 기획자는 초기에 이런 관계를 폭넓게 찾아볼 것이다. 초기 단계에서는 어떤 발상이든 잠재적 구성 요소로 여긴다. 이런 과정을 거치며 분석 범위는 계속해서 재정의될 것이다. 인과관계 방정식에 들어가는 요인에 따라 분석 범위가 달라질 것이며, 동시에 관련된 모든 인과적 설명에서 부차적이라고 판명된 요소는 제거된다.

시나리오 기획자가 궁극적으로 바라는 것은 이런 과정을 조직 내에서 계속 일어나는 학습 경험으로 만드는 것이다. 3장에서 우리는 시나리오 기획을 학습 순환 원리에 따라 작동하는 주기적 행동 학습 과정으로 표현했다. 그리고 인접 영역에 대한 탐사(시나리오 수립)와 제기된 의문에 대한 분석이 어떻게 번갈아 일어나는지를 살펴보았다. 이 두 가지는 모두 시나리오 기획에서 반드시 필요한 것이다.

이 장에서는 이 탐사와 분석이 경영진과 조직 전체의 수준에서 어떻게 실현되는지를 구체적으로 살펴볼 것이다. 생성적 시나리오 과정은 늘 반복되며, 전략적 상황을 성공적으로 재구성할 때까지 계속된다. 적응적 시나리오 수립 과정은 시나리오 수립 단계가 좀 더 단선적이라는 점, 그리고 결과 시나리오가 이후 '풍동 실험' 단계에 쓰이기로 예정되어 있다는 점에서만 생성적 시나리오 수집 과정과 차이가 있다.

생성적 시나리오 기획

분석의 탐사 단계는 때때로 '숨쉬기' 단계라 불린다. 모든 가능성이 열린 상황에서 연관된 통찰을 얻는 일은 대단히 역동적이고 변화무쌍한 일이다. 모든 가능성을 살펴보는 동안 점점 더 많은 잠재적 연관성이 고려 대상 목록에 오른다. 겉보기에는 혼란스럽기 그지없는 이 상황에서 시나리오 기획자는 여기서 얻은 상황에 대한 지식에 순서를 부여하기 위한 수단으로 시나리오를 사용한다. 시나리오는 이렇게 얻은 미래 지식 기반을 내적으로 일관되게 표현한 이야기들이다.

반복 시나리오 분석 과정을 처음 반복해서 얻은 결과는, 기획자가 시스템에 대해 알고 있는 것과 알지 못하는 것을 훨씬 뚜렷하고 분명하게 표현해주며 연구할 필요가 있는 질문을 알려준다. 이런 질문은 대체로 이야기를 좀 더 조리 있고 자세하게 말하려는 시도에서 비롯된다. 그런 시도를 하면서 기획자는 상황의 배경 구조를 아직 잘 이해하지 못한 부분을 발견한다. 시나리오 수립은 이처럼 중요한 질문을 제기하는 것과 관련이 있다.

첫 번째 시나리오 수립 단계는 '1세대' 시나리오를 만들어낸다. 1세대 시나리오는 '최종 산물'이 아니며, 추가 작업이 필요하다. 이 추가 작업은 시나리오 기획자가 연관된 지식을 이용하여 제기된 질문에 답을 하고, 어떤 질문을 다뤄야 하는지를 알아내는 분석 단계다. 이는 학습 순환의 행동 단계에 해당한다.

이 단계는 시나리오 기획자가 얼마든지 공을 들여도 좋은 단계다. 다만, 계속해서 노력하다 보면 어느 순간 그로 인해 얻는 이익이 줄어드는 시점이 생긴다. 이 시점에 이르면 시나리오 기획자는 분석을 멈추고 새롭게 발견한 것들을 검토하여 새로운 시나리오 틀로 정리해야 한다. 그러면 이 새로운 시나리오가 다시 생산적인 분석의 시작점으로 이끌어줄 것이다.

연구와 분석만으로 충분하지 않은 까닭은 무엇인가? 왜 분석가는 이따금씩 분석을 멈추고 분석 결과를 대입한 새로운 시나리오를 만들어야 하는가? 초기에는 문제가 될 만한 상황이 불분명하다. 개방적인 면담을 통해 시나리오 기획자는 고객이 걱정하는 고민거리의 속성에 대해 어떤 생각을 갖게 될 것이다. 그러나 이 생각은 모호한 윤곽을 드러낼 뿐이다. 시나리오 기획자가 지각한 불확실성은 진짜 불확실한 요소라기보다는 시스템에 대한 지식이 모자라서일 경우가 더 많다. 시나리오가 끝날 때쯤에는 상황 내 선결 요소와 불확정 요소를 완벽히 이해해야 한다. 그리고 선결 요소를 많이 발견하면 할수록 의뢰인이 상황을 감당하도록 하는 데 더 많은 도움을 줄 수 있다. 기본적으로 반복 시나리오 분석 과정은 되도록 많은 선결 요소를 찾기 위한 것이다.

이 과정은 '스스로 해낼 수밖에 없다.' 시나리오 기획의 초기 단계에서 선결 요소와 부정 요소를 쉽게 구분하는 방법이란 없다. 배경 구조가 각각의 시나리오 주제 안에 구현된 상황 묘사에서 자동으로 튀어나오지는 않을 것이다. 초기에 시나리오 기획자가 마주한 상황은 극히 불분명하다. 분석을 어디서 시작할지도 분명치 않다. 도대체 어디에서 시작할 것인가?

이런 상황에서 시나리오 틀은 강력한 정리 및 초점 조절 장치 역할을 한다. 시나리오 기획자는 원동력과 결정적 불확실성을 이용해 시나리오의 논리를 만들어내는 과정에서 개념을 생각하고, 원인과

원인의 원인을 찾아낸다. 사건의 뒤에 숨어 있는 행동 방식과 이 시나리오가 어떻게 발생하는지를 설명할 시스템 구조를 찾는다.

시나리오 틀을 만들어내는 과정은 통찰을 정리하는 한 방법이라 봐야 한다. 그 목적은 다음과 같다.

- 추가 분석 방향을 제시한다.
- 분석 결과를 알린다.

이런 목적은 시나리오 기획자에게 분석 작업을 어떨 때 유용하게 사용할지 알려준다. 시나리오 틀을 만들고 나면 관련성과 유용성을 보장하는 명확한 질문이 연구를 이끌어 간다. 그리고 시나리오 기획자는 활발한 연구를 통해 여러 주제에 걸쳐 많은 새로운 이해와 아이디어를 얻는다. 충분한 통찰을 얻고 나면 다시 시나리오 수립 단계로 돌아가 같은 과정을 되풀이한다. 다만 차이가 있다면 이번에는 이전 분석에서 알아낸 새로운 아이디어와 함께한다는 점이다. 이런 식으로 시나리오 수립 단계에서는 새로이 알아낸 부분 지식을 더욱 커진 시나리오 세트의 틀에 맞추고, 시나리오의 통일성과 내적 일관성을 발전시키는 데 쓴다.

시나리오 수립 단계에서 시나리오 기획자는 발견한 것을 표현한 다수의 미래 시나리오에 지금까지 나온 분석 결과를 대입함으로써 지금까지의 분석 결과를 깊이 생각할 시간을 갖는다. 미래 시나리오는 선결 요소(확실히 자리를 잡은 예측 가능한 인과 구조)가 발견되는 부분에서는 같겠지만 불확실성이 어떻게 전개될 것인지를 추정하는 것에 따라 달라질 것이다. 이 반복 시나리오 분석 과정의 초기 단계에서 불확실성은 부정 요소뿐만 아니라 이해가 부족한 부분도 함께 가리킨다. 그래서 시나리오 기획자는 이후 단계에서 불확실성이 줄어 진짜 부정 요소만 남길 바란다.

반복 시나리오 분석 과정에서 사용하는 원리는 행동 연구에서 사용하는(환원주의적 방식으로 이해하기에는 너무나 복잡한 시스템에 적용되는) 원리와 유사하다(Lewin 1935). 행동 연구는 오직 부분적으로만 알려진 시스템에 작은 변화를 가한 후 그 행동 방식을 관찰하는 것이다. 그 시스템이 예상했던 대로 행동할 수도 있다. 이런 경우에는 그다지 배울 점이 많지 않다. 그러나 만일 시스템의 행태가 예상과 다르다면 예상과 달라진 이유를 조사하면서 그 시스템의 기본 구조를 새롭게 이해할 수 있다. 시나리오 수립 활동은 고려 중인 상황을 인식하는 기획자의 멘탈 모델에 대해서도 유사한 과정을 수행한다. 좋은 시나리오 틀은 시나리오 기획자가 기존에 갖고 있던 멘탈 모델을 바꾸어놓는다. 예를 들어 미래의 '기준년'에서 유의미한 차이를 보이는 시나리오 최종 상태를 아주 많이 고안해 멘탈 모델을 변화시킬 수 있다. 가까운 과거와 현재의 세상에서 출발해 거기에 이르는 과정을 논리적으로 이야기하려는 시도는 이해가 부족한 부분과 연구가 더 필요한 부분을 알려줄 것이다. 반복 시나리오 분석 과정은 〈그림 18〉의 단계를 밟는다.

시나리오는 학습 순환의 매개체다. 시나리오는 이미 알고 있는 것과 모르는 것을 연구하고 다음번 분석에서 답을 찾아내야 할 질문을 만들 수 있게 해준다(〈그림 18〉 참고). 다른 연구 프로젝트에서도 그러

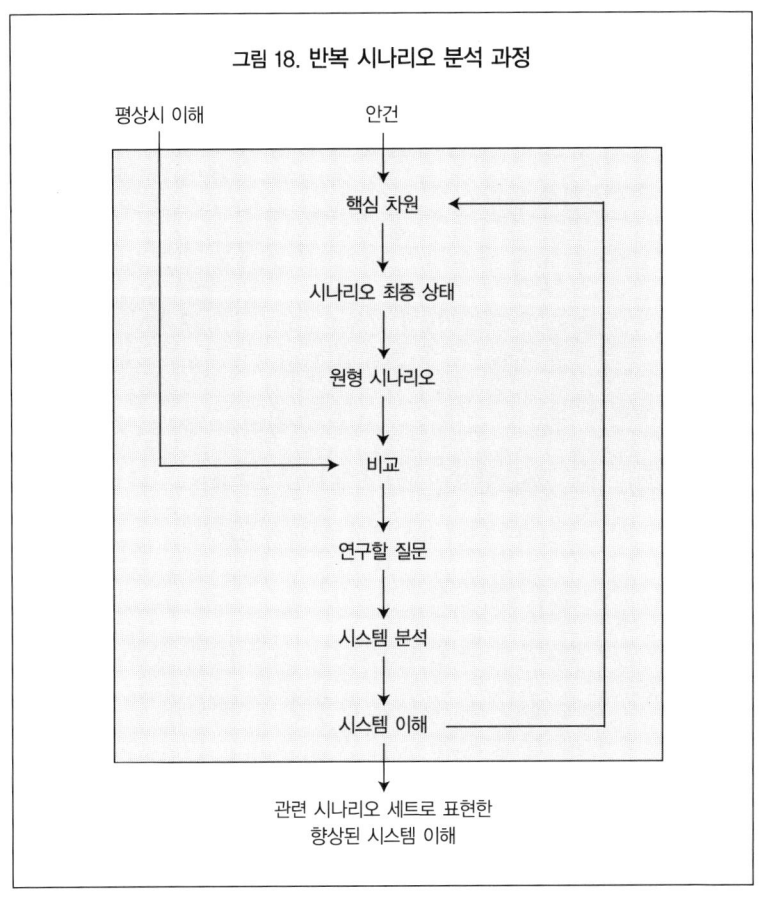

하듯, 지적 도전은 주로 연구로 이끄는 옳은 질문을 만들어낼 때 일어난다. 잘 계획한 시나리오 활동은 이를 가능하게 한다.

사례

몇 년 전, 시나리오 기획자들이 유럽의 주요 공항 중 한 곳의 경영진과 함께 미래 시나리오를 만드는 일에 착수했다. 초기에 경영진은 자신들이 처한 상황의 주된 범위를 다음과 같이 정의했다.

- 이전(移轉)과 관련한 정치적 제약(소음과 오염 방지)
- 주요 항공사들이 이 공항을 유럽의 거점 공항으로 이용하는 정도

공항 경영진은 명시된 미래 연도('기준년'으로 알려진)에 서로 정반대되는 두 가지 결과를 명시함으로써 위의 핵심 변수 내 불확실성을 다루었다. 이후 경영진은 여기서 네 가지 조합을 만들어냈다. 이 네 가지 조합은 네 개의 서로 다른 시나리오의 토대로 사용되었다. 실제로 그들은 이 중 세 가지만 개발하기로 결정했다. 네 가지 시나리오 중 하나가 (기존 제약 조건하에서 대형 항공사의 거점 공항이 되는 것) 내적인 일관성이 없다고 여겼기 때문이다.

당시 경영진은 시나리오를 더는 개발하지 않기로 결정했다. 전략적 테스트 조건으로 위의 두 가지 차원에서 나온 세 가지 최종 상태만을 이용하기로 한 것이다. 그러나 이 단계에서 이 프로젝트를 성공이라 말하기에는 다소 미흡했다. 새로운 전략적 통찰을 가져오지 못한 것 같았기 때문이다. 이 프로젝트를 통해 기존 지식은 정리했지만 새로이 추가된 지식은 많지 않았다. 이유는 분명했다. 당시 경영진이 1세대 시나리오만 검토했기 때문이다.

그래서 시나리오 팀은 시간의 흐름에 따라 이야기를 발전시키기로 결심했다. 그리고 작업을 진행하던 중 이야기를 마치기 위해 더 많은 정보가 필요한 두 가지 주요 부분을 발견했다. 이 이야기를 하는 데 꽤 결정적으로 보이는 변수는 다음과 같았다.

- 유럽 항공 산업의 집중화는 얼마나 갈 것인가?
- 항공사들은 언제까지 거점 경유 시스템(hub and spoke system) 운영을 계속할 것인가?

이런 질문들은 최종 상태에 명시된 상황과 현재 상황을 잇는 논리 정연한 이야기를 구성하려 애쓰는 과정에서 나온다. 매 사건마다 '어떻게 이런 일이 발생할 수 있는지'를 묻고, 그 이유 혹은 이유의 이유를 찾는 단순한 과정은 자동적으로 이런 질문을 표면화시킨다. 당시 이런 질문을 제기한 참가자들은 해당 산업과의 관계를 이용하여 이 문제를 충분히 연구했다.

그렇게 나온 2세대 시나리오는 상당히 다른 양상을 띠었다. 더 복잡했다. 문제가 제기된 현상과 기본 시스템에 대한 더 깊이 있는 이해를 보여주었다. 하지만 새로운 영역에 들어감으로써 1세대에서는 보이지 않던 추가 질문들이 드러났다. 일반적으로 이 과정은 여러 번 되풀이된다.

전략적 이해

이런 식으로 생성적 시나리오 접근법은 반복된다. 면밀한 시스템 분석을 수반한 시나리오 수립과 시나리오 수립을 통해 제기된 질문들에 답하는 과정이 번갈아 일어난다. 그리고 그 과정에서 시나리오 팀은 그것들과 연관된 세계에 대해 배운다. 불안한 표면 현상뿐만 아니라 밑바닥의 안정된 구조에 대해서도 이해가 깊어진다. 그러면서 그 뒤에 가려진 원동력과 강화 피드백 순환을 보기 시작한다. 그리고 불안정한 상황을 야기할 수 있는 잠재적 피드백을 이해하기 시작한다. 강화 피드백 순환은 중요하다. 시스템 내에 고정되어 있으면서 선결된 행태를 만들어내기 때문이다. 이 같은 현상에 초점을 맞추면 상당히 단순한 모델로도 핵심적인 세부 사항을 많이 잡아낼 수 있다. 시나리오는 이 같은 단순한 모델로 향하는 길을 알려주는 데 매우 효과적이다.

앞서 말한 이해를 바탕으로 팀은 상상할 수 있는 추세의 단절뿐만 아니라 불가피한 상황까지도 보기 시작한다. 그리고 더 많은 것을 이해하면서 이를 바탕으로 중요한 전략적 질문을 제기하고 비즈니스 아이디어에 대한 위협과 기회를 보기 시작한다. 이는 궁극적으로 관련을 맺어야 할 핵심적인 것들, 즉 새롭게 모습을 드러낸 독창적인 전략적 기회를 찾아내는 과정이다.

이는 정신적 발견 활동으로, 여기서 이야기 만들기 관련 영역 속 지식을 이용하는 활동과 그 지식을 종합해 구조적인 관계에 대한 더 깊은 이해를 얻는 활동이 번갈아 일어나며 진행된다. 발견의 순간, 세상에 대한 이해가 완전히 바뀌고 재구성되는 순간, 우리가 갑자기 그것을 보는 순간은 억지로 오게 할 수 있는 것이 아니다. 그 과정이 무르익는 데는 다 때가 있는 법이다. 그러나 그 때가 도래하면, 그 결과물인 시나리오는 그럴듯한 변화 혹은 잠재적 단절과 그것이 사업 기회에 미치는 긍정적 혹은 부정적 효과에 대한 강력한 통찰을 보여줄 것이다. 이를 통해 우리는 사건을 새로운 방식으로 이해하고 조직을 유리한 방향으로 전환할 새로운 가능성을 볼 것이다. 우리는 독창적 이해를 얻은 것이다.

궁극적으로 시스템의 추세를 보여주는 이야기보다 훨씬 더 중요한 것은 전략적 환경에 대한 체계적 이해다. 우산을 갖고 갈지 말지를 고민하는 사람에게 비가 오거나 날씨가 맑을 것이라는 두 가지 시나리오를 말하는 것만으로는 아무 도움도 되지 않는다. 바로 이것이 '1세대' 시나리오다. 1세대 시나리오는 합리적이고 어느 정도는 효과적이지만 전략적 선택의 투입 요소로는 약점이 있다. 무슨 일이든지 발생할 수 있을 것처럼 보이기 때문이다. 그렇다면 무엇을 해야 하는가? 다수의 발생 가능한 상황에 맞춰 결정을 하려는 노력은 기업가적 결단보다는 대비와 주의로 이어지는 경향이 있다. 실제로 전략을 얻으려면 미래에 대한 뭔가를 믿어야 한다. 이런 믿음은 오직 현재 상황에서 내일 날씨가 어떻게 발전할지, 비가 올 것인지 맑을 것인지에 대한 자세한 시나리오를 충분히 생각해야만 얻을 수 있다. 그러려면 등압선과 풍향, 온도표, 기상 전선 등을 살펴보아야 한다. 이들에 대한 연구는 운이 조금 따르면 실제로 우산을 갖고 갈지 말지 하는 고민에 도움을 줄 수 있는 흥미로운 이해로 이어질 것이다. 시나리오는 여러분에게 답해주지 않았지만 시나리오가 제기한 질문을 토대로 한 분석은 답해주었다.

적응적 시나리오 기획

적응적 시나리오 기획의 시나리오 수립 과정은 앞서 설명한 생성적 시나리오 기획과 기본적으로 다르지 않다. 그러나 적응적 시나리오 기획의 시나리오 수립 과정은 생성적 시나리오 기획 과정처럼 개방적이지 않다. 대개 1세대 혹은 2세대 시나리오가 비즈니스 아이디어 평가의 배경이 되는 최종 세트가 된다. 적응적 시나리오 기획은 기존의 비즈니스 아이디어의 적합성을 알아보는 과정과 관련이 있다. 그리고 기본적으로 시나리오가 미래 사업 환경의 속성을 말해주는 것을 바탕으로 한다. 앞서 적응적 시나리오 기획 과정을 비행기 모델의 강점과 약점을 평가하기 위한 풍동 실험에 비유했다. 이때 목적은 현재의 모델을 받아들이거나 기각하자는 것이 아니라, 우리가 얻은 미래에 대한 새로운 이해를 활용하는 것이다. 또 어쩌면 발생할지도 모를 환경 범위 내에 무리 없이 어울리는 모델을 개발할 때까지 모델을 설계하고 조정하고 개선하는 과정에 참여하는 것이다.

　이것이 적응적 시나리오 기획의 기본 규칙이다. 일단 처한 상황과 관련이 있다고 여겨지는 미래 시나리오 세트를 정한다. 그러고 나면 각각의 시나리오는 반드시 똑같이 실현 가능성이 있는 것으로 다뤄야 한다. 진지하게 다루지 않을 조건을 갖고 일한다면 무슨 소용인가.

전략적 적합성 고찰

　분석 업무는 머릿속으로 비즈니스 아이디어가 여러 시나리오를 '걸게' 하는 것이다. 즉 이 시나리오들 중 하나가 미래에 실현된다면 비즈니스 아이디어는 어떻게 지탱될 것인지를 연구하는 것이다. 이 시나리오들을 하나씩 검토하는 동안 다음과 같은 질문을 제기한다.

- 고객 가치 체계와 공급자의 역량 체계가 커다란 신규 잉여가치를

만들어낼 것이라 예상할 정도로 충분히 겹쳐질 것인가?
- 역량의 차별성이 공급자가 역량을 개발하는 데 충분할 정도의 잉여분을 창출할 것인가?
- 역량 체계가 경쟁자의 모방을 피할 수 있을 것인가?

시나리오 기획자는 펼쳐진 시나리오 사건들을 살펴보면서 각각 위의 질문을 동일하게 제기한다. 이것이 ① 고객 가치 창출, ② 그 가치 중 일부를 전용하는 공급자의 능력, ③ 역량 시스템의 독창성에 어떤 영향을 미칠 것인가?(〈그림 17〉 참고)

이런 질문과 관련한 모든 시나리오를 검토하고 나서야, 기존의 비즈니스 아이디어 공식이 앞으로 강점을 가질 만큼 자신 있는 것인지를 비로소 판단할 수 있다. 거기에는 두 가지 가능성이 있다.

첫째, 사업 환경을 살펴본 후 비즈니스 아이디어가 강력하며 전략은 입증된 성공 공식을 효과적으로 활용하는 것과 더 많은 관련이 있다는 결론을 내린다. 그런데 비즈니스 아이디어가 강력하다는 것은 어떻게 알 것인가? 우선은 경영진의 직감을 활용한다. 그러나 간혹 의심스러운 경우도 있으니 확인이 필요하다. 이때 "이 비즈니스 아이디어가 혹시라도 실패할 가능성이 있는가? 우리가 중요한 새 원동력을 간과하고 있는 것은 아닌가? 이 상황을 달리 바라볼 수는 없을까?" 등의 질문을 계속 던지는 세밀한 적응적 시나리오 활동이 필요하다.

적합성이 충분하다면 조직은 비즈니스 아이디어를 계속 활용하거나 확대하고 싶을 것이다. 이 경우 전략적 질문을 통해 역량 체계를 활용할 수 있는 새로운 영역을 찾아내는 데 집중한다. 이런 영역으로는 세 가지 형태가 있을 수 있다.

- 기존 제안을 활용할 수 있는 새로운 시장 혹은 세분 시장
- 새로운 고객 가치를 포함하거나 만들어내는 제안 개발
- 구조적 비용 우위를 가져오는 새로운 적용법 개발

이 모든 경우에서 역량 체계는 전략의 기본이다. 이후 사고 과정은 사업 포트폴리오 내 옵션에 집중하고, 전략 개발은 '포트폴리오 옵션'을 중심으로 돌아간다.

둘째, 비즈니스 아이디어가 약하며 미래 전망이 좋지 못해 재고안이 필요하다고 결론을 내린다. 독창적인 기업가적 발명을 만들어야 하는 때이며, 새롭고 독창적인 이해가 필요하므로, 이 경우에는 그런 이해를 발견하는 것이 시나리오 분석의 기본 목적이 된다. 이때 분석은 다시 생성적 방식으로 되돌아간다. 전략적 관심은 역량 체계를 어떻게 바꾸고 개선할 것인가란 질문으로 옮아간다. 이 경우 전략적 사고의 초점은 새로운 잠재 능력을 개발하는 데 있다.

시나리오 틀 만들기

이 장의 첫머리에서 시나리오는 되도록 주관이 개입되지 않은, 객관적인 것이어야 한다고 했다. 그러나 전략가들은 종종 시나리오 세

트 내 개별 시나리오에 대해 가치판단을 하게 된다. 이는 보통 시나리오가 보여주는 필요한 변화의 정도와 관련이 있다. 만일 거의 변화가 필요치 않다면 그 시나리오는 '좋은 미래'로 간주된다. 즉 기존에 갖고 있던 강점을 활용하는 것만으로도 성장이 가능하다. 만일 기존의 사업 성과가 그다지 좋지 않다면 이 시나리오가 그렇게까지 좋아 보이지 않을 것이다. 이때 나타나는 강한 가치판단은 변화를 싫어하고 통제할 수 있는 곳에 머물고 싶은 욕구에서 비롯된다.

모든 시나리오의 의미는 시나리오를 지각하는 '틀'에 따라 달라진다. 이는 밴들러와 그린더(Bandler & Grinder 1982)가 소개한 이야기에 잘 묘사되어 있다. 이는 중국에서 전해온 옛이야기로, 가난한 시골 마을에 사는 농부에 관한 이야기다. 마을 사람들은 그 농부가 아주 부자라고 생각했다. 이유인즉 그에게는 밭을 갈고 이동하는 데 쓸 수 있는 말이 있었기 때문이다. 어느 날, 그의 말이 달아났다. 이웃들은 전부 끔찍한 일이 일어났다며 저마다 한 소리씩 했지만 농부는 그저 "글쎄요"라 답할 뿐이었다. 며칠 후, 말이 야생마 두 마리와 함께 돌아왔다. 이웃들은 모두 행운이라며 기뻐했지만 그는 "글쎄요"라 답할 뿐이었다. 다음 날, 농부의 아들이 야생마를 타려다 내동댕이쳐져 다리가 부러졌다. 이웃들이 전부 재수가 없었다며 그를 동정했지만 그는 또다시 "글쎄요"라고 할 뿐이었다. 그 후 한 주가 흘러, 어느 날 군사를 모집하는 징병관이 마을에 찾아와 마을의 젊은이들을 데려갔다. 다리가 부러진 농부의 아들은 징병 대상에서 제외되었다. 이웃들이 그에게 정말 운이 좋다고 말했을 때 농부는 "글쎄요"라 답했다.

틀을 바꾸면 시나리오가, 그리고 좋고 나쁨을 보는 관점이 바뀐다. 조직의 시나리오 기획에서 가장 자주 쓰는 틀은 기존 사업에 대한 정의다. 그러나 기존 사업의 정의는 다차원적인 세력이 늘 영향을 미치는 곳에 쓰기에는 한계가 있는 틀이다. 사업을 정의하는 범위가 좁을수록 시나리오가 사업의 범위를 넘어서는 불편한 것이 될 확률이 높다. 특정 제품으로 자신을 정의하려 하는 회사는 종종 이같은 일을 겪는다. 이때 틀을 다시 구성함으로써 판단을 바꿀 수 있다. 예를 들어 석유 회사의 입장에서 지구온난화 시나리오의 의미를 살펴보자.

- 만일 그 회사가 석유를 생산하는 사업을 하고 있다면 지구온난화 시나리오는 나쁘다. 생산 제품의 범위를 축소할 것이기 때문이다.
- 만일 그 사업이 에너지를 생산하는 것이라면 지구온난화 시나리오는 석유가 아닌 새로운 사업 기회를 의미하기 때문에 덜 걱정스럽다.
- 만일 그 사업이 석유 생산국 정부에게 서비스를 제공하는 것이라면 지구온난화의 영향을 처리하는 과정에서 사업이 번창할 것이다.

좋거나 나쁜 시나리오는 시나리오보다 예측의 세계에 더 가까운 융통성 없고 협소한 자기 정의에서 온다. 시나리오는 외부에서 시작한다. 만일 그 결과 석유를 미래에 연료로 쓰지 못하는 시나리오가 나온다면 도대체 어떻게 그런 시나리오가 발생할 수 있는지를 물을 것이다. 시나리오는 사업이 번창할 수 있는 또 다른 사업 기회를 생각하게 만든다. 강한 가치판단을 드러내는 시나리오 기획자들은 시나리오 기획에 깔린 다양한 관점과 외부 지향적 사고라는 요점을 놓치고 있는 것이다.

　시나리오 기획에서 삶은 좋지도 나쁘지도 않다. 그저 좀 더 같거나 다를 뿐이다. 이처럼 좀 더 긍정적으로 미래를 바라보는 태도는 할 수 있는 잠재적 일에 관해 전략적 대화를 나눌 수 있게 해준다. 자기 정의를 넓히면 전략적 개발 및 갱신의 여지가 생길 것이다. 어떻게 이런 일이 가능한 것일까?

　회사를 제품과 동일시하면 더 좋은 틀을 만드는 데 심각한 제한이 생긴다. 문제는 제품이 실제 성공 공식이 아니라는 점이다. 제품은 그 조직과 외부 세계가 만나는 접점일 뿐이다. 융통성 없는 가정은 외부 세계의 범위를 심하게 제한한다. 이는 기본적으로 예측의 태도다. 석유를 에너지로 대체한다고 근본적인 차이가 생기지는 않는다는 점에서 에너지는 여전히 제품이다. 다만 그 범위가 좀 더 넓어졌을 뿐이다. 반면 역량에 대한 생각은 훨씬 더 넓은 범위에서 흥미로운 탐색을 할 수 있게 해준다. 이 같은 틀에서 시나리오적인 사고방식은 새로운 조합과 기업가 정신, 모험을 발견하는 것이다. 이렇게 생각하면 불리한 시나리오란 없다.

　좋고 나쁨을 가리는 가치판단의 기저를 이루는 것은 내부 지향적 사고와 변화에 대한 거부감이다. 사람들은 변화를 더하기보다 없애야 할 것으로 여기는 경향이 있다. 변화를 부정적으로 판단하는 대신 사업 성공의 원료로 보기 시작하면 더 이상 좋은 혹은 나쁜 미래는 없다. 앞서 보았듯이 사업 성공의 세계는 상대적인 세계다. 그 안에서 경쟁자들은 성공한 아이디어라면 뭐든지 모방한다. 이 역동적

▌공공 부문의 자기 정의

'조직적 자아'에 대한 광범위한 정의는 시나리오를 좀 더 중립적으로 보이게 만든다. 기업은 공공 부문 조직에 비해 자기 정의가 좀 더 쉬울 수 있다. 보통 자기 정의는 구체적인 과제를 수행하는 것으로 정하며, 종종 '제품'을 바꾸는 것은 선택 가능한 옵션으로 여기지 않기도 한다. 그러나 임무는 일반적으로 다층적 개념으로 정의할 수 있으며, 상위 수준으로 옮겨갈수록 목적의 (더 나은 틀을 만들기 위한) 융통성이 되살아난다. 이 점에서 비즈니스 아이디어 활동은 보통 아주 계몽적인 활동이다. 제품뿐만 아니라 역량도 재조명하기 때문이다. 이는 공공 부문에서도 마찬가지다.

인 경쟁 환경에서 속도를 늦추는 이들은 전부 따라잡혀 추월당한다. 여기서 승자는 새로운 사업 개념, 새로운 비즈니스 아이디어를 개발한 이들이다. 스스로 변하는 사업에 종사하고 있다고 생각하는 회사는 시나리오를 좋거나 나쁘다고 보지 않는다. 그저 그 안에 들어 있는 기회와 도전의 정도로 판단할 뿐이다.

3부에서는 회사가 미래 답사에서 좋은 혹은 나쁜 미래 시나리오에 집착하지 않도록 하기 위해서 시나리오 기획자가 어떤 도움을 줄 수 있는지를 알아볼 것이다.

시나리오와 전략적 대화

조직의 측면

미래에 대비한 비즈니스 아이디어를 개발하는 것은 경영진의 가장 중요한 책임이다. 이는 새롭고 독창적인 이해와 기업가의 발명, 풍동 실험, 차별성 개발과 관련이 있다. 그러나 이것이 전부는 아니다. 행동을 수반하지 않는 한 이 순환은 완성되지 않는다. 성공을 거두려면 기업가적 발명 외에도 조직의 행동과 실제 세상에서 얻는 피드백이 필요하다. 이때 조직 내 행동에는 통일성이 있어야 한다. 미래에 대비한 비즈니스 아이디어는 조직 내 (공식적인 혹은 비공식적인) 실행 권한을 가진 모든 파트너들이 공유해야 한다(De Geus 1988). 그리고 이런 사고 과정은 반드시 조직 전체적으로 일어나야 한다.

이를 염두에 둔 시나리오 기획은 내용과 과정에서 두 가지 목표를 좇는다. 내용 면에서는 모든 기업가적 발명을 뒷받침하는 새롭고 독창적인 이해를 얻는 것이다. 과정 면에서는 전략적 대화를 통해 조직 내 일관성을 만들어내는 것이다. 이는 발명을 현실로 만들고 피드백을 가져오는 행동으로 이어진다. 지금부터는 과정 측면을 살펴보자.

조직이라는 맥락에서 보았을 때 시나리오 기획이 전략적 경영을 가져올 방법은 무엇인가? 이는 1부에서 논의한 조직 학습 모델을 이용하면 쉽게 이해할 수 있다. 거기서 우리는 조직이 학습을 통해 불확실성을 다룬다고 보았다. 이를 모델화한 조직 학습 순환에서 조직은 행동을 취하고, 예상과 다른 결과를 경험하고, 그 차이를 깊이 생각해보고 거기서 얻은 결과를 새로운 공통 세계관으로 통합했다. 그리고 이 세계관은 다시 새로운 행동을 낳는다.

시나리오 기획자는 이 과정에 어떤 식으로 개입할 수 있는가? 그리고 조직 전체를 좀 더 능숙한 학습자로 만드는 데 시나리오 기획자가 어떤 도움을 줄 수 있을 것인가? 여기서 가장 중요한 측면은 두 가지다.

- 시나리오 기획은 관점에 영향을 미치고 관점을 넓힌다. 그리하여 기존의 사업 모델을 넓혀 외부 세계를 보고 지각하는 데 필요한 멘탈 모델의 필수다양성을 제공한다.
- 조직 내에서 일어난 문제를 논의하고, 새로운 행동 이론을 공동으로 개발하며 공유한다. 조직 행동에 필요한 멘탈 모델의 동조를 가능케 해주는 언어를 제공한다.

다음과 같은 주제로 관련 원리를 논의할 것이다.

- 개인적이고 조직적인 지각
- 시나리오가 멘탈 모델로 제도화되는 방식
- 행동

개인적인 지각

인간은 내적으로 재구성한 현실상에 따라 행동한다. 이런 현실상은 현실 그 자체와 차이가 있다. 따라서 우리는 이 둘 사이의 관계에 특히 집중해야 한다.

연관성 필터

외부 세계에서 들어온 신호가 사람의 인지 체계 안에서 어떻게 여과되는지를 살펴보자. 가장 눈에 띄는 필터로는 감각이 있다. 우리가 감각을 통해 지각하는 현실은 아주 작은 부분에 불과하다. 게다가 외부 신호는 제한된 범위의 주의력과 연관되어 있는 느낌을 통해 여과되어 인식된다. 즉 우리의 관심을 끌고 그중 관련 있다고 여기는 사건만 인식의 문을 통과해 행동을 결정하는 토대인 멘탈 모델을 구성하는 원재료가 된다.

연관성 필터는 다양한 차원을 갖고 있다. 그중 하나는 시간이다. 즉각적으로 영향을 미치는 위협은 좀 더 장기적으로 영향을 미치는 위협보다 우리의 시선을 더 강하게 끈다. 이 때문에 많은 경영자들은 '당장 급한 일 때문에 중요한 것을 소홀히 하는' 문제와 싸우고 있다. 또 다른 연관성 필터는 시스템 경계와의 근접성이다. 우리는 관련이 없어 보이는 멀리 떨어진 사건보다 중요한 의미를 지닌 사람에게 일어난 일에 더 관심을 보이는 경향이 있다. 이외에도 신호의 강도가 차이를 만들 수 있다. 약한 신호는 간과하기 쉽다.

게다가 연관성 필터는 염원에도 영향을 받는다. 베이트슨(Bateson 1972)에 따르면 목표 의식이 강할수록 유기체의 반응은 줄어든다. 높아진 목표 의식으로 인해 사건을 걸러내는 연관성 범위가 축소되기 때문이다. 오로지 생존을 위한 사투에만 집중하는 조직은 실험할 여유가 있는 조직에 비해 장기적이고 넓은 범위에 주의를 기울이지 못할 것이다. (지각 결함에 대해 더 알고 싶다면 《더 식스센스(The Sixth Sense)》(반 데르 헤이든 외 2002)를 참고하라.)

그러나 이 모든 것보다 중요한 것이 바로 인식 패턴이다. 대부분의 사건들은 우리를 그냥 스쳐 지나간다. 의미를 부여하기 위해 마음속에 만들어놓은 구조와 연관이 없기 때문이다. 게다가 이해할 수 있는 변화량에는 반드시 상한선이 존재한다. 비고츠키는 '사람은 과거부터 이미 사용해온 구조를 토대로 뭔가 새로운 것을 단지 이해만 할 수 있을 뿐'이라고 주장한다. 이 과정을 그는 '비계(scaffolding)'라고 부른다. 우리는 옛 언어를 이용해 새것을 표현한다. 극단적으로 모든 것이 새롭다면 거기서 나온 '소음'은 이해하거나 해석할 수 없다. 여러분이 살아온 역사가 여러분이 이해할 수 있는 것들을 결정한다는 것이다.

2001년 9월 11일, 뉴욕 세계무역센터가 공격받아 무너진 사건을 떠올려보라. 미 의회의 9·11 위원회는 위험이 임박했음을 알리는 지표로 해석할 수 있었던 주의 신호가 수없이 많았다고 지적했다. 그러나 이 신호들 각각은 심각한 관심을 기울이기에 너무나 작았다. 모든 것이 하나로 합쳐진 뉴욕의 그 엄청난 사건만이 그 밑에 깔린 구조적 환경에 관심을 모을 수 있었다. 만일 그 이전의 신호들을 하나의 패턴으로 지각했더라면 그것을 중요하게 여겨 공격을 예방할 어떤 조치를 취했을지도 모른다. 그러나 전례에 없는 발전 국면에서 유효한 패턴을 선별하기란 논리적으로 불가능하다.

미래의 기억

개인이 외부 세계에서 보는 것은 집중할 수 있는 스키마(schema, 기억 속의 인식 체계―옮긴이)에 따라 결정된다. 여러분이 좀 더 관찰력이 있길 바란다면 스키마를 넓혀야 한다. '외골수'란 표현은 어떤 사람이 한 가지 미래만 볼 수 있다면 생각을 거기에만 집중할 것이고 그와 관련이 없는 영역에 떨어지는 것들은 점점 더 무시하게 될 것임을 한마디로 요약해서 표현한 말이다. 시야를 넓히는 한 가지 방법으로, 미래로 향하는 여러 경로를 시연해봄으로써 외골수적 태도를 극복할 수 있다. 관찰한 일이 미래에 어떤 영향을 미칠지를 고려함으로써 우리는 마음속에 이런 관찰을 정리할 수 있는 전후 관계적 틀을 만들어낸다. 이때 사용하는 수단이 줄거리다. 줄거리 안에서 사건은 시간의 흐름에 따라 원인과 결과를 보이며 펼쳐진다. 이처럼 인간이 관찰한 내용을 일시적으로 조직된 스키마 안의 다른 요소들과 결부해 그 개념을 대부분 간직하고 있다는 강력한 증거가 있다(Ingvar 1985, Rumelhart 1980). 관찰한 내용은 잉그바르가 '미래의 기억'이라 말한 것같이 기억 속에 저장된다.

사람들은 인생을 살면서 마음속에 미래에 관한 이야기를 만들어낸다. 예를 들어 아주 어려운 면접이 예정되어 있다고 하자. 그러면 '이런 질문이 나오면 나는 이렇게 답해야지'라는 식의 생각이 계속해서 떠오르게 마련이다. 이 같은 마음의 준비는 훗날 사건을 해석하는 데 쓸 일시적으로 조직된 일련의 개념과 스키마를 형성한다. 그리하여 준비하지 않았더라면 간과하고 지나쳤을 뜻밖의 사건들을 적극적으로 지각할 수 있게 해준다. 구체적으로 시연된 시나리오가 현실에서 실현되지 않았지만 마음속으로는 사건을 인식하고 판단하여 좀 더 능숙한 관찰과 즉각적인 반응을 가져오는 일련의 스키마를 미리 만들어낸 셈이다. 이런 점에서 우리는 모두 '타고난 시나리오 기획자'다.

이야기는 광범위한 주제와 지식 분야, 구획을 넘나드는 자료를 관련지어 마음속으로 상황을 정리하는 데 효과적인 수단이다. 이해한다는 것은 사건들을 인과적으로, 한 사건이 다른 사건으로 이어진다는 식으로 연결하는 것이다. 일단 어떤 사건을 일으키는 것이 무엇인지를 결정하고 나면 상황은 훨씬 그럴듯해지며 감당할 수 있는 마음의 여유가 생긴다. 인간은 천성적으로 과거의 사건들을 이런 식으로 정리한다. 인간은 어째서 이런 상상 능력을 갖게 된 것일까? 해리스(Harris 2000)는 그 답이 언어에 있다고 말한다. 아이들은 말하기 시작함과 동시에 가장(假裝)하기 시작한다. 해리스는 우리가 다른 이에게서 얻은 언어 정보를 사용하기 위해서 서술적 관점을 취할 수밖에 없었다고 지적한다. 특히 우리가 다른 이들이 한 이야기를 직접 경험한 적이 없다면 더더욱 서술적 관점을 취해야 한다. 서술적 관점이 만들어낸 인과적 사고의 틀은 다수의 사건들에 그것이 자리할 수 있는 자연스런 '틈'을 제공한다. 이로써 우리는 이 사건들을 별개로 볼 필요가 없어진다.

시나리오는 역사적 기록을 통해 과거를 이해하는 것과 같은 방식으로 미래 사건을 이해한다. 미래(에 대한 이야기)의 기억은 어떤 면에서 미래 관점에서 본 역사적 기록이다. 시나리오는 잘 알고 있는 현재와 관련한 사건들의 인과관계를 이용해 주어진 미래 종료 상태에서 세상이 어떤 상황에 처하게 될지를 설명한다. 현재는 늘 흐릿한 역사지만 거기서 빠져나오면 모든 것이 잘 정리되어 있다. 시나리오 수립은 인간의 자연스런 정신 활동이다. 스스로를 미래에 있게 함으로써 현재의 흐릿함을 말끔히 정리한다. 즉 이야기를 하면서 무질서에 역사적 순서를 만들어내는 것이다.

여러분의 역사는 여러분이 무엇을 이해할 수 있을지를 결정한다. 만일 개인에게 이것이 사실이라면 이것을 집단과 집단의 공동 행동을 뒷받침할 임계량만큼의 동조를 얻는 데 이용할 수는 없을까?

인식 체계로서 조직

잠시만 조직을 유사 인식 체계라 생각해보자. 조직은 그들을 둘러싼 세상을 보고 해석하는 방법과 추구하는 가치를 갖고 있다고 말할 수 있다. 그리고 그 방법과 가치의 기반이 되는 지식은 조직 구성원들과 조직의 시스템, 그리고 그 가공품에 담겨 있다. 기관은 자신의 이미지에 맞는 신입 구성원을 뽑는 경향이 있다. 일단 함께하게 되면 개인 구성원은 다소 집중적인 상호작용을 통해 서로의 생각에 영향을 미친다. 결국 새로이 전개되는 사건들을 유사하게 해석하게 된다. 조직 문화는 이처럼 선택과 서로 영향을 미치는 과정을 통해 만들어진다.

조직의 지식

극도로 권위주의적인 환경에서조차 기업의 행동이 한 사람의 생각에서 비롯되는 경우는 극히 드물다. 한 사람의 생각은 조직 내 다른 이들과 상호작용을 통해 영향을 주고받으며 모습을 갖춘다. 기업의 행태는 한 개인을 다루는 것이 아니다. 부분의 합보다 더 큰 무엇, 즉 '전사적 의견'을 다룬다. 세상이 변할 때 적절하고 효과적인 대응을 취하려면 경영자는 새로운 세상에 대한 일부 공통된 견해를 공유해야 한다. 그리고 사람들은 반드시 의사결정 과정을 전략적 대화로 표현해야 한다.

조직의 지식(여기서는 조직이 행동할 수 있는 근거로서 지식을 말한다)은 구성원의 지식을 단순히 합한 것이 아니다. 앞서 보았듯이 조직을 아우르는 통일성 역시 학습 순환에서 중요한 요소다. 통일성은 조직이 효과적으로 행동하는 능력으로 이어진다. 사람이 적절한 행동을 하려면 반드시 전체 시스템에서 일어나는 일의 의미를 이해해야 한다.

이 모든 과정은 보고, 이해하고, 구성원 간에 아이디어를 나누는 하나의 인식 체계로 볼 수 있다.

지식이 계속 살아 숨 쉬며 그 연관성을 유지하려면 말로 표현되고 주변과 공유되어야 한다. 이렇게 통일성을 높이는 과정은 두 가지 이야기 유형, 즉 ① '우리'가 누구인지에 관한 의식 이야기, ② 무엇이 성공을 만들어냈는지에 대한 운영 이야기에 크게 의존한다. 사람들이 조직 내에서 이야기하는 많은 이야기는 신화적 특성을 띤다. 이때 이야기의 진실 여부는 특정 이야기가 인기를 끄는 여러 요인 중 하나일 뿐이다. 그러나 학습 순환은 이런 이야기에 크게 의존한다. 이야기의 중요성을 보여주는 예로 우리와 최근 함께 작업한 신설 회사를 들 수 있다. 그 회사 사람들은 스스로 '신화가 부족하다'고 주장했다. 그들은 자신들에게 수정할 기회(이야기, 규칙 등)가 별로 없는 탓에 계속 실수를 반복하고 있음을 깨달았다.

많은 운영 이야기와 의식 이야기가 경영상의 결함과 관련된다는 사실은 무척 흥미롭다. 이는 아마도 인적 네트워크가 보통 계층에 반하며, 심지어 계층을 파괴한다고 알려진 원인 중 하나일 것이다. 전반적인 통일성을 알아보는 중요한 테스트로, 직접적으로 표현된 경영진의 시각과 암시적인 직원들의 관련 경험 간의 상호작용으로 조직의 이야기가 형성된 정도를 알아보는 방법이 있다. 경영진의 이야기 속에, 조직의 일에 대해 직원들이 느끼는 바와 아무 관계없는 이야기들만 있다면 부패는 시작된다.

▌더 넓어진 학습 시스템

> 공식적인 조직은 좀 더 일반적인 범주의 '인간 네트워크(human network)'의 특수한 경우다. 여기서 인간 네트워크는 같은 이야기를 나누는 사람들의 모임을 뜻한다. 일례로 사람들은, 심지어 경쟁 조직에서 일하는 사람들조차, 직업상 동일한 네트워크에 속해 있다. 그 이유는 그들 모두가 직업훈련 기관에서 같은 이야기에 동화되었기 때문이다. 실리콘밸리에서 일하는 사람이면 누구나 알고 있는 이야기는 경쟁자와 아이디어를 공유하도록 부추긴다. 그 이야기, 그 신화가 현재 일하는 특정 회사에 충성하는 것보다 혁신적인 제품을 만드는 것이 더 중요하다고 말하기 때문이다.

조직의 문제

특히 성공한 조직은 경영진이 세상을 보는 방식으로 조직의 멘탈 모델을 간소화하기 쉽다. "성공을 반박하기는 어렵기 때문이다." (Miller 1993) 경영자는 그의 '훌륭한 판단력' 덕분에 통해 성공했고 그 훌륭한 판단력을 발휘하는 행동을 쉽게 중단하지는 않을 것이다. 상황이 안정적일 때는 좋은 판단력이 큰 도움이 될 것이다. 그러나 그동안 주변 이야기들은 빈곤해지고 그로 인해 조직의 시야도 좁아진다.

그러나 이런 조직도 때때로 환경의 급격한 변화를 겪는다. 그리고 이때 일어나는 일을 다른 방식으로 표현하기가 점점 더 어려워진다. 조직이 새로운 현실을 인식하는 데 실패한 수많은 사례들이 그 증거다. 심지어 CIA와 같이 국가의 눈과 귀가 되어야 하는 조직조차 이런 어려움을 겪는다. 〈뉴욕타임스〉에서 해군 장성 제러마이어(Jeremiah)가 말한, CIA가 인도 핵실험을 예측하는 데 실패한 사례를 살펴보자. 전 미태평양통합군사령관이었던 제레마이어는 이 실패를 정보국의 지적 게으름이라 묘사한다. "고위 정책 입안자와 정보관이 갖고 있던 '기본적인 생각'은 인도가 핵무기를 실험하지 않을 것이란 것이었다." 이렇게 고정된 생각은 인도에서 새롭게 선출된 민족주의 성향의 힌두교 지도자가 핵무기 제조를 여러 번 공언했는데도 전혀 흔들림이 없었다.

미국은 인도인들이 지닌 '핵무장에 대한 국가적 자부심과 긍지'를 전혀 이해하지 못했다고, 제러마이어는 말했다. 그에 따르면, 결과적으로 연간 270억 달러에 들어가는 국가의 눈과 귀가 이후 인도와 그 접경 지역인 파키스탄 간의 핵 긴장과 군비경쟁을 불러온 인도의 핵실험을 보지도 듣지도 못했다. 그는 말한다. "여러분은 패턴에 빠집니다. 그리고 무슨 일이 일어날지 예상하기 시작합니다. 이때 여러분은 반대 시각을 취할 필요가 있습니다."

좀 더 최근의 예로는 이라크가 대량살상무기를 비축하고 있다고 본 CIA의 확신과 이후 쿠웨이트와의 전쟁에서 대량살상무기가 제거되지 않았을 가능성을 심각하게 고려하지 못한 CIA의 무능함을 들 수 있다. 또 미국이 실제로 공격을 감행할 것이라 믿지 않고, 자신이 틀렸을지도 모를 가능성을 전혀 고려하지 않았던 사담 후세인의 무능함도 있다.

민간 부문에서는 인식의 한계를 보여주는 예가 무수히 많다. 그중 유명한 예로, IBM PC를 출시했을 당시 개인용 컴퓨터의 잠재성을 알아보지 못했던 IBM, 휴대폰 사업이 아날로그 방식에서 디지털 방식으로 전환되고 있음을 알아차리는 데 실패한 모토롤라, 초창기 인터넷의 잠재력을 알아보지 못한 마이크로소프트, 대형 건축 폐기물을 바다에 버리는 행위에 반대하는 세력이 클 것이라 예상하지 못한 쉘 등이 있다.

몇몇 최고위 인사들의 시각에 맞춰 환경을 잘못 판단한 회사들의 사례 중에도 잘 알려진 것들이 많다. 1980년대 초반, 당시 쉘에서 근무한 피터 슈워츠는 냉전의 무게로 인해 소비에트연방이 무너질 수 있음을 예상하고 이를 반영한 '러시아의 녹색화(The greening of Russia)' 시나리오를 만들었다. 이 시나리오는 쉘에서 만들었지만 쉘은 베를린장벽이 무너지기 전까지 이 지식을 '사용 이론'에 넣지 않았다.

앞서 우리는 석유 정제 산업과 석유 운송 산업이 1973년 석유파동을 얼마나 잘못 판단했는지를 살펴본 바 있다. 당시 쉘은 석유파동이 일어나기 전에 그 가능성을 사용 이론으로 받아들인 덕분에 높은 경쟁우위를 얻었다. 또 다른 예로 미국 자동차 산업이 환경오염을 우려하는 여론의 압력을 수용하는 과정에서 겪은 문제의 발언을 들 수 있다. 문제는 해석을 통해 조직적 인식의 중요 부분인 일관성을 만들어내기 전까지 일관된 신호란 존재하지 않는다는 것이다.

가장 충격적인 예로 1980년대 초, 개인용 컴퓨터 시장에서 벌어지는 현상에 대해 기존 컴퓨터 업계가 저질렀던 오판을 들 수 있다. 심지어 1980년대 말, 개인용 컴퓨터가 시장에 출시되고 10년, 아니 그 이상으로 기하급수적인 성장을 보인 이후에도 IBM의 인식은 여전히 컴퓨터 수요가 갈수록 중앙 컴퓨터에서 멀어지는 현실과 큰 괴리를 보였다(Gerstner 2002). IBM은 시나리오를 개발했지만 그 시나리오들은 우리가 '시나리오 기획에 대한 확률적 접근'이라 부르던, 예측 활동에 의한 것들이었다. 시나리오들은 전 세계적으로 필요한 연산 능력을 표현한 수많은 미래 수요곡선을 담고 있었다. 거기서 수요가 어떤 형태를 취할 것인지란 질문은 거의 의미가 없는 부차적인 문제였다.

IBM의 사례는 예측이 어떻게 미리 선택된 특정 변수에 집중하고, 어떻게 더 넓은 환경 탐색을 제한하는지를 보여주는 훌륭한 예다. 연산 능력의 잠재적 미래 수요를 분석하는 데 수많은 노력을 들였지만, 그렇게 나온 시나리오는 연산 능력이 계속해서 기존 형태로 소비된다는 암묵적인 가정에 따라 만든 것이었다. 몇몇 개인들은 새로운 업체들이 판을 다시 정의하고 있다는 사실을 알아챘다. 그런데도 기존 관점에 반하는 그들의 생각을 말하지 않았다. 컴퓨터 시장의 새로운 발전 국면은 IBM에서는 이슈가 아니었기 때문이다.

그렇다면 기관은 이런 조직의 문제를 어떻게 극복할 것인가?

조직의 인식 장치로서 시나리오

조직의 인식

개인들은 이 같은 인식 실패를 경험하고 나면, 쉽게 가져다 쓸 수 있는 미래 이야기의 질을 높이기 위해 잉그바르, 웨이크, 비고츠키와 같은 이들의 조언에 귀를 기울일 것이다. 그러나 조직은 어떤가?

인식은 애당초 개인적인 것이다. 반면 집단은 상호작용과 논의를 통해 개인의 인식을 공유하고 내재화한다. 집단을 다루다 보면, "집단 전체가 사업 환경 내에서 능숙한 관찰자·행위자가 되기 위해 어떻게 개인의 스키마와 언어 속에 담긴 일부 공통점을 집단 내에서 발전시켜야 할 것인가?"란 질문이 떠오른다. 한 사람이 '그것을' 보는 것만으로는 부족하다. 그 사람이 본 것은 십중팔구 이미 확립된 통설을 바탕으로 한 조직의 통념에 따라 기각될 것이기 때문이다. 환경을 관찰하는 기술은 반드시 집단의 기술이 되어야 한다. 그래서 그 조직이 그 기술에 따라 행동할 수 있어야 한다. 그러려면 그 지식을 임계량 이상의 사람들이 공유하여 함께 '합의한' 의견을 바탕으로 행동을 만들어낼 수 있어야 한다.

조직 내에서 누군가의 의견을 듣지 못하는 일은 대다수가 한번쯤은 겪는 흔한 일이다. 상황이 안 좋을 때 뒤에 와서 결정을 내릴 당시 약한 부정적 신호를 감지했지만, 자신의 의견을 피력할 수 없었다는 사람은 늘 있다. 그러나 조직 입장에서 듣지 못한 의견은 아무런 가치가 없다. 중요한 것은 조직의 의사결정과 관련해 조직의 지식을 합의된 의견 안에 심는 것이다. 만일 앞에서 이야기한 디트로이트(GM)의 최고경영자가 시장의 일관성 없는 신호를 불평했다면, 사실 그는 그들이 공유한 멘탈 모델이 이런 신호를 논리 정연하게 연결하지 못하고 있음을 자인하는 셈이다. 논리 정연하게 연결했다면 관찰된 결과에 맞게 행동할 수 있었을 테지만, 결과적으로 그들은 그렇게 행동하지 못했다.

조직이 얼마나 '자신을 복잡하게 만들어야'(Weick 1979) 신호에 의미를 부여하고 구성원들끼리 공유할 수 있을 만큼 충분히 다양하게 외부 세계를 설명할 수 있는 것일까?

조직의 '미래 기억'으로서 시나리오

적절히 개발하고 제도화된 시나리오 세트는 조직의 환경 지각을 돕는 조직의 '미래 기억'일 수 있다. 시나리오는 많은 양의 자료와 정보를 이해하는 데 효과적인 수단이다. 시나리오는 미래에 관한 자료를 다수의 이야기로 구조화한다. 학습한 것을 요약하기 위해 다수의 줄거리를 사용한다는 개념이 매우 효과적인 까닭은 다음과 같다.

- 미래에 내재한 불확실성을 반영한다.
- 새롭고 독창적인 포괄적 이론 안에 독립적인 여러 지식 분야에서 나온 지식을 통일성 있게 아우를 수 있다.
- 이론을 지지하기보다는 묘사하는 식으로, 현실 세계를 배경으로 조사 결과를 나타낸다.
- 직관적으로 편안한, 인과적 사고방식을 사용한다.

시나리오가 말하는 것은 미래에 관한 것이지만, 시나리오는 현재 일어나는 일에 영향을 미쳐야 한다. 만일 그 시나리오가 조직의 의식 속에 사업 환경을 해석하는 다른 모델을 끼워 넣는 데 성공한다면, 그 조직은 환경의 변화를 좀 더 잘 인식하게 될 것이다. 시나리오 기획은 조기의 개념적 해석과 효과적인 내적 의사소통을 통해 조직이 좀 더 능숙하게 사업 환경을 관찰하도록 만들 수 있다. 변화를 더 일찍 알아챔으로써 조직은 좀 더 즉각적으로 반응할 잠재력을 얻는다. 또 조직의 결정은 더욱 확고해질 것이며 "그때 이걸 알았더라면……" 하면서 후회하는 일이 줄어들 것이다. 일반적으로 시나리오 기획은 조직을 좀 더 유연하고 변화에 좀 더 잘 적응할 수 있게 만들어준다.

지금부터는 조직이 시나리오와 시나리오적인 사고를 활용함으로써 앞서 언급한 인식 문제를 어떻게 극복할 수 있는지 예를 들어 설명한다.

쉘의 경험

혼란스러운 상황을 구조화하여 행동을 이끌어내는 방법을 보여주는 다음의 예는 앞서 논의한 석유산업의 전후 사정과 비교하여 이해해야 한다. 우리는 쉘이 시나리오 방법을 이용해 석유파동이 일어날 가능성을 어떻게 인식했는지를 살펴보았다. 그러나 시나리오 기획 활동의 성공 기준은 이해 그 자체가 아니라, 그런 이해가 적절한 시나리오 과정을 통해 조직 내에 충분히 내재화되어 새로운 이해에 따른 행동으로 이어졌는지 여부다. 쉘의 경영자는 곧 이 시나리오 과정에서 두 개의 상이한 결과가 있음을 깨달았다.

인식

하나는 쉘의 제조 활동을 조정하던 얀 슈포이(Jan Choufoer) 덕분에 드러났다. 그는 자신의 연구 배경과 관련해 다른 이들이 당연시하는 관행들에 이의를 제기하는 데 익숙했다. 그는 조정 담당자가 되기 전에도 석유 및 석유 관련 제품을 원하는 모든 고객의 수요를 맞춰야 한다는 석유 사업의 기본 신조에 의문을 제기해왔다.

슈포이의 주장을 이해하려면 땅에서 퍼낸 상태 그대로의 원유가 가벼운 연료(프로판, 부탄)에서 중간원료(휘발유, 등유, 경유), 중유(重油, 연료유, 역청)에 이르기까지 많은 물질의 혼합물임을 먼저 알아야 한다. 가벼운 물질일수록 더 고유한 가치를 지닌다. 즉 엔진에 쓰이는 휘발유를 대체할 수 있는 대체품을 찾기는 쉽지 않다. 그러나 불충분하게 연소되는 연료유는 석탄, 핵, 혹은 그 밖의 에너지 형태로 대체할 수 있다. 따라서 연료유는 경쟁가격에 팔아야 하지만 휘발유는 프리미엄을 받을 수 있다.

그러나 이런 차별화에는 한계가 있다. 정유회사는 '크래킹(cracking)'이라 부르는 2차 과정을 통해 무거운 물질에서 가벼운 물질을 만들어낼 수 있다. 이는 돈이 많이 드는 사업이지만 그로 인해 얻는 차별성이 충분히 크다면 투자를 할 것이다. 통상적으로 정유사는 시장수요를 맞추려 한다. 따라서 가벼운 물질에 대한 수요가 비교적 높다면 수요와 공급의 균형을 맞추기 위해 래커 투자가 이뤄질 것이다. 이런 이유로, 휘발유 수요가 늘 비교적 강세인 미국 시장에서는 연료유 수요가 더 많은 유럽보다 크래킹이 더 많이 이뤄졌다. 슈포이는 유럽 및 세계의 다른 지역에서도 크래킹 설비를 증설하여 연료유 판매를 줄이고 더 적은 원유로 같은 양의 가벼운 물질을 만들어내는 편이 수익이 높을 것이라 주장했다. 그의 이런 주장은 '업그레이드 정책'이라 알려져 있다. 업그레이드 정책은 쉘의 마케팅 담당자들에게는 그들이 연료유 수요를 전부 충족할 수 없을 것이며 잠재 고객을 경쟁 연료 혹은 대체 연료에 넘기라는 공급 기능의 근간을 뒤흔드는 충격적인 아이디어였다.

1970년대 초에 산출된 원유 예상 가격은, 추가적인 업그레이드 설비 증설이 한번 해볼 만한 투자이기는 하지만, 대체로 손익 평형을 유지하는 수준에 머물 것임을 보여주었다. 쉘의 몇몇 관리자들은 이미 정립된 관행에 의문을 제기하는 점에 강한 흥미를 보였다. 엔지니어들은 배럴에서 최상의 석유를 얻기 위해 좀 더 업그레이드된 설비를 짓는다고 호감을 보였지만, 쉘은 슈포이의 제안을 기각했다. 시장 수요에 맞춘다는 기존 신념과 상충됐기 때문이다. 그리고 어쨌거나 경제성 면에서도 그다지 설득력을 얻지 못했다. 그러나 이후 피에르가 시나리오를 이용해 원유 공급에 위기가 찾아와 결과적으로 원유 가격 폭등이 일어날 수 있음을 보여주었다. 현재 우리의 관점으로는 피에르의 제안에 들어 있던 획기적 속성을 이해하기 어렵다. 그러나 당시에는 원유 가격이 전 세계 경제 상황 중 가장 안정적인 특성을 띠고 있었다. 그 전까지 쉘에서 수행한 전문가를 대동한 델파이 예측은 배럴당 2달러를 넘지 않을 것이라는 결과를 내놓았다. 그에 따라 사람들은 원유 가격이 배럴당 2~3달러 사이에서 움직일 것이라 생각했지만 피에르는 무려 12달러까지 뛸 것이라 주장했던 것이다.

이로 인해 피에르에 대한 신뢰는 바닥까지 떨어졌다. 단 슈포이만은 예외였다. 슈포이로서는 자신의 업그레이드 생각을 지지하는 예측을 갑자기 발견한 것이었다. 원유 가격이 뛰어오르면 무거운 물질의 가격(이것들은 석탄과 그 밖의 다른 대체 물질과 경쟁해야 하므로 그렇게 많이 오를 수 없다)과 가벼운 물질의 가격 격차는 훨씬 더 크게 벌어진다. 가벼운 물질은 쉽게 대체할 만한 물질이 없기 때문이다. 특히 휘발유는 다른 것들과는 비교도 안 되게 비싸질 것이다. 피에르의 시나리오는 원유의 무거운 물질을, 지금까지 손익분기점에 머물러 있던 가벼운 물질로 업그레이드하는 것이 수익성을 극단적으로 높일 수 있음을 암시했다. 가격 상승이 없더라도 어차피 손익분기점일 것임을 생각하면 업그레이드 정책 추진은 매력적인 제안처럼 보였다. 슈포이는 제조 부문의 책임자로 이동하여 계속 업그레이드 정책을 설파했다. 그 결과, 석유파동이 실제로 벌어졌을 때 쉘의 제조 부문은 미리 준비한 대로 행동할 수 있었다.

인식 부족

반면, 쉘에 있던 시나리오 기획의 대가들은 석유의 해외 운반을 책임지는 부문인 해운 부문의 사례를 살펴볼 수 있었다. 해운 부문은 석유파동 시나리오에 거의 관심이 없었다. 그들과는 관련이 없어 보였기 때문이다. 기존에 갖고 있던 지식에 따르면 가격 급등은 실제로 수요에 영향을 미치지 못할 것이라 예상되었다. 가격이 급등하더라도 사람들은 여전히 에너지와 열을 필요로 했기 때문이다. 사람들은 기꺼이 가격을 지불할 것이고 해상 부문은 여전히 원유를 운반해야 할 것이었다.

그러다 1973년에 실제로 위기가 발생했다. 그러나 운송 산업은 (비단 쉘뿐만 아니라 산업 전반에 걸쳐) 이런 위기가 정책을 과감하게 바꿀 근거라고 생각하지 않았다. 그래서 앞서 본 것처럼 해상운송 능력을 추가로 확충하는 데 계속해서 열을 올렸다. 그리고 1974년과 1975년에 수요가 급감하자, 이를 일시적 이상 현상으로 해석했다. 1976년에는 수요가 다시 증가했고 해상운송 부문은 위기가 끝났다고 추정했다. 그리고 그 이듬해, 수요가 다시 줄어들자 이번에는 경제 침체에 따른 결과로, 저절로 해결될 일시적인 현상이라고 해석했다. 석유 해상운송 업계에서 수요가 유동적일 수 있다는 생각을 하기 시작한 것은 거의 1978년 혹은 1979년이 되어서였다. 그러나 그때는 이미 전 세계 만에서 엄청난 양의 유조선이 만들어진 이후였다. 이런 설비 과잉으로 해상운송 산업의 수익성은 수년간 늪에서 헤맬 수밖에 없었다.

조직의 인식에 따른 행동

해운 부문 사람들이 위기가 발생하기 전 상황으로 복귀하는 신호를 찾는 동안, 제조 부문 사람들은 추세 중단이 근본적인 변화라고 여겼다. 충분히 시연하고 공유한 위기·업그레이드 시나리오에서 설명한 그대로였다. 그리고 거기에 맞춰 행동했다. 해운 부문이 자신들에게 일어난 일을 이해하는 데 수년이 걸린 반면 제조 부문은 바뀐 상황에 대한 공유된 멘탈 모델을 수중에 갖고 있었다. 결과적으로 제조 부문은 그 사건을 위기 시나리오가 펼쳐지는 시작점으로 인식했고 그에 맞춰 움직일 만반의 준비가 되어 있었다. 쉘의 정유공장은 놀랄 만한 속도로 업그레이드 정책을 받아들였다. 석유산업에서 주요 정제 시설이 처참한 설비 과잉 상황에 내몰렸던 반면(대형 유조선이 그랬던 것처럼) 업그레이드 설비는 극히 부족했다. 쉘은 미리 업그레이드 정책을 실행한 덕분에 엄청난 경쟁 우위를 얻었고, 1980년대 중반까지 그러한 상황이 지속되었다. 이는 7대 메이저라 알려진 세계 주요 석유 회사들 사이에서 거의 꼴찌에 가까웠던 쉘이 최상위권으로 상승하게 된 주요인 중 하나가 되었다.

스카치위스키 회사의 시나리오

한번은 대형 스카치위스키 회사의 전략적 대화 과정을 도운 적이 있다. 우리는 위스키 산업의 구조가 업스트림(증류), 미드스트림(공정, 병 주입), 다운스트림(유통, 소매)이란 면에서 석유산업과 일맥상통함을 발견했다. 의뢰인은 제조 공정, 숙성, 블렌딩, 병 주입, 저장을 하는 복잡한 장비를 갖춘 미드스트림 제조 공장의 관리팀으로, 업스트림과 다운스트림을 둘 다 하고 있는 대형 회사의 제조 단위 중 한 곳이었다. 이곳의 관리팀은 어느 정도 독립성을 띠고 있었고 전략에 대해 생각하고 싶어 했다. 이 일은 극히 평범한 시나리오 기획이었지만 당시 외부에서 모집한 놀라운 사람들의 도움을 받아 탄생한 시나리오의 품질은 매우 높았다.

시나리오 기획에 참가한 관리자들은 회사에서 그들 조직을 구성한 방식이 매우 문제가 많을 수 있다는 결론을 얻었다. 설사 그들이 그런 상황을 개선하기 위해 내부적으로 특정 조치를 취할 수 있다 할지라도 그들의 생활은 회사가 조직되고 책임을 분배한 방식 때문에 훨씬 더 힘들 수 있었다. 그들은 자신들이 구매, 공급, 해상운송, 배송 등 회사 전체의 모든 운영 활동을 전적으로 책임지는 공급 부문이 되려면 좀 더 확실한 전략이 있어야 한다고 결론 내렸다.

　사실 그 회사에서 이 문제는 결코 새로운 이슈가 아니었다. 공장 관리팀은 이전에도 이 문제로 최고경영진을 설득하려고 했지만 성공하지 못했다. 그러나 이번에는 시나리오를 이용하여 이전에는 가능하지 않았던 방식으로 변화가 필요한 이유를 훨씬 더 분명하게 표현할 수 있었다. 잠재적 외부 세력을 토대로 이 문제를 논의할 수 있었기 때문이다. 즉 이것이 세력을 확장하기 위한 수작이라는 혐의에서 벗어날 수 있었다. 그렇게 그들은 전략을 승인받는 데 필요한 새로운 발표를 준비했다. 그 결과 활동 범위가 크게 확장되어 관리팀이 그들의 운명을 좀 더 통제할 수 있게 되었다.

　위의 사례는 시나리오가 어떻게 전략적 대화의 질을 높일 수 있는지를 보여주는 좋은 예다. 전략에 대한 생각은 이전에도 존재했다. 그러나 이 생각을 행동에 옮길 정도로 충분한 의견 일치를 이루지 못했다. 전략을 지지하던 이들은 세력 싸움, 즉 수많은 조직에서 일어나는 전형적인 내부 경영권 다툼과 관련이 있다는 비난을 받았다. 그러나 시나리오를 도입함으로써 적은 외부로 옮겨갔고, 이 일은 공통된 외부의 적과의 싸움이 되었다. 덕분에 좀 더 합리적이고 논리적인 대화를 할 수 있었고 결과적으로 중요한 결과를 얻었다. 시나리오가 늘 새 전략을 만들어내야 하는 것은 아니다. 시나리오를 이용해 내부의 다툼거리에 불과했던 기존 생각을 행동을 취할 수 있을 만큼 효과적으로 표현하는 것만으로 충분한 경우도 있다.

마이크로칩 장비 제조 회사의 경험

다음의 예는 어떤 회사가 기존에 뿌리 깊이 박혀 있던 인식의 한계를 어떻게 극복할 수 있었는지를 보여준다. 마이크로칩 생산에 사용하는 장비를 만드는 회사에서 일어난 시나리오 활용에 관한 예다. 우리는 여기서 주요 불확실성을 분석하는 데 엄청난 시간을 할애했다. 전 세계의 전반적인 경제 상태는 수요에 상당한 영향을 미친다. 프로젝트가 시작되고 얼마 안 되어 한 고위 관리자가 경기 침체의 가능성을 걱정하는 말을 했다. 그 당시에는 침체가 막 시작되고 있었다. 기존 지식으로는 경기 침체가 짧고 가벼워서 첨단 기술 산업에 큰 영향을 미치지 않을 것이라는 게 통설이었다. 그러나 그 관리자는 말했다. "우리는 그렇게 추정하고 있지만 그게 사실이 아닌 걸로 나타나면 어떡합니까? 우리가 1981년과 같은 깊은 불황에 들어서면 어쩌지요? 마이크로프로세스에는 그리고 우리 장비에는 어떤 일이 일어날까요?"

논의는 우선 이런 가정이 계획에 어떻게 반영되었는지를 살펴보는 쪽으로 옮겨갔다. 누가 무엇을 결정했고, 이 결정이 현금 흐름 예측에 어떤 역할을 했는지를 살펴보았다. 처음에는 관리팀 중 그 누구도 이 점에 대해 그다지 제대로 된 실마리를 던지지 못했다. 재무 책임자는 영업 책임자를 만났고, 둘은 다시 마케팅 책임자를 만났지만, 답이 없었다. 그들은 이 문제를 어떻게 해결해야 할지 전혀 몰랐다. 그러던 중 재무 책임자가 자진해서 알아보겠다고 했다.

며칠 뒤 재무 책임자가 보고했다. "우리가 예상하는 방식은 충분히 합리적입니다. 작은 회사인 우리는 환경 분석에 거액을 투자할 여력이 없습니다. 그래서 최고 수준의 첨단 기술 시장 및 경제 리서치 회사인 데이터퀘스트에서 전망을 구입하고 있습니다. 우리는 우리가 그들보다 리서치 능력이 뛰어날 거라 생각하지 않습니다." "이번 경기 침체에 관해 그들은 어떻게 추정하고 있습니까?" 처음 의문을 제기했던 그 관리자가 질문했다. 데이터퀘스트는 가볍고 짧은 경기 침체를 예상하고 있는 것으로 나타났다.

회의실에서는 논쟁이 시작되었다. 의뢰인 회사는 이번 경기 침체가 가볍고 짧지 않다면 벌어질 결과에 대해 그다지 아는 것이 없었다. 시나리오 활동은 그들에게 온갖 '불가항력적인 것들'에 대해 의문을 제기하는 것이 얼마나 큰 가치가 있는 일인지를 보여주었다. CEO는 기획자에게 새로운 예측을 요청할 것을 재무 책임자에게 제안했다. 다만 이번에는 데이터퀘스트의 예측 대신 좀 더 깊고 장기적인 침체를 가정하라고 제안했다.

다음 회의에 재무 책임자는 숫자가 적힌 스프레드시트 몇 장을 갖고 왔다. 그가 말하길, "우리는 지금까지 이런 일을 해본 적이 없습니다만, 몇 가지 추정을 해보았습니다. 그 결과는 여기에 나와 있습니다." 결과는 극적이었다. 극심한 불황일 경우 회사는 심각한 문제에 봉착하게 되어 있었다. 그들은 연구 개발에 막대한 투자를 하려던 참이었고, 만일 그들이 가정했던 현금이 유입되지 않는다면 파산할 가능성이 컸다. 그런 결과는 피할 수 없는 것이었다. 경영진은 데이터퀘스트의 예측이 실현되는 데 사활을 걸어야 할 판이었다. 결과적으로 그들은 이후 몇 주에 걸쳐 연구 개발에 들어가는 투자분을 과감하게 줄였다. 현재 그 회사는 수년 전 기대했던 것만큼 잘하고 있지는 못하지만 그간의 침체기를 무사히 견뎠다. 이제 그들은 안다. 그들이 대규모 투자를 집행했더라면 지금쯤 그 사업을 하고 있지 못할 수도 있었음을.

그들은 다행히도 한 개인의 멘탈 모델에서 조직의 멘탈 모델을 만들어낼 수 있었다. 이것은 대수롭지 않게 여길 수 있는 그런 단순한 도약이 아니다. 재무 부서의 그 기획자는 자신의 관점에서 데이터퀘스트의 숫자를 믿는 데 필요한 합리적인 일을 해냈다. 데이터퀘스트의 숫자는 그들이 구할 수 있는 가장 믿을 만한 숫자였으며 그 예측을 다시 예상하려는 시도는 적절치 않았다. 하지만 그 회사의 누구도 현금 흐름 예측에 깔려 있는 전제를 인식했던 것 같지는 않다. "진짜 침체가 있을지 궁금해"와 같은 의문에 조직이 반응을 보이지 않는다면, 그런 말을 어떻게 처리해야 할지 아무도 모를 것이다. 그런 문제를 다룰 경로가 없기 때문이다.

모든 조직에는 영역 구분에 따른 문제가 있다. 이는 효율성과 적응이라는 딜레마의 본질적인 부분이다. 그리고 의사소통상의 작은 실수는 큰 혼란을 야기할 수 있다. 영역 구분으로 인해 사람들은 그 안에서 개인적으로 꽤 합리적인 판단을 내릴 수도 있다. 하지만 이것이 모이면 회사 전체에 심각한 문제를 초래할 수 있다. 따라서 전략적 학습 과정은 영향력을 만드는 조직 시스템의 적절한 지점에 도입할 필요가 있다. 이 '효과적인 개입 지점'은 아마도 관리팀 밖, 조직의 깊숙한 어딘가에 있을 것이다. 이 지점을 찾아내려면 기업문화의 한 부분으로 조직 전체를 관통하는 어떤 과정이 필요하다.

효과적인 시나리오

조직이 인식 목표를 달성하려면 어떤 이야기가 효과적일까? 다른 이야기꾼들처럼 시나리오 기획자 역시 알려진 것과 새로운 것 사이에서 신중한 균형을 잡아야 한다.

- 효과적인 시나리오가 조직 내에서 '임계량'의 동조를 얻을 정도로 그럴듯해 보이려면 현재 조직의 멘탈 모델과 충분히 연결되어야 한다.
- 동시에 조직의 시야를 넓히는 방향으로 새롭고 놀라운 요소도 포함해야 한다.

멘탈 모델과의 연결 고리

경험에 따르면, 의사결정자들의 마음속에 들어 있는 고민거리나 불안과 연결되지 않는 시나리오는 효과가 없다. 이런 시나리오는 운영 실태와 무관하다고 해석되어 기각될 것이다. 시나리오 작가는 이런 이야기들을 재미있다고 여길지 몰라도 시나리오와 정신적 교감을 갖지 못한 의사결정자는 시나리오를 재미있는 '공상과학소설' 쯤으로 느낄 것이다. 결국 많은 공감을 얻지 못한 채 책꽂이 한편에 처박아둘 것이다.

반면 시나리오 기획자가 경영진의 당면 고민거리, 그들의 걱정, 잠을 이룰 수 없게 만드는 생각들을 다룬 이야기를 쓴다면 그 시나리오는 아주 흥미롭고 중요하게 받아들여질 것이다. 경험상 최고경영진은 그들이 현재 고심하는 사건이나 추세에 새로운 관점을 제시하는 중요한 시나리오를 만들어내는 시나리오 기획자의 말을 매우 주의 깊게 듣는다. 시간이 흐르면서 시나리오 기획자가 자신만의 안건을 정하고 그것이 의뢰인의 고민거리와 관련이 없다면 시나리오 기획 결과에 누구도 주목하지 않을 것은 확실하다. 시나리오 기획자가 저지를 수 있는 가장 큰 실수는 의뢰인의 욕구를 충분히 감안하지 않는 것이다. 시나리오 기획의 첫 번째 규칙은 '고객을 알라'이다. 이런 이유로, 시나리오 기획은 맞춤형 활동이다. 포괄적인 시나리오는 조직의 행태와 거의 관련이 없다.

성공의 또 다른 핵심 조건은 시나리오의 타당성이다. 오로지 타당성이 있는 시나리오만이 조직의 지식을 발전시키고 조직이 마주하는 상황에 대한 이해를 높일 기반이 될 수 있다. 한편, 이미 공유하고 있는 시각을 경영자에게 되돌려주는 것으로는 그다지 도움을 줄 수 없다. 새로운 관점을 추가해야 한다. 목표는 조직이 문제를 새롭게 볼 수 있는 환경을 형성하는 것이다. 그러려면 새로운 지식과 이해가 필요하다. 이는 때때로 외부에서만 얻을 수 있는 경우도 있다.

9·11을 알리는 조기 신호를 제대로 해석할 수 있게 돕는 시나리오가 있었더라면 그 시나리오는 자살 테러, 민간 항공기를 조종할 수 있는 승객, 석유 화재로 인해 무너지는 고층 건물과 같은 요소를 포함하고 있었을 것이다. 9·11 전에는 이런 시나리오의 발생 가능성을 확신하기 힘들었을 수도 있다. 시나리오 기획자의 의견이 모두 옳았을지라도 사람들이 이 이야기를 믿을 만하다고 여기는 데는 어려움이 있었을 것이다. 오랜 시간 한 가지 이슈와 씨름해온 사람들

에게는 이처럼 새로운 관점을 만들어내는 일이 특히 어렵다. 하지만 성공 기준은 시나리오가 맞다 틀렸다가 아닌 시나리오가 더 나은 결정을 가져왔느냐 하는 것이다.

일치된 시각과 단절되기는 쉽다. 그런 단절 상태에서는 메시지가 들리지 않는다. 시나리오 기획은 조직 내 사람들의 현재 위치에서 출발해야 하지만, 거기서 벗어나 움직여야 한다. 시나리오는 기존의 이해와 외부 세계에서 일어나는 일을 설명하는 데 쓸 수 있는 새로운 시각 혹은 사고의 틀 사이를 잇는 가교가 된다《그림 19》. 시나리오의 이런 역할은 모든 시나리오 활동에서 가장 중요한 도전 과제다.

효과적인 시나리오 세트를 만들어내는 일은 종종 예술 행위에 비유된다. 관객에게 다가가고자 하는 작가는 관객의 현재 위치에서 출발해 이후 거기에 뭔가 새로운 것을 더한다. 이때 가장 중요한 부분은 이미 알려진 것과 새로운 것 사이의 균형점을 찾는 것이다. 이미 알고 있는 것에 지나치게 집중하면 자칫 관심 부족으로 충격을 주지 못한다. 반면 새로운 것에 지나치게 집중하면 기획의 의미가 사라진다. 이 둘 사이 어딘가에서 정답을 찾아야 한다.

이 과정은 비고츠키(Vygotsky 1986)가 잘 설명하고 있다. 그에 따르면 시나리오는 의뢰인의 사고 과정에 '비계를 세운다.' 고객이 새로운 경험과 기존 지식을 연관 짓도록 하기 위해서는 의뢰인의 기존 지식 구조를 중심으로 주변에 비계를 세워야 한다. 비고츠키는 이를 '근접 발달 지대'라 칭한다. 근접 발달 지대는 의뢰인이 새롭게 받아들이기로 했으나 아직 정리하지 못한 개념이 기존의 숙달된 추론 논리와 '만나는' 곳이다. 의뢰인의 학습 능력은 이 근접 발달 지대가 정

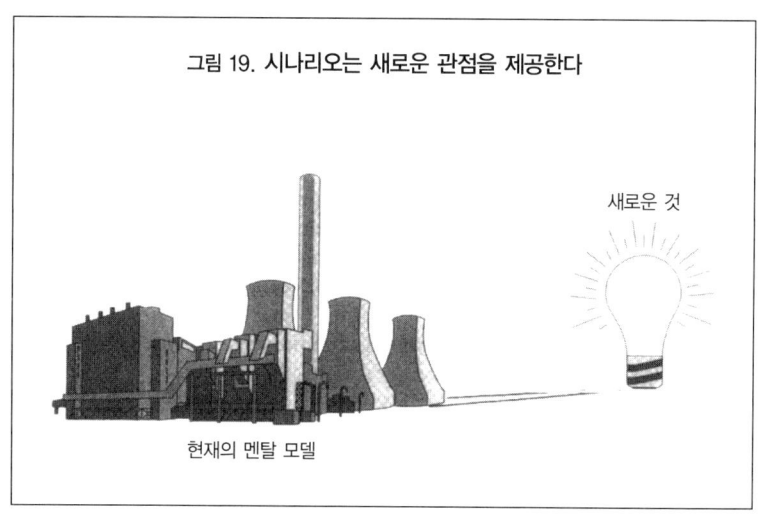

그림 19. 시나리오는 새로운 관점을 제공한다

새로운 것

현재의 멘탈 모델

한다. 이 근접 발달 지대는 카우프만(Kauffman 1995)이 인접 영역이라 칭한 것이다.

새로운 것을 소개하다

'비계를 세우는' 아이디어는 시나리오가 어떻게 생각을 움직여야 할지를 알려준다. 시나리오는 사업을 전망하는 기존 관점에 '새로운' 사실을 보여줘야 한다. 그렇다면 우리는 이 새로운 이해를 어디에서 찾을 것인가? 앞서 살펴보았다시피, 조직의 지식은 그 구성원이 갖고 있는 지식을 합친 것보다 적다. 따라서 조직의 지식을 쓸 수 있는 범위는 조직 구성원 개개인의 이해 범위 안이다. 종종 새로운 관점은 시나리오 기획의 도움 없이는 자기 관점의 타당성을 입증하는 데 어려움을 느끼는 개인들에게서 구할 수 있다. 우선은 이런 자원을 가장 먼저 이용해야 한다. 그러려면 사람들이 자신의 생각을 들려줄 수 있는 과정이 필요하다. 이 과정에서는 참가자들이 다음과 같은 일을 하게 만들어야 한다.

- 외부 세계와 의사소통을 통해 참가자들의 지식을 발전시킨다.
- 참가자들의 지식을 구체화한다.
- 구체화된 지식을 공유하여 관점 공유의 밑바탕인 공통된 지식 풀 조성에 기여한다.

이 과정에서는 참가자들이 대화를 통해 사고한 혹은 관찰한 요소를 구조화하고, 그 결과 기회와 위협을 인식할 수 있게끔 해야 한다. 또 처음의 구조화되지 않은 생각과 관점을 광범위하게 받아들여, 거기서 대부분의 개인들이 논리적이라고 생각할 만큼 논리 정연하고 일관된 세상에 대한 해석을 많이 만들어낼 수 있어야 한다.

그런데 새로운 관점을 얻으려면 외부의 관점이 필요하다. 시나리오 기획의 중요한 목적 중 하나는 조직이 환경을 더 잘 관찰하는 관찰자가 되게 하는 것이다. 그러려면 멘탈 모델을 넓혀야 한다. 그리고 종종 멘탈 모델을 넓히는 일은 외부의 도움을 받아야만 가능한 경우도 있다. 따라서 시나리오 기획자는 단순히 내부 관점을 이용하는 것에서 벗어나 더 멀리 나아가야 한다. 즉 시나리오 안에 광범위한 외부 의견을 받아들여야 한다. 일련의 시나리오는 광범위한 외부 아이디어를 포착하고 조직하며 입증하는 데 효과적인 수단이다. 이런 과정을 통해 시나리오 기획자는 시나리오의 질을 상당히 높일 수 있다.

옛것과 새것을 연결하다

결과적으로 시나리오 분석은 다음과 같은 원칙을 고수해야 한다.

- 조직 내에서 이미 '일치된 관점'에서 출발한다.
- 사업 환경의 불확실성과 복잡성을 인식한다.
- 조직 내외부에서 새로운 지식을 소개받음으로써 (멘탈 모델을) 넓힌다.
- 겉으로는 서로 무관해 보이는 환경에 대한 이해에 공통된 구조를 제공한다.

이런 식으로 시나리오 기획은 조직에 새로운 '미래 기억'을 추가하고, 조직이 약한 변화의 신호를 감지할 수 있도록 시야를 넓힌다. 그러면 그저 스쳐 보내는 신호가 훨씬 줄어들 것이다. 조직은 좀 더 능숙한 관찰자가 되어 더 융통성 있고 더 잘 적응할 수 있게 될 것이다.

제도화

차이를 만드는 시나리오만이 시나리오 기획을 할 가치가 있다. 조직의 관점에서 시나리오 기획은 독창적인 이해와 가장 사실적인 일련의 미래상을 만들어내는 것일 뿐만 아니라, 조직에 이런 미래상을 효과적으로 알려준다. 그리하여 거기서 얻은 이해가 조직의 행동에 영향을 미치게끔 하는 것이기도 하다.

앞에서 우리는 조직의 지식을 조직의 행동 기반인 지식 풀로 정의했다. 시나리오 기획 프로젝트는 시나리오를 새로운 조직의 지식으로 만드는 과정에 조직을 참여시켜야 한다. 시나리오는 수많은 사람에게 '미래 기억'이 되어 공통 관점을 가져올 수 있도록 충분히 논의해야 한다. 시나리오가 '미래 기억'이 되었는지 아닌지를 확인하려면 시나리오가 조직 언어의 일부가 되었는지를 테스트해보면 된다. 만일 사람들이 서로에게 배경 세계를 알리는 방법으로 시나리오의 명칭을 사용하기 시작한다면 제도화가 되었다고 볼 수 있다.

제도화는 시나리오 프로젝트의 최종 품질과 가치를 결정하는 데 중요한 역할을 한다. 시나리오 기획팀이 시나리오 세트와 줄거리를 설파하는 데 좋은 구조를 발견했는지 여부는, 실행 권한을 가진 사람들이 이전에는 구조화되지 않은 관심 영역을 개념적으로 이해하여 궁극적으로 유익하다고 입증된 새로운 행동을 도출해내는 데 시나리오가 얼마나 도움을 주었는지로 판단할 수 있다.

이때 결정적인 요소는 사람들을 한데 모아, 일관된 사고를 만들고, 합의한 행동을 이끌어내는 것이다. 시나리오 방식이 지닌 가장 강력한 속성 중 하나는 외부에서 내부로 움직인다는 점이다. 결과적으로 시나리오 방식은 '적'이 외부에 있다고 추정한다. 그리하여 대화 자체를 방어적 논쟁에서 실질적인 관점을 공유하는 것으로 옮겨 놓는다. 조직의 행동은 서로 다른 관점끼리 협상한 끝에 나온다. 아무리 효과적인 전략적 대화를 거쳤다 할지라도 세계관에는 여전히 차이가 있을 것이다. 시나리오는 더 이상 줄일 수 없는 불확실성 앞에서 다양한 관점이 존재하는 것이 당연하다고 인식하게 만드는 데 크게 이바지한다. 그리하여 협상의 순간이 세계를 이해하는 지점이 아닌 행동하는 지점으로 움직일 수 있게 만든다. 구체적인 행동에 대해 협상하는 것은 관점과 세계관, 그 모든 의미에 대해 협상하는 것보다 훨씬 쉽다. 우리는 상황이 어떤 식으로 돌아가는지에 대해 동의하지 않고도 의견 일치를 본 공동의 행동을 정할 수 있다.

이런 목적으로 시나리오를 사용하려면 전략적 영향에 대해 논의를 해야 한다. 이런 논의는 처음에는 시나리오 팀과 의뢰인 팀 안에서 시작되지만 결국에는 조직 전체로 퍼져나가 제도화 과정의 일부로서 일반적인 전략적 대화에 포함되어야 한다. 시나리오 기획자는 전략적 결정을 어떻게 하는지를 연구해 그 결정 과정에 큰 영향력을 미칠 수 있어야 한다. 그러려면 공식적인 의사결정 과정을 고려해야 할 뿐만 아니라 비공식적 대화도, 더 많이는 아니더라도 최소한 같은 정도로 중요하게 여겨야 한다.

조기 신호 인식

학습 순환 모델은 시나리오 기획이 본질적으로 행동과 어떻게 섞이는지 보여준다. 조직은 오로지 행동을 통해서만 공통의 경험을 한다. 그리고 그 경험을 통해 조직은 환경을 인식하는 멘탈 모델을 만들어내고, 그렇게 좀 더 능숙한 실행자가 된다. 이렇게 얻은 능숙한 행동은 조직이 시나리오 기획에 투자함으로써 얻는 혜택이다.

이런 이유로 시나리오 기획자는 실행 권한을 가진 사람들을 주목해야 한다. 그들이 바로 시나리오 기획의 최종 고객이며 안건을 정해야 하는 이들이다. 여기에는 단순히 지적인 사고 과정 이상의 뭔가가 필요하다. 사람들은 조직 전체와 연관되어야 하고 그들의 멘탈 모델은 조정되어야 한다. 그러기 위해서는 그저 그런 기법이 아닌 전략을 수립하고 시나리오 기획이 제안하는 전략적 경영을 하기 위한 완전한 접근법이 필요하다.

일단 시나리오가 조직의 멘탈 모델의 일부가 되고 나면, 시나리오는 사업 환경에서 보이는 것들에 엄청난 영향을 미친다. 시나리오 기획자들은 시나리오 기획을 하고 난 이후 그전까지는 전혀 인지조차 못했던 것들을 주변에서 의식하고 신문기사 등에서 읽는 자신들의 모습을 발견한다는 말을 종종 한다. 조직에서도 같은 일이 발생한다. 시나리오는 조직이 열린 외부 세계를 바라보는 시각의 다양성을 높인다. 조직의 관점은 조직이 사용할 수 있는 멘탈 모델에 의해 결정되므로 멘탈 모델을 강화한다는 말은 좀 더 많은 것을 보고 시야를 넓힌다는 뜻이다.

시나리오 기획의 이런 특징은 '조기 경보' 개념의 제도화를 통해 유리하게 사용할 수 있다. 시나리오를 제대로 수행했다면 시나리오 팀은 시나리오 안에서 일어나는 사건과 연관된 배경 구조에 대한 모델을 구체화해야 한다. 그 구조는 시나리오가 가리키는 여러 방향 중 한 곳으로 세상이 움직이고 있음을 암시하는 조기 신호가 될 수 있는 환경의 발전 국면을 파악하는 데 사용할 수 있다. 시나리오 기획을 수행한 후 팀은 이런 핵심 변수의 패턴을 식별하여 이를 주기적인 모니터링 대상으로 정할 수 있다. 가장 효과적인 조기 경보 시스템은 배경 구조에서 가장 중요한 변수를 모니터하는 것이다. 그런 변수들을 식별함으로써 구조적인 차이가 가장 눈에 띄는 곳으로 조직의 관심을 유도할 수 있다.

Part 3

시나리오 기획의 실행

2부에서 우리는 시나리오 기획을 조직 학습이라는 통합된 철학을 기반으로 하는 조직의 전략적 경영을 위한 포괄적인 접근법이라 표현했다. 이를 통해 우리는 전략적 경영의 세 가지 주요 패러다임을 하나의 총체적인 전략 수립 접근법으로 통합할 수 있었다. 우리는 시나리오 기획이 어떻게 조직 학습을 자연스럽게 일으키는지, 그리고 그로 인해 얻는 장점은 무엇인지 살펴보았다. 그리고 생성적 전략 수립(새롭고 독창적인 전략적 이해로 이끄는 환경 탐색)과 적응적 전략 수립(조직의 비즈니스 아이디어의 평가와 수정)에 시나리오 기획을 어떻게 활용하는지, 그리고 어떻게 변화를 요구하는 전략적 결론에 이르게 되는지를 살펴보았다.

지금까지 시나리오 기획의 원칙을 알아보고 시나리오 기획이 조직의 회복력, 적응력, 생성력을 높이는 것과 어떤 관계가 있는지를 살펴봤다. 우리는 이제 이론에서 벗어나 실천 단계로 넘어가려 한다. 3부에서는 경영팀이 조직의 전략적 사고에 시나리오 기획을 도입할 수 있는 방법을 살펴볼 것이다.

몇몇 조직은 다른 조직보다 더 큰 진전을 이룰 수 있을지도 모른다. 그러나 어느 조직이든 자기 사업에 대한 기존의 이해에서 출발한다. 시나리오 기획 과정의 첫걸음은 조직의 사업에 대한 이해를 비즈니스 아이디어의 형태로 표현하는 것이다. 이후 시나리오 작가는 이런 맥락에서 조직과 연관된 원동력과 사업 환경 내 상호 연관성을 인식하고, 표현하고, 이해하는 것을 돕는다. 여기서 얻은 정보는 미래 사업 환경에 관한 다수의 시나리오를 만들어내는 데 필요한 기반이 된다. 시나리오 수립은 그 같은 미래 상황을 가져오는 시스템의 구조적 토대에 대한 깊이 있는 연구와 분석을 반복해 점차 이해를 높인다. 그렇게 시간을 들여 사업 상황을 이해하는 새로운 관점을 숙성시키다 보면 진화하는 성공 원리에 대한 새롭고 독창적인 이해를 얻을 수 있다.

3부에서는 조직의 미래를 바라보는 시각을 넓히고 좀 더 전략적으로 생각하길 바라는 경영팀을 모델로, 팀이 시나리오 기획을 성공적으로 진행할 수 있도록 돕는 다양한 실습과 워크숍을 살펴볼 것이다.

시나리오 기획은 조직의 프로세스에 전략 수립을 끼워 넣는다. 즉 사람들이 전략적 대화를 통해 행동하도록 준비시킨다. 그 효과는 조직의 프로세스에 광범위하게 퍼진다. 그 효과에는 다음과 같은 것들이 있다.

조직 내부에서

- 새로운 개념과 언어를 만들어낸다.
- 전략적 대화의 질을 높인다.
- 관심의 초점을 관리한다.
- 환경 인식력을 높여 결과적으로 적응력을 높인다.
- 행동과 변화에 동기를 부여한다.
- 사람들을 생각하게 만든다.

의사결정과 관련하여

- 조직의 강점과 조직의 비즈니스 아이디어의 속성을 고려한다.
- 사업 상황을 이해하는 새롭고 독창적인 관점을 개발한다.
- 독창적인 전략을 개발한다.
- 적응력과 생성력을 높인다.
- 전략적 제안에 관한 판단을 내린다.
- 전략적 결정을 내린다.

9

시나리오 기획자의 기술

　시나리오 기획은 일선에서 전략을 수립하는 기획자의 기술이다. 시나리오 기획은 현실 경영 세계에 뿌리를 두고 있다. 따라서 과학이기보다는 기술에 가깝다. 수년간 많은 일반 원칙이 모습을 드러냈지만, 그 실행 규칙은 대부분 그날그날의 상황에 따라 조금씩 달라진다. 그리고 다른 기술과 마찬가지로 시나리오 기획을 실행하는 데는 여러 방식이 있을 수 있다. 시나리오 기획을 배우는 학생들은 처음에는 현역 기획자들에게 기술을 배운다. 그 이후에는 자기 자신의 실수를 통해 배워야 한다. 즉 신입 시나리오 기획자가 시나리오 기획을 시작하려면 전임자에게 충분한 조언을 얻어야 한다. 하지만 충분한 조언을 얻고 나서도 결과를 만들어내는 자신만의 고유한 방법을 발전시켜 나가야 한다.
　시나리오 기획은 항상 전략 개발을 최종 목표로 한다. 이것은 미래 사업 환경에 대한 여러 전망을 바탕으로 적합한 조직의 속성을 테스트하고, 거기서 발견한 것을 토대로 독창적인 발명을 하는 것과 관련이 있다. 설령 우리가 외부 세계의 애매모호한 발전상을 이해하기 위한 활동의 일환으로 시나리오 개발에 착수한다고 하더라도, 실제로 진행을 하다 보면 우리의 생각이 조직의 전략에 미치는 영향을 고민하고 싶은 순간이 항상 생기게 마련이다. 시나리오는 언제나 뭔가를 위한 시험대여야 한다. 이 점을 명심하라. 왜냐하면 이는 시나리오 기획이 결실을 맺으려면 시나리오의 초점을 항상 전략적으로 연관된 영역에 맞춰야 한다는 것을 의미하기 때문이다. 이런 점에서 우리는 모든 시나리오 기획에 존재하는 다음과 같은 기본 요소를 논리적으로 식별해낼 수 있다.

- 시나리오 기획을 통해 새로운 이해를 얻어야 하는 전략적 상황을 구체화하고 특징지을 필요가 있다.
- 시나리오 세트는 전략적 상황을 둘러싼 다수의 실현 가능성이 보이는 미래의 외부 사업 환경을 묘사한다.
- 시나리오는 조직 '자체'에 대한 우리의 이해와 상호작용할 때 결실을 맺는다. 이를 통해 사업적 필요에 대한 새로운 이해가 생겨나기 때문이다.
- 시나리오는 정책 영역을 고민하고 판단하는 시험대다.

시나리오 기획은 구체적인 전략, 계획, 혹은 프로젝트를 위한 시험대로써 활용할 수 있다. 초점이 맞춰진 시나리오 기획에서 안건을 정하는 일은 비교적 쉬운 편이다. 그러나 대부분의 시나리오 기획에서 안건에 오르는 문제는 구체적인 전략 문제가 아니다. 대다수 시나리오 활동은 사업 환경에서 일어나는 일을 모니터링하고 이해하며 적절한 대응책을 찾는 일에 좀 더 능숙해지고 싶다는 보편적인 욕망에서 비롯된다. 즉 시나리오 활동은 조직의 학습 역량을 높이고 싶은 경영진의 바람에서 시작된다. 대다수 시나리오는 향후 혹시 영향을 미칠지도 모를 특정 정책 이슈를 미리 염두에 두지 않은 채 변화하는 환경에 대한 생각과 관점을 강화하기 위한 조직의 토론 장치로 도입된다. 이는 전략 개발에서 가장 어려운 부분으로, 조직은 세월이 흐르면서 굳어진 편견을 벗어던지고 사업 환경에서 기존의 추세를 단절시키는 결정적 발전 국면을 적시에 보고 인식할 수 있는지에 의문을 제기하게 된다.

일반적으로 경영자는 눈앞에 발생한 전략적 이슈를 상당히 잘 처리할 수 있다고 여긴다. 그래서 대개는 이 영역에서 도움이 될 만한 다른 분석적 접근법이 필요하다고 생각하지 않는다. 한편으로는 많은 경영자가 약간의 도움만 있으면 환경을 더 잘 관찰하고 거기서 일어나는 일을 더 잘 이해하여 더 잘 예상할 수 있을 것이라 여긴다. 이때 시나리오 활동으로 발전한 이해를 토대로 시나리오 활동의 정책적 반향이 자연스럽게 드러나도록 하려는 의도로 시나리오 기획을 도입한다. 그러나 이런 경우에조차 시나리오 과정은 원칙적으로 환경에 대한 시각과 조직의 속성에 대한 시각을 한데 묶는다. 또한 조직이 마주한 실현 가능한 발전상을 고려하여 내부적으로 무엇을 해야 하는지를 깊이 생각한 관점을 얻고자 한다.

우리는 시나리오 기획 활동의 목표를 초기에 구체화하는 것이 시나리오 활동을 수행하는 데 도움이 된다는 점을 강조할 것이다. 물론 시나리오 기획을 조직의 직관적 지식에 포함시켜 그 영향이 시나리오적인 사고 과정과 대화를 거쳐 조직 내에서 자연스럽게 드러나도록 놔둘 수도 있다. 이는 다수의 숙련된 시나리오 기획자와 경영자가 선호하는 합리적인 방식이다. 이런 방식을 사용하려면 관련자 모두가 조직과 조직이 처한 상황을 명확히 이해하고 있어야 하고, 애매모호하고 예측 불가능한 결과를 인내할 수 있어야 한다. 그러나 시나리오 기획 경험이 그다지 많지 않은 대다수 경우에는 활동 수행에 가장 적합한 방법론을 택할 수 있도록 우선 활동의 목적을 되도록 정확하게 표현하는 편이 낫다.

이때 여기에는 반드시 주의를 기울여야 할 잠재적 위험이 도사리고 있다. 항상 시나리오 활동에서 결정적인 단계는 사업 환경 내에 추세를 중단시킬 가능성이 있는 새로운 발전 국면을 표면화하는 것이다. 그러려면 조직의 멘탈 모델에 앞으로 주된 추세가 중단될 가능성을 알려줄지도 모를 미약한 신호를 집어낼 충분한 필수다양성이 있는지를 고민해야 한다. 2부에서 보았다시피 우리가 보는 것은 우리의 멘탈 모델에 이미 존재하는 것에 의해 상당 부분 결정되고, 이런 여과 기능은 개인보다는 조직의 대화에서 더욱 강하다. 특히 잘 운영되는 성공한 조직은 거의 필연적으로 조직의 근시안으로 고통받는다. 조직의 협소한 근시안적 멘탈 모델을 극복하고 차별화하는 방법은 한 가지밖에 없다. 외부에서 새로운 이해를 들여오는 것이다. 가장 성공적인 시나리오 기획은 조직 안팎의 사람들이 모두 모여 관련 이슈에 대해 상호작용할 때 만들어진다.

시나리오 기획 과정에서 조직의 중요한 특성을 구체화하려면 한 가지 장치가 필요하다. 이 장치는 조직이 새로운 외부의 대화 상대와 함께 전략적 대화를 나눌 때 안건으로 사용된다. 그러나 이 장치를 미리 세운 전략이라 보는 것은 곤란하다. 그렇게 되면 전략적 대화에 '구세계'의 눈가리개를 도입하게 될 뿐이기 때문이다. 2부에서 우리는 이렇게 안건을 설정하는 데 도움을 주는 장치로 비즈니스 아이디어를 소개했다. 일반적인 시나리오 기획에서 시나리오는 대부분 조직의 비즈니스 아이디어가 살고, 생존하고, 발전해야 하는 외부 사업 환경을 묘사한다.

세계는 매우 넓고, 그중 상당수는 조직과 조직의 전략에 별로 중요하지 않다. 초점을 제공하기 위해 시나리오 기획자는 원칙적으로, 심지어 좀 더 직관적인 방식이 더 적합해 보이는 상황에서도, 시나리오 기획의 일환으로 비즈니스 아이디어를 구체화해야 한다. 어떤 경우에든 시나리오 기획의 핵심은 전략적 적합성 분석의 양측인 조직과 환경 간의 상호작용이다. 따라서 시나리오는 다음과 같아야 한다.

- 미래 사업 성공과 연관된 아이디어 발생기
- 조직의 전략적 특성을 시험하는 적절한 시험대

풍동 실험의 내부 조건은 테스트 대상인 모델에 적합해야 한다. 그러므로 직관적 방식으로 시나리오 기획에 접근할지라도, 시나리오를 개념화하려면 그 전에 고려해야 할 문제를 어느 정도 사전에 이해해야 한다.

여기서 우리는 딜레마에 빠진다. 한편으로는 의뢰인과 관련된 그리고 의뢰인에게 중요한 문제에 집중하고 싶지만, 다른 한편으로는 조직이 마주한 문제에 대한 사전 설명을 지나치게 하다 보면 이미 알려진 것에 집중하게 되어 중요하고 새롭지만 미약한 신호를 놓칠 위험이 있다. 만일 직관적 접근을 선호하고 비즈니스 아이디어를 사전에 표현하지 않는다면 시나리오 안건을 초기에 작성해야 한다. 이때 안건은 인접 영역에 대한 연구를 포함할 만큼 총괄적으로 작성해야 한다. 그런 면에서 이 일은 조직에게 예상보다 훨씬 더 어려운 일일 수 있다.

목적

개요에서 말했다시피 시나리오 기획자가 가장 먼저 해야 할 일은 시나리오 기획의 목적을 명확히 밝히는 것이다. 시나리오를 개발하고 사용하는 방법은 여러 가지가 있으며, 그중 일부는 이 책의 후반부에서 살펴볼 것이다. 여러 방법들 중에서 제대로 선택하려면 시나리오 기획 활동의 목적을 참고하여 정할 수밖에 없다.

목적의 여러 유형을 살펴보는 데는 무엇보다도 시나리오를 실행하는 네 가지 영역을 구별하는 것이 도움이 된다. 이 네 가지 영역은 시간이 흐름에 따라 우리가 시나리오 기획에 접근하는 방법을 발전시킨다.

- 위기관리: 시스템 설계 향상과 행동 훈련을 목표로 함
- 과학계: 과학 이론과 과학 모델의 의사소통 향상을 목표로 함
- 공공정책 입안자: 정책 결정에 관여하는 이해 당사자들 간의 중재를 목표로 함
- 조직: 생존과 자기 발전을 목표로 함

위기관리 영역에서 시나리오를 사용한 예로는 모의 비행 장치를 이용한 조종사 훈련, 민방위 훈련, 워게임 등이 있다. 여기서 공통분모는 미래에 닥칠 불특정한 위기를 대비해 기계 장비와 상호작용하는 사람들로 구성된 시스템을 설계하고 그 적합성을 시험한다는 것이다. 그 장비가 그 일에 적합한지, 사람들이 할 일을 정확히 알고 있는지를 확인하고자 발생할 수 있는 위기에 대처하는 모의실험(훈련)을 실시한다. 그럼으로써 시스템의 성능을 테스트하고 사람들을 능숙하게 행동하도록 훈련시킨다. 각각의 모의실험은 그 시스템이 작동해야 하는 결정적인 외부 사건을 명시한 시나리오를 토대로 이뤄진다. 이때 발생 가능한 모든 사건을 예측하기는 불가능한데, 시나리오를 선택하는 기술은 바로 이런 준비의 효율을 최대한 끌어올리기 위한 것이다. 이런 유형의, 고도로 특화된 시나리오 설계에 대한 설명은 이 정도로 마무리할까 한다.

과학자들이 시나리오를 사용하는 전형적인 예는 환경에 대한 컴퓨터 모델을 토대로 한 기후변화 시나리오와 계량 경제 모델을 토대로 한 경제 발전 및 성장 시나리오이다. 여기서 공통분모는 어떤 상황을 가정하지 않으면 정보를 전달하기 힘들 정도로 복잡해진 과학

이론과 과학 모델의 복잡성이다. 이들 모델은 예측 장치로 사용할 수 있다. 하지만 어떤 예측이든 예측을 뒷받침하는 기본 가정에서 비롯되는 한계를 듣는 이에게 제대로 인식시키기는 쉽지 않다. 이 때문에 사람들은 '예측은 대개 틀린다'는 인식을 갖게 되고, 그 밑에 깔린 과학적 성과도 신뢰하지 않게 된다. 결과적으로, 과학자들은 자신들의 과학적 성과를 시나리오의 형태로 발표하는 편이 더 낫다는 것을 깨달았다. 시나리오를 이용하면 기저에 깔린 과학 이론의 한계를 더 확실히 설명할 수 있기 때문이다. 뿐만 아니라 시나리오는 반응을 불러온다. 특히 제시된 전망과 다른 견해를 가진 사람들은 뚜렷한 반응을 보인다. 때로는 이런 피드백을 얻는 것이 시나리오를 만드는 주목적인 경우도 있다. 시나리오를 지식을 끌어내는 장치로 사용하는 것이다. 이 영역에서의 시나리오 사용에 대한 설명은 이 정도로 마칠까 한다.

현재 시나리오는 공공정책 개발 영역에서 아주 널리 사용된다. 공공정책 개발 영역에서 시나리오 기획은 다음의 두 가지 목적으로 사용된다.

- 보통의 일상적 업무로는 달성하기 너무 어려운, 여러 정부 기관이 모여 종합적으로 분석해야 진전이 있을 것으로 여기는 문제를 다루기 위해.
- 정책 결정에 이해 당사자를 끌어들이고 정책 실행을 보조하는 협상의 발판을 만들기 위해. 이처럼 광범위한 사회적 논의는 보통 수많은 사람들이 연관된 거대한 중재 프로젝트다.

이때 문제를 표면화하고 참가자들이 대체 가능한 다른 관점에서 이해할 수 있도록 참가자들의 시야를 넓히는 시나리오는 일반적으로 이해 당사자들 사이에서 일어나는 분석과 대화에 비해 그 중요성이 떨어진다.

이해 당사자들의 공통된 의지를 제외하면 여기서 무엇이 좋은 정책인지를 판단하는 객관적 기준은 없다. 이런 이유로, 공공 영역에서 정책을 입안하고자 시나리오 기획에 착수할 때는 민주주의를 촉진하는 것도 그 목적 가운데 하나가 된다. 이 경우 두 가지 중점 요소는 광범위한 지지를 얻은 건전한 정책을 개발하는 것과 향후 정책 수행을 위한 발판을 조성하는 것이다. 이 영역의 대다수 시나리오 기획에서는 첫 번째 단계로 특정 정책 환경의 새로운 국면을 이해하고 이해 당사자에게 피드백을 얻는 과정을 수행한다. 대규모 공공 영역 중재 과정에 대한 설명은 이 정도로 마무리할까 한다. 그러나 앞서 언급한 이해 및 전략적 대화와 관련한 내용은 모두 대규모 공공 영역 중재 과정과 직접적인 관련이 있다.

조직의 목적

이 책은 조직 세계에서 이루어지는 시나리오 기획을 다루고 있다. 하지만 조직 자체가 시나리오 기획 활동의 목적을 속박하지는 않는다.

여기서 이 단락의 요점을 밝히기 위해 시나리오 기획 실행의 전형적인 흐름을 살펴보자. 처음에 전략 경영자는 시나리오 기획이 '괜찮아 보여서' 시나리오 기획에 발을 담근다. 그렇게 어디로 가고 싶은지에 대한 명확한 그림도 없이, 종종 외부 컨설턴트의 도움을 받아, 시나리오 기획에 착수한다. 이때 논리적 출발점은 많은 시나리오를 만들어내는 것이다. 시나리오 세트를 만들어내는 일은 그 일에 직접 참여한 사람들에게 상당한 재미를 안겨준다. 그 일을 시나리오 개발자들은 자신들이 상황을 좀 더 잘 이해하게 됐다고 느낀다. 그들은 새로운 이해를 얻었고, 그 시나리오 활동은 성공이라 선언한다. 이후 문제는 이런 학습의 일부를 조직의 나머지 사람들에게 전하는 것이다. 시나리오 세트를 개발하고, 기록하여 마칠 무렵, 보기 좋은 책자로 발행한다. 뿐만 아니라 말로도 전달한다. 의외로 듣는 이들은 활동 결과에 그다지 흥분하지 않는다. 그들은 점잖게 무엇을 말하고 있는지를 듣고, 전부 생각보다 지루하다고 여긴다. 시나리오 팀이 경험했던 '유레카'는 되풀이되지 않는다. 청중은 몇몇 시나리오가 별반 놀랍지 않다고 생각하고 일부 시나리오는 공상과학소설에나 나올 법한 이야기라고 여긴다. 이들은 대개 시나리오와 실제 그들이 하는 일을 연관 짓지 못하고 그 모든 것에 관련성이 부족하다고 여긴다. 만일 6개월 후에 이 조직에 다시 와서 확인해본다면 사람들이 시나리오를 완전히 잊은 것을 확인할 수 있을 것이다. 시나리오 책자는 아무도 들춰 보지도 않은 채 책장에 꽂힐 것이고, 사람들은 다른 뭔가에 맞춰 일할 것이다. 처음 시나리오 기획을 제안했던 기획자는 이제 이렇게 말한다. 시나리오 기획을 시도했지만 지금은 다른 수단을 사용하고 있노라고.

문제는 시나리오 활동에 충분한 목적이 부여되지 않는다는 점이다. 시나리오 기획에서 뒤늦게 제시된 목적은 아무 소용이 없다. 그렇기 때문에 시나리오 기획자가 제기해야 하는 첫 번째이자 아마도 가장 중요한 질문은 "애초에 우리는 왜 시나리오 기획을 하려 하는가?"이다. 이때 흔히 제시되는 이유로는 경영진의 인식을 바꾸기 위해, 집단 사고를 극복하기 위해, '틀에서 벗어난' 사고를 하기 위해, 기획자의 생각 범위를 넓히기 위해, 게임의 규칙 안에 숨어 있는 변칙적인 위험과 변화를 예측하기 위해, 시각을 정리하고 팀원들이 공통적으로 사용하는 언어를 만들기 위해, 안전한 환경에서 색다른 아이디어를 논의하기 위해, 계속 진행 중인 전략적 대화에 새로운 자극을 가하기 위해, 작업 현장과 직원들을 모두 기획 과정에 끌어들이기 위해, 전략적 옵션을 풍동 실험하기 위해, 새로운 전략적 옵션을 발명하기 위해, 새로운 '논쟁 상대'와 인적 네트워크를 형성하기 위해서 등 수없이 많다.

최근 우리가 관여한 많은 프로젝트는 정부 기관을 전자화하기 위해, 회사를 빠르게 변하는 고객의 욕구 및 가치와 다시 연결하기 위해, 대규모 다국적 기업의 반세계화 움직임의 의미를 알아내기 위해, 정부 조직의 민영화 가능성과 그 의미를 생각하기 위해 이뤄졌다. 우리의 생각에 이 모든 경우의 공통분모는 이 혼란스러운 세상에서 기능이 마비된 듯한 느낌을 극복하도록 도우려는 의도인 듯하다.

이 모두는 '시나리오 활동을 하는' 이유를 어지럽게 배열한 것이다. 그렇다면 여기서 어떻게 질서를 만들어낼 것인가? 이때 기억해야 할 것은, 우리가 목적을 명확히 해야 하는 첫 번째 이유는 바로 가장 적합한 방법론을 선택하기 위함이라는 사실이다.

첫 번째, 방법론과 관련한 이슈에 따라 일회성 프로젝트와 조직에서 계속 진행 중인 시나리오 기획 과정의 일부로 나뉜다. 일회성 프로젝트는 특정 문제와 씨름한다. 반면, 계속 진행되는 과정은 조직 내에 다용도 능력이나 역량을 만들기 위한 것이다. 따라서 우리가 무엇을 목표로 하는지를 명확히 하지 않고 시나리오 기획에 착수하는 것은 분명 현명하지 못한 일이다.

두 번째, 설계 변수에 따라 시나리오 활동의 목적은 '여는' 프로젝트와 '닫는' 프로젝트로 나뉜다. 다시 말해, 활동의 주요 가치가 질문을 제시하는 데 있는지, 질문에 답해 의사결정을 돕는 데 있는지에 따라 나뉜다. 여기서 나올 수 있는 네 가지 조합을 살펴보자.

- 일회성 탐구용 질문 제시 시나리오 프로젝트: 이는 수면이 일렁이는 물에 들어간, 사업 환경이 요구하는 것을 분명히 설명하는 데 어려움을 느끼는 조직에게 추천한다. 이를 이해 목적이라 하자.
- 일회성 의사결정 시나리오 프로젝트: 불확실성이 의사결정 과정을 뒤죽박죽으로 만드는, 전략적 속성을 띠는 중대한 의사결정을 앞두고 있는 조직에게 추천한다. 이를 전략 수립 목적이라 하자.
- 지속적인 탐구 시나리오 활동: 이는 처한 환경에서 무슨 일이 일어나는지를 오판하는 일이 잦아 기량을 좀 더 향상할 필요가 있는 조직에게 추천한다. 이때 시나리오 활동의 주 임무는 시장과 전략적 대화를 지속하면서 고려해야 할 중요한 질문을 발견하는 것이다. 이를 예상 수립 목적이라 하자.
- 지속적인 의사결정 활동: 이는 빠르게 변하는, 혹은 전략이 비교적

큰 규모의 자원 투입을 수반하는 환경에서 살아가는 조직에게 추천한다. 여기서 시나리오 활동의 임무는 보고 이해한 것을 토대로 조직이 우위를 점할 수 있게 하는 것이다. 이를 조직 학습에 대한 기여라 하자.

이 네 가지 목적은 전략적 성공에 기여하는 각기 다른 네 가지 수준을 나타낸다. 여기서 '조직 학습'이라 말하는, 대단히 중요한 조직 전반의 기량은 지속적인 전략 성공이라는 궁극적 목표와 가장 밀접한 관계가 있다. 그러나 조직 학습은 예상과 의사결정 기술이 없이는 활용할 수 없다. 그리고 만일 우리가 우리를 둘러싼 세계를 이해할 수 없다면 그 어떤 것도 불가능할 것이다. 여기서 우리가 눈여겨볼 것은 서로 도움이 되고, 서로 다른 수준에서 '전략적 성공'이라는 궁극적인 목적에 기여하는 '목적의 계층'이다. 사람들이 시나리오 기획을 착수하길 바라며 대는 이유를 살펴보면 '지속적인 전략적 성공'이라는 최종 목적을 직접적으로 추구하는 경우는 거의 없다. 대다수 프로젝트는 조직이 특히 약하다고 느끼는 영역에서의 성공이라는, 종합적인 목적에 기여하는 좀 더 구체적인 하위 목적을 달성하기 위해 착수한다.

이처럼 좀 더 제한적인 목적은 다음과 같은 사고 과정의 요소를 강화하는 것일 수 있다.

- 이해
- 탐구

- 전략 테스트
- 예측과 약한 신호 읽기
- 고유한 이해 발생

혹은 과정이 될 수도 있다.

- 지식 끌어내기
- 메시지 전달
- 협상 조성
- 합의 도출
- 팀 구축하기
- 사기 고취
- 전략적 대화 돕기

이는 전체적으로 시나리오 활동을 시작하는 합리적이고 타당한 방식인 것처럼 보인다. 그러나 이렇게 조직의 성공에 점진적인 방식으로 다가갈 경우 시나리오 기획자는 하위 목적이 무엇인지를 명확히 이해하고 있어야 한다. 그렇지 않으면 '시나리오 도구 상자'에서 잘못된 도구를 선택하여 프로젝트를 잘못된 방향으로 이끌게 되고, 결국 시나리오 기획이 전체 전략에서 어떤 가치가 있는지를 보여주지도 못한 채 초기 단계에서 의뢰인을 실망시킬 것이기 때문이다.

이것이 바로 시나리오 프로젝트가 실패하는 주원인이다. 의뢰인과 함께 사전에 목적을 확실히 정의하는 것은 시나리오 기획을 조직에 적용하는 초기 단계에서 가장 중요한 성공 요인이다. 만일 이후 시나리오 기획자가 규정된 하위 목적을 최종 목적을 달성하기 위한 수단으로 계속 추진하면서 동시에 조직을 성공하게 만들기 위한 상위 목적에 주의를 기울인다면, 기획자는 조직을 성공으로 이끄는 필수 조건을 만들어가고 있는 것이다.

역할과 활동

지금부터 우리는 시나리오 기획에 관여하는 주요 행위자인 시나리오 기획자와 의뢰인의 관점에서 연관된 여러 문제들을 살펴볼 것이다. 시나리오 기획자는 학습 과정을 촉진하고 용이하게 하는 것과 관련이 있는 사람(혹은 집단)이다. 시나리오 기획자는 조직 구성원이라면 누구나 될 수 있다. 헌신적인 직원, 관리팀원, 혹은 CEO 자신이 될 수도 있다. 혹은 임시로 외부 컨설턴트를 고용하기도 한다. 우리는 이들을 진행자라 부른다. 우리가 진행자의 관점에서 문제를 고민할 때는 주로 과정과 관련된 문제를 고민할 때다.

의뢰인

또 다른 주요 행위자를 우리는 의뢰인이라 부른다. 의뢰인은 상황과 씨름하면서 발전된 사고를 통해 혜택을 얻는 개인 혹은 집단이다. 대표적인 의뢰인으로는 조직 전반의 전략적 요지를 재검토하기 위한 노력의 일환으로 외부 세계의 발전 국면을 더 잘 이해하는 데 관심을 쏟는 경영진을 들 수 있다. 또는 전략적으로 중요한 특정 프로젝트를 개발하고 있는 팀이 될 수도 있다. 또 주주와 채권단 같은 다른 이해 당사자들과 논의하기 위한 전략적 계획을 만드는 관리팀이 될 수도 있다. 앞으로의 논의에서는 조직의 사고 과정을 지휘하고 도와주는 역할과 사고 과정에 들어갈 안건을 결정하는 역할로 분리하여 살펴볼 것이다.

시나리오 기획의 성공 혹은 실패에 막대한 영향을 미치는 이는 진행자다. 하지만 기획의 성공 여부를 결정하는 이는 의뢰인이다. 따라서 진행자 입장에서 의뢰인의 사고방식을 이해하는 일은 무척 중요하다. 의뢰인은 자신의 고유한 멘탈 모델을 가지고 시나리오 기획에 임한다. 따라서 프로젝트 진행자는 의뢰인의 성향을 이해할 필요가 있다. 여기서 의뢰인을 이해하는 데 도움이 될 만한 몇 가지 질문을 소개할까 한다.

- 고객이 분석적인가 정량적인가? 공학도 출신인가? 아니면 역사, 철학, 심리학을 배경으로 직관적이고 정성적(定性的)인 모습을 보이는가?
- 낙관론자인가? 아니면 걱정거리에 시달리는가?
- 직선적으로 고려하는가, 체계적으로 생각하는가? 사건들이 연이어 발생했을 때 먼저 순서를 고려하는가, 인과적 연결 고리를 찾는가?
- 정치적 입장이나 편견을 갖고 있는가?
- 엘리트주의자인가 포퓰리스트인가?
- 음모 이론을 좋아하는가, 아니면 과거에 일어난 사건의 논리적 타당성을 받아들일 수 있는가?

- 자신의 야망과 편견에 빠져 있는가, 아니면 새로운 것을 배울 수 있는가?
- 집단 심리에 휘둘리는가?

　의뢰인의 행동 범위를 정함으로써 사전에 상황을 분석해놓는 것이 진행자로서도 유리하다. 이런 범위 결정은 의뢰인의 행동 관점을 표면화하는 것과 관련이 있다. 의뢰인의 행동은 바람직함, 타당성, 불확실성 등을 토대로 한다. 이를테면 상황 분석은 시나리오 기획을 수행하는 규제의 틀을 정하는 것과 관련이 있을 것이다. 의뢰인의 행동 범위는 반드시 지켜야 할 의무적인 규칙과 규제에 의해 제한된다. 하지만 의뢰인 스스로 추정한 행동의 자유 혹은 의지에 의해 제한되기도 한다. 이 단계에서는 실행 가능한 범위를 고심해야 한다. 처음부터 이런 부분을 확실히 해두고 시나리오를 기획하면 의뢰인이 실행에 옮기도록 할 수 있을 것이다. 반면에 의뢰인의 행동 범위를 벗어난 시나리오 기획 결과를 제시하면 의뢰인은 자신과 관련이 없다고 여겨 실망할 것이다. 시나리오 기획이 성공하느냐 실패하느냐는 기획이 처음부터 의뢰인의 행동 범위 안의 결과를 목표로 하느냐에 달려 있다.

계약
　다음 단계는 의뢰인과 진행자가 한데 모여 앞서 정한 테두리 내에서 시나리오 기획의 틀을 규정하는 계약을 협상하는 것이다. 훗날 양측이 의견 차이를 나타낼 가능성이 있는 측면은 되도록 미리 합의를 봐야 한다. 이런 측면에는 다음과 같은 것들이 있다.

- 각자가 영향력을 행사하는 범위의 한계
- 예상 밖의 새로운 정보를 기꺼이 받아들이려는 의지
- 예상 밖의 결과를 허용하는 정도
- 참여의 성격: 자발적으로 참여한 것인가 아니면 구성원이라 어쩔 수 없이 참여한 것인가?

기획의 틀을 수립하고 난 다음 단계는 기획의 목표를 협상하는 것이다. 우리는 이전 단락에서 이 단계에서 사용할지도 모를 목적의 유형을 논의했다. 여기서 진행자는 반드시 목표를 최대한 명확히 하도록 노력해야 한다. 이런 종류의 일에서는 기획을 통해 얻는 성과를 억지로 만들어낼 수 없다. 실질적인 전략적 이해 혹은 전략적 혁신이 이틀짜리 워크숍에서 나올 리 없다. 거기에는 더 많은 노력이 필요하다. 그러나 추가 조정의 가능성이 열려 있는, 전면적 접근 방식을 편하게 생각하는 의뢰인은 극소수에 불과하다. 다른 한편으로 더 구체적이고 면밀하게 정의한 기획이 꼭 헛된 것만은 아니다. 다만 좀 더 제한적인 결과를 가져올 뿐이다. 요점은 의뢰인에게 실망을 주지 않으려면, 시나리오 기획을 추진하려는 시도가 초기 단계에서 무산되지 않게 하려면 기대치가 현실적이어야 한다는 것이다. 이때 중요한 것은 의뢰인 스스로 현실적으로 무엇이 가능할지를 생각하는 것이다.

진행자와 의뢰인이 초기 시나리오 기획을 정의할 때 유용하게 쓸 수 있는 한 가지 도구로 《소프트시스템 방법론(Soft Systems Methodology, 이하 SSM)》(Checkland 1981)에서 나온 VOCATE 분석이 있다. 일반적으로 SSM은 목적의식이 있는 인간의 활동 체계를 이해하는 것을 목표로 한다. SSM은 진행자가 의뢰인의 욕구를 구체화하고 이를 토대로 목적성 있는 시나리오 기획을 설계하는 데 도움을 줄 수 있는 도구와 기법을 제공한다. VOCATE는 의뢰인과 진행자가 서로 설명하고 합의해야 하는 여섯 가지 핵심 범주, 즉 가치, 소유주, 의뢰인, 행위자, 추구하는 변화, 정해졌다고 여겨지는 환경의 머리글자를 딴 약어다.

이 여섯 가지 범주는 다음과 같은 순서로 제기되는 일련의 질문에 답하기 위함이다.

T(변화): 시나리오 기획이 달성하고자 하는 변화는 어떤 것인가? 즉 기획을 시작하기 전에 관련된 상황은 어떠했으며, 기획으로 목표하는 상황은 어떤가?

C(의뢰인): 이 활동의 결과를 받는 사람들은 누구이며, 그들은 어떤 영향을 받을 것인가? 그들은 어떻게 거기에 이를 것인가?

O(소유주): 기획의 소유주는 누구이며, 의뢰인은 누구이고, 나중에 기획이 성공인지 실패인지를 결정하는 이는 누구인가?

V(가치): 소유주가 명시된 변화를 좋은 아이디어라 여기는 이유는 무엇이며, 소유주가 이를 달성하고 싶게끔 몰고 간 가치 체계는 어떤 것인가?

A(행위자): 변화를 가져올 행위자는 누구인가? 진행자와 그 밖의 참가자는 누구인가?

E(환경): 이 활동의 한계는 무엇인가? 이미 정해졌다고 여겨야 하는 것은 무엇인가?

VOCATE 방식은 의뢰인과 진행자가 달성하고자 하는 것과 그런 목표의 배경, 양 당사자의 역할을 명확히 이해할 수 있도록 돕는다. 이처럼 확실한 규정은 훗날 진행자가 반드시 필요하다고 여기는 행동의 타당성을 입증하는 데 도움을 줄 것이다.

마지막으로 풀어야 할 가장 중요한 질문은, 의뢰인이 적응적 시나리오 기획을 목표로 하는지 생성적 시나리오 기획을 목표로 하는지 여부다. 이 단계에서 시나리오 수립을 향한 순차적 접근이 적절하다고 말할 수 있는가? 그게 아니라면 현재 조직은 사업 전환을 꾀하기 위한 새로운 기업가적 발명을 찾고 있는가? 전자의 상황이라면 현재의 비즈니스 아이디어를 테스트하고 수정하게 될 것이다. 후자의 상황에서는 새롭고 독창적인 이해가 드러나기 시작할 때까지 반복되는 방식을 요구할 것이다. 조직의 상황이 순조롭게 흘러가면 조직은 적응적 기획만 하면 될 것이다. 그러나 '아주 다루기 힘든' 문제와 근본적인 전환 문제가 포함된 알 수 없는 상황을 이해하는 것을 목표로 하는 시나리오 기획은 생성적 접근을 필요로 한다. 진행자는 의뢰인에게 생성적 접근이 훨씬 더 부담이 크며, 이때 필요한 자원과 시간은 예측하기 어렵다는 사실을 상기시켜야 한다. 그리고 계약을 맺을 때 이 점을 반드시 감안해야 한다.

방향 설정

진행자와 의뢰인은 이제 시나리오 안건을 설정하여 공동 작업을 시작해야 한다. 안건은 진행자가 끌어내기 기법을 적용해 표면화한 의뢰인의 직관적 지식을 토대로 설정한다. 이런 접근 방식은 일반적으로 시나리오 기획을 몇 번 해본 경험이 있는 집단에게 적당하다. 여기서 비즈니스 아이디어는 진행자가 의뢰인과 소통하며 지식을 끌어내는 과정에서 모은 자료를 조직하는 데 필요한 수단을 제공한다. 조직에 미치는 전략적 영향을 논의하기에 적합한 시나리오를 준비하는 데 도움을 줄 공동의 대화 장치는 이런 식으로 만든다.

우선 우리는 의뢰인에게서 전략적 이해와 직관을 이끌어내는 실질적인 방법을 논의할 것이다. 그다음에는 비즈니스 아이디어 개념을 사용해 조직의 기본적인 성공 동인에 대한 이해를 구조화할 것이다. 경영팀이 어떻게 비즈니스 아이디어를 프로그램화된 방식으로 만들어내고, 이를 전략적 논의에 초점을 맞추는 수단으로 사용하는지를 살펴볼 것이다. 그런 다음에는 시나리오 활동 그 자체로 넘어가, 시나리오 각각에 포함된 문제와 이를 극복하고 앞으로 나아가기 위한 실질적인 방법을 알아볼 것이다. 그리고 사업 환경에 대한 새롭고 독창적인 이해를 얻기 위해 시나리오 과정을 이용하는 방법을 논의할 것이다(생성적 시나리오 기획). 마지막으로 전략적 결론에 도달하기 위해 비즈니스 아이디어와 함께 시나리오를 사용하는 방법을 살펴보고, 이를 조직이 선택 가능한 전략적 옵션으로 표현할 방법을 알아볼 것이다(적응적 시나리오 기획).

4부에서는 이 모든 것을 조직 과정으로 통합할 방법을 살펴볼 것이다. 이때 시나리오 과정이 조직 전체에서 일어나는 조직 학습의 일부가 되려면 실행 권한을 가진 이들이 전부 관여해야 한다.

안건 설정

사업 환경은 너무나 넓다. 그 가운데 어디를 살펴볼지 어떻게 선택할 것인가? 이것이 바로 시나리오 기획에서 다루는 첫 번째 중대한 결정이다. 여기서 가장 중요한 조건은 의뢰인과의 연관성을 반드시 유지하는 것이다. 진행자는 어떤 경우에도 중간에 의뢰인을 '잃어서는' 안 된다. 즉 시나리오 기획의 출발점으로서 의뢰인에게 전략적으로 중요한 것이 무엇인지를 반드시 알고 있어야 한다는 뜻이다. 새로운 아이디어가 뭐가 되었든, 영향을 미치려면 반드시 의사 결정자의 기본적인 욕구를 다루어야 한다.

현재의 전략적 안건을 어떻게 표면화하고 구체화할 것인가? 여기서 전제는 성공적인 조직은 전부 성공 공식을 갖고 있다는 것이다. 우리는 이 성공 공식을 '비즈니스 아이디어'라 부른다. 때때로 경영자가 이 비즈니스 아이디어를 꽤 자세히 표현할 수 있는 경우도 있다. 그러나 보통 비즈니스 아이디어는 사람들이 경험상 '효과가 있다'고 자신하는 일상적인 활동의 암묵적 배경으로 존재하는 경우가 대부분이다. 비즈니스 아이디어가 배경에 머물러 있는 상황에서도 경영자는 행동의 우선순위를 매길 때 직감적으로 비즈니스 아이디어를 사용한다. 경영자의 생각, 걱정, 불안은 암묵적인 비즈니스 아이디어와 지각된 현실 간의 불일치가 만들어낸 징후다. 이런 걱정거리들을 논의하다 보면 경영자가 갖고 있는 비즈니스 아이디어의 요소들이 서서히 드러날 것이다. 따라서 시나리오 기획의 안건은 기업가에게 그들이 갖고 있는 미래에 대한 걱정과 불안을 표현해달라고 요청함으로써 만들어낼 수 있다. 의논 과정을 통해 경영자가 조직이 미래에 성공하는 데 중요한 영향을 미칠 것이라 직감하는 문제들과 시나리오가 조직에 새로운 이해를 던져줄 수 있는 문제들을 안건으로 설정하는 것이다.

앞서 주장한 대로 진행자는 경영자가 밝힌 견해를 토대로 조직의 비즈니스 아이디어를 구체화하는 것이 바람직하다. 시나리오 기획 과정을 통해 조직의 미래 건전성과 연관된, 직관적이기보다는 논리 정연한 결론을 얻고자 한다면 이 단계는 무엇보다 중요하다.

의견과 이해 끌어내기

시나리오 기획자는 조직을 성공으로 이끈(이끌어야 하는) 것이 무엇인지에 대한 의뢰인의 이해와 직관에서 출발해야 한다. 그러려면 해당 사업의 책임자들을 끌어내기 과정에 참여시켜 이 같은 이해를 얻어낼 필요가 있다. 이때 사용할 수 있는 방법으로는 집단 브레인스토밍이나 개인별 인터뷰와 피드백이 있다. 인터뷰 과정이 좀 더 공이 많이 들지만 세부 정보를 얻는 면에서는 더 생산적이다. 그러나 시간과 자원이 충분하지 않을 경우에는 집단 브레인스토밍이 큰 도움이 된다.

우리는 전략적 이해를 끌어내는 방법으로 두 가지를 살펴볼 것이다. 가장 기본적인 접근법은 SWOT〔강점(Strength), 약점(Weakness), 기회(Opportunity), 위협(Threat)〕 분석이다. SWOT 분석은 반나절 안에 수행할 수 있다. SWOT 분석을 통해 시나리오 기획자는 경영팀이 갖고 있는 전략적 안건에 관한 꽤 유용한 정보를 얻는다. 이보다 심층적인 접근법은 개인별 인터뷰와 팀 피드백이다. 이 두 접근법은 모두 경영자가 미래에 중요할 것이라 여기는 것을 구체화하도록 하는 데 도움을 준다.

이 같은 끌어내기 과정의 첫 번째 단계가 끝난 이후에도 얻어낸 이해를 구조화하려면 의뢰인-경영팀의 추가 작업이 필요하다. 이런 추가 작업은 시나리오 기획을 수행하기에 적합한, 실행 가능한 안건이 나오기 전까지 계속해야 한다.

끌어내기 과정은 그 자체로 사업 상황을 더 잘 이해하는 데 크게 기여할 수 있다. 이 단계에서 시나리오 활동 진행자는 상담역이 되어 경영자가 자신의 생각을 표현하고 구조화하도록 돕는다. 암묵적 이해를 구체화하는 과정은 종종 그 자체로도 상황을 좀 더 다루기 쉽게 만든다.

끌어내기 과정에서는 의뢰인이 전략적 상황에서 중요하다고 믿는 것들을 의뢰인의 마음속에서 끌어내야 한다. 의뢰인이 사업 상황의 모든 면에 똑같은 관심을 보이지는 않을 것이다. 몇몇 요소에는 더 특별한 관심을 쏟을 것이고, 몇몇 요소에는 소홀할 것이다. 여기서 할 일은 이에 대한 이해를 높이고 이런 생각을 표현하는 것이다.

〈그림 20〉은 끌어내기 순환 과정을 대략적으로 보여준다. 우리는 SWOT 워크숍이나 개인별 인터뷰에서 계기가 될 만한 질문을 제시

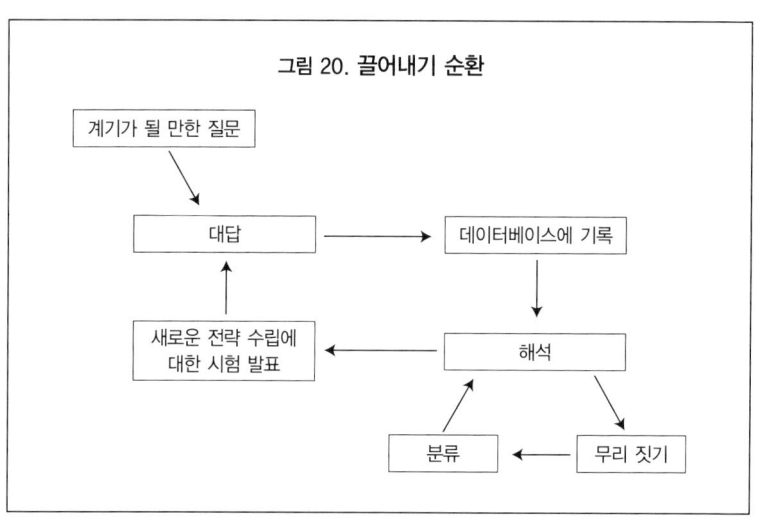

그림 20. 끌어내기 순환

함으로써 끌어내기 순환을 시작한다. 자유로운 논의가 오갈 수 있는 열린 분위기에서 가장 효과적으로 질문을 제시할 수 있다. 이때 나오는 답변은 응답 자료로 신중하게 기록해야 한다.

SWOT 워크숍 혹은, 예를 들어 경영팀 전체에 대한 개인별 인터뷰가 끝나고 나면 응답 자료를 분석하고 해석한다. 그리고 합동 회의를 열어 그 결과를 다시 의뢰인 팀에게 알려주고, 분석가가 그들의 이해를 어떻게 분석했는지를 보여준다. 이때 발표에서는 각 자료의 연관성을 강조한다. 보통 피드백 되는 부분은 상당 부분 의뢰인이 아는 내용이다. 하지만 통일된 틀 안에서 다양한 시각을 해석하고 정리하는 이 단계에서는 새로운 요소가 소개된다. 이렇게 정리해 놓으면 흥미롭게도 놀라운 사실이 드러난다. 경영자들은 흔히 자신의 책임 영역에 따라 사업에 대해 다른 시각을 가지고 있다. 따라서 참가자들은 인터뷰에서 드러난, 자신이 갖고 있는 관점과는 상이한 여러 견해를 마주하게 된다. 경영자들은 종종 자신이 속한 경영팀 내에도 다양한 생각이 존재한다는 사실을 깨닫지 못한다. 그래서 동료들이 전략이나 장기적인 전망에 관해 말하는 것을 듣고 놀란다. 대다수 경영팀은 보통 운영상 발생하는 일상의 질문과 문제를 논의하는 데 집중한다. 그러기에 장기적 전략 속성에 관한 문제가 안건에 오르는 일은 흔하지 않다. 이런 차이점은 개인별 인터뷰를 통해 표면화되며 한 번 이상의 피드백 회의를 거쳐 팀에 전달된다.

경영자들은 자신과는 다르게 상황을 이해하는 동료들이 문제를 묘사하는 모습을 보며 자신의 견해를 더욱 구체화하기 시작한다. 이런 식으로 더 많은 답변이 만들어진다. 이후 이렇게 새로 얻은 자료를 응답 데이터베이스에 담아 이를 더욱 완벽하게 만든다. 이후 다시 피드백 회의가 열리고, 같은 과정을 반복한다. 이 과정은 더 이상 진전이 없을 때까지 계속한다. 개인별 인터뷰와 합동 회의를 통한 피드백이라는 하나의 완전한 사이클은 대부분의 경영팀에게 매우 긍정적인 경험이다. 그 이유는 다음과 같다.

- 경영자가 전략에 대해 갖고 있는 자신만의 전제와 견해를 어쩔 수 없이 구체화하게 된다. 그리고 이는 그들의 사고를 돕는다.
- 정리된 데이터베이스는 어떤 틀 안에서 주요 전략적 문제를 대략적으로 보여준다. 이는 상황을 좀 더 다루기 쉽게 만든다.
- 경영자가 팀 내 사고의 다양성을 인식하게 된다.
- 성공적인 인터뷰는 인터뷰 대상자들에게 '공통의 일을 경험한' 듯

한 느낌을 준다. 이는 향후 그들의 전략적 대화의 다양성을 높이는 데 도움이 된다.

SWOT 워크숍

SWOT 프로세스는 〈그림 20〉의 끌어내기 순환을 한 바퀴 도는 것이다. SWOT 분석은 사업 환경에 대한 중요한 추정을 기록하는 한 가지 방법이다. 이는 시나리오 활동과 이후 전략을 논의하는 과정에서 필요한 데이터베이스를 제공한다.

SWOT은 시나리오 기획자가 계획한, 의뢰인(보통은 경영팀)을 동반한 워크숍에서 만들어진다. 이 워크숍은 다음과 같은 과정으로 구성된다.

- 도입 단계: 끌어내기 활동의 목적을 설명한다.
- 브레인스토밍 회의: 모든 참가자가 토론에 참여하여 의견을 제시하되 비판은 하지 않는다.
- 브레인스토밍을 하면서 기록한 결과를 분석한다.

아이디어 창출

시작과 도입 단계를 거친 후 참가자들은 개인적으로 자신들이 보기에 좋거나 나쁘다고 생각하는 회사 혹은 사업 환경의 측면을 적는다. 이 단계에서 진행자는 뭔가를 구체적으로 쓰라고 요구해서는 안

된다. 사람들은 자신의 직관에 따라 좋거나 나쁜 것이 무엇을 뜻하는지를 결정해야 한다. 작성한 목록이 완벽할 필요는 없다. 이 작업은 그저 그룹 내에서 공이 굴러가게 하는 역할을 할 뿐이다. 참가자들이 이를 고민하는 동안 진행자는 S, W, O, T로 구분한 네 개의 플립차트를 준비한다.

(예를 들어) 10분 후에 진행자는 참가자들에게 한 사람씩 돌아가며 적은 내용을 하나씩 불러줄 것을 요청한다. 그리고 기록하기 전에 참가자 전원에게 그 항목이 S, W, O, T 중 어디에 속하는지 구분해달라고 한다. 이때는 오로지 설명을 요청하는 질문만 한다. 모두가 무슨 뜻인지를 이해하면 진행자는 이를 적합한 플립차트에 몇 가지 단어를 이용하여 요약한다. 이때 진행자는 모두가 단어 선택에 동의하는지 확인한다. 개별 특징을 어디에 적을지는 다음의 규칙을 따른다.

- 회사의 긍정적 특징은 S(강점) 밑에 적는다.
- 회사의 부정적 특징은 W(약점) 밑에 적는다.
- 사업 환경의 긍정적 특징은 O(기회) 밑에 적는다.
- 사업 환경의 부정적 특징은 T(위협) 밑에 적는다.

각 항목들을 배정할 때는 어느 정도 융통성을 발휘하는 것이 중요하다. 사업에 관한 그 많은 견해를 네 가지 유형 중 하나로 깔끔하게 분류할 수는 없는 노릇 아닌가. 만일 여기서 문제가 생긴다면 해당 사안의 다양한 측면을 논의해보는 것이 도움이 되기도 한다. 그리하여 다양한 측면을 나누어 하나 이상의 플립차트에 기입할 수도 있다.

원칙적으로 이 단계에서는 아이디어가 새로운 아이디어를 낳는 진정한 브레인스토밍이 이뤄져야 한다. 진정한 브레인스토밍이 이뤄지면 진행자는 여기서 나온 새로운 아이디어를 논의할 여지를 만들어주고, 이렇게 나온 새로운 아이디어를 이전과 같은 방식으로 플립차트 상에 기입한다. 한 사람의 아이디어와 관련해 의견이 다 나오면 진행자는 다음 사람과 함께 다시 그 과정을 되풀이한다. 그렇게 한 사람씩 돌아가며 팀에서 더는 새로운 아이디어가 나오지 않을 때까지 계속 반복한다.

이 일이 끝나면, 다음 단계로 참가자를 모두 불러들여 플립차트에 그린 전체 표를 보면서 이 표가 회사의 중요한 측면을 전부 묘사하고 있는지를 자문하게 한다. 이런 식으로 포괄적인 개요를 보여주다 보면 지금까지 간과했던 측면에 대한 아이디어가 추가로 나오는 경우도 종종 있다.

SWOT 표를 작성한 참가자들은 이제 지금까지 나온 결과를 비판하는 시간을 가진다. 여기서 참가자들은 특히 불편하게 느껴지는 특징들을 논의할 필요가 있다. 이 단계는 앞서 적은 내용의 재구성으로 이어지기도 한다. 어려운 부분에 주석을 달거나 사정에 따라 삭제하는 경우도 있다.

SWOT 분석

이제는 수집된 네 가지 유형의 자료를 추가로 분석할 시간이다. 흔히 초기에는 의뢰인 팀을 대상으로 한 다음 발표를 위해 진행자 혼자 이런 추가 분석을 수행하는 경우가 많다.

1단계

회사를 다른 경쟁사와 구별 지을 만큼 차별적이라고 말할 수 있는 강점을 식별하는 것이 중요하다. 만일 어떤 강점에 차별적이라는 주석을 달려면, 회의에서 "왜 경쟁사들은 이것을 모방할 수 없는가?"라는 의도적인 비판적 질문에 적절한 답을 내놓을 수 있어야 한다.

2단계

약점은 다음 세 가지 유형으로 나누어야 한다.

- 징후
- 위생상의 약점
- 구조적인 약점

약점 목록 상의 몇몇 항목은 회사가 약점을 가지고 있다는 징후일 것이다. 이런 징후는 직접 바로잡을 수는 없지만, 근본적인 원인을 바로잡으면 좋아진다. 이런 예로는 높은 부채, 저조한 수익성, 낮은 주가 등이 있을 수 있다.

약점의 두 번째 유형은 '위생 요인(hygieue factors)'으로 알려진 것이다. 이 위생상의 약점은 조직 운영이나 기업체 운영에서 극히 중요한 기본적인 부분이 부족한 것이다. 이는 건전한 경영에 관한 성문화된 기존의 지식을 반영한다. 어떤 전문 경영인도 이 지식을 무시할 수 없다. 위생 요인은 경영 교과서에 실린 대로 잘 운영되고 있는 회사의 사례를 연구함으로써 개선할 수 있다. 이런 위생 요인으로는 적절한 회계 시스템, 인사 정책, 데이터 처리 시스템과 내부 통신수단, 영업과 마케팅, 경영권 승계 계획, 현금 계획, 재고 및 운영 자본 관리 등이 있다. 위생 요인을 살피는 것은 회사를 출발선 상에 놓는 일이다. 엄밀히 말해 위생 요인은 회사에 경쟁우위를 제공하지는 못하지만, 위생 요인이 갖춰져 있지 않으면 회사는 살아남기가 무척 힘들어질 것이다.

약점의 세 번째 유형은 구조적인 약점으로, 회사에 있었으면 하지만 적어도 지금 당장은 부족한 차별적 역량을 가리킨다. 예를 들어 주요 경쟁사들과 비교했을 때 상대적으로 낮은 시장점유율, 약한 브랜드 인지도 등이 있다. 비즈니스 아이디어를 구체화할 때 경영팀은 이런 요소를 반드시 염두에 두어야 하며, 새롭게 드러난 비즈니스 아이디어가 이런 약점에 맞설 수 있을지를 테스트해야 한다.

구조적인 약점은 종종 비즈니스 아이디어를 미래의 변화에 맞춰 어떤 방향으로 개발해야 할지를 알려준다. 구조적인 약점은 대부분 경영진이 회사가 지녀야 한다고 직관적으로 느끼는 강점의 부족으로 해석할 수 있다. 이런 이유로 구조적인 약점은 바람직한 발전 방향을 가리키는 경향이 있다.

3단계

기회 영역을 발견한다. 지금까지 기회는 회사가 선택할 수 있는 옵션이라고 표현되어 왔을 것이다. 이제 진행자는 팀에게 기회를 '우리에게 열린 기회 영역'이라 바꿔 말하도록 요청한다. 기회 영역에는 다음의 두 가지 유형이 있다.

- 사업 포트폴리오 영역
- 역량 영역

포트폴리오 기회는 회사가 갖고 있는 비즈니스 아이디어의 차별적 특성을 이용해 수익성 있는 사업을 개발할 수 있을 것이라 생각하는 잠재적 사업 영역이다. 일반적으로 포트폴리오 기회는 회사의 차별적 강점을 하나 혹은 그 이상 활용하는 것과 관련이 있다. 역량 영역은 회사가 미래의 성공과 관련이 있다고 생각되는 새로운 역량을 개발할 수 있는 영역이다. 역량 옵션은 미래의 비즈니스 아이디어를 향한 잠재적 개발을 의미한다.

4단계

위협은 회사의 강점을 약화할 수 있는 사업 환경상의 속성이다. 위협은 현재의 비즈니스 아이디어가 이제 쓸모없어졌으며 대규모 점검이 필요하다는 신호일 수 있기 때문에, 경영진은 위협을 면밀히 조사해야 한다. 위협은 경고신호다.

5단계

SWOT 자료는 시나리오 안건을 빠르게 도출하는 방법으로 사용할 수 있다. 완료된 SWOT 분석을 살펴보면 이 분석이 사업 환경 내 검토 대상 영역과 관련해 말하고자 하는 것이 무엇인지에 관한 의문이 생긴다. 이 의문에 답하기 위해 진행자는 새 플립차트에 강조된 아이디어를 적는다. 종종 이 과정에서 잠재적 중요성이 상당히 다른 항목들이 꽤 많이 추가되기도 한다.

 이 단계는 조직에 잠재적 영향을 미칠 것이라 분류한 항목들을 무리 짓는 것으로 마무리된다. 이때 진행자는 의뢰인인 경영팀이 사업 환경과 관련해 중요하게 여기는 분야가 최대 다섯 가지를 넘기지 않는 선에서 목록을 작성해야 한다. 이는 시나리오 설계의 기초가 된다.

 SWOT 자료는 상당히 광범위하게 쓰인다. SWOT 자료는 앞으로 남은 전략적 사고 과정 단계에서도 상당한 도움이 될 수 있다. 시나리오 안건과는 별개로 SWOT 자료는 현재의 비즈니스 아이디어와 그 개선 사항에 관해 중요한 시사점을 제공한다. 또한 SWOT 자료는 구체화된 비즈니스 아이디어와 연결되어 회사에 열린 기회에 관한 논의를 촉발시키는 데도 쓸 수 있다. 일반적으로 SWOT 분석은 데이터베이스를 제공한다. 이 데이터베이스는 여러 전략 논의 단계에서 쓰일 수 있다. SWOT 워크숍이 끝난 후에는 그 결과를 의뢰인 팀에게 알려주어 의뢰인이 결과를 입증하고 수정하도록 하는 것이 바람직하다.

개인별 인터뷰

 보통 시나리오 기획에는 시간 제한이 있다. 그리고 끌어내기 순환은 반복 가능한 횟수가 지극히 제한적이다. 그러므로 되도록 최고의 출발점을 찾는 것이 무척 중요하다. 이런 출발점을 찾는 가장 효과적인 방법이 바로 개인별 인터뷰다.

이때 성공적인 인터뷰를 하려면 인터뷰 진행자가 반드시 지켜야 할 몇 가지 일반적인 규칙이 있다. 인터뷰는 되도록 자유롭게 진행해야 한다. 즉 인터뷰 진행자는 사업과 관련해 미리 생각해둔 특정 질문에 얽매여서는 안 된다. 대신 질문은 일반적이고 자유로운 대화를 촉발하는 것이어야 하며, 인터뷰 진행자는 그런 대화를 나누며 안건을 설정해야 한다.

인터뷰 소개

각각의 인터뷰는 끌어내기 활동의 목적을 설명하는 것으로 시작한다. 이때 들어갈 내용으로는 다음과 같은 것들이 있다.

- 이 인터뷰는 XYZ의 미래에 관한 시나리오 활동의 일부다. 이 단계에서 우리는 인터뷰 대상자가 자유롭게 생각하길 바란다.
- 우리는 지금부터 X의 인터뷰를 시작한다(누구를 인터뷰하는지 밝힌다). 인터뷰 결과는 전체 시나리오 기획의 안건으로 사용할 것이다. 그러므로 우리는 개방형 질문을 던질 것이고 인터뷰 대상자는 관련이 있다고 생각하는 영역에 대해 되도록 자유롭게 답변하길 바란다. 특히 우리는 인터뷰 대상자가 불확실하다고 생각하는 영역, 고민거리, 미래와 관련해 어찌해야 할지 알 수 없는 영역에 특히 관심이 있다.
- 인터뷰 내용은 기록한다. 이렇게 기록한 진술은 인터뷰가 끝난 뒤 구체적인 미래상에 따라 나뉠 것이며, 이후 다른 인터뷰 대상자가

말한 같은 주제에 대한 진술과 합쳐질 것이다. 그리고 주제에 따라 인터뷰 결과를 보고한다. 보고서를 받은 이들은 자신의 견해를 같은 주제에 관한 다른 이들의 진술과 비교해볼 것이다.
- (전 인터뷰 대상자에게 전해진) 문서 보고 외에도 피드백 회의를 열어 구두로 보고하고 향후 시나리오 기획의 안건을 정한다.

그리고 인터뷰 대상자에게 되도록 빨리 믿음을 주어야 한다. 인터뷰 대상자가 인터뷰 주제와 관련해 자신의 고민거리를 털어놓는 데는 상대방에 대한 신뢰가 중요한 역할을 하기 때문이다. 여기서 중요한 것은 인터뷰 진행자가 수집한 자료를 향후에 어떻게 활용할지를 확실히 설명하는 것이다. 또한 인터뷰 대상자에게 모든 자료는 익명으로 저장된다는 사실을 확실히 알려야 한다. 자료는 주제별로 저장하며, 각 주제별로 의뢰인 팀이 갖고 있는 다양한 관점을 아우르는 개요를 얻는다. 이 방식은 완벽한 익명성을 보장한다. 인터뷰 대상자에게 이런 사실을 이해시키면 훨씬 더 자유로운 대화를 끌어낼 수 있다.

인터뷰 진행자는 진실한 청자가 되어야 한다. 경청에는 대화 중에 청자의 마음에 떠오르는 것들에 관심을 쏟고(능동적 청취), 이를 인터뷰 대상자에게 피드백을 주는 것이 포함된다. 이런 식으로 청자는 자신이 어떤 부분에 '관심을 가지고 있다'는 신호를 보낸다. 이런 식의 상호작용이 성공하려면 우선 대화 당사자가 어느 정도 진실한 관계를 형성할 필요가 있다. 그러나 지나치게 밀접한 관계를 맺으면 인터뷰 진행자가 인터뷰에서 나오는 내용을 지배하여 인터뷰의 가치를 떨어트릴 위험이 있다. 따라서 그 사이에서 세심한 균형을 찾아낼 필요가 있다. 이 균형점은 인터뷰에 참가한 사람들과 그들의 관계에 따라 달라진다.

인터뷰의 시작은 믿음과 관계 면에서 남은 시나리오 기획의 분위기를 결정한다. 신뢰 관계를 형성하는 데 도움이 되는 한 가지 방법은 인터뷰 대상자에게 어떻게 지금의 자리에 오게 되었는지를 간략히 설명해달라고 하는 것이다. 이런 도입 질문은 인터뷰 대상자가 논의 중인 주제에 관해 자신의 견해를 표현할 수 있게 해주며 끌어내기 활동에 참여할 수 있도록 한다. 이러한 질문은 끌어내기 활동을 설명하는 도입 단계가 끝난 후 바로 해야 한다.

인터뷰 질문

앞서 설명한 이런 소개가 끝난 뒤에야 비로소 제대로 된 인터뷰가 시작된다. 인터뷰 진행자는 되도록 논의의 안건을 설정하려고 조바심 내지 말아야 한다. 이 말은 즉 질문을 할 때 논의를 촉발하되, 되도록 안건에 영향을 미치지 않는 방향으로 해야 한다는 뜻이다. 여기에 효과가 있다고 입증된 질문의 예로 '일곱 가지 질문'이란 것이 있다. 이 일곱 가지 질문의 핵심 내용은 미래연구소에서 유래한 것이지만(Amara & Lipinsky 1983) 이후 쉘의 시나리오 기획자들이 거기에 추가 질문을 덧붙였다(뒤의 '일곱 가지 질문' 참조).

첫 세 가지 질문은 한 조를 이룬다. 이 질문들의 목적은 사업과 그 사업이 처한 환경상의 주된 걱정거리와 불확실성 목록을 끌어내는 것이다. 사람들의 머릿속에서는 불확실성과 걱정거리가 겹친다는

> **┃일곱 가지 질문**
>
> 예언가
> 좋은 시나리오
> 나쁜 시나리오
> 과거의 교훈
> 당면한 중요한 결정
> 조직의 내적 제약
> 묘비명, 자유 행동

점에서 이는 직관적 출발점이다. 인터뷰 대상자에게 직접 걱정거리와 불확실함을 열거해달라고 요청할 수도 있다. 그러나 어떤 제한 조건을 설정하는 방식으로도 충분히 중요 사항을 끄집어낼 수 있다. 예를 들어 의뢰인이 미래를 내다보는 예언가에게 딱 세 가지 질문을 할 수 있는 상황을 제시한다면, 인터뷰 대상자는 이 세 가지 기회를 어떻게 이용할 것인가? 인터뷰 진행자는 이런 식으로 상대적 영향력 문제를 제기한다. 사업 환경 내에는 수많은 불확실성이 존재한다. 그러므로 인터뷰 대상자로 하여금 그중 어떤 것이 진짜 차이를 가져다줄지 곰곰이 생각하게 만드는 것이 도움이 된다.

첫 번째 질문은 '좀 더 가볍게' 던지는 것이 좋다. 이는 인터뷰 분위기를 좀 더 편하게 만들어준다. 가벼운 시작은 '여러 색다른 거리를 얼마든지 탐험해도 된다'는 신호를 준다. 도화선 역할을 하는 질문을 할 때는 농담을 조금 섞어 하는 것이 인터뷰 대상자의 마음을 여는 데 도움이 된다.

대화 거리가 줄어들면 다음 질문을 한다. 이번에는 역할을 바꿔 인터뷰 대상자에게 예언가 역할을 맡기고 자기가 한 질문에 답을 하도록 한다. 한편, 여기서 우리는 다양한 방식으로 모습이 드러날 수 있는 불확실한 세상을 다루고 있다. 그렇기 때문에 인터뷰 대상자에게 스스로 호의적이라고 생각하는 미래에 초점을 맞추라고 요청한다. "향후 미래가 당신이 바라는 방향으로 펼쳐진다면 예언가로서 당신은 자신의 세 가지 질문에 어떤 식으로 대답할 것입니까?" 이에 답하면서 인터뷰 대상자는 모든 불확실성을 다시 점검하며 '좋은' 이야기를 만들고 자신이 '좋다'고 생각한 이야기 속에서 어떤 식으로 발전할지를 알아낸다.

이와 마찬가지 방식으로, 인터뷰 대상자가 예상한 최악의 우려인 세상이 원치 않는 방향으로 흘러갈 때는 어떤 일이 일어날지를 예측하게 하는 질문은 뒤따라 던진다.

앞서 우리는 '좋은' 시나리오는 기존의 비즈니스 아이디어가 계속 유효하고 효과적인 세상을 가리키며, '나쁜' 시나리오는 기존의 비즈니스 아이디어를 무효화시킬 수 있는 어떤 발전상을 말한다고 했다. 이런 이중 질문은 인터뷰 대상자가 현재의 성공 공식을 어떻게 인식하고 있는지, 그리고 무엇이 현재의 공식을 위협할 수 있는지를 알려주는 정보를 제공한다. '좋은' 그리고 '나쁜' 이야기는 끌어내기 과정에서 한몫을 한다. 그러나 앞서 했던 말을 다시 한 번 되풀이하자면, 시나리오 기획자는 일반적인 좋고 나쁜 세상에서 한 발짝 물러나 실행 가능성이 있고 내적으로 일관된 것에 초점을 맞춰야 한다.

이 질문들은 대체로 생산적인 결과를 가져온다. 하지만 종종 이 세 가지 질문에서 그다지 많은 것을 얻지 못한 채 인터뷰 대상자가 미처 모든 것을 다 털어놓기도 전에 인터뷰 시간이 종료될 때도 있다. 이럴 때는 이야기를 꾸미는 것이 좋다. 특히 불확실성이 이미 확실히 표현된 후라면 말이다. 좋거나 나쁜 미래에 관한 질문이 제대로 먹히려면 반드시 예언가 질문이 선행되어야 한다. 그리고 주요 불확실성이 이미 밝혀져 있어야 한다. 예언가 질문은 인터뷰 대상자가 세상이 어떻게 얽혀 돌아가고 있다고 생각하는지를 드러내준다. 뿐만 아니라 무엇이 좋고 무엇이 나쁘다고 여기는지를 드러낸다. 그리하여 인터뷰 대상자의 가치 체계를 표면화하기 시작한다. 인터뷰 진행자는 좋거나 나쁜 것을 규정하지 않도록 조심해야 하며 이런 판단은 인터뷰 대상자의 몫으로 남겨놓아야 한다.

때때로 인터뷰 진행자가 좀 더 개방적인 질문을 해야 할 때가 있다. 이때 한 가지 유용한 기법은 과거에 관한 질문과 미래에 관한 질문을 번갈아가며 하는 것이다. 이때 과거에 관한 질문은 인터뷰 대상자가 몇몇 아이디어가 어디에서 비롯한 것인지를 깨닫게 해준다.

유용성이 입증된 후속 질문으로는 다음과 같은 것들이 있다.

과거의 유산

"당신이 생각하기에, 이 조직이 과거에 겪은 일 중 그것이 좋든 나쁘든 미래를 위한 중요한 교훈으로서 우리가 반드시 기억해야 할 중심 사건에는 어떤 것이 있습니까?" 이 질문은 우리의 멘탈 모델이 우리가 과거 사건에서 본 패턴에서 발현된 것임을 보여준다. 멘탈 모델은 아직 탐험하지 않은 영역으로 우리를 이끄는 강력한 끌어내기의 출발점일 수 있다. 여기서 인터뷰 진행자는 조직의 전 구성원들이 알고 있는 이야기, 즉 조직의 '신화'에 귀를 기울여야 한다. 인간 집단은 신화를 이용하여 그들의 문화를 뒷받침하는 가장 기본적인 가정을 성문화하고 기억하는 경향이 있다.

당면한 중요한 결정

"조직이 현재 직면한, 앞으로 몇 주간 고민해야 할 중장기 결정 사항은 무엇인가?" 이때 기간은 다양하게 제시할 수 있지만 조직이 직면한 주요 결정에 적합해야 한다. 이런 질문을 하는 목적은 현재 의뢰인을 불안하게 하는 문제가 무엇이며 시나리오 기획이 특히 환영받을 곳이 어디인지를 알아내는 것이다.

조직의 내적 제약

"현재의 사업 상황에서 당신이 경험하고 있는, 당신의 성취를 제한하는 조직 안팎의 주된 제약에는 어떤 것이 있는가?" 많은 경우에 제약은 끌어내기를 촉발하는 강력한 도화선이 된다. 내부 제약은 흔히 사내 정치 투쟁의 대상이고, 일부 인터뷰 대상자는 내적 제약을 드러내는 데 상당한 용기가 필요할 수도 있다. 이 경우 인터뷰 진행자는 질문을 하고 나서 "당신 조직에 문화적 제약이 있음을 잊지 마세요"라고 말할 수도 있다.

묘비명에 관한 질문

"당신이 다른 일을 찾아 혹은 은퇴 시기가 되어 지금의 자리에서 물러나는 상황을 생각해봅시다. 당신은 사람들이 당신의 재직 기간을 무엇과 연관시켰으면 좋겠습니까? 다시 말해, 당신은 어떤 사람으로 기억되고 싶습니까?" 이 질문은 인터뷰의 마지막에 하기 좋은 질문이다.

이는 인터뷰 대상자의 가치 체계를 직접 겨냥한 질문이다. 인터뷰 진행자는 인터뷰 대상자의 첫 번째 답변을 듣고, 그가 자신의 가치에 최대한 가까이 다가갈 수 있도록 돕기 위해, "모든 것을 통제하고 있다고 상상하세요. 오로지 당신의 개인적 가치에 따라 답하세요"라며 마음속으로 갖고 있는 모든 제약을 없앨 것을 제안할 수도 있다.

대화를 용이하게 하다

대화 중에 인터뷰 진행자가 의견을 제시할 때는 우선 세심한 고려를 해야 한다. 인터뷰 진행자의 목표는 의뢰인이 말하는 주제에 영향을 미치지 않고 의뢰인과 대화를 나누는 것이다. 이는 쉬운 일이 아니다. 원칙적으로 인터뷰 진행자는 대화에 참여하는 동시에 대화 내용에 영향을 미치게 된다. 하지만 의뢰인이 두 시간이고 세 시간이고 혼자 독백을 할 수 있을 거라 기대하는 것은 무리다. 인터뷰 진행자는 대화에 참여해야 하지만 반응을 보이는 정도에 그치는 것이 좋다. 여기에는 제스처를 취하거나, 고개를 끄덕이거나, 미소를 짓는 등 일반적으로 관심을 나타낼 때 사용하는 여러 방법을 동원할 수 있다. 그러나 가끔씩은 대화 중에 의견을 제시해야 한다고 여겨지는 때가 있을 수 있다.

이때 되도록 눈에 덜 띄는, 의뢰인에게 미치는 영향을 최소화하는 방식으로 의견을 제시하려면 약간의 기술이 필요하다. 예를 들어 방금 한 말을 자세히 설명해달라고 요청하거나 피드백을 주는 식으로 의견을 제시할 수 있다. 이때 절대로 인터뷰 대상자를 리드하거나 그가 했던 말을 해석하지 마라. 그리고 "이런 뜻인가요?"라고 말하는 대신 "그게 무슨 뜻인가요?"라고 말하라.

보통의 '저널리스트' 질문은 대화를 계속 이어나가기 위해 언제든지 쓸 수 있다.

- 내용을 추가하는 질문: "이 주제에 관해 뭔가 더 하실 말씀이 있으신가요? 불확실성이라든지, 여러분의 시나리오에서 일어날 만한 일이라든지, 지금까지의 답변에서 아직 말하지 못했지만 중요하다고 생각하는 부분이 있으면 말씀해주세요."
- '왜' 질문: "왜 이것이 중요하다고 생각하십니까? 이로 인한 긍정적이거나 부정적인 결과로는 어떤 것이 있을까요? 왜 이것이 좋거나 나쁜 아이디어인가요?"
- '어떻게' 질문: "이런 일은 어떻게 일어나는 것일까요? 이런 일이 일어나려면 무엇을 준비해야 할까요? 어떻게 해야 이 일을 달성할 수 있을까요?"

이 저널리스트 질문은 인터뷰의 위험 지점이기도 하다. 대화를 특정 영역 안에 가둘 가능성이 높기 때문이다. 그렇게 되면 인터뷰 대상자가 정말로 중요하다고 믿는 것을 놓칠 수 있다. 인터뷰 진행자는 대화에 임하는 동안 자신이 무슨 일을 하고 있는지 알고 있어야 한다. 그리고 자신이 어느 정도까지 대화를 이끌지 않고도 계속해서 자연스럽고 정상적으로 대화를 유지할 수 있을지를 판단해야 한다. 이는 습관의 문제다. 만일 여러분이 이 점을 확신하지 못한다면 이런 습관을 가르쳐줄 사람을 찾아라. 경청하려는 마음가짐을 갖고 있다면 이 일이 보기보다 쉽게 느껴질 것이다.

항상 기억하라. 인터뷰를 할 때 중요한 것은 사실을 기록하는 것이 아니라 인터뷰 대상자가 마음속에 있는 것을 표현하도록 하는 것이다. 핵심은 대화에 참여하는 동시에 대화에서 일정 거리를 유지하는 것이다.

인터뷰 수행

인터뷰를 수행하는 동안에는 두 가지 활동이 동시에 이뤄져야 한다. 자연스러우면서도 비지시적인 분위기에서 계속 대화하면서, 거기서 나온 내용들은 모두 기록해야 한다. 대화 주제에 영향을 주지 않으면서 자연스러운 대화를 해나가려면 상당한 정신적 노력이 필요하다. 인터뷰 진행자는 자신이 할 말을 신중하게 고민해 대화를 지나치게 주도하지 않도록 조심해야 한다. 반면, 대화는 인터뷰 대상자가 편안하게 느낄 수 있도록 자연스럽고 여유 있게 진행해야 한다. 대상자가 말하는 내용을 받아 적으면서 이런 조건을 맞추기란 쉽지 않다.

그렇다면 인터뷰를 녹음해야 하는 것일까? 녹음을 할지 말지는 조직 문화에 따라 달라진다. 인터뷰 수행에서 가장 중요한 목표는 인터뷰 대상자가 인터뷰를 자연스러운 비공식적인 대화로 느끼게 하는 것이다. 그래서 지지받는 이론이나 '기본 방침'이 아닌 개인적인 의견을 피력할 수 있게 하는 것이다. 그러려면 인터뷰 대상자에게 이 일을 완전히 기밀에 붙일 것이라는 확신을 주어야 한다. 대다수 기업 경영자들은 자신의 대화를 녹음하는 상황에 익숙하지 않고, 녹음된 내용이 자칫 새어나가거나 악용되지는 않을지 걱정되기 때문에 신경이 곤두설 수밖에 없다. 실제로 대부분의 경우 테이프 녹음은 역효과를 낳는다. 차라리 관찰 내용을 일부 놓치더라도 수기로 중요한 내용을 메모하는 편이 낫다. 그러므로 대부분의 인터뷰에서는 손으로 기록하는 것이 좋으며 기록은 질문을 하는 사람과 다른 사람이 하는 것이 좋다.

보통 두 명이 한 팀을 이루면 효과적인 경우가 많다. 특히 인터뷰 중 두 사람이 서로 (대화하고 기록하는) 역할을 바꿀 수 있다면 금상첨화다. 그렇게 할 수 있으려면 다소 연습이 필요하지만 몇 번의 인터뷰를 거치고 나면 각자 파트너의 스타일과 방식을 파악하게 되어 훨씬 자연스러워질 것이다. 인터뷰 중 역할을 바꾸는 것은 인터뷰 대상자에게 자연스럽고 편안한 대화라는 느낌을 준다. 그래서 숙련된 인터뷰 진행자는 인터뷰 중에 역할을 자주 바꾼다.

둘 이상으로 팀 구성원을 늘리면 인터뷰의 질이 급격히 떨어지는 경향이 있다. 세 사람으로 구성된 팀이 인터뷰 대상자의 사무실에 들어가면 인터뷰 대상자가 인터뷰를 '성과'를 요구하는 하나의 업무로 인식할 위험이 있다. 인터뷰 팀이 세 사람 이상일 경우 인터뷰 대상자가 스트레스를 받으면서 인터뷰의 가치는 계속해서 떨어진다.

인터뷰 수행자는 조직 내 인사뿐만 아니라 외부 인사도 될 수 있다. 내부 인사는 인터뷰 중 나오는 언어와 그 배경의 많은 부분을 알고 있다는 이점이 있다. 반면, 때때로 이 점이 불리하게 작용할 수도 있다. 인터뷰 대상자는 외부 인사가 조직 내에서 무슨 일이 일어나고 있는지를 자세히 알 것이라 기대하지 않는다. 이 때문에 인터뷰 대상자는 비즈니스 사안에 대한 일상적 '기본 방침'에서 벗어나 평상시에 말로 표현하지 않는 측면까지도 다루게 된다. 이는 사람들이 전통적으로 서로에게 상황을 설명하면서 쓰는 이론보다, 인터뷰 대상자가 자신의 행동을 결정하면서 실제로 이용하는 세계관을 표면화할 때 특히 유용하다. 외부 인터뷰 진행자의 또 다른 이점은 인터뷰 대상자와 이전에 대화를 한 적이 없다는 것이다. 인터뷰 대상자를 전부터 알고 있으면 자유로운 표현을 저해할 수도 있다.

진짜 개방형 인터뷰는 초보자가 하기는 어렵다. 내부 인사는 대부분 개방형 인터뷰를 해본 경험이 없다. 또한 정치적 힘겨루기와 완전히 무관할 수 없는 관계로 종종 주제에 감정적으로 대응하고는 한다. 그런 탓에 인터뷰 대상자에게서 대화의 주도권을 넘겨받으면 이를 오용하지 않기란 어려운 일이다. 심지어 그들이 진짜 개방형 인터뷰가 무엇인지를 이해했다고 항변할지라도 실제 인터뷰에 투입된 순간 그들은 대화를 리드하려 한다. 대부분의 경우 그들은 자신들이 무엇을 하는지도 전혀 인식하지 못한다. 그래서 대화의 초점을 인터뷰 대상자의 우선순위가 아닌 인터뷰 진행자가 관심이 있는 쪽에 맞추게 된다. 이런 인터뷰는 특히 내부 문제로 심각하게 편향되는 경향이 있다. 전체적으로 이런 점들이 내부 인사를 실력 없는 인터뷰 진행자로 만든다.

모든 것을 감안할 때, 조직 내에서 사용하는 언어를 어느 정도 미리 습득한다면 외부 인터뷰 진행자가 훨씬 유리한 위치에 있다. 개별 인터뷰에 걸리는 시간은 한 시간 반에서 두 시간 반 정도다. 현실적으로 하루에 세 건 혹은 최대 네 건의 인터뷰를 수행할 수 있으며, 그 이상은 감당하기가 어려울 것이다. 이런 결과는 지금까지 시나리오 기획에서 상당히 일관되게 나타나는 현상으로, 덕분에 시간별 인터뷰 계획을 확실하게 짤 수 있다.

인터뷰 대상자

경영팀에 집중된 일반적인 조직 상황에서 열다섯 명 이상을 인터뷰해야 하는 경우는 거의 없다. 일반적으로 인터뷰 초기에는 추가 정보가 아주 많이 나온다.

그러나 열 명이 넘어가면 많은 것들이 이미 표면화되고 인터뷰 내용이 중복되는 경향을 보인다. 대체로 경영팀은 같이 일하고, 매일 의사소통하며, 회의실이나 복도에서 정기적으로 만난다. 이런 이유로 열다섯 번째 인터뷰에서는 새로운 것들이 거의 나오지 않는다(인터뷰 진행자는 후반 인터뷰를 안건 설정이라는 틀을 넘어 최근에 나온 정보를 점검하는 데 활용할 수 있다. 그러나 이때도 도화선 역할을 하는 질문을 먼저 해야 한다). 대부분의 경우, 인터뷰 횟수를 10~15회로 제한할 수 있다는 사실은 인터뷰 활동의 범위를 계획할 수 있게 하는 또 하나의 중요한 자료다(일부 전략 기획에서는 안건 설정 외에 갖가지 이유로 훨씬 더 많은 인터뷰가 필요하다. 일례로, 여러 부서에 걸친 횡적 의견 수렴을 통해 조직 전반에 주도권을 창출하기 위한 것과 같은 이유가 있을 수 있다).

기록

경청과 기록의 중요성은 절대적이다. 이 두 가지는 시나리오 기획의 현재 단계에서 가장 큰 도전 과제이다.

대화를 진행하는 동안 여러분은 무슨 말이 오갔는지를 그저 적기만 하면 된다. 인터뷰를 하는 동안 이것이 적을 가치가 있는 것인지 없는 것인지를 판단하려 애쓰지 마라. 여러분은 대화가 어디로 흘러갈지를 알지 못한다. 그리고 당시에는 대수롭지 않게 보인 것이 나중에는 그 인터뷰에서 혹은 다른 인터뷰에서 중요한 문제가 될 수도 있다. 그러니 모든 것을 다 적는 것 외에는 대안이 없다.

초보자들은 대화를 적는 데 익숙지 않다. 다행히도 기록하는 기술은 배우면 나아질 수 있다. 비록 동시에 듣고 쓰려면 상당한 연습이 필요하지만. 경험이 늘어날수록 사람들은 사전에 갖고 있던 아이디어 필터를 잠시 보류하고 인터뷰 대상자의 아이디어를 더 많이 받아들이게 된다. 답변은 되도록 완벽히 기록해야 한다. 무엇이 중요하며 무엇이 흥미로운지를 판단하는 것은 나중 일이다.

인터뷰 진행자가 두 사람이라면 인터뷰를 마친 후 곧바로 기록한 노트를 비교하는 것이 좋다. 둘의 기록이 전부 일치하는 일은 거의 없다. 사람은 타인이 말한 내용을 전부 듣지는 못하기 때문이다. 가장 뛰어난 기록관조차 인터뷰에서 나온 내용 가운데 최소한 15퍼센트는 적지 못한다. 이는 다양한 연구를 통해 입증된 사실이다. 그러나 기억이 아직 생생히 살아 있는 동안에는 많은 부분을 복구할 수 있다. 이 단계에서는 중요한 아이디어를 구분하고 거기에 동의하는 것이 도움이 된다.

여러분은 인터뷰가 끝나고 나서야 비로소 무엇이 중요하고 중요하지 않은 내용인지를 판단할 수 있다. 자리에 앉아 냉철한 눈으로 노트를 읽어가며 정말 중요한 관점을 나타내는 문장이 무엇인지를 찾아라. 그 문장에 밑줄을 그어라. 이는 판단 과정으로, 여기에서도 마찬가지로 두 사람으로 구성된 팀이 한 사람으로 구성된 팀보다 유리하다.

인터뷰 진행자는 자신의 노트를 살피며 앞으로 다뤄야 할 중요한 의견들에 대해 고민한다. 이때 살펴볼 점은 사업 환경 내 조직의 위치와 행태라는 맥락에서 표현된 의견이 적절하고 유의미하냐는 것이다. 만일 이런 의견이 조직이 외부 세계에서 반응하는 방식과 관련이 있다면 여기에는 조직 내부의 문제도 포함된다. 환경이 어디로 흘러갈 것인지에 관한 의견은 어떤 것이든 매우 중요하다.

여기서는 어느 정도 판단이 필요하다. 우리는 보통 수많은 인터뷰를 매우 짧은 시간 내에 처리해야 한다. 그리고 대개는 하나의 인터뷰를 하고 나면 추가 검토가 필요한 중요한 통찰을 40~60개 정도 얻게 된다(만일 인터뷰로 얻은 중요한 내용이 없다면 이 숫자는 무시하라). 인터뷰 진행자는 이 내용을 짧고 간결한 문장으로 기록해야 하며, 각 문장마다 중요한 생각을 하나씩 담도록 한다.

인터뷰 분석

모든 전략 기획은 궁극적으로는 조직과 환경 간의 적합성을 검토하는 것이다. 그러므로 기획을 할 때는 이 두 영역을 되도록 빨리 구분할 필요가 있다.

인터뷰 대상자가 이런 구분을 할 리 없으니 당연히 인터뷰 기록에는 외부 요소와 내부 요소가 뒤섞여 있을 것이다. 따라서 인터뷰 분석의 첫 단계는 인터뷰 기록을 외부 요소와 내부 요소로 분리하는 것이다. 분석가는 두 가지 자료 항목을 만들어야 한다. 하나에는 외부 사업 환경에 대한 내용을 담고, 다른 하나에는 조직의 내적 특성과 현상에 관한 모든 것을 담는다. 이때 분류 기준은 회사가 그 사안을 통제할 수 있는가이다.

이때 분석가는 여기에 언어로 인한 함정이 있음을 반드시 의식해야 한다. 표면적으로는 내부 정책 문제처럼 보이나 실제로는 환경에 관한 내용일 때가 자주 있기 때문이다. 예를 들어 "우리가 시장 내에서 주요 업체로 살아남으려면 조만간 지금의 생산능력을 두 배로 끌어올려야 한다"는 진술은 수요를 끌어올리는 것과 관련된 문제이기도 하다. 비슷한 맥락으로 "우리는 좀 더 세분화된 고객의 요구에 맞춰 제품을 디자인할 필요가 있다"는 말은 시장이 고객의 입맛에 맞추는 데 좀 더 높은 가치를 부여하는 방향으로 움직이고 있다는 이해를 반영한다. 이 두 가지 예는 사업 환경에 대한 추정을 따로 떼어내 사업 환경 목록에 별개의 진술로 포함시켜야 함을 의미한다. 분류를 하기 전에 내부 사안인 것처럼 보이는 모든 진술 안에 맥락적 환경을 시사하는 요소가 있는지 검토해야 한다.

일단 진술을 두 가지 항목에 따라 나누고 나면, 각 항목에 포함된 자료를 정리하고 무리를 지어야 한다. 초기의 진술들은 서로 관련이 없는 무작위적 사고의 소산처럼 보인다. 따라서 이런 진술들을 무리 짓고 연결하는 후속 작업이 필요하다. 이때 중요한 것은 무리를 지을 때 사전에 어떤 규칙도 정하지 않는 것이다. 수집된 자료에서 자연스럽게 무리의 범주가 도출되도록 하는 것이 바람직하다. 만일 범주가 사전에 결정되어 있어 무리 짓기에 영향을 미친다면 분석의 가치는 현저히 감소한다. 초보자들이 흔히 쓰는 분류 방법으로는 전략적 경영 교과서에서 종종 쓰는 STEP 혹은 STEEP 분류가 있다. STEP은 환경을 사회 발전(Societal development), 기술 발전(Technological developments), 경제 발전(Economic developments), 정치 발전(Political developments)으로 분류한다. 때때로 여기에 E가 하나 더 붙는데(STEEP), 이때 E는 생태 환경 발전(Ecological environment developments)을 의미한다.

이와 관련해 한 가지 조언을 한다면, 이처럼 사전에 결정된 방법으로 무리를 짓는 것은 되도록 피하는 것이 좋다. 이런 방법은 의뢰인이 속한 특정 사업 환경의 체계적 관계를 반영하지 못하기 때문이다. 인터뷰 자료를 이처럼 기존의 틀에 따라 분류하면 진술 안에 풍부하게 담겨 있던 상호 연관성 중 많은 부분이 상실된다. 반면 직관적인 무리 짓기는 분석가로 하여금 개념적 의미에 관심을 갖게 만든다. 이런 개념적 의미를 얻는 방법으로는 인과관계에 따른 추론을 하는 것 등이 있다. 무리 안에서 이런 개념적 의미가 나타나면, 뭔가 새로운 것을 얻을 수 있다. 인간은 패턴을 보고 추론하는 데 특히 강하다.

결과적으로 무리는 어떤 맥락 안에 진술들을 함께 결합하면서 모습을 드러내기 시작한다. 인터뷰를 통해 나온 전체적인 통찰을 살펴보면서 분석가는 패턴과 유사성, 자연스러운 연결을 보기 시작할 것이다. 이제 이렇게 모습이 드러난 범주에 따라 자료를 분류해야 한다. 이 단계에서 분석의 목적은 아이디어를 모아 서로 연관된, 상위 개념 몇 가지로 수렴하는 것이다. 초기 단계에서는 1차 분류가 모습을 드러낼 때까지 이처럼 전체적인 윤곽이 필요하다.

기술적으로 무리를 짓는 데는 여러 방법이 있다. 어느 방법을 택할지는 고려 중인 진술의 수에 따라 달라진다. 분석가가 살펴봐야 하는 자료의 양이 많을 때는 시행착오가 가능한 시각적인 방법이 좀 더 편하다.

일단 진술을 벽이나 보드 상에서 움직일 수 있는 종이쪽지나 포스트잇 혹은 뒤에 자석이 붙은 쪽지에 적는다. 기록과 관련한 훈련을 충분히 받은 팀이라면 이 단계는 비교적 쉽게 진행할 수 있을 것이다. 무리를 짓는 목적은 윤곽을 확보하는 데 있기 때문에 각각의 포스트잇에 적은 내용이 두세 단어를 넘지 않게 하는 것이 좋다. 그리고 멀리서도 읽을 수 있을 정도로 굵고 크게 적어야 한다. 이를 전체적으로 훑어보면 그것들을 무리를 짓는 데 필요한 아이디어가 떠오를 것이다.

작은 기획일 경우에는 이 정도로 충분하다. 그러나 한 사람이 10번 이상의 인터뷰를 다루어야 하는 기획일 경우에는 500장 정도의 포스트잇이 쓰일 것이고, 이는 내부 사안과 외부 사안으로 엇비슷하게 나누어질 것이다. 그러면 시각적인 방법은 한계에 다다른다. 이런 경우에는 컴퓨터를 활용해서 데이터베이스 분석을 하는 편이 더 낫다. 자료를 정리하고 무리를 짓고 나면 계층별 윤곽이 드러난다. 그럼에도 분석가는 주요 진술을 분류할 때 시각적인 방법을 병행하고 싶을 수 있다. 컴퓨터 데이터베이스로는 무리 짓기의 첫 단계에 필요한 전체적인 윤곽을 만들어내기가 어렵기 때문이다. 일단 이렇게 해서 1차 분류가 자리를 잡고 나면 하위 분류는 컴퓨터 데이터베이스로도 충분히 만들 수 있다.

처음에는 자연스럽게 연결될 것 같지 않아 보이는 진술들도 있을 것이다. 이런 진술들은 잠시 접어두고, 나머지 진술들을 이용해 분류를 진행한다. 나머지 진술을 이용한 1차 분류가 마무리되면 다음에는 지금까지 버려두었던 이상한 진술들을 통합하기 위해 앞서 했던 일을 되풀이해야 한다. 첫 번째 무리 짓기는 다소 임의적일 수 있다. 무엇이 눈길을 먼저 끌었는지에 따라 달라지기 때문이다. 따라서 이는 되도록 많은 통찰을 통합시키는 최고의 방법이 아닐 수 있다. 만일 관련이 없는 아이디어가 남아 있다면, 분석가는 다시 한 번 무리 짓기를 수행해 이런 아이디어를 어딘가로 분류하려 애쓸 필요가 있다. 남겨진 진술을 재분류할 수 있는, 지금까지는 관련이 없는 아이디어를 수용할 그 밖의 상위 기준은 없는지를 고민해야 한다. 이 과정은 더 진행할 필요가 없다는 확신이 들 때까지 한두 번 더 반복할 만한 가치가 있다.

끌어내기 활동의 기본은 반복이다. 분류 작업이 충분히 이뤄졌는지에 대한 결정은 분류의 원칙이 명확한지, 그리고 각각의 아이디어가 자연스럽게 한 항목에 정렬될 정도로 분류 항목이 적절하게 독립적인지에 달려 있다. 분석가는 되도록 이런 상태에 가까이 갈 수 있도록 노력해야 한다. 이를 테스트하는 한 가지 방법은 분류 항목에 이름을 붙이는 것이다. 이때 이름은 해당 항목에 속한 아이디어를 한데 묶은 원칙을 짧고 분명하게 가리키면서, 동시에 다른 항목과는 명확히 구분 지을 수 있는 것이라야 한다.

이름을 짓고 나면 분석 대상을 각각의 주요 분류 항목으로 옮겨 2차 분류를 시작한다. 포스트잇을 움직여 무리를 짓는 과정은 컴퓨터 데이터베이스에서 계층별 요약 원칙을 이용해 데이터를 움직이는 것과 같다. 분류에 필요한 세부 사항은 수집된 원재료의 양에 따라 달라진다. 만일 수집된 진술의 수가 수백 개라면 3차 내지 4차 윤곽 작업을 추천한다. 궁극적인 목표는 가장 낮은 하위 범주 각각에 포함된 진술이 15개가 넘지 않도록 계층적으로 분류하는 것이다.

한편, 하나의 범주에 속한 진술의 수가 한두 개로 적을 때도 있다. 진술이 독립적이거나 다른 진술과 묶을 수 없을 때 이런 일이 일어난다. 분류 과정의 마지막 단계는 한 진술에서 다음 진술로 논리적인 진행을 보이는 순서에 따라 진술들을 하위 분류로 옮기고, 각 분류 항목 안의 공통된 관점과 추정된 가설 그리고 다른 관점과 추정된 가설을 알아내는 것이다. 이렇게 같거나 다른 관점과 추정된 가설은 피드백 회의에서 중요한 토론 거리로 강조해야 한다. 이런 식으로 분석가는 점차 경영팀의 멘탈 모델도를 만들어낸다. 거기에는 경영팀 내의 공통분모와 차이점이 포함되어 있다. 이 장에서 제시한 많은 제안은 모두 분석 결과가 조직 내에서 지지하는 상황 인식 이론 대신 실제로 사용 중인 이론을 나타내도록 하기 위한 것이었다.

맨 처음 자료를 내부적 문제와 외부적 문제로 나누어 분석한 결과 두 개의 분류 계층이 만들어졌다. 이후 데이터 구축 단계를 거치면 두 가지 결과물, 시나리오 안건과 내부 안건이 서서히 모습을 드러낼 것이다.

내부적 자료와 맥락적 자료

인터뷰 대상자는 인터뷰 도중 외부 사안과 내부 사안을 넘나들며 폭넓게 이야기할 것이다. 그중 다수는 의뢰인의 조직이 통제력을 발휘하고 있다. 하지만 인터뷰 대상자가 어떻게 통제력을 발휘할지를 확신하지 못할 수도 있다. 이것은 전략적 선택의 문제다.

여기에는 의뢰인의 내부 정책, 그들의 사업 정책, 영향을 미칠 수 있는 경쟁자들의 행동, 시장 내에서 혹은 이해 당사자들 간에 벌어지는 '게임' 등이 있다. 우리가 업무적 환경이라 부르는 맥락적 환경은 의뢰인이 통제력을 발휘하는 영역을 벗어난 부분이다. 이 맥락적 환경은 의뢰인의 조직이 거의 혹은 전혀 통제하지 못하지만, 그 발전 국면은 의뢰인 조직의 성공 혹은 실패에 엄청난 영향을 미친다 (뒤의 〈그림 21〉 참고).

앞서 논의한 것처럼 우리는 조직의 통제 밖에 있지만 조직이 해야 하는 일을 결정하는 맥락적 환경의 원동력과 그 영향력에 대한 이야기를 시나리오라 지칭한다. 전략적 탐사를 할 때는 외부의 발전상을 (전략 수립에 속한) 내부 사안과는 별개로 (시나리오 속에) 표현하는 것이 중

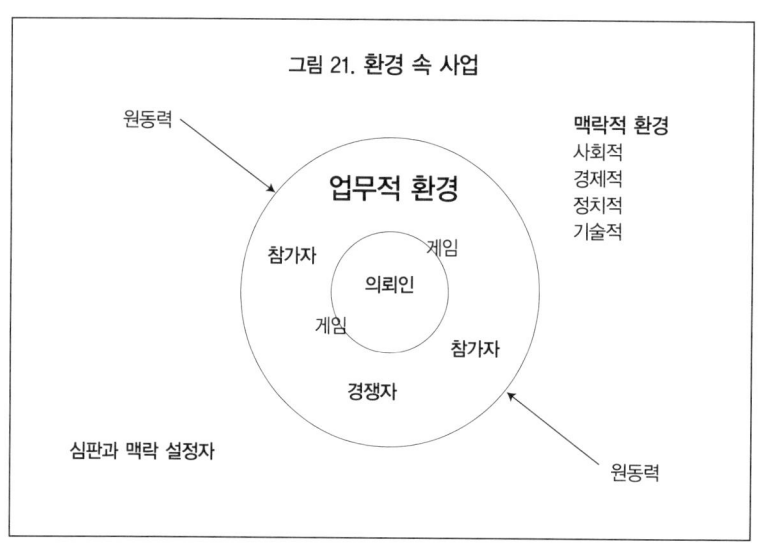

요하다. 시나리오가 전략의 시험대임을 기억하라. 편견을 방지하고 객관적 타당성을 유지하려면, 시험 조건은 시험할 전략적 측면과 어떤 관련성도 없어야 한다. 시험대의 조건은 시험할 전략이나 계획과 독립적이어야 한다. 따라서 의뢰인은 시나리오에서 어떤 역할도 해서는 안 된다.

조직은 STEEP 분류로 대표되는 일반적 요소를 찾아야 할 뿐만 아니라 조직이 속한 산업과 시장의 구조를 자세히 분석해야 한다. 산업구조는 전체 수익 잠재력을 되도록 많이 전유하려 애쓰는, 일반적인 범주의 경쟁 세력들 간의 역학 관계가 구조화된 결과이다. 맥락적 시나리오 수준에서 이런 경쟁력으로는 다음과 같은 것들이 있다 (Porter 1980).

- 산업 내 기존 경쟁자들 간의 일반적인 경쟁력
- 공급자의 상대적 힘
- 구매자의 상대적 힘
- 잠재적 신규 진입자의 상대적 힘
- 대체재의 잠재적 영향력

　인터뷰 진행자 입장에서는 이런 경쟁력을 각각 의식적으로 다루고 있는지 체크하는 것이 좋다.

　여기서는 맥락적 환경과 업무적 환경 사이의 경계를 규정하는 것이 중요하다. 조직은 자신이 처한 맥락을 바꿀 수 없다. 맥락이 그렇게 정의되었기 때문이다. 그러나 맥락적 환경과 업무적 환경 사이의 경계는 불분명하다. 따라서 무엇이 어디에 속하는지를 정하기가 어려울 수 있다. 개인 사업에 비해 공공 부문은 더욱 그러하다. 한 행위자의 영향력이 어디까지 미치는가? 민간 부문에서는 이것이 흔히 과소평가되는 반면 공공 부문에서는 과대평가되는 경향이 있다(우리는 정부다, 우리가 게임의 규칙을 정한다). 팀은 유연성을 유지하면서 새로운 이해를 얻으면 즉시 내부적 환경과 맥락적 환경을 구분하는 기준을 바꿀 준비를 해야 한다. 보통은 "특정 상황에서 그들이 이런 일을 한다면 거기에 반응하기 위해 내가 선택할 수 있는 옵션에는 무엇이 있는가? 그리고 내 행동에 그들은 어떻게 반응할 것인가?"와 같은 내용의 역할극이 이 문제를 명확히 하는 데 도움이 된다. 이와 관련한 적절한 비유로 체스 게임을 들 수 있다. 매번 말을 움직일 때마다 업무적 환경상의 발전 국면(상대방의 움직임)과 맥락적 환경상의 발전 국면(계속 체스를 하고 있는가 아니면 포커로 바꾸었는가)을 재평가하고 감안해야 한다.

맥락적 시나리오 수준에서 우리는 의뢰인 조직이 채택한 전략에 의해 힘과 이해관계가 달라지는 개별 참가자들의 행동을 고려하지 않는다. 따라서 시나리오 기획자는 특정 참가자를 맥락적 시나리오에 대입할 때 신중을 기해야 한다. 예를 들어 일부 경쟁자는 영향을 받을 수 있는 업무적 측면을 일부 가지고 있기는 하지만, 다른 측면들은 맥락적이다. 위에서 언급한 포터의 다섯 가지 경쟁 세력은 '산업' 세력, 즉 대체로 어떤 개별 참가자의 영향력 밖에 있는 세력을 말한다. 이런 세력은 맥락적 영역에 속한다. 따라서 경쟁 상황에 초점을 맞춘 의뢰인의 시나리오로 간주해야 마땅하다. 단 '시장의 법칙' 개념이 그다지 유용하지 않고 참가자가 두세 명에 불과한 경우는 예외로, 몇 명의 경쟁자만이 경쟁하는 과점시장에서는 개별 참가자가 경쟁 세력을 제어할 수 있어 게임이 업무적 환경으로 옮겨 갈 가능성이 있다.

시나리오 안건

끌어내기 활동의 첫 번째 산물은 시나리오 안건이라 알려진 것이다. 이는 보통 최대 네다섯 가지의 폭넓은 주제 혹은 관심 영역들로, 시나리오 기획을 통해 의뢰인을 확실히 도울 수 있다고 여기는 영역이다. 여기에는 의뢰인이 상당히 고심하고 있는 주요 불확실성이 존재한다. 분류 활동을 끝내고 나면 뒤이어 안건이 될 만한 수많은 현안들이 드러난다. 그 수는 하나의 시나리오 기획으로 적절히 처리하기 어려울 정도로 많을 것이다. 이때 폭과 깊이 사이에서 균형을 유지해야 한다. 심도 있게 잘 기획한 시나리오 활동은 동시에 다섯 가지 이상의 주제를 다루지 않는다. 그 이상은 결과를 인식해 처리하기 힘들기 때문이다. 실제로 선택된 안건들의 주제가 (직교로) 겹치지 않고 충분히 독립적이라면, 맞춤식 시나리오 활동에서 그보다 많은 안건이 필요한 경우는 거의 없다. 이 점에서 불확실성은 실질적으로 시나리오 기획자에게 도움을 준다. 불확실성이 커질수록 결과를 지배하는 핵심 불확실성이 줄어드는 경향이 있기 때문이다.

분류와 재분류를 통해 분석가는 한 가지 분류 항목 내의 불확실성이 다른 항목 내의 불확실성에 영향을 미치지 않도록 각각의 분류 항목을 되도록 독립적으로 만들어야 한다. 그렇게 하려면 분류 항목의 수를 다룰 수 있는 수준까지 줄여야 한다. 그것이 불가능할 경우 분석가는 의뢰인에게 최종 결과를 다시 가져가, 그중에서 상위 다섯 가지 주제를 고르도록 요청해야 할 것이다. 그 순위는 의뢰인 팀에서 중요하게 생각하고 우려하는 정도를 기준으로 매겨야 한다. 종종 이런 순위 결정에서 나온 결과가 시나리오 집단의 예상과 판이하게 다를 경우도 있다. 예를 들어 세상을 떠들썩하게 만든 톱뉴스인 일부 주제가 안건으로 채택되지 않을 때도 있다. 조직이 처한 맥락에서는 이 주제가 부차적인 문제이거나 상대적으로 중요하지 않다고 여겨졌기 때문이다. 지금은 낮은 점수를 기록한 주제가 미래의 어떤 때에는 높은 점수를 기록할지도 모른다. 따라서 분석가는 현재의 순위 결정에서 낮은 순위가 중요하지 않다는 것을 의미하지는 않는 점을 분명히 해야 한다. 언젠가는 이렇게 낮은 순위의 주제가 시나리오 기획에 포함될 수도 있다.

일부 시나리오 기획자는 의뢰인과 함께 끌어내기 활동의 마지막 단계에서 '결정적 질문'을 정한다. 이러한 활동은 위험성도 내포하므로 신중히 검토할 필요가 있다. 결정적 질문은 남은 시나리오 기획 활동에 큰 영향을 미치기 때문이다.

결정적 질문은 시나리오 기획을 '사례 연구'로 바꾼다. 시나리오 기획을 사례 연구로 보는 것과 의뢰인의 필요에 대한 응답으로 보는 것에는 근본적인 차이가 있다. 사례 연구 프로젝트는 '문제'를 정의하는 것에서 시작하고 계속 문제를 '풀려고' 시도한다. 일례로 특히 이해하기 힘든 상황에 집중하여 그것을 해석하는 데 초점을 맞추는 프로젝트가 있다. '아주 다루기 힘든 문제'와 관련한 프로젝트 역시 이 범주에 속한다. 이런 프로젝트는 보나마나 합리적 전략 범위에 속한다. 예상되는 결과는 분명하다.

의뢰인의 필요에 대한 응답으로 볼 경우 프로젝트는 '문제'가 아닌 '의뢰인'을 이해하려는 노력에서 출발한다. 의뢰인 중심 프로젝트는 전략 수립, 즉 과정의 중요성을 강조한다. 이후 시나리오는 전략 수립을 위한 언어가 된다. 전략은 과정 중에 모습을 드러내며, 전략은 단순한 '결정'이 아니다. 시나리오 기획은 그때그때마다 전부 다르다. 같은 의뢰인이 없기 때문이다.

결정적 질문은 해당 기획에 관심을 모으는 데 도움이 된다. 그리고 어떤 결과가 나오든 의뢰인과 밀접하게 연관되어 있다는 확신을 얻을 수 있다. 이는 사업 환경에 대한 공통의 이해가 부족하고, 그래서 일을 진행하는 데 어려움을 느끼는 의뢰인 팀에 특히 도움이 된다. 반면, 강한 응집력을 보이는 팀은 미래에 관한 한 가지 관점을 토대로 움직이는 데는 문제가 없지만, 현재 공유하고 있는 멘탈 모델에 포함되지 않은 세상에 대한 새로운 해석을 고민할 필요가 있다. 이를 우리는 생성적 시나리오 기획이라 한다. 생성적 시나리오 기획의 주 목적은 미래 성공 공식의 토대를 얻기 위해 기존의 이해를 확장하여 새롭고 독창적인 이해를 개발하는 것이다. 생성적 시나리오 기획에서 결정적 질문은 탐구할 영역을 제한한다. 그래서 이전에는 몰랐던 새로운 이해가 드러날 영역을 간과하게 만드는 계기가 될 수 있다.

결정적 질문을 대신해 선택할 수 있는 대안은 의뢰인과 함께 개방된 방식으로 상황을 논의하고 제대로 분석한 인터뷰를 보고하는 것이다. 초기 단계에서 논의의 개방적 속성을 훼손하지 않고 피드백 논의를 가능케 하는 중심 개념은 비즈니스 아이디어다. 비즈니스 아이디어를 수단으로 이야기 가닥을 모아 다루기 좋은 전체로 만드는 것이다. 의뢰인 입장에서 이런 식으로 정리된 인터뷰 피드백은 언제나 고마운 일이다. 이는 그 자체로도 놀라운 일일 뿐만 아니라, 안건을 설정하고 진짜 놀라움을 안겨줄 가능성을 제공한다.

사례 연구(결정적 질문)를 채택하든 의뢰인 중심의 (시나리오 안건) 접근법을 택하든 성공의 열쇠는 진행자가 자신의 안건을 생각하지 않고 의뢰인의 말을 듣는 능력이다. 연구 결과에 따르면 조직 내에서 가장 많이 기억되는 시나리오는 당시 조직 내에서 빈번히 제기된 질문에 응하여 만들어진다고 한다. 즉 시나리오는 청중의 말을 듣는 기획자의 능력을 보여주는 증거인 것이다. 만일 제대로 경청했다면 수년이 흐른 뒤에도 시나리오뿐만 아니라 시나리오의 배경이 된 시스템의 구조까지도 기억할 것이다. 특히 팀에서 시나리오에 이름을 붙였다면 더더욱 그렇다. 반면 사람들이 필요로 하는 것과 명확한 관련이 없는 시나리오는 시나리오 기획자가 여기에 얼마나 강한 애착을 느꼈든지 간에 쉽게 잊힐 것이다.

내부 안건

끌어내기 활동의 두 번째 산물은 조직 그 자체, 조직적 '자아' 가 가진 기본적인 것들을 대략적으로 그려낸 밑그림이다. 시나리오는 맥락적 환경에서 펼쳐진다. 그러나 의뢰인은 인터뷰에서 맥락적 사업 환경만을 이야기하지는 않는다. 그중 많은 부분은 조직 그 자체에 대한 이야기다. 문제와 관심사, 무엇이 좋고 나쁜지, 다른 사람들과의 문제, 왜 그 문화가 옳지 않은지 등에 관한 이야기가 나온다. 보통 인터뷰 내용의 절반 이상이 맥락적 사업 환경뿐만 아니라 조직 그 자체에 관한 내용을 포함하고 있다. 조직 그 자체에 관한 내용은 조직의 전략적 핵심, 결국 미래에 대비한 비즈니스 아이디어로 표현되는 것을 만들어내는 출발점이 된다.

피드백

자료 분석을 마쳤으니 이제 의뢰인과 인터뷰 대상자에게 보고를 해야 한다. 의뢰인과 인터뷰 대상자는 같은 집단이 아닐 수도 있다. 의뢰인과 인터뷰 대상자가 다른 경우, 진행자는 인터뷰 분석 결과를 요약한 내용을 인터뷰에 참가한 모든 사람에게 알리는 것이 좋다.

이들에게 계속 정보를 제공하는 것이 나중에 시나리오 기획에 도움이 될 수도 있기 때문이다.

어떤 자료를 피드백 할 것인지는 진행자가 고려해야 할 수많은 변수에 따라 달라진다.

- 누가 의뢰인이며, 의뢰인은 무엇을 원하는가?
- 시나리오 기획이 추구하는 목적은 무엇인가?
- 인터뷰 활동에서 추구한 목적은 무엇인가?
- 인터뷰 대상자에게 무엇을 약속했는가?
- 시스템이 얼마나 개방적인가?
- 인터뷰가 얼마나 전문적(간접적)으로 이뤄졌는가?
- 기록이 얼마나 정확했는가, 청취가 얼마나 능숙했는가?
- 진술을 다듬는 데 얼마나 많은 주의를 기울였는가?
- 부정적인 내부 직원을 대하는 의뢰인의 태도는 어떤가?

의뢰인은 인터뷰 활동의 결과를 더욱 자세히 알아야 할 필요가 있다. 이제부터 몇 가지 중요한 결정을 내려야 하기 때문이다. 그리고 이때 앞서 보았다시피 외부 사업 환경에 대한 피드백은 내부 상황에 관한 논평과 분리하는 편이 바람직하다. 인터뷰 피드백은 아마도 다음과 같은 형태를 취할 것이다.

- 역사적 관점: 상황이 어떻게 변화해왔으며 지금은 어떤 상황인가?
- 외부 관점: '사업' 환경, 맥락적 환경과 업무적 환경 모두에서 무

슨 일이 일어나고 있는가?
- 내부 관점: 자신, 문화, 행동 방식, 경영, 직원, 강점, 약점, 사업 논리 등에 관한 논평
- 미래 관점: 개선을 위한 선택권, 원하는 관행, 시야, 전략적 고려 사항 등에 대한 생각

시나리오 기획자는 이런 점을 고려하여 자료의 분석 결과를 보고한다. 여기에는 다음과 같은 내용이 포함될 수 있다.

- 현재 비즈니스 아이디어의 밑그림
- 현재의 성공 공식을 지지하는 미래에 대비한 차별적 역량
- 잠재적 (외부) 위협과 (내부) 약점
- 시나리오 활동의 목적
- 제안된 시나리오 안건
- 성공적인 프로젝트 수행을 가로막을 수 있는 잠재적 내부 제약

이때가 의뢰인 집단에 적응적 시나리오 기획과 생성적 시나리오 기획의 차이를 설명하기에 적절한 시점일 수 있다. 특히 의뢰인과의 계약에 이미 프로젝트가 생성적 시나리오 기획으로 발전할 가능성이 있다는 내용이 들어 있다면 이런 설명은 더더욱 중요하다. 이 경우 의뢰인 집단이 생성적 시나리오 기획은 개방적이며 의뢰인 집단의 높은 수준의 참여와 헌신을 필요로 한다는 것을 이해하는 것이 특히 중요하다.

우리는 시나리오 기획에서 내부 사안의 중요성이 확실하다면, 시나리오 기획자에게 내부 사안만 다루기를 권한다. 만일 성공적인 결과를 얻는 것을 방해하는 조직 내 제약이 있음이 확실하다면 이를 논의에 붙여야 한다. 진행자는 특히 지나친 분열(충돌, 숨겨진 안건, 정치공작, 문제 처리와 관련한 무능력)과 과도한 집단 사고(시야의 유사성, 현재 사용 중인 이론상의 필수다양성 부족)를 나타내는 신호에 특히 관심을 두어야 한다. 진행자는 또한 내부 관점과 외부 관점의 질적, 양적 차이를 살피는 것이 좋다. 이를 통해 무엇이 실제로 사람들의 마음을 사로잡았는지를 알 수 있기 때문이다. 그 차이는 사람들이 얼마나 내부적으로 집중하고 있는지, 그리고 그들이 외부를 보는 것을 얼마나 어렵게 느끼고 있는지를 두드러지게 보여준다.

강한 내부 이슈와 내부 정서가 부득이하게 인터뷰 활동의 중심이 되는 환경에서는, 인터뷰 시 논란의 여지가 있었던 주제와 관련된 진술들을 잘 담아 짧은 설문지를 작성해보는 것도 괜찮다. 그리고 설문지를 의뢰인 집단에 돌려 빠른 결과 산출을 도모할 수 있다. 이를 통해 여러분이 평가할 수 있는 것은 놀라울 정도로 적겠지만, 수량화할 수 있는 것은 꽤 많을 것이다. 보통 설문지를 통해 얻은 결과는 아주 명확하다. 설문지는 특정 개인을 드러내지 않는다. 그리고 종종 다양한 시각이 존재하는 영역과 애매모호한 사실을 좀 더 객관적으로 묘사해준다.

진행자는 이 활동이 여전히 '외부' 측면과 비즈니스 아이디어를 토대로 전략을 다루는 시나리오 기획일 수 있도록 주의를 기울여야 한다. 피드백은 집단 내에 이미 존재하는 전략적 대화를 통해 이뤄져야 한다. 집단이 새로운 방식으로 공통의 비전·임무, 비즈니스 아이디어, 사업 환경을 이야기한다면 팀 발전에 크나큰 도움이 될 것이다.

분석 결과의 서면 피드백은 먼저 회의를 통해 구두로 전해질 때까지 기다려야 한다. 서면 피드백은 논의를 반영한 후속 조치여야 한다. 이때 되도록 주요 내용을 손상하지 말고 피드백 효과를 극대화할 수 있는 단어를 선택하라. 예를 들어 선동적인 표현을 부드럽게 만드는 것도 효과가 있다. 한 사람에게만 해당하는 논평은 포함하지 마라. 피드백 활동의 핵심은 사람들이 개인과 관련된 구체적인 내부 경영 문제를 처리하는 대신 먼저 사업 환경을 생각하게 만드는 것이다.

기준년

팀에서 초기에 논의해야 하는 것 중 하나가, 얼마나 먼 미래까지 다른 시나리오를 기획할 것인지이다. 이는 기획의 '기준년'으로 알려져 있다. 이는 식별된 시나리오 안건상의 이슈와 비즈니스 아이디어의 속성을 참고해 결정한다. 즉 기준년은 오늘의 결정과 전략이 미래에 미치는 영향력에 근거하여 결정해야 한다. 대규모 자본 투자는 최대 20년까지 고려해야 한다. 비즈니스 아이디어 개발과 연관된, 종종 문화적 속성을 띠는 결정 역시 장기적인 영향을 미친다. 반면, 견실한 비즈니스 아이디어를 갖고 있는 조직은 상대적으로 단기적 영향력을 미치는 사업 포트폴리오 전략에 관심을 기울일 것이다. 마찬가지로 생존의 기로에 있는 회사는 지나치게 장기적인 전망은 할 여유가 없을 것이다. 기준년 결정은 시나리오 기획 활동의 결과에 상당한 영향을 미친다. 기획의 시작 단계에서 한 추측이 나중에는 부적절하다고 나타날 수도 있다. 이 경우 팀은 다른 기준년을 토대로 시나리오 기획을 다시 한 번 반복할지를 결정해야 한다.

비즈니스 아이디어 구체화하기

비즈니스 아이디어 개념은 강화 피드백 순환으로 가치를 만들어 내고 스스로 자생하는 차별적 역량 체계를 수반한다. 비즈니스 아이디어는 조직의 성공에 필요한 기본 공식을 구성한다. 지금부터 살펴볼 간단한 도표는 경영팀에서 현재와 미래의 비즈니스 아이디어를 심도 있게 논의하는 데 큰 도움을 준다.

경영팀 내의 비즈니스 아이디어 드러내기

일반적으로 경영자들은 그들의 비즈니스 아이디어에 들어 있는 요소를 이미 어느 정도 알고 있다. 이런 지식은 대개 일상적인 경영 활동 속에 암암리에 존재한다. 여기서 설명할 과정은 경영팀 내에서 설명하고, 논의하며, 수정하고, 동의하는 과정을 통해 이런 지식을 표현하기 위한 것이다. 이 과정이 반복되면서 비즈니스 아이디어의 원형이 빠르게 만들어진다. 무엇이 성공을 가져오는지에 대한 이해가 담긴 원형을 만들고 나면 경영자들은 이 모델에 반응한다. 이런 과정을 수없이 반복하면서 원형은 점차 경영자들의 견해와 같아진다. 경영팀에 이 과정을 도입할 경우 경영자들은 의견 차이로 논쟁을 벌이게 된다. 이후 더는 진전할 수 없는 상태에 도달하게 된다. 그때의 결과는 팀 전체가 공유하는 사업에 관한 관점을 대표하게 된다.

이를 가능케 하려면, 진행자는 시종일관 탄탄한 이론적 근거를 고수하며 경영팀에 관련 개념을 상기시켜야 한다. 또한 이 과정을 도입하고 이끌며, 경영팀이 여러 단계를 거치도록 돕고, 여기서 나온 의견을 기록해야 한다. 이때 진행자 선정이 중요한데, 보통 그 대상은 팀 구성원 혹은 신뢰받는 외부인으로 국한된다.

이 장에서 우리는 경영팀에서 비즈니스 아이디어를 구체화하고 논의하는 과정을 살펴볼 것이다. 이 과정은 흔히 편의에 따라 며칠 혹은 몇 시간의 간격으로 이어지는 세 번의 경영 워크숍을 통해 이뤄진다. 필요할 경우 하루 종일 하는 한 번의 워크숍으로 끝마칠 수도 있다.

비즈니스 아이디어의 요소들

2부에서 논의했다시피, 비즈니스 아이디어의 핵심 요소는 다음과 같은 사업 성공의 동인을 묘사한다.

- 창출된 고객 가치
- 고유한 활동 세트
- 활동 세트를 사용할 수 있게 하는 상호 강화적인 차별적 역량들
- 활용된 경쟁우위의 속성
- 발생한 자원이 성장을 가져오는 양의 피드백 순환상의 모든 것

비즈니스 아이디어라는 말만으로는 양의 피드백 순환으로 움직이는 상호 강화적인 차별적 역량들의 체계적 특징을 충분히 나타낼 수 없다. 이번 활동의 목적은 이런 요소들 사이의 인과관계를 리스트가 아닌 하나의 '게슈탈트(gestalt, 형태)'로 인지할 수 있는 인과관계 도표로 보여주는 것이다.

초기 자료 요건

회사가 한두 개의 대형 사업 분야에 치중한다면 사업 단위 수준에서 고객 가치와 경쟁우위, 차별적 역량을 정의하는 편이 쉬울 것이다. 최고경영진의 입장에서는 해당 사업 부문의 관리자와 함께 한 번 이상 회의를 주선해 사업 단위의 비즈니스 아이디어에 대한 공동의 이해를 발전시켜 비즈니스 아이디어를 검토하는 기반을 준비하는 것이 도움이 된다.

이를 위한 방법 가운데 하나는 전략 평가 회의를 한 번 이상 하는 것이다. 이 회의에서 최고경영진은 사업 부문 관리자와 '오로지 정

보를 얻기 위한' 대화를 나누며 해당 사업의 전략적 측면을 논의한다. 이와 관련한 내용은 4부 16장에서 논의할 것이다.

경영팀 내에서 비즈니스 아이디어를 논의하려면 공통의 데이터베이스가 필요하다. 이 공통의 데이터베이스는 앞서 언급한 대로 원칙적으로 진행자가 수행한 인터뷰와 피드백 순환을 통해 만들어진다. 그렇지 않으면 진행자가 의뢰인과 함께 플립차트에 SWOT 분석을 전개할 수도 있다. 이 작업은 되도록 별개의 팀 회의로 구성하여 그 결과를 적절히 다루어 제출할 수 있도록 하는 것이 좋다. 이것이 여의치 않다면 한 시간짜리 SWOT 분석이 추가된 비즈니스 아이디어 워크숍을 할 수도 있다.

공통의 비즈니스 아이디어를 개발하는 과정에서 가장 중요한 부분은 1차 원형 도표를 만드는 것이다. 진행자는 팀이 1차 단계를 성사시키는 데 어려움을 겪을 것을 대비해 팀을 돕기 위한 약간의 준비 작업을 할 필요가 있다. 그리고 준비 작업을 하면서 비즈니스 아이디어 도표를 이루는 핵심 요소에 대한 기본적인 이해를 발전시키고, 이를 체크리스트로 만들어 필요하다면 회의 중에 쓸 수 있도록 준비해야 한다.

비즈니스 아이디어 개발 과정

1단계: 사업의 핵심 사항 정하기
개별 인터뷰 혹은 팀 활동을 통해 만든 SWOT 분석 결과를 회의실 벽에 걸어놓는다. 이제부터 경영팀은 몇 가지 사업의 핵심 사항을 구체화하여 비즈니스 아이디어의 기반을 준비해야 한다. 사업은 무엇이고, 고객은 누구이며, 가치는 어떻게 창출하는가? 이 말인즉슨 사업을 가장 먼저 세분화해야 한다는 뜻이다.

이를 빨리 시작하는 방법은 조직도를 따라가며 거기에 나타난 사업 분야를 알아내는 것이다. 회사의 수익성이 한 가지 분야에 좌우될 수도 있다. 이런 경우 비즈니스 아이디어 개발 활동의 초점을 그 분야에 맞춰야 한다. 만일 다수의 분야가 똑같이 중요해 보인다면 각 사업 분야를 따로 분석한 뒤 전체 조직의 성공 공식을 형성하는 공통 요인을 발견하는 편이 낫다.

어떤 접근 방식을 택하든 1차 비즈니스 아이디어 개발을 완료하고 나면, 그 결과가 사업을 세분화하는 새로운 시각을 제시할 것이므로 세분화를 다시 논의할 수밖에 없다.

어떤 사업 분야를 고려할지를 정했다면 팀은 다음의 질문들을 고민해야 한다.

- 대표적인 고객은 누구인가? 우리에게 영향을 미치는 고객의 걱정과 우려는 무엇인가?
- 고객이 구입한 제품·서비스는 무엇인가? 우리는 고객에게 전체적으로 어떤 제안을 하고 있는가?
- 고객은 거기서 어떤 가치를 얻는가? 우리가 덜어줘야 할 희소성은 무엇인가?
- 고객은 다른 곳이 아닌 우리에게서 구매하여 어떤 가치를 얻는가?

- 고객과 우리 사이의 접점에서 사용되는 활동 세트를 생각할 때 고객을 '우리 가게'로 불러들이는 차별적 요소는 무엇인가?
- 이 요소를 경쟁자가 모방하기는 얼마나 힘든가?
- 경쟁자에게도 우리가 모방하기 어렵다고 생각하는 차별적 활동이 있는가?

이런 질문에 대한 답변을 플립차트에 적는다. 각 질문별로 다른 플립차트를 사용하라. 이 단계에서는 의견을 일치시킬 필요가 없다. 만일 다른 의견이 있다면 전부 플립차트에 적어라. 상충된 견해가 있다면 주석을 달아라.

2단계: 회사의 경쟁우위 식별

1차 원형 도표를 그리는 과정은 경쟁우위와 관련한 질문을 제기하는 것으로 시작한다. 여기서 답해야 할 주요 질문은 "우리가 시장에서 가격 프리미엄을 받을 만큼 고객에게 차별화된 제안을 제공하고 있는가?", 그렇지 않다면 "차별화되지 않은 제품을 생산하면서도 구조적으로 유리한 비용 전략을 통해 성공을 얻을 수 있는가?" 하는 것이다. 이 문제를 효과적으로 생각하는 한 가지 방법은, 잠재적 신규 고객이 다른 경쟁자가 아닌 우리 조직을 공급·사업 파트너로 삼아야 하는 이유를 구체화하는 것이다. 만일 이런 방법을 발견할 수 있다면 경쟁우위는 차별화된 제품에서 나온다. 그렇지 않다면 경영팀은 자사에게 확실한 이점을 가져다주는 비용 구조를 찾으려 노력해야 한다.

경쟁우위에 관한 질문을 하는 목적은 조직을 성공으로 이끌 원천을 이해하기 위해서다. 조직의 성공은 남들보다 더 나은 뭔가를 제시하거나 같은 것을 더 싼값에 제공하는 것을 토대로 한다. 경쟁우위에 관한 질문에 대한 최종 답변은 다음의 두 가지 범주 중 하나 혹은 조합으로 구체화해야 한다.

- 제품 및 서비스의 차별화
- 구조적 비용 우위

만일 시장이 경쟁자가 만들어낼 수 없는 것에 가격 프리미엄을 허용한다면, 회사는 차별화된 제품을 생산한다. 이는 차별화된 제품이 (디자인, 품질, 지원, 유효성 등에서 차별적 특징을 갖고 있다는 점에서) 고객의 가치를 대변하는 희소성을 충족시키며, 해당 공급자는 차별화된 제품을 시장에 제공할 수 있는 차별적 역량 체계를 갖추었음을 보여준다.

만일 회사가 지속적으로 다른 경쟁자보다 낮은 가격에 제품 및 서비스를 제공할 수 있는 차별적 역량 혹은 자원 체계를 갖고 있다면, 이 회사는 구조적 비용 우위를 갖고 있는 것이다(이때 비용 우위를 '좋은 관리 업무' 원칙 중 하나인 원가관리와 혼동해서는 안 된다).

뒤이어 제기되는 질문은 "이 조직이 이 같은 약속을 지키기 위해서는 무엇을 잘해야 하는가?"이다. 이 질문은 경영팀의 관심을 활동 세트와 그 밑에 깔린 역량들로 이동시킨다. 많은 팀들이 이처럼 빤한 질문에 답변하는 데 그처럼 많은 시간이 걸린다는 사실은 정말 놀랍다. 앞서 보았다시피, 많은 팀들은 조직의 강점을 당연시하는 탓에 일상의 업무를 수행하는 동안 그 밑에 깔린 원동력에 대해 그다지 생각하지 않는다.

팀 내에서 의견 일치가 이뤄지면 진행자는 플립차트에 질문에 대한 답을 기록한다.

3단계: 반대 입장에서 질문 제기

이제 진행자는 일부러 선의의 비판자가 되어 반대 입장에서 질문을 제기한다. "회사가 이런 경쟁우위를 활용할 수 있도록 해주는 고유한 특성은 무엇인가? 그리고 왜 다른 경쟁자들은 이를 모방하지 못하는가?" 그 밑에 깔린 시스템의 흔적을 찾으려면, 경영자들은 사건 수준의 피상적 증상에서 멈추지 않고 자신들의 멘탈 모델을 더 깊이 파고들어야 한다. 회사는 그 누구도 갖고 있지 않은 역량을 갖고 있을 때에만 시장에서 차별화될 수 있다. 그렇지 않다면 어떤 일이 벌어질 수 있는가? 왜 다른 경쟁자들은 이 공식이 성공하는 모습을 보면서도 이 조직이 하고 있는 일을 모방하지 않는가? 지속적인 비용 우위에도 같은 질문을 적용할 수 있다. 경쟁자들은 늘 다른 경쟁자의 성공을 모방하려 애쓴다. 그래서 벤치마킹은 늘 인기다. 눈에 띄려면, 그래서 성공하려면 차별적이고 모방하기 힘든 무언가가 필요하다.

차별성을 구성하는 요소와 관련한 초기 아이디어 역시 이 과정의 다음 단계에 대비해 플립차트에 기록한다.

4단계: 인과관계 도표 만들기

이제부터 진행자는 1차 원형 비즈니스 아이디어 도표를 만들기 시작한다. 이 도표는 인과관계를 나타내는 화살표로 연결되고, 여기서 요소라고 불리며, 성공 공식과 연관된 변수를 가리키는 짧은 글로 구성된다. 도표를 만들 때 가장 먼저 적는 요소는 합의된 경쟁우위다. 거기서 화살표 하나를 그려 '수익성' 요소와 잇고, '수익성' 요소에서 화살표를 그려 '투자'와 잇는다. A에서 B로 향하는 화살표는 A가 B의 (부분) 원인임을 뜻한다.

진행자는 합의된 경쟁우위의 원천에 대한 논의(반대 입장의 질문)에 이어 이제 팀이 경쟁우위를 가져온 회사의 특성을 간략하게 명시하도록 함으로써 이 부분을 공식화한다. 그렇게 명시된 특성을 기록하고, 그 원천에서 기록된 경쟁우위까지 화살표로 그린다(〈그림 22〉 참조).

이제 관심은 식별된 원천에 쏠린다. 진행자는 "이런 원천들이 생겨난 원인은 무엇이며, 이것들은 어떻게 지탱되는가?"라는 질문을 제기한다. 그리고 여기서 나온 새로운 요소를 도표에 기입하고, 원인·결과 화살표를 통해 이미 도표 상에 있는 요소들과 연결한다. 더 이상 진전이 없을 때까지 이런 식의 질문을 계속 제기한다.

5단계: 도표 완성

경영팀이 기력을 다할 때쯤 도표에는 제대로 설명되지 않은, 원천이 드러나지 않은 요소들이 수없이 많을 것이다. 이는 다음과 같은 이유 때문이다.

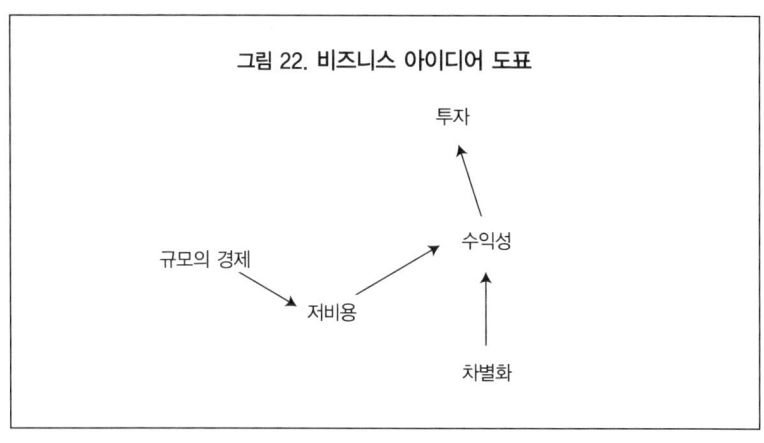

- 그런 요소는 투자 혹은 자본 지출 혹은 운영 경비에 의해 지탱되고 있을 수도 있다. 장기적 가치를 창출하는 유·무형자산을 구입하는 데 쓰인 모든 지출은 투자로 여겨진다. 예를 들어 연구 개발 능력은 지출로 유지되고, 종업원들의 충성을 이끌어내려면 넉넉한 보상이 필요하고, 고객 충성도는 '상시적인 저가 판매'에서 비롯되는 식이다. 이 경우, 진행자는 이미 도표에 있는 '투자' 요소에서 고려 중인 요소로 화살표를 그려 인과관계 도표를 완성할 것이다.
- 그런 요소는 과거에 이뤄졌으나 현재 조직이 그 혜택을 보고 있는 잠식 비용 혹은 그 밖의 투자로 인한 것일 수 있다. 이런 요소들은 오직 과거를 통해 설명할 수 있기 때문에 도표에 넣을 필요가 없다.
- 몇몇 경우에는 조직의 성공이 개인의 리더십과 관련이 있을 수 있다. 예를 들어 개인이 조직의 소유주이거나 경영자인 경우처럼 만일 조직이 개인과 밀접한 관계에 있다면, 더 이상의 설명은 필요하지 않다.

이 세 가지를 제외한 다른 경우에는 도표 상의 모든 요소를 설명할 수 있을 때까지, 즉 설명에 도움을 주는 화살표로 이어질 때까지 계속 질문을 제기해야 한다.

6단계: 차별적 역량 식별

팀 회의를 마치려면 설명이 제대로 되지 않은 요소들을 마무리하는 것 외에도 진행자가 해야 할 일이 한 가지 더 남아 있다. 도표 상에서 정말 차별적인 요소를 식별하는 것이다. 이때 진행자는 다시 한 번 반대 입장에서 질문을 제기하여 경영자들에게 도표 상에서 다음과 같은 요소를 찾아내도록 한다.

- 다른 회사와 구별되는 그 회사만의 독창적인 요소
- 기존의 혹은 새로운 경쟁자가 모방할 수 없거나 모방하기 어려운 요소

2부에서 설명한 대로, 차별적 역량은 다섯 가지 범주로 구별할 수 있다. 따라서 진행자는 팀에게 이 리스트를 검토하도록 해, 제시된 것이 다음 중 하나에 속하는 것인지 확인하도록 해야 한다.

잠식 비용에 기반을 둔
- 구체적인 활동에 관련된 자산
- 법적 보호
- 평판과 신뢰

▎기록 수단

워크숍 동안 영향력 도표를 '대강이나마 빠르게' 그리려면 되도록 다루기 쉬운 기록 수단을 이용하는 것이 좋다. 이때 쉽게 조작할 수 없도록 하는 방법을 몇 가지 소개할까 한다.

- 컴퓨터를 잘 다루는 진행자는 컴퓨터화된 시스템 도표를 사용하는 것이 좋다. 여러 요소를 자동적으로 연결해 플로차트를 만들어주는 소프트웨어를 이용하여 만든 도표를 LCD 프로젝트로 팀에게 쉽게 보여줄 수 있다.
- 화이트보드에 떼었다 붙였다 할 수 있는 접착식 스티커 혹은 자석 스티커를 사용해 시스템 도표를 만들 수 있다. 이때 각 스티커는 도표 상에서 하나의 요소를 나타낸다. 보드에 화살표를 그려 각 요소를 연결하고, 변화가 있으면 언제든 지우고 다시 그리면 된다.
- 움직일 수 있는 장치(스티커)를 쓰는 대신 칠판에 직접 요소들을 그릴 수도 있다. 그렇지만 변화가 생기면 바꾸기가 조금 더 힘들다.
- 도표를 기록하는 수단으로 플립차트를 사용하는 일은 피하는 것이 좋다. 도표가 마치 '스파게티'처럼 되버려 알아보기 힘들기 때문이다.

이 가운데 무엇을 선택할 것인지는 진행을 담당하는 사람이 결정해야 한다. 이때 무엇보다 중요한 것은 그 사람이 편하게 느끼는 것이다.

성문화되지 않은 지식에 기반을 둔

- 정착된 과정
- 네트워크화된 팀 지식

이를 근거로 차별적이라고 인정된 도표 상의 요소들에는 적절한 주석을 단다.

7단계: 정리

팀 회의의 첫 번째 파트는 이제 끝났다. 다음 파트에서는 SWOT 분석 결과가 적힌 플립차트를 다시 한 번 벽에 걸 것이다. 비즈니스 아이디어 도표는 정리할 필요가 있다. 교차되는 지점을 최소화하는 등 정돈된 방식으로 다시 그려야 한다. 진행자는 회의의 다음 파트를 대비해 도표 정리에 착수해야 한다. 이 단계에서는 보통 〈그림 23〉과 같이 전형적인 1단계 비즈니스 아이디어 도표 모양으로 결과가 나타난다. 이 도표는 차별적 역량을 가리키는 항목을 네모 상자로 표시한 일반적인 형태를 보여준다.

8단계: 비즈니스 아이디어 재검토

다시 소집된 경영팀은 지금까지 얻은 결과를 다시 한 번 생각해야 한다. 진행자는 경영팀원들이 앞으로 진행할 논의에 대비할 수 있도록 회의 전에 깔끔하게 정리한 비즈니스 아이디어 도표를 배포하는 것이 좋다. 보통 재배치된 도표는 재고할 여지를 제공해주므로, 진행자는 팀의 요구에 따라 많은 것을 변경할 준비를 해야 한다. 회의를 하는 동안 수많은 변경이 논의되고 추가될 것이다.

필요한 변경을 하고 나면 경영팀은 그 결과를 테스트해야 한다. 첫 번째 테스트는 SWOT 분석에서 나온 강점과 약점을 배경으로 한다. 이때 제기되는 질문은 다음과 같다.

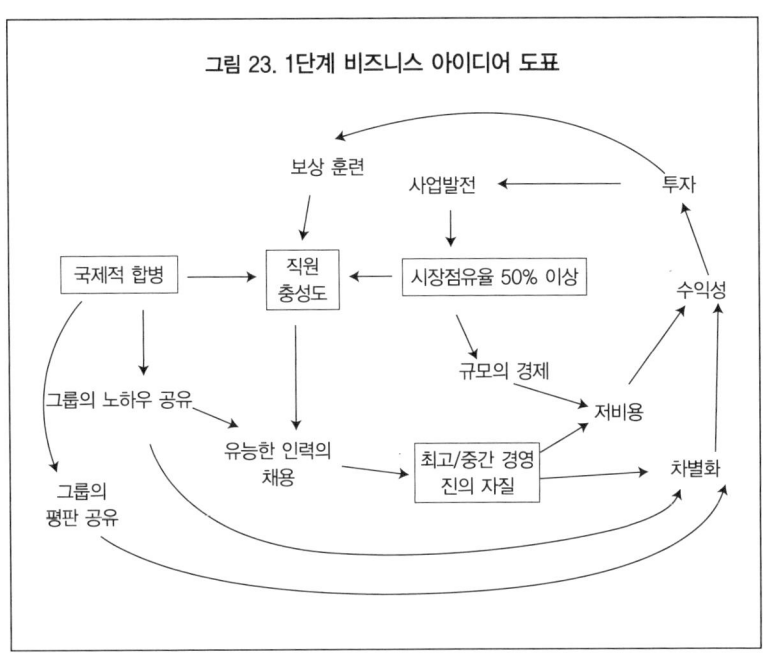

- 중요한 강점이 모두 도표에 반영되었는가? 그렇지 않다면 이유는 무엇인가?
- 비즈니스 아이디어가 드러난 구조적 약점을 전부 극복할 수 있는가?

이때 논의를 다음 단계로 이동시키는 데 도움을 주는 질문은 다음과 같다. "만일 우리가 최대 경쟁사의 경영팀이 된다면 지금 우리 회사의 경쟁우위를 제거하기 위해 어떤 일을 할 것인가?"

최종 분석에서 비즈니스 아이디어의 품질을 결정하는 것은 차별성이다. 우리는 이미 '선의의 비판자' 질문을 살펴본 바가 있다. 여

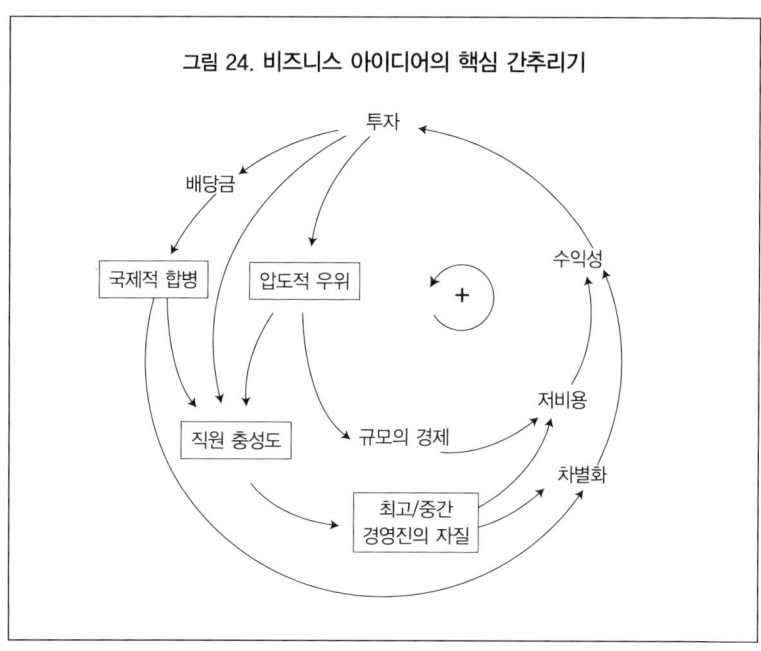

그림 24. 비즈니스 아이디어의 핵심 간추리기

기서는 좀 더 세심한 최종 테스트, 이른바 3E 테스트(Marsh & Van der Heijden 1993)를 취하게 된다.

- 모방(Emulation): 경쟁 상대가 우리의 차별적 역량을 얼마나 쉽게 모방할 수 있는가? 회사는 하나 이상의 차별적 역량을 가지고 있어야 할 뿐만 아니라, 하나 이상의 차별적 범주에서 역량을 갖고 있어야 한다. 그렇지 않을 경우 비즈니스 아이디어는 약하고 경쟁자의 공격에 당하기 쉽다.
- 이주(Emigration): 고객이 다른 곳으로 움직여, 우리가 적절히 제시하지 못한 특성을 가진 다른 제품에서 새로운 만족감을 추구하려

들 것인가? 우리가 시나리오를 통해 미래 사회의 희소성 변화와 그것이 고객의 행태에 미치는 영향력에 대해 알 수 있는 것은 무엇인가?

- 침식(Erosion): 우리의 차별적 역량들이 방치, 시간의 흐름, 사업의 정상적인 진행 과정에서 쇠퇴할 가능성이 있는가?

9단계: 핵심 요소 끄집어내기

이로써 두 번째 팀 회의가 끝났다. 진행자가 비즈니스 아이디어를 구체화하는 작업을 마무리하기 전에 해야 할 일이 또 하나 있다. 대부분의 경우, 이 단계에서 나온 비즈니스 아이디어는 너무 복잡하다. 비즈니스 아이디어는 본래 체계적 속성을 띠기에, 많은 요소들의 집합체가 아닌 하나의 덩어리로 이해하는 것이 대단히 중요하다. 인간의 머리는 동시에 일곱 가지 이상의 개념을 담아둘 수 없다(Miller 1956). 따라서 비즈니스 아이디어 도표에 포함된 요소가 최대 일곱 개가 넘지 않도록 줄여야 한다. 요소를 줄이는 데는 몇 가지 방법이 있다. 가장 일반적인 방법은, 요소들을 결합하거나 그보다 상위 관점에서 바라본 다른 개념으로 대체함으로써 줄이는 것이다.

전체 회의에서 이 같은 일을 하기는 조금 어려울 수 있으므로, 진행자는 미리 초안을 작성하여 경영팀이 이를 꼼꼼히 따져보고 승인하도록 하는 것이 좋다. 예를 들어 〈그림 24〉는 앞서 본 도표의 핵심 요소를 전혀 누락시키지 않고 간소화한 도표다.

이 예에서 전략적 요지의 정수는 다음의 세 가지 요소로 압축할 수 있다.

- 가장 인기 있는 고용주라는 위상을 유지하며 동시에 '최상급' 경영을 달성하기 위한 사람에 대한 투자.
- 비용 우위를 유지하고(규모의 경제) 가장 인기 있는 고용주라는 위상을 뒷받침하는 지속적인 투자를 통해 압도적 시장 우위 유지.
- 시장 내 차별화의 원천이자 가장 멋진 고용주라는 위상을 뒷받침할 방법으로 국제적 합병을 이용.

10단계: 전략적 방향

이 단계에 이르면 진행자는 다음번 전략 회의에서 논의하고 최종 합의를 이뤄내야 할 결과물을 경영팀에게 다시 보낸다. 지금까지의 분석은 비즈니스 아이디어를 과거와 현재 상황에 비추어 살펴보는 것이었다. 여기서 나온 분석 결과가 미래에도 강력한 선도적 원칙이 될 수 있을까?

이를 검토하려면 경영팀은 SWOT 분석에서 식별한 기회와 위협을 배경으로 지금까지 개발한 비즈니스 아이디어를 살펴보아야 한다.

- 기존의 비즈니스 아이디어가 식별된 기회를 활용하는 강력한 토대가 될 것인가?
- 식별된 위협이 현실화된다면 어떤 일이 벌어질 것인가?

원칙적으로 이런 논의에는 시험대로서 시나리오가 필요하다(〈그림 25〉 참고). 만일 지금까지의 비즈니스 아이디어 구체화 작업을 시나리오 기획과 상관없이 고립된 프로젝트로 수행했다면 이 질문에는 직관적으로 답변할 수밖에 없다. 설령 그렇다 할지라도 팀은 똑같이 실현 가능성이 있어 보이는 다수의 미래에 관해 생각할 준비가 되어 있어야 한다.

향후 사회적 가치가 변화하는 모습과 그로 인해 달라지는 고객 가치 그리고 고객의 행태에 관해 다수의 시나리오는 무엇이라 말하는가? 이런 미래 상황하에서도 비즈니스 아이디어에 담긴 차별성이 제 기능을 다할 수 있을 것인가?

이를 심사숙고한 결과, 비즈니스 아이디어가 미래 사업의 기초로 굳건히 설 수 있다는 확신이 들면, 논의는 비즈니스 아이디어를 최대한 활용하기 위한 방법으로 넘어갈 것이다.

과거에는 성공적이었다고 판명된 비즈니스 아이디어라 할지라도 미래 상황에서는 버틸 수 없다고 생각되면, 경영팀은 미래 사업 환경에 잘 맞는 쪽으로 비즈니스 아이디어를 발전시켜야 한다고 판단할 것이다. 그 원인은 구조적 약점이나 위협 때문일 수도 있고, 이 비즈니스 아이디어를 활용할 만한 기회 영역이 충분치 않아서일 수도 있다. (위의 예로는, 새로운 경쟁자가 풍부한 자금력을 무기로 시장 지배력을 위협한다거나 회사가 더는 발전할 수 없는 규모에 다다랐을 가능성 등이 있다.)

비즈니스 아이디어의 적합성이 이상적이지 않을 경우, 경영팀은 비즈니스 아이디어를 좀 더 튼튼하게 만들려면 어떤 방향으로 개발할지 고민해야 한다. 적합성이 현저히 떨어질 경우에는 앞서 수행한 단계를 되풀이해야 한다. 다만 이번에는 과거를 살펴보기보다는 좀 더 나은 적합성을 확보해줄 것이라 생각되는 희망적인 차별적 역량과 경쟁우위를 살펴보아야 한다.

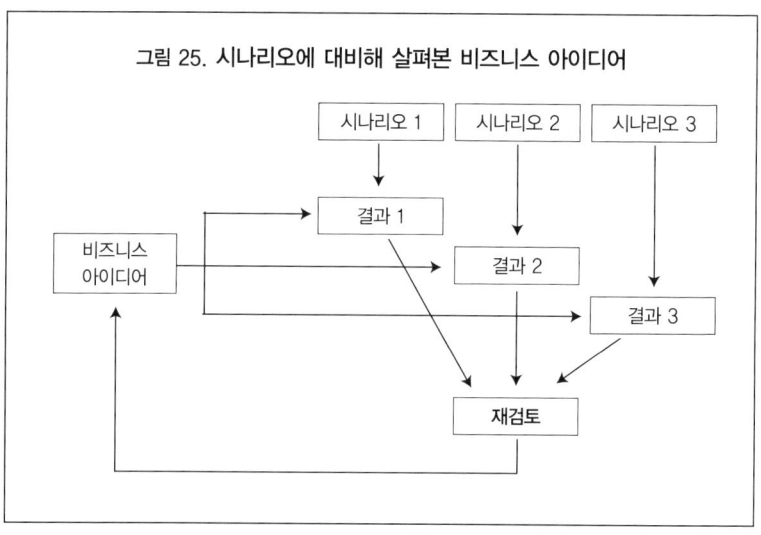

그림 25. 시나리오에 대비해 살펴본 비즈니스 아이디어

　예를 들어 장시간 지속된 차별적 역량이 부주의로 인해 위축된 상태에서 활성화가 필요한가? 그게 아니라면, 이제 전성기가 다가오고 있고 그동안에는 사용하지 않던 차별적 역량을 주의 깊게 양성해 적합성을 높일 수 있는가? 아니면 기존의 차별적 역량을 사용해 더 적절하고 새로운 역량을 만들어낼 수 있는가?
　이런 논의를 하는 동안 진행자는 새로운 차별성을 만들 토대는 기존의 차별적 역량밖에 없음을 경영팀에게 자주 알려줄 필요가 있다. 즉 우리가 2부에서 살펴본 다음과 같은 중요 사항을 경영팀에게 자주 주입해야 한다. "미래의 사업 성공은 미래의 차별적 강점에 기반을 두고 있다. 그러나 이런 강점은 기존의 차별성을 토대로 개발할 수 있다. 차별적 역량의 개발은 다른 어떤 것도 아닌 내부 개선에서 나온다. 분명히 말하지만, 차별적 역량은 돈으로 살 수 있는 것이 아니다(미래의 지대를 전부 무의미하게 만들 정도의 가격이라면 가능할 수도 있다)."

지금 우리가 다루는 예는 그룹 합병, 직원들의 충성심, 우수한 경영진, 시장 내 지배적 위치와 같이 미래의 군건한 차별적 역량을 개발하는 데 지렛대로 사용할 수 있는 중요한 차별적 역량이 상당히 많다. 지금의 차별적 역량을 활용해 미래에 좀 더 믿을 만한 새로운 차별적 역량을 개발할 수 있을 것인가? 예를 들어 "제휴와 인적자원을 활용해 사업을 새로운 방향으로 다각화할 수 있을 것인가?" 아니면 "합병이나 기업 인수에서 시너지 효과를 내는 데 규모의 경제를 활용할 수 있을까?" 등등 기타 여러 가능성이 있을 수 있다.

결론에 도달하면, 논의의 결과를 질적인 전략적 목표 측면에서 표현하는 것이 좋다. 이때 두 가지 형태를 취할 수 있다.

- 기존의 비즈니스 아이디어가 미래 사업 발전을 위한 좋은 토대라 생각한다면, 목표는 기존의 사업 영역을 좀 더 개발하거나 기존의 비즈니스 아이디어를 활용할 수 있는 새로운 사업 영역에 진출하는 것과 관련이 있을 것이다. 이 경우 전략적 방향은 회사가 이미 갖고 있는 것을 좀 더 활용하는 쪽이 될 것이다.
- 기존의 비즈니스 아이디어를 발전시킬 필요가 있다면, 목표는 기존의 차별적 역량을 지렛대로 활용하여 회사 내에서 만들어낼 수 있는 새롭고 독창적인 능력과 역량을 개발하는 것과 관련이 있을 것이다.

이때 진행자는 반드시 결론을 플립차트에 기록하고 그것에 모두가 동의하는지를 확인한다. 현재의 전략적 방향은 경영팀의 동의로 명확해진다. 전략적 방향은 철저히 논의하고 기록하여 통일된 경영 행동의 원천으로 작용할 수 있어야 한다.

비즈니스 아이디어를 재발명하려면 한두 번의 경영팀 워크숍으로는 부족하다. 이는 생성적 시나리오 기획의 영역으로, 사업 환경에서 일어나는 일을 새롭고 독창적으로 이해하는 것을 목표로 한다. 미래에 대비한 새로운 비즈니스 아이디어는 바로 이런 새롭고 독창적인 이해를 기반으로 만들어진다.

여기서 묘사한 것처럼 고립된 단독 비즈니스 아이디어 개발 활동은 그 결과가 미래 발전을 위한 탄탄한 토대를 형성한다는 결론에 이를 경우에 유용하다. 만일 그 결과가 약하여 심각한 수정을 필요로 한다면 비즈니스 아이디어 개발 활동은 반드시 기업가적 발명 과정의 토대로서 생성적 시나리오 기획의 일부가 되어야 한다.

진행자

진행자는 주의 깊게 준비해야 하고, 행동 학습 과정으로서 프로젝트에 접근해야 한다. 이때 진행자가 하는 일의 상당 부분은 참여와 경험을 통해 익힐 수 있다. 이런 예로는 다음과 같은 것이 있다.

- 사용되는 개념과 대화의 배경지식을 명확히 이해
- 필요하다고 생각하는 짧은 강의 혹은 설명에 대비

- 각 단계별 반복 작업과 심층 분석, 빠른 원형화
- 과정과 성공적인 결과에 대한 자신감
- 논의를 요구하는 방향으로 끌어갈 수 있을 정도로 팀 내에서 차지하는 충분한 '비중'
- 대화를 계속 이끌어나가면서 세부 사항을 건드리지 않는 능력

이런 종류의 프로세스를 시작할 때는 종종 모든 것이 안개가 낀 듯 불투명하고 엉망처럼 느껴진다. 이때 핵심 성공 요인은 이런 종류의 프로세스가 늘 의뢰인 팀에 가치 있는 결과를 가져다준다는 확신을 갖는 것이다.

비즈니스 아이디어 구체화 과정 요약

일련의 인터뷰 혹은 SWOT 분석의 도움을 받아 데이터베이스를 준비한 다음에는 경영팀 내에서 비즈니스 아이디어를 구체화하고 분석하는 과정이 이어진다. 이 과정은 다음과 같은 단계로 이루어진다.

① 사업의 핵심 사항 정하기
② 회사의 경쟁우위 식별
③ 반대 입장에서 질문 제기
④ 경쟁우위의 원인 발견

⑤ 원형 비즈니스 아이디어 회로 닫기

⑥ 차별적 역량 식별

⑦ 원형 도표 완성

⑧ 비즈니스 아이디어의 취약성 분석, 테스트, 재작업(3E 테스트, SWOT)

⑨ 핵심 요소 끄집어내기

⑩ 전략적 방향 고려

  이 과정은 경영팀이 자력으로 할 수밖에 없는 일종의 기업가적 사고 과정이다. 이 작업은 위탁하거나 외주를 줄 수 없다. 이 작업이 끝나면 팀의 구체화된 성공 공식을 얻을 수 있다. 이는 미래 사업 환경에 대한 시나리오를 배경으로 테스트할 수 있다. 이제 테스트할 모델은 설계되었다. 따라서 다음으로 할 일은 테스트 조건을 설계하는 것이다.

  일단 다양한 미래상을 배경으로 비즈니스 아이디어를 테스트한 결과 비즈니스 아이디어가 탄탄하다는 결론을 내렸으면, 이제 정말 중요한 것이 무엇인지를 구체화해 앞으로 취할 전략 방향의 토대를 형성해야 한다. 그러고 나면 나머지 전략 경영 과정에 초점을 맞출 수 있다. 우선순위는 확실해졌다. 전략은 선택의 기술이다. 이때 포괄적이고, 공유되며, 핵심에 집중하는, 탄탄한 비즈니스 아이디어보다 더 나은 수단은 없다.

경쟁적 포지셔닝

경영팀 내에서 조직화된 논의

비즈니스 아이디어를 개발하고 난 후 경영팀은 경쟁자에 비해 그들이 가진 차별성을 좀 더 세부적으로 고민할 필요가 있다. 여기서 우리는 현재 일어나고 있는 일에 조직이 영향을 미칠 수 있는 '경기장(업무적 환경)'으로 이동하게 된다.

이곳에서는 모든 주체들이 결과에 관심을 가지고 영향력을 행사하는 진정한 의미의 '게임'이 벌어진다. 이 안에서는 모두 경쟁자가 하려는 일을 알아내는 데 혈안이 되어 있다. 심지어 경쟁자 역시 그런 일을 하고 있다는 것을 뻔히 알면서도 말이다.

경영과 관련한 여타 다른 일과 마찬가지로 경쟁적 포지셔닝에서도 무엇이 전략적인지를 아는 것이 가장 핵심적인 문제다. 이때 초점은 비즈니스 아이디어에서 나타난 성공의 기본적인 원동력에 맞취야 한다.

최고경영진은 보통 포괄적인 수준에서 경쟁적 포지셔닝에 접근하고 싶어 한다. 이같이 상의하달식 관점의 접근은 다음의 여섯 가지 영역으로 이뤄진다.

- 우리가 경쟁하고 있는 고객을 식별한다.
- 사업에 대한 정의를 점검한다.
- 경쟁자를 식별한다.
- 경쟁력 있는 원가 동인을 분석한다.
- 경쟁자의 반응을 추정한다.
- 가장 중요한 경쟁자를 추려낸다.

팀 구성원 중 한 사람은 토론을 준비, 정리하는 역할을 담당해야 한다. 대부분의 경우 진행자가 이 일을 맡는다. 마케팅 책임자에게 최상위급 보고를 하는 것도 한 가지 대안이다. 그리고 자료와 약간의 분석이 필요하다. 대부분은 마케팅에서 얻지만 다른 활동 분야에서 얻을 수도 있다. 각 영역마다 주된 결론을 몇 장의 플립차트에 요약해야 한다. 이는 경영팀 내에서 토론을 벌이는 기초가 된다. 이때 조사를 통해 발견한 결과는 진행자 혹은 배경 정보를 제공해줄 수 있는 분석가가 설명하는 것이 좋다.

탐구할 만한 가치가 있는 사안을 자동적으로 구체적인 결론에 다다르는 일련의 논리적 단계로 해석해서는 안 된다. 유리한 경쟁적 포지션은 기계적인 방법론을 통해 얻을 수 없다. 여기서는 경쟁 상황의 중요한 측면들을 논의하는 과정에서 나온 독창적인 이해가 필요하다. 위에서 언급된 여섯 가지 영역은 경쟁 상황을 바라보는 여섯 가지 관점으로 보아야 한다. 각각에 대한 논의는 어딘가 새롭고 혁신적인 아이디어를 촉발할 수 있어야 한다.

여기서도 기록은 다시 한 번 주의를 기울여야 할 측면으로, 촉발된 아이디어가 순식간에 사라지지 않도록 기록해야 한다. 자료의 유효성은 영원히 끝나지 않는 문제다. 경영팀이 새로운 사안들을 분석할 때 자료는 특히 문제가 될 수 있다. 그러나 여기서 제안하는 형식은 그런 경우에도 중요한 영역에 대한 토론을 유의미하게 조직하는 데 도움을 줄 것이다.

사안 1: 우리가 경쟁하고 있는 고객을 식별한다

모든 경쟁적 포지셔닝 설정 활동은 분석하려는 경쟁 대상인 고객을 식별하는 것으로 시작한다. 고객들의 시각, 가치, 희소성은 그들의 관심을 사로잡기 위해 경쟁하는 이들의 상대적 위치를 판단하기에 앞서 반드시 구체화해야 한다. 이 사안은 앞서 회사의 비즈니스 아이디어를 움직이는 경쟁우위와 관련해 개념적으로 다룬 적이 있다. 지금부터는 이 사안을 조금 더 구체적으로 분석할 필요가 있다.

보통 고객을 식별하는 일은 비교적 쉬운 편이다. '우리의 제품에 돈을 지불하고, 구매 결정을 하는 사람들'이 누구인지를 생각하면 된다. 대다수 조직에서는 개별 고객을 전부 살펴보는 것이 불가능하다. 그러므로 고객을 유사한 방식으로 반응하는, 회사로부터 비슷한 관심과 대우를 받길 바라는 사람들끼리 한데 묶어 분류할 필요가 있다. 적절한 사업 세분화는 대단히 중요한 첫걸음이다. 이는 고객을, 그들이 누구이며, 어떤 가치 체계를 가졌는지, 원하는 것은 무엇인지, 어떻게 대접받길 원하는지에 따라 분류하는 것과 관련이 있다.

이는 지속적으로 고민해야 하는 사안이다. 고객 세분화에 쓰인 많은 사업 단위가 시간이 흐르면서 점차 기존 사업과 새로운 활동 간의 잠재적 시너지 효과를 활용하게 되기 때문이다. 이렇게 서로 이어진 조직 구조에서 세분화는 영업 활동의 지리적 영역과 대상 고객 집단의 특성, (늘어난) 제품의 유형, 제품을 생산하는 데 사용하는 기술을 토대로 정당화할 수 있다.

여기서 다음과 같은 질문이 제기된다. 이렇게 세분화된 시장이 수익 잠재력과 경쟁의 초점을 좌우하는 특정 고객의 선택을 명확히 표현하고 있는가? 이런 문제 제기는 10장 '비즈니스 아이디어 개발 과정'의 1단계에서 열거한 질문을 생각하게 만든다. 여기서 가장 중요한 것은 고객의 뒤를 밟으며 그들에게 가해지는 압력을 느끼는 능력이다.

일반적으로 경영진은 영리 상황을 직관적으로 이해하는 능력이 뛰어나다. 그러므로 이 문제는 상식적으로 접근하는 것이 최선이다.

사안 2: 사업에 대한 정의를 점검한다

이런 노력에도 불구하고 고객이 멀리 있고 불분명해 제안을 차별화하기 힘든 시장이 있게 마련이다. 이들은 상품 시장으로 알려져 있다. 회사가 영업하는 시장이 이런 곳이라면 구매 결정을 주된 원동력으로 보아야 성공 공식의 핵심 이해 당사자들의 관심을 끌 수 있다. 예를 들어 광업회사의 수익 창출 능력은 제품 구매자의 환심보다 권리와·독점사업권 소유자의 힘에 더 많이 좌우된다(일례로, 정유회사는 자사를 석유 생산국에 서비스를 제공하는 사업에 몸담고 있다고 정의한다).

한 가지 도움이 되는 개념으로 '진실한 경쟁의 순간'이 있다. 이는 미래 사업, 마진, 수익성, 경쟁에서 성공을 결정하는 주사위가 이미 던져진 때다. 일반적으로 진실한 경쟁의 순간은 고객이 다른 곳이 아닌 해당 회사에서 제품을 사기로 결정한 순간을 뜻한다.

이 경우 경쟁은 고객의 환심을 얻기 위해 이뤄진다. 그러나 위의 광업회사의 예에서 구매 결정은 고객에 맞춰 효과적으로 이뤄진다. 여기서 진실의 순간은 배타적 접근성을 갖고 있는 공급자다. 이 예에서 경쟁은 권리 증여자의 환심을 얻기 위한 것이다. 그러므로 이 권리 증여자가 바로 주요 고객이다.

경영팀은 이처럼 넓은 범주에서 고객을 식별할 필요가 있다. 그러려면 '진실한 경쟁의 순간'에 대해 질문해야 한다. 그래서 고객의 범주를 알아내야 한다. 고객의 범주는 당장 드러나지는 않지만 적절한 사업 정의를 위해 꼭 필요하다.

이 모든 과정에서 선택을 돕는 강력한 수단은 현재의 비즈니스 아이디어다. 비즈니스 아이디어는 독창성이라는 가장 중요한 요소를 식별해준다. 그리고 회사는 이 독창성을 토대로 경쟁하려 한다. 차별적 역량의 영역 안에서 실제 일어나거나 혹은 일어날 가능성이 있는 경쟁을 명확히 식별하기 위해서는 이런 세분화가 이뤄져야 한다.

사안 3: 경쟁자를 식별한다

주된 고객 집단을 식별하고 나면, 많은 경영자는 경쟁자를 알아내는 일이 쉬울 것이라 생각한다. 그리고 자신의 경쟁자를 알지 못한다면 진정한 경쟁을 할 수 없다고 주장할 것이다. 그러나 경쟁자의 범주는 같은 시장에서 자사의 고객을 빼앗아 가려 애쓰는 경쟁자에 국한되지 않고 좀 더 넓어질 수 있다. 무엇보다 경영팀은 잠재적 경쟁자를 생각해야 한다. 이 잠재적 경쟁자는 두 가지 방향에서 등장할 수 있다.

- 기존 시장의 신규 진입자
- 기존의 혹은 새로운 대체품

대부분의 회사는 기존의 경쟁자를 능숙하게 다루는 법을 안다. 그러나 잠재적 경쟁자들은 그다지 뚜렷하지 않고 그들의 경쟁력이 아직까지 피부에 와 닿지 않는 탓에 간과하기 쉽다. 그렇기 때문에 그들은 두 배로 위험하며 회사 측의 관심과 준비가 필요하다(Christensen 1997). 우선 할 일은 잠재적 경쟁자를 식별하는 것이며, 그 일은 이 단계에서 이뤄져야 한다.

잠재적 경쟁을 포함했더라도 아직 완전한 경기장이 그려진 것은 아니다. 회사는 평소에는 경쟁자로 분류되지 않지만 경쟁 게임의 결과에 영향을 미칠 잠재력이 있는 다른 선수들과 겨룰 수도 있다. 이런 선수들은 다음과 같다.

- 재화 및 서비스 공급자
- 재화 및 서비스 구매자

회사는 재화 및 서비스 공급자에게서 필요한 것 가운데 일부를 구입한다. 따라서 회사의 경쟁력을 그들의 공급자와의 관계 면에서 살펴보는 일은 상당히 흥미로울 것이다. 간혹 공급자의 영향력이 그다지 크지 않을 때도 있다. 이 경우, 회사가 그들의 서비스에 만족하지 못한다면 다른 공급자로 공급처를 바꿀 수 있다. 반면, 공급자가 한 곳뿐이어서 회사가 꼭 그 공급자와 거래해야 할 때도 있다. 이런 경우에는 괜찮은 거래를 하기가 어려울 것이다. 회사의 잠재적 이윤 중 많은 부분이 결국 공급자에게 갈 것이다. 이는 얻을 수 있는 전체 이윤을 놓고 공급자와 회사가 경쟁해야 한다는 것을 의미한다. 누구에게 더 많은 이윤이 갈 것인지는 각자 힘의 균형에 달려 있다.

회사와 고객 사이에도 같은 상황이 발생할 수 있다. 만일 구매자는 많고 공급자는 그리 많지 않다면, 회사는 협상에서 유리한 고지를 확보하게 되고 구매자는 회사가 제공하는 조건을 받아들일 수밖에 없을 것이다. 만일 회사가 아주 소수의 구매자에 의지한다면, 이번에는 구매자가 더 유리한 거래를 할 수 있는 위치에 있게 된다. 따라서 회사는 공급자 그리고 구매자와 전체 마진을 놓고 싸우고 있으며, 결과는 양자 간의 상대적 힘에 좌우된다.

위에서 우리는 이 개념을 처음 만들어낸 사람의 이름을 따 '포터의 5세력(Poter's five-forces)'이라 알려진 다섯 가지 경쟁 세력을 식별할 수 있다(〈그림 26〉). 이들을 요약하면 다음과 같다.

- 기존 경쟁자들 간의 경쟁
- 신규 진입자의 잠재적 진출

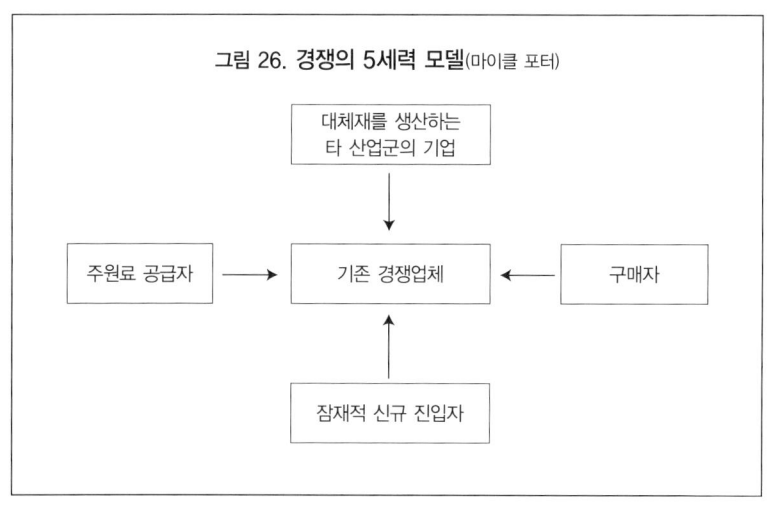

그림 26. 경쟁의 5세력 모델(마이클 포터)

- 대체재로 인한 잠재적 경쟁
- 공급자의 상대적 힘
- 구매자의 상대적 힘

이때 각 세력의 상대적 중요성을 평가하여 초점을 둘 몇 가지를 알아내는 것이 도움이 된다. 그리고 구체화된 비즈니스 아이디어에 따라 논의의 틀을 다시 짤 필요가 있다. 즉 여기서는 경쟁자, 신규 진입자, 대체재, 공급자, 구매자가 고객 가치 창출과 차별적 역량을 위협하거나 영향을 줄 수 있는 방법에 대해 토론을 벌여야 한다.

경영팀 내에서 일어나는 논의의 초점은 거기서 나오는 아이디어에 맞춰져 있다. 그러나 5세력을 논의하는 동안에는 각각의 범주 안에서 구체적인 예를 생각할 것이다. 그리고 이런 예가 등장할 때마다 주의 깊게 플립차트에 기록해야 한다. 그래서 이번 활동을 마칠

때쯤 팀은 중요 선수들의 명단과 함께 각각의 경쟁자들의 상대적 중요성을 충분히 파악하고 있어야 한다.

그러고 나면 이제 이들 경쟁자를 두 분류, '시급하게 처리해야 할 경쟁자'와 '천천히 처리할 경쟁자'로 나눠야 한다. 현실적인 이유로 인해 첫 번째 범주에는 너무 많은 경쟁자를 포함시켜서는 안 된다. 그러려면 어느 정도 우선순위를 매길 필요가 있다. 이때 팀 구성원들은 한 번에 모든 것을 해결할 수는 없다는 의견의 일치를 보아야 한다. 약간의 협의를 거친 후 다음 분석의 토대가 될 최종 명단을 준비한다.

사안 4: 원가 동인을 분석한다

경쟁자들과 비교한 상대적 원가는 늘 경쟁력 분석의 주된 이슈다. 원가 분석은 특히 시장에서 제품이 하나의 기성 상품으로 인식되는 사업의 성숙 단계에서 특히 중요하다. 이런 시장에서는 종종 가격 경쟁이 가장 중요하며 그래서 상대적으로 낮은 비용으로 생산하는 회사가 유리하다. 상품 시장에서 비즈니스 아이디어는 주로 비용과 연관된 경쟁력에 기반을 두게 마련이다.

상대적 원가는 실질적으로 몇몇 분석이 그 기초를 제공하기 전까지는 경영팀에서 논의할 수가 없다. 지금부터 우리는 경영상의 재검토에 필요한 재료를 얻기 위해 경영진이 수행하거나 의뢰하는 중요한 분석 방법을 몇 가지 살펴볼 것이다.

일부 원가는 다른 원가에 비해 더 중요한데, 이들 원가의 상대적 중요성을 파악할 수 있는 좋은 방법은 회사의 원가 사슬을 만드는 것이다(간혹 가치 사슬이라 불리기도 한다, Porter 1985 참고). 이때 목적은 논의의 초점이 될 주요 원가요소를 알아내는 것이다.

여기서는 활동으로 인해 직접적으로 발생한다고 생각되는 (즉 활동하지 않으면 발생하지도 않을) 원가만 배정하는 것이 원칙이다. 즉 임의로 배정을 해서는 안 된다. 만일 원가가 한 가지 이상 활동에 쓰인다면 이 원가는 간접비 항목에 속하게 된다. 그러나 이 작업을 할 때는, 흥미롭긴 하지만 쓸데없는 세부 사항과 분석의 질을 낮추는 과도한 간소화 사이에서 절충을 이뤄야 할 것이다.

다음 단계는 식별된 주요 경쟁자와 원가 지위를 비교하는 것이다. 주요 경쟁자의 가치 사슬을 (같은 방식으로) 추정해보고, 회사의 가치 사슬과 비교했을 때 유의미한 차이를 보이는 부분을 전부 검토한다.

원가 동인은 주요 원가 항목에 맞춰 정의하고 분석해야 한다. 상대적 원가 지위를 높인다는 말은 원가 동인별로 유리한 위치를 찾는다는 것을 의미한다. 다음은 고려할 만한 가치가 있는, 매우 중요한 원가 동인들의 예다.

- 원재료에 지출한 가격
- 공장 및 설비의 연식과 효율성 차이
- 생산성
- 규모의 경제
- 범위의 경제(공유된 활동, 비용 시너지 효과)
- 학습 효과(예를 들어 '경험 곡선')
- 임금 수준 격차

- 물류 차이, 지리, 생산성, 운전자본
- 영업비 격차
- 가격 인상 격차

원가 분석은 한 번의 경영 회의로 전부를 논하기에는 너무나 광범위한 과제다. 그러므로 이번 논의에서는 중요한 영역에만 초점을 맞춰 중요한 영역을 강조하는 데 활용하고, 완벽한 분석 결과는 다음 번 경영 회의 때 발표할 수 있게끔 준비하도록 한다.

사안 5: 경쟁자의 반응을 추정한다

경쟁적 포지셔닝에 관한 논의의 다음 단계는 경쟁 시장 내 행태적 특성과 관련이 있다. 경쟁자의 행태는 그 조직의 문화와 밀접하게 연관되어 있으므로 주의 깊게 연구할 만한 가치가 있다. 보통 이는 주된 행동 특성을 열거하는 식으로 간단히 나타낼 수 있다. 예를 들어 이때의 행동 분석은 다음과 같은 질문을 검토함으로써 이뤄진다.

1. 공격성
   - 전략적 변화에 적극적인가?
   - 예상되는 다음 행동은 무엇인가?
   - 얼마나 진지하게 임하는가?
   - 그래서 무엇을 얻을 것 같은가?

▌경쟁사 행태 비교

	회사 A	회사 B
경쟁적 위협의 속성	몇 안 되는 대규모 투자 결정에 기반	그날그날의 투자 믹스 (mix)에 대한 통제에 기반
의사결정 과정	위원회를 통한 느린 분석	직관에 근거해 수시로 이뤄지는 개인적 의사결정
조직문화	복잡함	단순함
인사	매트릭스 조직 합의 장기 경력 만능주의자 위험 회피 고품질	기능조직 권의주의 단기 경력 이윤 지향적 기업가 정신 특정 경험

2. 방어성
- 공격적 행동이나 전체적인 환경 변화에 얼마나 취약한가?
- 어떤 공격적 행동이 보복을 초래할 것 같은가?
- 보복이 얼마나 효과적일 것 같은가?

3. 경쟁의 장
- 경쟁자가 속한 세분 시장이나 전략적 차원은 어디인가?
  - 대비가 안 된 기술이나 역량 측면
  - 그다지 열정적이지 않은 목표나 정서적 애착 측면
  - 열성적 태도에서 벗어남

사안 6: 가장 중요한 경쟁자를 추려낸다

성공적인 전략의 핵심은 다른 이들과 달라지는 데 있다. 회사의 독특한 특성은 비즈니스 아이디어로 나타난다. 따라서 경쟁적 포지셔닝에 대한 논의의 마지막 단계는 경쟁적 포지셔닝 분석을 통해 알아낸 것들을 비즈니스 아이디어와 연관 짓는 것이다. 행태적 특성을 명시한 뒤 주요 경쟁자들이나 일반적인 시장과 관련해 다음과 같은 의문을 제기한다.

- 현재 우리의 경쟁자는 누구인가?
- 그들은 우리와 어떻게 경쟁하고 있는가?
- 이 점은 우리의 비즈니스 아이디어에 무엇을 시사하는가?
- 좀 더 효과적으로 경쟁하려면 이를 어떻게 바꿔야 하는가?
- 우리가 변화한다면 우리의 새로운 경쟁자는 누가 될 것인가?
- 이 새로운 경쟁자와 맞서 우리는 얼마나 효과적으로 경쟁할 수 있을 것인가?
- 앞으로 5년, 10년, 20년 동안 우리의 경쟁은 어디서 비롯될 것인가?
- 이 점은 우리의 비즈니스 아이디어에 무엇을 시사하는가?
- 우리는 어떤 새로운 차별적 역량을 개발해야 하는가?

비즈니스 아이디어와 관련해 중요한 경쟁자들을 하나씩 분석하고 나면, 논의의 마무리 단계로 세로축에는 경쟁자들을, 가로축에는 차별적 역량을 기입한 표를 만든다. 각 칸을 신중히 검토하며 진짜 위협이 존재한다고 느껴지는 곳에는 주석을 단다. 약한 위협에는

'W', 강한 단기 위협에는 'SS', 강한 장기 위협에는 'SL'이라고 표기한다. 이런 식으로 팀은 전체적인 수준에서의 기본적인 성공 공식을 둘러싼 결정적인 경쟁력에 관한 실질적인 질문들을 분석하게 된다. 최종 분석에서는 다음과 같은 논의를 진행한다.

- 우리의 차별적 역량이 정말 독창적인 것인가?
- 경쟁자가 같은 역량을 추구하는가, 아니면 다른 역량을 추구하는가?
- 우리의 차별적 역량이 기존의 혹은 새로운 경쟁자에게 위협받을 가능성이 있는가?
- 만일 그렇다면 우리는 거기에 대비해 무엇을 해야 하는가?

이처럼 넓은 관점에서 경쟁을 바라보는 것은 사업의 속성과 추진 중인 전략을 다시 한 번 생각하게 만든다.

경쟁적 포지셔닝의 요점

경쟁적 포지셔닝에 대한 논의가 끝날 때쯤이면 경영팀은 다음 중 일부 혹은 전부를 고민했을 것이다.

- 주요 고객을 식별하고, "진실한 경쟁의 순간은 언제인가?"라는 질문을 통해 사업을 다시 정의한다.
- 주요 경쟁자를 식별한다. 여기에는 기존 경쟁자뿐만 아니라 잠재

적 경쟁자, 그리고 전체 마진과 잠재 수익을 놓고 겨루는 기타 이해 당사자들이 포함될 수 있다.

- 주요 원가 동인을 분석하고, 원가 동인 측면에서 주요 경쟁자의 위치를 분석한다.
- 경쟁자의 반응 행태를 파악한다.
- 회사의 비즈니스 아이디어를 위협하는 주요 영역을 식별하여 경쟁력을 검토한다.
- 산업 안팎의 최우량 사례에서 배운다.

이런 분석 결과는 비즈니스 아이디어의 강점에 대한 이해를 높이는 데 도움이 되어야 한다. 이 같은 분석은 하나의 차별적 역량 체계에 기반을 둔다. 차별성은 오로지 기존의 잠재적인 경쟁과의 비교를 통해서만 테스트할 수 있다. 이런 분석이 끝나면 경영팀은 경쟁 분석에서 얻은 교훈을 포함시키기 위해 비즈니스 아이디어를 다시 논의하려 할 가능성이 크다.

시나리오 개발

2부에서 보았듯이 시나리오 기획은 적응적 기획과 생성적 기획으로 분류할 수 있다. 적응적 기획에서 시나리오는 조직의 기존 비즈니스 아이디어를 평가하고 미래에 대비해 이를 수정하는 데 쓰인다. 이 경우 시나리오를 만들고 사용하는 것은 별개의 활동이다.

생성적 시나리오 작업에서는 사업에 대한 새롭고 독창적인 기업가적 이해가 구체화되기 시작할 때까지, 시나리오 구성과 제기된 질문에 대한 심도 있는 연구가 번갈아 일어나는 반복적 접근을 통해, 이 두 활동이 한데 얽히게 된다. 적응적 시나리오 기획은 선형 과정인 반면, 생성적 시나리오 기획은 반복 과정이다. 시나리오 개발과 관련하여 이 두 유형은 초기 단계에서는 비슷한 경로를 따라가는 경향이 있다. 그러나 적응적 기획은 미리 계획된 최종 지점에 이르는 반면, 생성적 기획은 정해져 있지 않은 횟수만큼 반복할 필요가 있다는 차이점이 있다.

이 장에서 우리는 두 기획 과정의 초기 단계를 살펴보고, 마지막으로 생성적 반복에 대해 다룰 것이다. 또 우리는 진행자가 일련의 심도 있는 개방형 인터뷰를 토대로 조직의 성공을 대변하는 구체화되고 신중히 테스트한 비즈니스 아이디어에 맞춰 시나리오 안건, 즉 시나리오 기획에서 들여다볼 필요가 있는 외부 세계의 영역을 개발했다고 가정한다. 이제부터 모든 관심은 비즈니스 아이디어가 성과를 내야 할 외부 세계에 집중된다.

지금까지 생산적인 시나리오 기획 활동을 할 때는 어떤 경우에도 반드시 의뢰인과 연관성을 유지해야 한다고 했다. 구체적인 시나리오 안건이 이 말이 사실임을 입증할 것이다.

그러나 다른 한편으로는, 시나리오 활동 과정이 의뢰인의 생각을 바꾸지 못한다면 얻을 것은 그다지 많지 않다. 시나리오 기획은 상상도 할 수 없는 것을 체계적으로 생각하는 것이다. 시나리오를 만드는 사람들은 무슨 일이 일어날지 정확히 예측하려는 불가능한 시도와 정확히 반대되는 방향으로 향한다. 그들은 불확실성을 찾는다. 이는 의뢰인들은 시나리오 기획을 하며 그들이 걱정하고 우려하는 영역 안에서 새로운 사고를 위한 요소를 찾아야 한다는 것을 의미한다.

시나리오 안건을 정한 후 시나리오 기획자가 마주하는 다음 과제는, 새로운 사고를 개발할 필요가 있는 영역에서 새로운 이해가 만들어질 수 있게 하는 것이다.

시나리오 팀

규명된 시나리오 안건을 토대로 새로운 지식을 개발하려면 '시나리오 팀'의 적극적인 참여가 필요하다. 따라서 팀 구성원을 선정하는 일이 매우 중요하다. 시나리오는 여러 분야에 걸친 사업적 이슈에 초점을 둘 것이므로, 시나리오 팀을 구성할 때는 이 점을 반영해야 한다.

구성원을 선택하기에 앞서 시나리오 프로젝트의 이해 당사자들을 식별하는 것이 도움이 된다. 모든 이해 당사자가 시나리오 팀에 참가할 필요는 없지만 이들은 모두 잠재적 후보들이다. 특히 상황에 상당한 영향력을 미치는 이해 당사자는 강력한 후보다. 게다가 관련 지식이 있는 전문가와 논의를 시작하는 데 도움을 주고 새로운 관점을 소개할 수 있는 이들의 참여를 고려해볼 필요가 있다.

그리고 참가자를 불러들이기 전에 사람들이 왜 참가하고 싶어 하는지 스스로 생각해보게 하는 것도 도움이 될 수 있다. 의무라서 혹은 유행이니까, 또는 영향을 주려는 의도에서, 지원을 얻기 위해, 자료에 접근하고 학습하기 위해, 혹은 어떤 '이데올로기'를 홍보하기 위해 참가하려 할 수 있다. 선별 과정에서도 특정 후보자를 선택하면 프로젝트를 지나치게 복잡하게 만들지는 않을지, 자신의 사적인 목적을 위해 조작을 하지는 않을지, 프로젝트의 평판을 떨어뜨리지는 않을지, 선택되지 않은 사람들에게 거부감이 들게 하지는 않을지 등 프로젝트에 피해를 입히지는 않을지를 고민해야 한다.

최근에는 해당 조직의 구성원들로만 국한하지 않고 참여 대상 범위를 넓히는 추세다. 다수의 이해 당사자가 얽힌 대규모 국가 시나리오가 그 예다. 또한 고객과 판매사가 같이 참여하는 프로젝트의 수도 점점 늘어나고 있다.

참여 구성원들을 최적화하는 것은 앞서 언급한 상황 분석과 범위 규정 다음으로 중대한 시나리오 프로젝트의 설계 과제 중 하나다. 그 밖의 결정은 프로젝트의 많은 부수적 측면을 고려하여 내려야 한다. 그런 결정에는 다음과 같은 것들이 있다.

- 참여 행사의 시기
- 필요한 브리핑
- 효과적인 의사소통을 확실히 하기 위해 사용할 적합한 '언어'
- 적합한 진행자 선정
- 다음의 세 가지 영역에서 구체적인 방법론을 이용하는 능력
  - 원동력 분석과 시나리오 개발
  - 체계적 분석과 이해에 관한 연구
  - 참가자와의 상호작용
- 기저에 깔린 이해를 본떠 모델을 만들 때 바람직한 형식 수준
- 프로젝트를 둘러싼 '방법론적 문화'와 유사한 분위기 생성

누구를 반드시 참여시켜야 하는가 하는 결정은 프로젝트 설계가 끝날 때까지 마무리되지 않는다. 한편, 프로젝트 설계는 누가 참가하느냐에 따라 달라진다. 이런 이유로 프로젝트 설계에 책임이 있는 진행자는 참여와 설계가 잘 어울릴 때까지 앞의 단계를 몇 번 더 반

복해야 할 것이다. 그 지점에 이를 때까지 설계자는 누구를 참가시킬지를 열린 마음으로 검토해야 한다.

일단 선택된 시나리오 팀의 과제는 안건을 명확히 해줄지도 모를 외부 환경에 대한 자료를 찾고, 이후 사용할 것에 대비해 자료를 구조화하는 것이다. 팀 구성원들은 불신을 없애고, 상상할 수 없는 것을 생각하며, 직관을 마음껏 발휘할 수 있도록 해야 한다.

그러려면 애매모호함을 견딜 수 있어야 한다. 그리고 외부 환경에 대한 지식을 모으고 개발하려면 열린 마음으로 접근할 필요가 있다. 전체 프로젝트를 수행하는 동안 팀 구성원들은 구조화 단계에 이르기 전까지는 되도록 관찰한 것을 구조화하고 판단하지 않은 채 있는 그대로 받아들여야 한다. 팀 구성원들은 항상 놀라움을 받아들일 자세가 되어 있어야 한다.

일단 팀을 선정하고 나면 시나리오 작업을 제대로 시작하기에 앞서 진행자는 팀 내에서 다양한 논의가 일어날 수 있도록 격려해야 한다. 이때 논의는 팀 구성원이 프로젝트를 둘러싼 가치를 얼마나 공유하고 있는가라는 주제에 따라 이뤄진다. 팀 내에서 '가치가 공유된 정도'는 프로젝트 성공을 위한 중요한 조건이다.

만일 우리가 이 점을 정확히 규명하지 못한다면, 우리는 프로젝트를 수행하는 동안 힘들고 고통스러운 싸움을 해야 한다. 그러므로 팀은 시간을 들여 이 점을 고민해볼 필요가 있다. 가령 '우리 모두가 시나리오 기획에 참여하게 된 공통의 이유'에서 몇 가지 공통된 이해를 발전시킬 수 있다면, 팀에 관해 다음의 네 가지 부수적인 질문을 제기할 수 있다.

- 팀 구성원은 프로젝트 영역에서 어떤 권리를 가지는가? 그들은 어떤 수단을 사용할 수 있는가?
- 팀이 대리하는 것은 어떤 것인가? 구성원은 어떤 책임을 질 준비를 해야 하는가?
- 팀은 자신들의 정체성을 어떻게 정의하고, 외부 세계에 어떻게 보이길 바라는가?
- 팀은 외부에서 무엇을 필요로 하고 어떻게 보답할 것인가?

이 단계에서는 아직 이런 논의를 해봤자 뚜렷한 정의를 내리지 못한다. 그럼에도 이런 논의는 참가자들이 시나리오 프로젝트를 수행해야 하는 이유를 좀 더 폭넓게 인식하는 데 굉장한 도움을 줄 수 있다.

성공적인 팀은 스스로 새로운 생각을 발전시켜 나갈 것이다. 그러나 이것이 의미 있는 일이 되려면 설정된 안건과 관련이 있어야 한다. 여기서 시나리오 기획자가 당면한 가장 중요한 도전 과제는 다음의 둘 사이에서 최적의 균형점을 찾는 것이다.

- 의뢰인과의 관련성
- 참신성

참신성 도입

의뢰인과의 인터뷰는 많은 아이디어와 통찰력을 가장 먼저 제공할 것이다. 분명 의뢰인은 사업 상황에 대해 많은 생각을 해왔을 것이고, 따라서 인터뷰를 통해 풍부한 정보를 얻을 수 있다. 그러나 앞서 보았다시피, 시나리오 개발자는 의뢰인의 안건을 단지 시작을 위한 발판으로만 사용해야 한다. 즉 거기에서 시작해 아이디어를 테스트하고 재구성해가는 과정을 거치며 더 나아가야 한다.

시나리오 기획자는 안건과 관련된 영역을 개념화할 새로운 방법을 찾기 위해 애써야 한다. 비록 의뢰인 팀이 갖고 있는 '독자적' 내부 관점이 여기에 도움이 되기는 한다. 하지만 보통 혁신적 사고를 향한 탐구는 대부분 조직 밖에서 이뤄져야 한다.

시나리오 팀은 의뢰인과 연관된 영역의 시나리오 작업에서 어떻게 참신성을 만들어내기 시작하는가? 그 시작점은 어디인가? 이론적으로 새로운 통찰력을 발견하려는 시도는 다양한 방법으로 시작할 수 있다. 그중에는 문헌을 읽고 연구하는 것도 포함된다. 그러나 경험상 고객이 마음속으로 '유레카'를 외치게 할 가장 실질적인 방법은 상황을 재구성할 수 있는 사람들과 상호작용하는 것이다.

시나리오 세계에서 이들은 '놀라운 사람들(remarkable people)', 줄여서 RP라 불린다. 그들은 시나리오 안건과 연관된 영역을 연구해왔지만 새로운 통찰을 찾기 위해 '인접 영역'으로 사고의 폭을 넓힐 수 있는 사람들이다. RP는 '전문가'와는 다르다. 그들은 자신의 분야에서 공식화된 지식을 갖고 있는 그런 권위자가 아니다. 대신에 그들은 '커브볼을 아주 잘 던지는' 사람, 즉 똑같이 오래된 점을 보더라도 그것을 새로운 방식으로 연결할 수 있는 사람이어야 한다. 그들은 결정적 지점에서 적시에 논의를 재구성하는 능력을 토대로 뽑힌다. 그러려면 그 영역에 대한 지식이 어느 정도 필요하다. 하지만 그보다 더 중요한 것은 자유로운 사고방식과 이를 생산적으로 사용하는 지적 능력이다. 그들은 조직의 현재 네트워크에 속해 있지 않기 때문에 새로운 통찰을 제공할 수 있다.

이처럼 독창적인 의견을 제시할 수 있는 사람을 어떻게 찾을 것인가? 그들은 일반적으로 다음과 같은 특성을 보인다.

- 다른 사람들과 구별되는 탁월한 지략
- 자기 분야의 대가
- 열정적이고, 끝없는 호기심
- 아이디어 창출자
- 개방성
- 세상의 움직임에 대한 꾸준한 관심
- 예리한 관찰력
- 독특한 통찰력
- 한계를 밀어내는 능력
- 이미 미래에서 살고 있음

그들은 학자나 민간 연구원일 수도 있고 어쩌면 작가나 예술가, 컨설턴트, 통찰력 있는 사업가일 수도 있다. 이들은 어디에나 있을 수 있다.

문헌 연구와 수소문은 새로운 통찰을 얻기 위한 활동을 시작하는 방식이다. 시나리오 기획을 제도화한 조직은 잠재적으로 도움을 줄 수 있는 RP 명단을 유지 관리할 것이다. 그래서 시나리오 프로젝트에 착수해 의뢰인의 시나리오 안건을 식별할 때마다 RP 역할을 할 수 있는 후보를 찾아 명단을 살펴볼 것이다. 보통 이 단계에서 시나리오 팀은 각각 하나의 시나리오 안건 주제를 다루는 하부 그룹으로 나뉜다. 이때 하부 그룹이 해야 할 일은 다음과 같다.

- RP를 발견하고 그에게 문제를 소개한다.
- 그들에게서 참여 의사를 끌어낸다. 가능하면 RP 스스로 기여할 수 있다고 생각하는 것을 서면으로 작성하게 한다.
- RP가 시나리오 팀과 의뢰인 조직의 구성원들과 함께 대화에 참여할 수 있는 워크숍을 준비한다.

이 워크숍에 참석한 참가자들은 사전에 이슈가 되는 영역을 조사하고 공부해 그 모든 것을 소화해야 한다. 이를 기반으로 RP에게서 예상치 못한 새로운 시각을 끌어내고, 거기에 이의를 제기하며, 이를 발전시키는 논의를 한다. 여기서 다시 한 번 강조하자면, 논의를 주고받는 중에 나온 견해를 기록하는 것은 무엇보다 중요하다(그러지 않으면 빠르게 증발해버릴 것이다).

논의 중에 나올 만한 대표적인 질문으로는 다음과 같은 것이 있다.

- 중요한 혹은 중요할 수도 있는 일은 무엇인가?
- 연구해야 할 관련 시스템은 무엇인가?
- 관찰은 얼마나 세세하게 하는 것이 적당한가?

- 이를 살펴볼 다른 방법은 무엇인가?

팀의 목표는 새롭고 유의미한 아이디어를 되도록 많이 얻는 것이다.

시나리오 팀은 질문을 통해 탐색하는 작업을 계속하면서 얻은 정보를 구조화하지 않도록 해야 한다. 앞으로 나타날지도 모를 유망한 사고방식이 새롭고 예상치 못한 것이라고 해서 마음을 닫아버리는 일이 없도록 하기 위해서다. 이는 결코 쉬운 일이 아니다. 그리고 종종 정보가 지나치게 많다는 느낌이 들 수도 있다. 그러나 시나리오 기획자는 시나리오 개발에서 독창성은 어느 정도의 과부하를 필요로 한다는 사실을 염두에 두어야 한다. 그리고 이를 받아들이는 인내심을 길러야 한다. 이때 시나리오 기획자가 연구가 끝나고 결과물을 정리하기 시작하는 명확한 날짜를 사전에 미리 정해놓는 것도 도움이 된다. 그날이 되기 전까지는 모든 것을 가치가 있을 수 있다고 여기는 절제력을 유지해야 한다.

이상과 같은 이유들로 인해 시나리오 팀 구성원은 아무리 작고 사소해 보이는 발견일지라도 기록하도록 스스로 훈련하는 게 중요하다. 전 구성원은 늘 현장 노트를 가지고 다니며 관찰 결과를 적어야 한다. 그리고 정기적으로 시간을 내 기록한 내용에 주석을 다는 것이 시나리오 기획자가 훗날 관찰 결과의 가장 중요한 부분을 이해하는 데 도움이 된다는 사실이 입증된 바 있다. 시나리오 팀 내에 기록 습관을 정착시키는 것은 가장 어려운 일 중 하나다. 사람들은 이 일을 무척 어렵게 느낀다. 시나리오 기획자여, 주의하라!

시나리오 개발

시나리오 개발 과정의 개요

시나리오 팀은 언제쯤 지식을 수집·개발하는 단계에서 벗어나 시나리오 구성을 통해 얻은 새로운 지식을 이해하고 정리·통합하는 단계로 넘어갈지를 미리 달력에 표시해두어야 한다. 만일 의뢰인에게 이 날짜에 결과물을 보여주기로 약속했다면 이 날짜는 매우 중요하다. 그러나 그런 이유 외에도 사전에 결정한 날짜에 작업이 끝날 것임을 아는 것은 팀이 서로 다른 아이디어와 이해가 통제할 수 없을 정도로 쌓이는 상황을 받아들이는 데도 큰 도움을 준다.

마감일이 되면 시나리오 팀은 미래에 적용할 상당한 양의 자료를 만들어낸 상태일 것이다. 그들은 의뢰인 측 인터뷰 대상자들의 시각을 구체화했고, 모셔온 '놀라운 사람들(RP)'의 눈을 통해 이를 바라보는 새로운 방식을 탐구했다. 따라서 그들은 이렇다 할 체계가 없는 상태에서 시나리오 안건과 관련해 시선을 끄는 아이디어가 지나치게 많다고 느낄 수도 있다.

다음 도전 과제는 이처럼 서로 관련이 없어 보이는 자료들을 전부 표현하고 맥락과 관련지어 이용자가 아이디어 창출과 전략 테스트에 사용할 수 있도록 하는 적합한 구조를 찾는 것이다. 이 작업은 일종의 예술 행위와 비슷하다. 마셜 매클루언(Marshall McLuhan)은 언젠가 "예술가에게 정보 과다는 곧 패턴 인식과 같다. 일반인들은 도저히 감당할 수 없을 정도로 복잡하다고 보는 것을 예술가는 새로운 그림 및 배경과 관련이 있다고 본다. 그리고 일반인이 감당할 수 있는 형태로 만들려고 시도한다"라고 말한 적이 있다. 시나리오 기획자가 이 단계에서 달성해야 하는 일도 매클루언이 묘사한 일과 그리 다르지 않다. 테드 뉴랜드(Ted Newland)는 이 작업을 다음과 같이 묘사한다. "답을 찾고 싶다면 아주 똑똑한 사람들을 좌절시켜라. 그러면 그들이 답을 찾을 것이다. 시나리오 기획에서 사람들에게 며칠만 좌절감을 주면 잠재의식이 커지며 시나리오가 거기에 있음을 발견할 것이다. 이 작업에서 잠재의식은 의식보다 훨씬 더 효과적이다. 그렇지만 좌절을 경험하기 전까지 잠재의식은 등장하지 않을 것이다." 과부하를 인내하는 것은 시나리오 개념화 작업을 창조적으로 처리하는 데 도움이 될 것이다.

수집한 자료를 엮는 데 필요한 구조를 어떻게 만들 것인가? 시나리오 방식의 원리는 이런 자료들을 인과관계로 엮인 수많은 '이야기' 안에 다양한 방식으로 연결하는 것이다. 이때 주된 결정 사항은 어떤 자료를 어떤 이야기에 넣을지, 그리고 각각의 자료를 어떻게 인과적으로 연결할지 하는 것이다. 즉 우리는 많은 이야기를 어떻게 풀어낼지, 그리고 각각의 이야기를 꾸려나가는 원칙은 무엇으로 할지를 결정해야 한다. 그리고 그런 이야기 구조가 뚜렷해지는 지점으로 자료를 모아야 한다. 그런 점에서 더는 줄일 수 없는 범주는 시나리오를 조직하는 원칙이 된다.

이 같은 범주에 따른 분류를 어떻게 수행할 것인가? 여기 이 과정에서 우리가 신경 써야 할 몇 가지 원칙이 있다.

- 시나리오 세트 안의 시나리오 개수는 둘, 셋, 혹은 네 개일 것이다.

불확실성을 반영하려면 최소한 둘 이상의 시나리오가 필요하다. 넷 이상의 시나리오는 역효과를 낳고 조직적으로 실행할 수 없음이 입증된 바 있다.
- 각각의 시나리오는 반드시 실현 가능해야 한다. 다시 말해 과거와 현재로부터 논리적으로 (인과관계 방식을 통해) 나온, 현재의 지식을 반영한 것이어야 한다.
- 시나리오는 내적으로 일관성이 있어야 한다. 다시 말해 시나리오 내의 사건은 흠잡을 데 없는 인과관계를 통해 서로 연관되어 있어야 한다.
- 시나리오는 의뢰인이 걱정하는 사안과 관련이 있어야 한다. 그리고 의뢰인이 이를 토대로 미래 사업 계획, 전략, 방향을 생각할 수 있도록 유용하고, 포괄적인, 그리고 도전적인 아이디어와 테스트 조건을 제공해야 한다.
- 시나리오는 의뢰인의 문제를 바라보는 새롭고 독창적인 관점을 제공해야 한다.

이 같은 일반적인 규칙을 제외하면, 시나리오 기획자는 이야기를 어떻게 구성할지, 무엇을 어떤 이야기에 배치할지, 영역을 나누어 개별적인 이야기로 구성하는 데 어떤 정리 원칙을 적용할지를 자유롭게 결정할 수 있다.

앞으로 우리는 수없이 많은 무관해 보이는 자료와 아이디어를 가공해 시나리오로 만들어내는 다양한 방법을 논의할 것이다. 몇몇 방법은 다른 방법에 비해 훨씬 형식적일 수 있다. 그러나 어떤 시나리오 기획에서든 도움이 되는 수단은 있으며, 이때 그 수단은 시나리오 팀 내에서 직관적 상상력이 도약하는 데 걸림돌이 되어서는 안 된다. 우리가 여기서 제시하는 과정은 그저 난간 정도로 받아들여야 한다. 하지만 경험이 부족한 이들에게는 해볼 만한 가치가 충분할 것이다. 우리가 제시하는 것이 유용하다고 생각하면 사용하라. 그러나 여러분에게 더 나은 다른 아이디어가 있다면 얼마든지 그 길을 따라가도 좋다.

시나리오 구성은 대부분 워크숍에서 이뤄진다. 워크숍은 원칙적으로 일상적 업무 공간에서 떨어진 곳에서 여는 것이 좋다. 일반적으로 워크숍 기간에 시나리오 팀은 첫 단계로 2~3일간을 함께 작업하게 된다. 그다음에는 필요에 따라 좀 더 짧은 일정으로 더욱 집중적인 워크숍을 가질 수도 있다. 이 단계에서는 외부인이 참여하지 않는다. 오로지 시나리오 팀의 고정 멤버만 참석한다. 이때 되도록 팀의 모든 구성원이 점검하고 곰곰이 생각할 수 있도록 사고의 진행 상황을 기록하고 전시할 공간이 충분한 회의실을 사용하는 것이 좋다. 구성 단계가 끝날 때까지는 이런 시설을 사용할 수 있어야 한다.

몇 가지 유용한 정의

이 장의 나머지 부분에서 우리는 몇 가지 용어를 자주 사용할 것이다. 다음은 그런 용어들과 그 정의다.

사업 요인

사업 요인(혹은 사업 변수)은 조직의 성공과 실패를 결정짓는 비교적 명백하고 긴밀한 사안을 가리킨다. 예를 들어 비즈니스 아이디어에 관해 논의할 때 나온 요소들이 여기에 포함된다.

환경적 측면

환경적 측면은 고려해야 할 사업 환경에 대한 일반적인 지식이다. 예로는 STEEP 카테고리, 정치, 인구 동태, 경제, 기술 등이 있다.

환경 요인

환경 요인(또는 변수 혹은 세력)은 사업 요인을 몰고 가는 환경적 측면과 연관된 맥락적 변수다. 사업 요인이 성공 또는 실패의 원인이라면, 환경 요인은 그 원인의 원인이다. 환경 요인은 다소 불분명하며, 기획자들은 종종 환경 요인을 간과하곤 한다. 예로는 중산층의 역할, 직업의식, 투자 환경 등이 있다. 사회, 정치, 기술, 예술 등에서 관찰할 수 있는 변화는 그 밑에 깔린 근원적 힘이 발현된 것이다. 이런 힘은 "왜?"라는 질문을 반복함으로써 표면화할 수 있다. 예를 들어 높은 실업률은 생산성 개선의 결과다. "왜?"라는 질문을 어디서 멈출지는 상식으로 결정되는 실용적인 문제다. 여기서는 명백한 인과적 사슬을 대신해 상호 연관적인 환경적 요인 '망'이 나타난다. 이 망은 멈추지 않고 진화한다. 시간이 흐르면서 새 요인이 더해지고, 기존의 요인들이 결합하며 대체된다.

대세

대세는 몇 가지 환경적 요인이 내놓은 식별 가능한 결과다. 예를 들어 세계화와 아웃소싱은 사업 환경 내 대세다. 이는 복잡성 증가와 통신 기술 발달과 같은 수많은 환경적 요인으로 인한 것이다. 대세의 주된 특성은 분석의 '원형'이 아닌 상대적 중요성, 심지어 방향까지도 바꿀 수 있는 몇 가지 힘의 결과라는 것이다.

결정적 불확실성

결정적 불확실성은 우선순위를 매기는 과정에서 나온 가장 중요하면서 가장 불확실하다고 여겨지는 환경적 요인을 지칭하는 말이다. 이 말을 어떤 틀(2×2 행렬과 같은)에서 시나리오 세트 속 각각의 시나리오를 구별하기 위해 사용할 때는 '시나리오 차원'이라 부른다.

원동력

원동력은 결정적 불확실성을 가져올 확률이 있는 환경적 요인을 일컫는 말이다. 원동력은 관찰 중인 상황을 비교적 정확하게 설명해준다.

결과 범위

결과 범위는 기준년 내에 나타난 원동력으로 인한 일련의 구체적 결과로, 원동력의 광범위한 불확실성을 한데 묶는다. 예를 들어 '세제'는 $x \sim y$퍼센트 사이의 어딘가로 결정된다.

기준년

기준년은 각 시나리오에서 채택한 종료 시한으로 시나리오가 뒤돌아보며 '미래의 역사'를 말하는 시간 축 상의 어떤 지점이다.

대세와 환경적 요인, 원동력을 식별하는 작업은 반복 과정이다. 일부 대세는 이미 현재에도 관찰할 수 있다. 그 대세의 원동력을 알아내고 분석하는 것은 새로운 대세를 알아내는 토대가 된다. 예를 들어 원동력을 새로운 방식으로 결합하고 그 영향력을 번갈아 나오게 만들면 새로운 대세를 낳을 수 있다. 말할 것도 없이, 이처럼 새로운 대세가 나올 가능성을 사전에 알아내는 일은 무엇보다 큰 가치를 가진다.

대세는 몇 가지 목적에 도움을 준다. 첫째, 원동력을 식별 가능한 변화와 연관 지음으로써 원동력들 간의 연관성을 측정할 수 있게 돕는다. 둘째, 시나리오 작업을 좀 더 쉽게 설명하는 데 이용할 수 있다. 원동력은 매우 추상적이지만 대세는 좀 더 실질적이다. 따라서 제품 아이디어에 손쉽게 영감을 줄 수 있고, 새로운 사업 기회를 발견하는 데 도움을 준다. 셋째, 원동력을 시나리오의 중요 단계에 밀어넣는 데 도움을 준다.

1차 자료 분석

초기에 수집한 아이디어는 광범위한 개념적 해석이 가능한, 매우 비구조적인 경향을 보인다. 이는 브레인스토밍에서 나타나는 전형적인 모습이다. 구조화 단계에서 가장 먼저 할 일은 혼란스러워 보이는 것들의 주요 내용을 간결하게 추려내는 것이다.

그러려면 전체 시스템 내의 사업 요인과 환경 요인 사이의 관련성을 인지해야 한다(간혹 시스템 내에서 새로운 상호 연관성을 발견하는 놀라운 일이 일어나기도 한다). 이 작업은 시스템의 원동력에 대한 이해로 이어진다. 여기서 비록 계량 자료만큼은 아니더라도 비계량 자료 역시 중요하다는 사실이 입증될 것이다.

여기서 다시 한 번, 도표화가 상당한 도움을 줄 수 있다. 우리는 9장 '시나리오 기획자의 기술'에서 '안건 설정'이라는 소주제하에 인터뷰 분석과 관련해 포스트잇을 사용하는 방법을 간단히 살펴보았다. 이 단계에서 도표화의 목적은 아이디어를 모아 서로 관련지을 수 있는 좀 더 상위 수준의 개념 몇 가지를 끌어내는 것이다.

이는 팀 구성원이 지식 발전 단계에서 얻은 학습 내용과 발견을 중요 항목별로 요약하고, 검토 중인 상황에서 불확실한 변수나 요인을 표현하는 것으로 시작할 수 있다. 만일 그동안 팀이 기록에 익숙해졌다면 이 일이 비록 힘은 들지만 그리 큰 문제가 되지는 않을 것이다. 팀 구성원 각자가 워크숍에 도착하기 전에 개별적으로 수행하면 되기 때문이다. 포스트잇 한 장에 들어가는 내용은 단 몇 글자로 제한되며 멀리서도 볼 수 있을 정도로 뚜렷해야 한다. 뿐만 아니라 팀 구성원은 포스트잇에 적힌 요인을 두 개의 결과 범위로 명시해야 한다. 이는 의미를 명확히 하고 사람들에게 요인의 환경적 측면에 대한 생각을 표현하도록 하는 중요한 단계다. 예를 들어 '경제'는 환경적 측면이지만 결과 범위를 '1~3퍼센트 사이'로 명시한다면 그 경제는 'GDP 성장률'로 분명하게 정의할 수 있다. 이 경우 팀은 그 배경 요인을 찾은 것이다.

결과 범위는 사람들이 상황을 해석하는 방식에 중요한 통찰력을 제공한다. 예를 들어 결정적 불확실성이 '파업 가능성'으로 명시될 수 있다. 이때 결과 범위가 "향후 10년 안에 파업이 있을/없을 것이다"일 수도 있다. 그러나 다른 결과 범위가 있을 수도 있다. "파업은 확실히 있겠지만, 그 시기가 불확실하다. 파업이 내년에 일어날 수도 있고 충돌이 3년간 이어질 수도 있기 때문이다." 두 번째 세트에서 파업은 기정사실이며 따라서 모든 시나리오에 포함해야 한다. 이때 환경적 요인은 '불만이 늘어나는 속도'에 따라 달라진다.

워크숍이 진행되는 동안 팀 구성원들은 각자가 적은 포스트잇을 붙인다. 이때 특별한 순서가 있는 것은 아니며, 붙이면서 다른 팀 구성원들에게 간단한 꼬리표와 함께 결과 범위를 설명한다. 결과 범위는 불확실한 환경 요인과 떨어진 별개의 공간에 붙인다.

팀 구성원 전원이 포스트잇을 붙이고 나면 이번에는 불확실한 환경적 요인에서 논리적인 분류 항목을 찾는다. 이 일은 포스트잇을 움직여가며 수행한다. 앞서와 마찬가지로 여기서도 적합한 분류 기준을 구성하는 규칙은 없다. 분류는 패턴, 원인·결과, 연관성 등을 토대로 이뤄진다. 그렇지만 마지막에는 논리적으로 담을 수 있는 요소를 포함하면서 동시에 다른 분류 항목과는 확연히 구분되는 일정한 수의 분류 항목을 만들어내야 한다. 적절한 결과를 얻었는지를 알아보는 한 가지 방법은 여기서 쓰인 분류 기준을 분명히 표현할 수 있도록 짧고 분명한 명칭을 붙이는 것이다. 영향력 도표에 사용되는 인과적 순환 도표는 분류 항목 내의 변수들이 얼마나 잘 어울리는지에 관한 대화를 이끌어내는 데 효과적인 방법이다. 물론, 서로 다른 세계관을 보여주기 위해 하나 이상의 도표를 만들 수 있다.

그리고 나면 각각의 도표를 하나씩 차례로 살펴보아야 한다. 이때 목적은 원동력을 식별하는 것이다. 기억하라. 원동력은 분류 항목에 들어 있는 자료를 비교적 상세하게 설명해주는 변수다.

역사적 검토

이 단계에서 할 일은 지식 발전 단계에서 잠재적으로 흥미로울 수 있다고 여겨지는 일부 중요한 변수의 역사적 행태를 분석하는 것과 관련이 있다. 이때 시나리오가 과거 그리고 현재 추세를 매끄럽게 연결하고 있는지를 확인하기 위해서는 시나리오에 부여된 가장 먼 미래에서부터 거꾸로 거슬러 올라가 보는 것이 도움이 된다.

연속성은 역사적 발전을 어떻게 해석하느냐에 따라 달라진다. 따라서 서로 다른 시나리오 세트는 현재 일어나고 있는 일에 대한 다른 해석들로 볼 수 있다(《그림 12》 참고). 앞서 우리는 경기 침체에 대한 해석을 예로 들었었다. 만일 이를 일시적인 경기 후퇴로 해석한다면 시나리오는 몇 년 안에 경기가 회복되리라는 것을 보여줄 것이다. 반면, 경기 문제가 예를 들어 신흥 개발도상국의 저임금 경쟁력으로 인한 해당 국가 제조 산업의 침체 때문이라면 앞으로 상당 기간 경제활동은 계속 낮은 상태에 머무를 것이다. 역사적 검토는 이처럼 가능한 해석을 찾아내는 것이다. 그리고 이 해석은 시나리오가 가진

연속성의 토대가 된다. 따라서 깊이 있는 분석을 할 필요가 있다. 대표적인 변화의 정도, 주요 원동력, 이미 '한창 진행 중인' 요소들, 인과관계와 같은 요소를 감안해야 한다. 여기서 제기되는 대표적 질문으로는 "시스템 내 핵심 원동력과 인과관계는 무엇인가?" "어떤 원동력이 미래에도 존재한다고 예측할 수 있는가?" "미래와 관련한 주요 불확실성은 무엇인가?" 등이 있다. 그리고 가끔씩 "이것을 달리 바라볼 방법은 없는가?"라는 질문이 제기되기도 한다.

이 단계에서 팀이 수행하는 활동으로는 다음과 같은 것들이 있다.

- 핵심 패턴과 추세 목록 작성
- 영향력 도표에 인과관계 표현
- 배경 원동력 목록 작성
- 원동력이 예측 불가능성과 전략적 안건에 미치는 영향을 평가
- 핵심 불확실성을 토대로 관련 질문을 목록화

결국 분명하고 깊은 이해를 얻으려면 시스템이 어떻게 작동하는지와 과거에 어떻게 작동했는지를 알아보는 수밖에 없다. 그러려면 시스템 내의 선결 요소와 핵심 불확실성을 이해해야 할 것이다.

원동력

이제 팀은 위의 '1차 자료 분석'에서 만들어낸 각각의 분류 항목 속 배경 요인들을 시스템 개념을 이용하여 좀 더 깊이 연구할 필요가 있다. 우리는 추세가 변하기보다는 지속될 것이라 믿는 경향이

있다. 우리는 배경 원동력을 연구함으로써 이런 경향을 극복해야 한다. 하나 혹은 여러 원동력이 갑자기 변하면 추세에 어떤 일이 벌어질지를 체계적으로 질문하다 보면 비연속성을 발견할 수 있다.

예를 들어 무역 장벽 철폐는 기업 세계화의 원동력이다. 정치적 변화는 무역 정책에 갑작스러운 변화를 야기할 수 있다. 이런 식으로 원동력을 고려하다 보면, 고려하지 않을 경우 무심코 지나칠지도 모를, 비연속성의 원천을 탐구할 수 있다. 물론 이외에도 비연속성을 가져올 수 있는 다른 원인이 있을 수 있다. 예를 들어 기술혁신으로 인해 새로운 원동력이 갑자기 등장할 수도 있다. 서로 상호작용하며 진화하는 원동력들의 '망'을 만들면 격차를 발견하거나 제휴를 통한 새로운 세력의 등장을 예상하는 데 도움이 된다.

2부에서 관찰한 사건의 패턴과 추세를 추론함으로써 상황의 배경 구조를 이해하는 것을 '빙산'에 빗대어 표현한 빙산 분석법을 설명했다. 이런 논의를 영향력 도표 형태로 기록하면 나중에 그 배경 구조를 표면화하는 데 사용할 수 있다.

배경 구조를 표면화하는 작업은 고려 중인 상황에서 중요하다고 여겨지는 다수의 핵심 변수를 구체화하는 것으로 시작한다. 다음 단계는 이들 변수를 둘러싼 간단한 영향력 도표를 만드는 것이다. 존 케메니, 굿맨, 캐러시(John Kemeny, Goodman and Karash 1994)는 먼저 변수들의 행태를 시간에 따라 보여주는 간단한 도표를 그리는 것이 도움이 된다고 말한다. 이 단계에서는 아직 정량화를 시도해서는 안 되며, 그저 움직임의 유형(위로, 아래로, 안정, 순환 등)을 보여주는 수준에 그쳐야 한다. 왜 이런 움직임이 일어나는지를 고민하면서 영향력 도표를 그린다. 초기에는 이 작업을 통해 논의에 새로운 변수를 더할 수 있다. 그리고 무엇이 중요한지에 대한 추가 아이디어를 촉발할 수 있다. 그로 인해 핵심 변수들의 목록이 다시 검토되고, 이 과정이 반복된다.

예를 들어 정치적 불안은 가까운 미래와 관련이 있는 중요한 사안이다. 시나리오 팀은 현재 일어나고 있는 일의 배경 구조를 밝히는 데 관심을 가질 것이다. 이때 가장 먼저 할 일은 관찰된 사건을 표면화하고 목록을 작성하는 것이다. 그다음 할 일은 몇 가지 배경 변수 안에서 시간에 따라 나타나는 추세를 밝혀내는 것이다.

예를 들어 폭력이 발생할 가능성을 생각할 수도 있다. 팀은 시간에 따른 폭력성의 변화를 나타내는 도표를 통해 표현 가능한 어떤 추세를 볼 수 있으리라 판단할지도 모른다.

만일 폭력이 증가하고 있다고 하자. 그렇다면 "우리는 또 어떤 사건들이 관련이 있다고 보는가?"라는 질문을 던진다. 아이디어가 떠오른다. 경제 상태가 한몫을 한다, 매스컴의 보도도 중요한 역할을 한다, 등등. 무엇이 매스컴 보도와 관련이 있을까? 누군가는 "카메라가 많을수록 폭력이 증가한다"고 주장할지도 모른다. 무엇이 경제와 관련이 있을까? 우리는 경제를 어떻게 표현하는가? 누군가는 "개인 소득수준"을 말할지도 모른다. 실업률일 수도 있다. 실업률이 높아지면 더 큰 폭력을 유발한다.

또 다른 관련 변수로 정부 통제, 증가하고 있는 듯한 정부의 경제개입을 생각할 수도 있다. 이 역시 시간에 따라 변화하는 간단한 도표로 표현할 수 있다.

이런 식으로 추세가 드러나면, 팀은 추세를 논의하면서 동시에 구조의 요소들을 파악하기 시작한다. 예를 들어 매스컴 보도가 더 큰 폭력을 가져온다는 생각은 구조, 즉 인과관계의 한 요소다. 이제 팀은 화살표를 이용하여 매스컴 보도가 폭력에 기여한다는 것을 보여주는 영향력 도표를 그리기 시작할 수 있다. 식별된 또 다른 변수로 경제가 있었다. 누군가 경제 상황이 악화된 것 같다고 말할 수도 있다. 이는 경제와 폭력이 연관되어 있을 수 있다는 뜻이다. 저임금과 높은 실업률은 폭력을 증가시킬 수 있다. 또 다른 제안으로 정부 개입이 있었다. 정부 개입과 관련해서는 이를 원인으로 봐야 하는지 아니면 결과로 봐야 하는지에 대한 의문이 있다. 누군가는 폭력이 사회의 대립을 가져와 정부의 탄압을 초래했다고 말한다. 한편, 외국인 투자가 줄어들어 그로 인해 경제 성과가 나빠지고 있다는 발언이 나올 수도 있다. 폭력이 증가하면 틀림없이 자본도피가 이어질 것이고 나아가 경제 악화를 가져올 것이다. 여기서 일어나는 것이 바로 모든 증가 현상의 밑바탕에 깔려 있는 강화 피드백 순환이다. 이제 여기서 지금까지 논의의 결과를 보여주는 영향력 도표가 드러나기 시작한다(《그림 27》).

뒷부분에서는 분석의 입도에 관해 논의할 것이다. 이런 식의 예비 분석에서는 세부적인 수준이 중요하다. 지나치게 세밀하면 설명 모델이 너무 다루기 힘들어지고 지나치게 간략하면 설명 변수를 찾는 것이 불가능해질 수 있다.

예를 들어 어떤 사람이 "역사적으로 보았을 때 사람들이 폭력에 의존하는 이유는 집단이 갑작스러운 변화로 위협받기 때문"이라고 말한다고 하자. 그러나 이 말은 시간이 흐름에 따라 문제가 한 집단에서 다른 집단으로 옮겨 갈 수 있음을 의미할 수도 있다. 그 사람은 계속해서 이렇게 말할지도 모른다.

"현재 폭력을 일으키고 있는 것은 그룹 A다. 그러나 그룹 A가 과거에 보인 폭력은 당시 상황에 대한 반발에서 나온 다른 유형의 폭력이었다. 이렇게 시간에 따라 서로 앞서거니 뒤서거니 하며 따라가는 두 부류의 폭력 집단을 검토하면서 폭력을 단순한 하나의 논리로 설명하기는 힘들다. 그들은 하나의 현상이 아니다. 그 원인이 매스컴 보도이든 실업률이든 간에 지금까지 알아낸 원인으로 모든 폭력을 설명하는 것은 불가능하다. 매스컴 보도가 거의 없던 시절에도 희생자들은 있었다. 그들은 다른 이유로 인해 폭력적으로 변한 집단이라고 설명해야 한다. 이 문제는 지금까지 다뤄온 문제들보다 훨씬 복잡하다."

이렇게 도표는 발전하고 이해는 늘어간다. 이 예는 우리가 세상을 바라보는 세 가지 수준을 보여준다. 사건 수준에서 우리는 폭력이 발생한 사실을 이야기한다. 사상자 수를 표시함으로써 우리는 변수를 정의하고 추세를 본다. 모든 추세는 변수를 암시한다. 이 작업을 하면서 동시에 우리는 패턴에 깔린 기본 구조를 도식화하기 시작한다. 패턴을 찾으면서 우리는 폭력을 그저 하나의 통계자료로 고찰하는 것은 지나치게 단순화하는 것이며, 다른 시기의 다른 집단을 살펴볼 필요가 있음을 깨닫는다.

원동력을 식별한다는 것은 바로 이런 의미다. 상황에 근본적인 영향을 미치는 힘을 알아내려면 사건에서 추세와 패턴, 그리고 다시

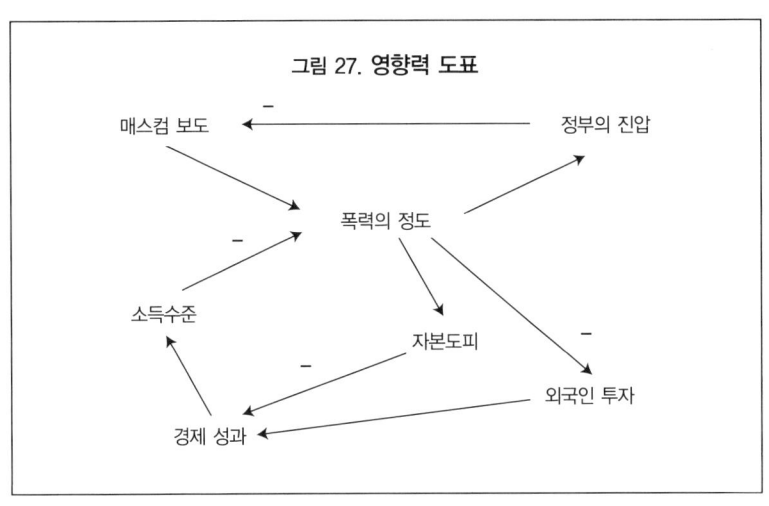

그림 27. 영향력 도표

구조로 움직여야 한다. 이렇게 빙산을 따라 움직이는 동안 논의의 질은 현저하게 개선된다.

위의 예는 영향력 도표를 활용하는 방법을 보여준다. 〈그림 27〉에서 변수들은 서로에게 미치는 영향력을 가리키는 화살표로 이어져 있다. 위의 예는 분석가가 분류 항목에서 이 같은 영향력 도표를 만들어내려면 변수들과 사건을 어떻게 구분해야 하는지를 보여준다. 변수는 시간의 흐름에 따라 오르내릴 수 있다. 그 뒤에 '증가'라는 말을 붙일 수 있는지를 체크하라. 폭력 증가는 의미가 통하지만 '베를린 장벽 붕괴' 뒤에는 '증가'를 붙일 수 없다.

분석가는 시간의 흐름에 따른 추세를 알아내려 노력하고, 이를 시간의 흐름에 따른 변수의 행태로 표현한 뒤, 이런 행태를 표현할 방법을 강구해야 한다. 왜 X라는 변수는 올라가는데 Y는 떨어지는 것일까? 이런 설명은 무엇이 무엇을 움직이는지를 이해하는 데 도움을 주는 통찰력을 제공한다. 일단 한 가지 관계를 이해하고 나면, 도표 상의 또 다른 연결 고리들도 드러난다. 이런 활동은 분류 항목 내의 모든 것을 설명할 때까지 계속된다.

이 같은 시스템에서 중심 역할을 하는 변수는 결정적 불확실성인 경우가 많다. 예를 들어 어떤 시나리오 팀이 수요가 결정적 불확실성인지를 놓고 논의를 벌이고 있었다. 구성원 중 한 명이 수요 그 자체는 기술혁신에 의해 변화할 수 있기 때문에 기술혁신이 더 기본적인 원동력이라고 주장했다. 그 팀은 이 문제를 검토해보기 위해 〈그림 28〉과 같은 간단한 영향력 도표를 그렸다. 식별된 영향력 구조를 검토해본 결과, 팀은 기술혁신과 규제 완화를 모두 독립적인 원동력으로 보아야 한다는 결론을 내렸다. 요약하자면, 주변 세상을 체계적으로 분석하려면 다음 단계에 따라 상황을 검토해야 한다.

- 데이터베이스를 사건, 추세, 패턴, 구조로 나누어라.
- 우리가 볼 수 있는 중요한 사건과 현상을 명시하라.
- 사건 속에서 변수들을 개념화할 수 있게 해주는 추세, 즉 시간에 따라 변화하는 행태를 발견하라.
- 변수의 행태에 적용되는 인과관계의 단서를 토대로 패턴을 추론하라.
- 인과관계를 통해 시스템을 하나로 잇는 이론들을 개발하라(인과적 패턴을 다양하게 해석할 수 있기에 다수의 구조가 필요할 것이다).
- 이론들을 이용하여 미래의 행태를 추정하라(다수의 구조는 다수의 시나리오로 이어진다).

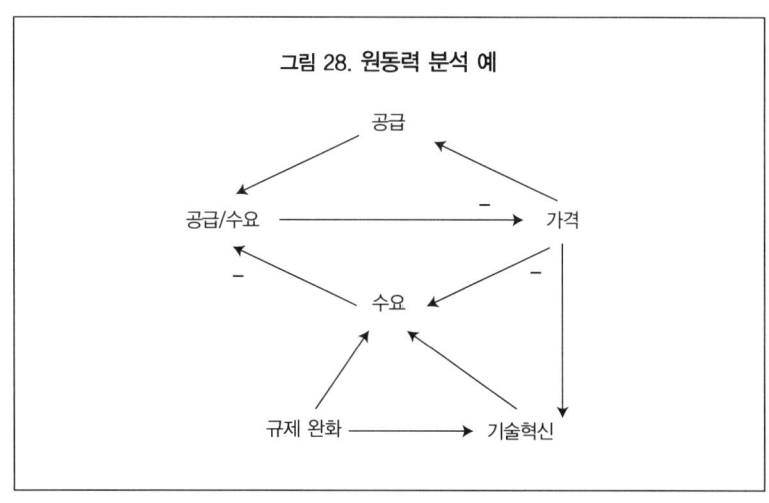

그림 28. 원동력 분석 예

원동력은 시나리오를 개발하는 데 중요한 구성 요소다. 다임러벤츠(Daimler-Benz)와 지멘스 닉스도르프(Siemens Nixdorf)는 둘 다 원동력 식별과 묘사, 그 자체를 하나의 예술로 승화시켰다. 다임러벤츠는 원동력에 관한 소책자를 발행한다. 지멘스 닉스도르프는 원동력을 묘사하는 특별한 틀을 실험하고 있다. 이는 원동력이 무엇이며, 그로 인해 어떤 일이 발생하는지, 그런 원동력을 발휘하고 억제시키는 것은 무엇인지, 원동력이 나타내는 패러다임은 무엇인지, 원동력을 얼마나 예측 가능한지, 조직과 적절한 기간이 원동력에 얼마나 영향을 미칠 수 있는지를 설명하는 것과 관련이 있다.

분석의 입도

앞부분에서 우리는 잠깐 분석의 세부적인 수준을 살펴본 적이 있다. 이때 중요한 것은 최적의 입도 수준에 이르는 것이다. 팀은 일반적인 패턴을 찾고 있다. 이 일반적인 패턴은 상황이 어떻게 돌아가는지를 설명해주는 원동력들에 대한 설명 이론(또는 선택 가능한 수많은 이론 중 하나)으로 발전할 수 있다. 적절한 분석의 입도 및 융합 수준을 찾으려 할 때는 일반화 가능성을 최대한 높이는 것이 가장 중요하다.

특정 자료에 패턴을 '끼워맞추는' 일은 피해야 한다. 그 자료에 완벽하게 맞추기는 쉽지만 그러면 일반화가 어려워진다. 여기서 핵심은 일반화다. 그래서 때로는 어쩔 수 없이 기본 구조를 이해하는 데 쓸 만한 정도의 유효성만 있다면, 다소 부정확한 일반화에 두루뭉술하게 맞춰야 한다. 한편, 사건들을 너무 높은 수준에서 합치면 행태 패턴들 사이의 구조적 관계가 너무 일시적일 수 있다.

예를 들어 시나리오 팀이 전 세계 금 수요의 패턴을 설명하는 것은 분석 수준이 너무 높아 다른 알려진 변수들과의 인과관계를 설명할 근거를 거의 제공하지 못한다는 결론을 내릴 수 있다. 반면, 개별 금 구매자 수준에 맞춘 금 수요 설명은 시나리오를 수립하는 데 쓸 수 있을 정도로 충분히 일반적인 이론을 도출하지 못할 것이다. 따라서 분석은 이 양극단 사이 어딘가에서 이뤄져야 한다. 예를 들어 시나리오 분석가가 세계적인 금 수요를 몇 가지 범주, 즉 산업용, 장식용, 투자용, 통화용으로 세분할 수도 있다. 이 정도 수준에서라면 다른 변수와의 다소 불분명한 관계 추정을 통해 파악할 수도 있다.

이 과정은 기본적으로 세상이 어떤 현상을 설명하는 방법을 보여주는 시행착오 과정이다. 전문가라면 현재의 통설을 기반으로 시작점을 지정해줄 수 있을지도 모른다. 거기서부터 그 밑에 깔린 기본 원동력을 식별하기에 충분히 굳건해 보이는 관계를 찾을 때까지 다양한 수준의 개념적 해석을 계속 시도하게 된다. 여기서 가장 어려운 부분은 설명을 간결하게 유지하는 것이다. 그리고 앞서 보았다시피, 문제가 복잡하고 불확실할수록 간단한 인과적 모델이 가장 유용하다.

시나리오 구성

지금까지 시나리오 팀은 새로운 시나리오를 구성하는 데 쓸 기초 자료를 수집해왔다. 그리고 이를 무리 짓고, 분류하고, 추세와 배경에 깔린 인과 구조를 탐색하는 과정을 통해 이런 자료를 구조화했다. 다음 단계는 이런 과정을 통해 얻은 통찰을 반영할 수 있는 제한된 수의 시나리오를 만드는 것이다. 2부에서 논의했다시피, 이야기는 여러 분야의 아이디어를 하나의 맥락으로 이을 수 있는 효과적인 수단이다.

지금까지 우리가 설명한 과정의 목적은 이 단계에서 이용 가능한 자료가 전부 의뢰인과 밀접한 연관성을 띠고 거기에 더해 적절한 수준의 새로움까지 포함하도록 하기 위한 것이다. 다음 단계의 목적은 지금까지 시나리오 기획을 수행하며 얻은 지식을 되도록 많이 반영해 내적으로 일관된 다수의 이야기를 만드는 것이다. 이를 달성하는 데는 여러 가지 방법이 있다.

이런 방법들은 귀납적, 연역적, 점증적 방법으로 나눌 수 있다. 귀납적 방법에서는 이용 가능한 자료들에 단계적으로 접근해, 시나리오 구조가 스스로 모습을 드러내도록 한다. 여기서는 전체적인 틀이 주어지지 않는다. 자료의 단계적 결합을 통해 이야기의 줄거리가 조금씩 나타난다. 연역적 방법에서는 분석가가 전체적인 틀을 추론하려고 시도하고, 그 후 각각의 자료를 가장 자연스럽게 어울리는 틀에 맞춘다. 귀납적 방법과 연역적 방법의 차이는 점점 더 많은 자료를 이용해 줄거리를 만드는 과정에서, 틀이 저절로 모습을 드러내게 할 것인지 아니면 처음부터 자료를 토대로 틀을 추론할 것인지의 차이다.

시나리오를 개발하는 세 번째 방법은 점증적 방법이다. 이 방법은 하위 계층을 겨냥한 것으로, 시나리오 방식이 전략적 대화를 강화시킬 기회를 제공한다는 확신을 의뢰인 팀에 심어줄 필요가 있을 때 유용하다. 시나리오 기획이 아직 해당 조직의 사고방식에 정착되지 못한 상황에서 의뢰인은 여전히 전략과 연관된 모든 생각의 암묵적 토대인 공유된 예측, 즉 '공인된 미래'에 강한 애착을 갖고 있을 수도 있다. 이런 의뢰인은 시나리오 기획의 첫 단계를 쉽게 진행하려면 공인된 평상시 미래를 출발점으로 사용하는 것이 좋다. 거기서부터 의뢰인이 정의한 문제와 관련된 주변 영역 쪽으로 시나리오를 풀어가는 것이다.

세 가지 방법이 얼마나 유사한지 혹은 다른 시나리오를 만들어내는지는 시나리오 팀이 미래의 주된 불확실성의 분기점을 얼마나 명확하게 보느냐에 달려 있다. 만일 미래를 지배하는 주요 불확실성이 몇 가지 안 된다면, 세 가지 방법은 유사한 결과를 내놓을 확률이 높다. 피에르는 이를 이렇게 설명했다. "좋은 시나리오는 심도 있게 다룬 양극단에서 나온다." 만일 팀이 의뢰인이 마주한 주된 불확실성을 제대로 이해하지 못하고 있다면, 미래의 결정적 원동력을 더 잘 이해하기 위해 발견한 것들과 그 밑에 깔린 구조를 논의하는 시간을 더 가질 것을 권한다.

귀납적 시나리오 구성

귀납법은 경험적 근거 혹은 실험적 근거에서 일반적인 결론을 끌어내는 추론 과정이다. 구체적인 것에서 일반적인 것을 추론하는 것이다. 귀납적 방법이라 불리는 까닭은 경험에서 얻은 구성 요소를 이용해 시나리오를 구성하기 때문이다. 즉 좀 더 구체적인 것을 이용해 좀 더 일반적인 것을 얻기 때문이다.

귀납적 시나리오 구성은 사건 수준에서 혹은 구조 수준에서 이뤄진다. 사건 구성은 팀 구성원들이 시나리오 팀이 얻은 이해와 새로운 통찰을 구체적인 사건으로 바꾸어, 그것을 가능한 시기와 관련 주체들에 대한 주석과 함께 사건 카드에 적는 것으로 시작한다(Quinn & Mason 1994 참고). 사건 카드는 또한 그 사건이 미리 예정된 것인지 아니면 불확실성의 한 축인지도 분명하게 보여준다. 선결 사건은 모든 시나리오에 포함되어야 하는 반면, 불확실한 사건은 단 하나의 시나리오에만 포함된다. 만일 어떤 사건이 불확실성뿐만 아니라 선결 요소도 포함하고 있다면, 다수의 사건 카드에 이를 기록함으로써 이런 사실을 반영한다.

예를 들어 만일 석유수출국기구(OPEC)가 생산량 상한선을 설정할 것임은 정했지만, 그 상한선을 어떤 수준으로 할지가 불확실하다면 하나 이상의 카드가 필요하다. 예를 들어 하나는 일일 상한선을 300만 배럴로 설정하고 다른 하나는 일일 상한선을 250만 배럴로 설정하는 식이다. 그리고 나서 팀은 각각의 카드가 각각의 시나리오에 하나씩 포함되도록 해야 한다.

다음 단계는 팀이 만들어진 사건을 시간순으로 배치해 시나리오를 만들기 시작하는 것이다. 일부 카드는 자연스럽게 분류 항목을 형성하고, 일부 카드는 아무런 관계가 없어 보이기도 한다. 아무런 관계가 없어 보일 경우 팀은 다른 시나리오를 시작하여 자연스럽게 모이는 것과 아무 관계가 없는 것, 혹은 둘 모두를 수용할 수 있도록 한다. 이 같은 퍼즐 맞추기는 모든 카드가 서너 가지 시나리오 중 하나에 자연스럽게 자리를 잡았을 때 비로소 끝이 난다. 팀은 관계를 만들고 전체 논리를 완성하기 위해 사건을 시나리오에 배치한다. 동시에 새로운 사건을 발굴하고 새로운 사건 카드를 만들어낸다.

이 과정은 최종 시나리오가 내적 일관성 요건을 갖추도록 하기 위해, 즉 사건이 인과적으로 서로 이어지도록 하기 위해 반드시 필요하다. 팀은 벽에 붙어 있는 사건 카드들 사이에 인과관계를 나타내는 화살을 그려 이를 검토할 것이다. 이 과정에서는 사건이 먼저 등장한다. 이를 시간순으로 붙여 인과관계를 나타내고 나면 논리가 뒤따른다. 이 과정을 몇 번 반복하면 이전 시나리오 과정에서 팀이 습득한 것들을 반영한 만족스러운 시나리오를 만들어낼 수 있을 것이다. 팀 구성원이 더는 진전을 이룰 수 없을 정도로 만족한다면 시나리오에 이름을 붙인다. 전체 틀은 만들어진 이야기 줄거리에서 추론

한다.

그러나 말이 쉽지, 이러한 방법을 실행하기는 쉬운 일이 아니다. 귀납적 방법의 단점은 이렇게 만들어진 시나리오들이 서로 명백한 연관성을 갖는 경우가 드물다는 것이다. 전체적인 틀을 알아내려면 보통 추가적 사고와 전환이 필요하다. 초기에는 유용한 식물에서 잡초를 골라내는 것이 쉽지 않다. 이 일을 해내려면 그룹은 이 활동이 끝나도록 식물과 잡초를 구분하는 방법을 알지 못하는 데서 오는 애매모호함과 불확실성을 다룰 수 있을 정도로 충분한 인내심이 있어야 한다.

귀납적 방법은 논리 수준에서 적용할 수 있다. 귀납적 방법에서는 준비 단계에서 얻은 이해를 약간의 논리적 관계로 표현한다. 이때 사용하는 수단은 한두 가지 사건을 인과관계로 연결하는 짧은 이야기 토막이다. 이런 논리 조각은 '단편적 정보'라고 부른다. 단편적 정보는 흔히 팀이 만들어낸 영향력 도표를 해석하는 중에 발생한다.

어떤 전형적인 단편적 정보가 인플레이션이 사업 신뢰도에 영향을 미침을 암시한다고 하자. 이는 다시 투자에 영향을 미친다. 혹은 흡수할 수 있는 정도를 뛰어넘는 과다한 현금 발행은 산유국으로 하여금 생산량을 줄여 가격을 높이게 할 수 있다. 혹은 이런 번영이 변화를 가속화할 수도 있다. 현재의 호황이 향후 10년간 계속된다면 이는 건설산업에 엄청난 힘이 될 것이다. 단편적 정보를 만들어내는 활동은 영향력 도표와 상황에 대한 또 다른 해석을 반복적으로 만들어낸다. 이런 식의 접근을 위해서는 자료를 사전에 분석하고 원동력을 표현하는 데 충분한 시간을 쏟아야 한다.

일단 이 과정에서 얻는 수확을 체감하는 단계에 이르면, 만들어진 단편적 정보들을 카드에 적는다. 다음 단계로 시나리오 팀은 직관적 분류에 따라 이 카드를 서너 개씩 포개어놓는다. 이 일을 끝내고 나면 포개진 더미별로 정리하여 전체적인 이야기를 구성한다. 이 일은 시간 순서에 따라 카드를 분류하는, 사건을 다룰 때 쓴 것과 같은 방법으로 하면 된다. 이 일을 수행하는 과정에서 이야기를 더 잘 묶어 주는 새로운 사건이나 단편적 정보가 발생한다.

예를 들어 누군가가 인플레이션 정보와 OPEC을 연관 지어보자고 할 수 있다. 수요가 줄면 생산이 늘고, 현금 발행이 필요 수준 이하로 떨어지면 생산에 압력이 가해진다. 이는 유가를 낮추고, 현금 발행을 추가로 떨어뜨리는 흥미로운 결과를 낳는다. 낮은 에너지 비용은 장기적으로 소비 국가의 물가를 떨어뜨리고 경기를 회복시킬 것이다. 이런 식으로 단편적 정보는 줄거리 안에서 서로 이어진다. 이는 사건이 주도하는 과정과는 다르다. 여기서는 사건이 인과적 논리를 낳기보다는 인과적 논리가 사건을 낳는다.

귀납적 방법은 매우 효과적인 시나리오를 만들어낼 수 있는 방법이기는 하지만, 여기서 시나리오 팀은 시나리오가 '좋은 상태 혹은 나쁜 상태'에 처하게 될 위험을 경계할 필요가 있다. 한 시나리오에는 의뢰인에게 우호적인 발전 국면이 모이고 다른 시나리오에는 불리한 사건이 모이는 것은 자연스러운 경향인 듯하다. 그러나 이는 정말 바람직하지 않고 시나리오 활동의 가치를 현저히 떨어뜨리는 일이다. 시나리오 기획 방법론의 기본 원칙은 모든 시나리오가 똑같이 발생 가능해야 한다는 것이다. 따라서 최고의 시나리오 세트에는 의뢰인이 대비할 가치가 충분한 미래들만 들어 있다. 만일 일부 시나리오가 의뢰인이 생각하기에 너무나 끔찍해 받아들이기 쉽지 않거나, 너무 장밋빛이라 믿기 힘들다고 하자. 그러면 팀은 모든 시나리오가 똑같이 발생 가능해야 한다는 원칙을 유념하면서 다시 작업을 반복할 필요가 있다. 일반적으로 팀은 좋거나 나쁜 미래라는 관점에서 생각하지 않아야 한다. 오직 타당성과 내적 일관성만을 결과가 유효한지를 판단하는 기준으로 삼아야 한다.

다음은 귀납적 시나리오 구성의 한 예다. 여기서 애덤 카헤인(Adam Kahane)은 남아프리카공화국의 정치 지도자들과 함께 한 시나리오 프로젝트를 묘사하고 있다(Kahane 1992b).

남아프리카공화국의 몇몇 정치 지도자들은 미래를 함께 이야기할 수 있는 공통된 언어를 찾는 데 어려움을 겪고 있었다. 1991년, 웨스턴케이프 대학의 경제학자 피터 르 루(Pieter le Roux)는 시나리오가 도움이 될지도 모른다고 생각하고, 나를 초청해 프로젝트를 수행하도록 했다. 남아프리카공화국에서는 시나리오가 널리 알려져 있었는데, 이는 1980년대에 앵글로아메리칸 광업회사의 중역이던 클렘 선터(Clem Sunter)가 피에르의 도움을 받아 수행한 한 시나리오 활동이 국가의 미래에 관한 대중적 논의를 끌어내는 데 큰 기여를 했기 때문이다.

하지만 이번 프로젝트는 달랐다. 시나리오 팀은 남아프리카공화국의 다양한 유권자를 대표하는 22명으로 구성되었다. 여러 인종으로 구성된 시나리오 팀에는 좌파 정치인, 아프리카민족회의(African National Congress, 남아프리카공화국의 한 정당-옮긴이)의 고위당원, 노동조합원, 주류 경제학자, 기업 중역이 포함되어 있었다. 우리의 목적은 남아프리카공화국의 미래에 대한 공통의 멘탈 모델을 연구하고, 가능하면 발전시키는 것이었다. 처음 시나리오 프로젝트를 시작했을 때 팀의 많은 구성원들이 회의적인 태도를 보였다. 그들은 끊임없는 논쟁으로 아무런 합의점도 찾지 못한 채 회의 시간을 허비해버릴 것이라 예상했다.

격론을 불러올 것 같은 정치적 분위기 때문에 '비전 만들기' 활동은 여기서 통하지 않을 수도 있었다. 실제로 첫 번째 회의에서 나는 "우리는 여러분이 일어났으면 하는 일을 논의하려는 것이 아닙니다. 우리는 실제 일어날지도 모를 일을 논의하려 합니다"라고 말했다. 그리하여 자유로운 단어 선택이 가능해졌다. 만일 내가 그들이 원하는 미래는 어떤 것인지 물었다면 각각의 참가자는 그들이 속한 정당의 공약을 끄집어냈을 것이다. 결국, 이 과정을 통해 그들 모두가 원하는 시나리오를 만들어냈다. 그러나 처음부터 원하는 시나리오를 목표로 했더라면 절대로 가능하지 않았을 것이다. 대신 우리는 공통의 이해를 찾고 있었다.

우리는 그들로 하여금 앞으로 일어날 일을 예측할 수 없다는 점을 깨닫게 해주는 활동부터 시작했다. 우리는 그들을 몇몇 소그룹으로 나누어 앞으로 20년 후에 남아프리카공화국에서 일어날지도 모를 일에 관한 이야기를 만들어보라고 했다. 다시 전체 회의를 소집했을 때 우리는 서른여 가지의 시나리오를 얻었다. 시나리오를 발표하는 동안에는 그 누구도 "말도 안 되는 이야기야" 혹은 "그렇게 말하면 안 되죠" 같은 말을 하지 못하도록 했다. 나는 딱 두 가지 유형의 간섭만을 허락했다. "왜 그런 일이 일어나나요?"와 "그다음은 어떻게 되죠?"였다. 발표자가 이 질문에 답하지 못한다면 발표자는 자리에 앉아야 했다. 그 이야기는 별반 신통치 않을 것이기 때문이었다.

결과적으로 이 활동은 아주 효과가 있었다. 사람들은 온갖 종류의 색다른 이야기를 쏟아냈다. 거기에는 그들 자신의 이익에 반하는 이야기들도 있었다. 예를 들어 좌파적 성향을 띠는 한 소그룹은 '통제를 통한 성장'이라 칭한 이야기를 고안해내 남아프리카공화국이 강력한 좌파 독재정부를 가질 수 있다고 제안했다. 그 밖에 중국 정부가 공산주의식 해방운동에 무기를 제공하고 지원하여 남아프리카공화국 정부를 전복할 것이라는 이야기도 있었다. 나는 사실 그들이 이 이야기를 진심으로 개진한 것인지 잘 모르겠다. 그러나 어쨌든 사람들이 "왜 그런 일이 일어나죠?"라고 물었을 때 입증할 방법이 없었기 때문에, 이 이야기들은 도중에 기각되었다.

남은 활동은 서른 가지 시나리오 중에 쓸모없는 것을 추려 쓸모 있는 서너 개의 시나리오로 줄이는 일이었다. 시나리오가 유효하려면 반드시 논리적으로 일관되고 타당해야 했다. 이 기준을 충족하기란 쉬운 일이 아니다. 그러나 타당성 및 일관성에 관한 논의는 이렇게 정치적으로 대립하는 다양한 집단에게 매우 유용했다.

그러고 나서 우리가 물었다. "이 이야기들 가운데 어떤 이야기를 청중에게 하면 도움이 될까요?" 다시 말해 '청중이 어떤 이야기를 고민해봐야 한다고 생각하는가?'라고 물은 것이다. 참가자 전원이 많은 논의를 나눈 후 우리는 뚜렷이 구별되는 네 가지 이야기를 선택할 수 있었다. 모두 정치적 과도기의 속성(아마도 단일 항목으로는 이 나라에서 가장 중요한 불확실성일 것이다)에 초점을 맞춘 것들로, 모두 날개 달린 생물의 이름을 따서 이름을 지었다.

첫 번째는 '타조'라 이름 지었다. 데클레르크(De Klerk) 정부는 '모래에 머리를 처박고 있다(천적에게 쫓기면 모래 속에 머리를 파묻고는 숨었다고 착각하는 타조의 행태를 빗댄 말로, 현실을 회피하고 있다는 것을 의미한다).' 자유선거가 아닌 다른 경로가 생겨난다. 백인 분리주의자들이 흑인 과격 집단과 마찬가지로 힘을 얻는다. 그들은 대화를 막고 나라를 분열시킨다. 첫 번째 시나리오를 만든 그룹은 보고서에 "결국 여러 정당이 다시 협상 테이블로 돌아오겠지만, 사회적·정치적·경제적 상황은 그 전보다 나빠진 상태일 것"이라고 썼다. 이런 상태에서는 협상이 잘 이뤄지지 않으면 내전으로 이어질 수도 있다.

두 번째는 '절름발이 오리(Lame Duck)'라 불리는 것으로, 구조적으로 약할 수밖에 없는 과도정부로 인해 과도기가 길어지는 상황을 예상했다. 정부는 "모두에게 답하려 하나 그 누구도 만족시키지 못한다." 그 때문에 불확실한 상황이 오랜 기간 천천히 지속되고 투자자는 투자를 망설인다. 성장과 발전은 시들해진다. 많은 사람들이 연립정부가 구성되길 기대했기 때문에 이 시나리오는 매우 중요한 의미가 있는 시나리오였다. 지금 그들은 이 시나리오를 통해 잠재적 위험을 볼 수 있다.

세 번째는 '이카로스(Icarus)'라 불리는 것으로, 결국 가장 영향력이 있는 것으로 나타났다. 이 시나리오는 원래 팀의 흑인 좌파 그룹 중 일부가 제안한 것으로, 흑인 정부가 대중의 지지 속에 정권을 잡고 선거 기간 동안 했던 모든 공약을 지키기 위해 노력한다는 것이었다. 흑인 정부는 지속 불가능한 대규모 공공 지출 프로그램에 착수하여 결국 경제를 무너뜨릴 것이다. 정부와 재계 관찰자에게 이카로스 시나리오는 고무적인 것이었다. 그것이 좌파와의 정치 논쟁에 영향을 미쳤기 때문이다. 처음으로 유명한 좌파 경제학자가 포함된 팀에서 정부가 너무 많은 것을 하려고 노력할 가능성에 대해 논의했다. 이 사실은 희망적이다. 왜냐하면 잠재적 재앙을 논의함으로써 그 재앙을 막을 수 있기 때문이다.

'홍학'은 네 가지 시나리오 중 가장 긍정적인 것이었다. 이 시나리오도 절름발이 오리와 마찬가지로 연립정부와 관련된 것이지만, 이번에는 좋은 연립정부였다. 홍학이라고 이름 붙인 이유는 홍학이 천천히 날아오르지만 무리와 함께 날기 때문이다. 이 시나리오에는 경제적 부양책이 없다. 그 대신 장기적이고, 점진적인, 그리고 무엇보다 중요한 참여적 개선이 있다. 남아프리카공화국 내 모든 집단이 '함께 비상하는' 것이다. 시나리오 과정을 통해 각각의 미래가 발생하려면 어떤 일이 일어나야 할지를 계속 따져보았기 때문에, 이 그룹은 경제성장과 정치적 평등이 서로를 강화하는 낙관적 미래가 가능할 것이라고 생각하였다.

쉘의 기준에서 보자면, 이것들은 그렇게 깊이 있는 시나리오가 아니다. 시나리오를 뒷받침하는 연구나 정량화 작업이 거의 이뤄지지 않았기 때문이다. 그러나 여기서는 아주 광범위한 집단이 협력하여 시나리오를 만들어냈다는 사실이 중요하다. 팀의 전 구성원은 모든 시나리오를 바람직한 미래가 아니라 미래가 어떻게 펼쳐질지를 보여주는 멘탈 모델로 공개적으로 지지했다. 다른 집단과 포럼에서 이 시나리오들을 발표할 때도 그들은 모두 이런 기본 내용을 정확히 알렸다. 심지어 그들 자신이 동의하지 않는 표현까지도 그렇게 했다. 그들의 이런 노력 덕분에 시나리오를 놀라울 정도로 효과적으로 설명할 수 있었다. 일례로, 아프리카민족회의 당원들 앞에서 시나리오를 발표한 적이 있었다

(이때 발표는 거의 항상 팀 내 아프리카민족회의 당원이 맡았다). 그들은 단기 집중적인 공공 지출 프로그램이 제대로 작동하지 않을 수 있다는, 아프리카민족회의 당원들로서는 받아들이기 쉽지 않은 '이카로스' 시나리오의 메시지를 비위협적인 방법으로 꺼낼 수 있었다. 절름발이 오리 시나리오는 국민당 당원들이 안전장치로 과도기 과정을 막으려는 자신들의 정치적 입장에 숨어 있는 위험을 파악할 수 있도록 해주었다. 그리고 타조 시나리오는 보수주의자들에게 유사한 메시지를 주었다.

처음 팀이 모였을 때 그들은 과도기의 어려움을 공통된 관점으로 바라보지 않았다. 절름발이 오리와 홍학 시나리오 간의 차이, 즉 절름발이 오리와 홍학 시나리오는 어떻게 다른가를 놓고 논쟁을 벌이고 나서야 비로소 과도정부의 힘을 제한하는 것과 관련한 일부 문제들에 대해 꽤 상세한 수준에서 공통된 의견에 이를 수 있었다. 확신하건대, 이들 대부분은 이런 회의를 하기 전까지 새롭게 선출된 정부가 겪게 될 거시 경제적 제약을 고민해본 적이 없을 것이다. 그러나 지금 그들은 이카로스 시나리오 덕분에 거시 경제적 제약에 아주 익숙해졌다.

여러분은 이처럼 심각한 격론이 벌어진 회의에서 사람들이 자리를 박차고 나가지 않은 까닭이 궁금할 것이다. 보수주의자건 급진주의자건 이들이 계속해서 함께한 까닭은 스스로 많은 것을 얻고 있다고 느꼈기 때문이다. 그들은 회의를 즐겼다. 시나리오의 이점은 협상과는 달리 사람들이 자신의 이해에 매달릴 필요가 없다는 것이다. 그럼에도 과정 중 초기 단계에서 공통된 언어, 즉 세계를 이해하는 공통된 방식을 알 수 있다는 것이다. 일단 시나리오 과정이 끝나고 나면 거기서 나온 공통된 언어 덕분에 협상을 훨씬 성공적으로 진행할 수 있다.

이 예는 시나리오가 공통된 행동, 특히 서로 대립하던 사람들이 공통된 행동을 하게 만드는 토대로서 쓰일 수 있음을 보여준다. 베터 수 플라워즈(Betty Sue Flowers)는 이를 이렇게 표현했다. "시나리오 팀을 통해 여러분은 세상을 볼 때 쓰는 두세 개의 서로 다른 안경을 만듭니다. 이 안경은 썼다 벗었다 할 수 있고, 그렇게 함으로써 네 번째나 다섯 번째 방식을 찾기는 훨씬 쉬워집니다."

연역적 시나리오 구성

연역은 일반 전제들로부터 논리적이고 필연적인 어떤 특정한 결론을 끌어내는 추론 과정이다. 연역적 방법이라 불리는 까닭은 좀 더 일반적인 것에서 좀 더 특별한 것을, 즉 일반적인 틀에서 구체적인 시나리오를 만드는 시나리오 수립 방식에 기반을 두고 있기 때문이다.

연역적 방법은 자료를 토대로 시나리오를 만들어내는 귀납적 방법과는 달리, 개발할 시나리오 세트를 만드는 데 필요한 틀로 쓸 자료의 전체적인 구조를 발견하는 것을 최우선 목표로 한다. 연역적 틀은 시나리오 차원으로 선택된, 몇 가지(두세 가지) 결정적 불확실성의 결과 범위로 시나리오를 명시한다. 이는 때때로 '완료 상태'라 불린다(시나리오 차원으로 설명되는, 기준년 내의 상황). 이런 식으로 각각의 시나리오의 기본적인 특성을 설정하고 나면 다음에는 이용 가능한 자료들로 완료 상태를 채운다. 필요하다면 새로운 자료들을 보충한다. 이 단계에서 이야기의 기본적 특성을 표현하는 한두 가지 단어를 이용해 시나리오를 명명하다 보면, 팀은 무엇이 기본구조인지에 대한 의견 일치에 이르렀는지를 효과적으로 테스트할 수 있다.

틀은 다음 몇 가지 단계에 걸친 자료 연구와 조작을 통해 만들어진다.

- 자료를 계층적 구조로 나눈다.
- 사건, 추세, 구조 수준에서 고도로 상호 독립적인 차원을 식별한다.
- 예측 가능성과 의뢰인에게 미치는 영향을 기준으로 식별된 차원의 순위를 정한다.
- 가장 중요한 구조화된 차원을 선택한다.

이 과정은 인터뷰 자료를 가공하는 것과 비슷하게, 자료를 계층적으로 분류하는 것으로 시작한다. 연구 기간에 얻은 각각의 이해를 카드나 포스트잇에 몇 가지 단어로 요약한다. 다음 단계는 이렇게 적은 쪽지를 모으는 것이다. 이 과정에서는 직관적 분류와 상호 독립성 및 내적 일관성 면에서 분류 항목을 테스트하는 작업을 번갈아 실시한다. 모든 아이디어들이 자연스럽게 자리를 찾을 때까지 이런 과정을 반복한다.

이런 구조화 과정은 여기서부터 사건, 추세, 구조를 토대로 계속 이어서 수행할 수 있다. 대다수 시나리오 팀은 어떤 것이 가장 통찰력 있는 틀을 만들어내는지를 알아보기 위해 세 가지(사건·추세·구조) 접근법을 모두 시도해보려 할 것이다.

사건에 대한 접근법을 시도한다면, 팀은 이제 다른 무엇보다 중요한 미래에 영향력을 갖는 핵심 사건을 제한된 수만큼 결정해야 한다. 이때 만일 각각의 결정이 논리적으로 서로를 뒤따른다면, 사건들을 '사건 트리'로 표현하는 것이 도움이 된다. 앞서 살펴본 몽플뢰르(Mont Fleur) 시나리오가 한 예다. 거기서 그룹은 세 가지 사건이 다른 무엇보다 중요하다는 결론을 내렸다.

- 정당 간에 권력 분담에 대한 합의가 이루어질 것인가?
- 권력 이행이 빠르게 이뤄질 것인가, 아니면 이행 과정이 수렁에 빠질 것인가?
- 새 정부가 건전한 경제 정책을 따를 것인가, 아니면 인기에 영합할 것인가?

〈그림 29〉에서 보듯, 이 예에서는 네 가지 시나리오를 '사건 트리'로 정리할 수 있다.

- 어떤 합의점에도 이르지 못하면 '타조' 시나리오가 펼쳐진다.
- 만일 이행 과정이 느리게 진행되면 '절름발이 오리' 시나리오가 펼쳐진다.
- 정책이 인기 영합적이면 '이카로스' 시나리오가 펼쳐지며, 곧 붕괴로 이어진다.
- 이 모든 장애물을 극복할 수 있다면 미래는 '홍학이 비상하는' 시나리오에 따라 펼쳐질 것이다.

이렇게 논리 정연한 시나리오 틀을 핵심 사건들로부터 유추할 수

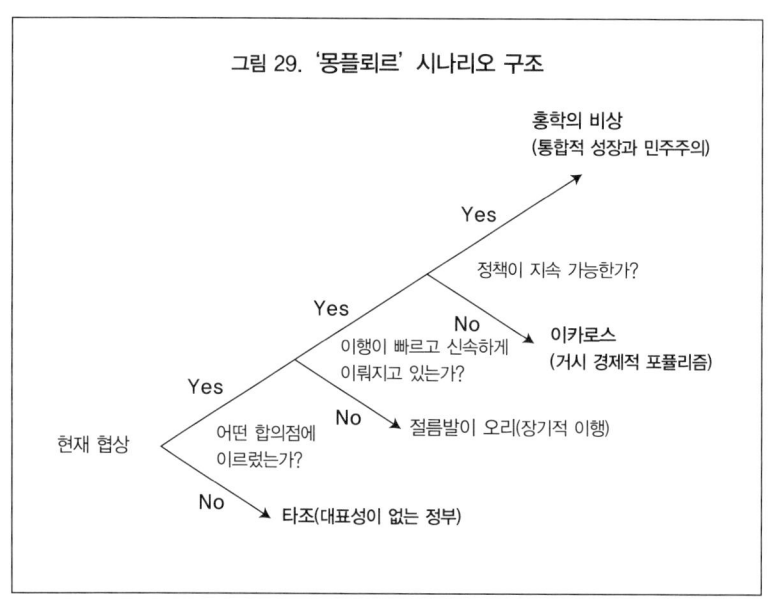

그림 29. '몽플뢰르' 시나리오 구조

있다. 이는 핵심 사건들이 어떤 방식으로 작용하느냐에 따라 달라진다.

그러나 이처럼 미래에 다른 무엇보다 중요한 영향력을 미치는, 제한된 수의 핵심 사건을 발견하는 것이 불가능할 때도 있다. 그런 경우, 팀은 핵심 추세를 찾기 위해 '빙산'을 좀 더 깊게 들여다보고 싶을 것이다. 만일 구조화된 자료가 미래에 어느 것이 더 우세할지를 놓고 경쟁하는 몇 가지 핵심 추세를 보인다면, 시나리오 틀은 아마도 추세에 기반을 두게 될 것이다.

추세 접근법의 한 예로 쉘의 1989년 시나리오 세트가 있다(Kahane 1992b). 쉘의 시나리오 팀은 앞서 말했던 것처럼 자료 분류를 마친 후 미래의 발전 국면이 경제와 생태를 중심으로 하는 두 가지 분류 항목에 따라 나뉠 것 같다는 결론을 내렸다. 분석에 따르면, 이 두 가지 영역의 발전 국면은 미래에 중대한 영향을 미칠 수 있는 심각한 제한 요인일 될 수 있었다.

- 새로운 세계경제는 부분적으로 전통적인 국가 통제 메커니즘의 영역 밖에서 발전하고 있었다. 그 결과, 통제를 벗어나 과열되는 양상이 일어날 수 있었고, 이로 인해 세계가 불황에 처하고 경제적 자신감이 줄어들 수도 있었다.
- 한편, 사회는 생태학적 한계를 점점 더 인식해가고 있었다. 그리고 이런 인식은 경제 위기를 다른 데로 돌리는 잠재적 효과가 있는 구조 조정 활동에 우선순위를 부여할 수 있었다.

쉘의 시나리오 팀은 만일 생태학적 인식 추세가 주도권을 잡게 되면 전 세계 관리 체계를 구조 조정하는 쪽으로 관심이 이동할 것이며, 이는 상당한 수준의 새로운 투자를 발생시켜 경제적 자신감을 유지하거나 회복하게 만들 것이라는 결론을 내렸다. 그러나 경제 체계가 한계에 먼저 도달하면 심각한 불황이 생태학적 관심을 밀어낼 것이다. 즉 이 두 추세 중 하나는 다른 하나를 지배할 것이다. 결과적으로 어떤 추세가 사회의 인식을 지배하느냐에 따라 시나리오 구조가 결정된다(〈그림 30〉). 지배적 추세는 시나리오의 원동력을 만들어낼 것이며, 다른 추세를 상대적으로 덜 중요하게 만들어 배경으로 몰아내버릴 것이다.

세 번째 연역적 방법은 시나리오가 서로를 구분하는 토대인, 두세

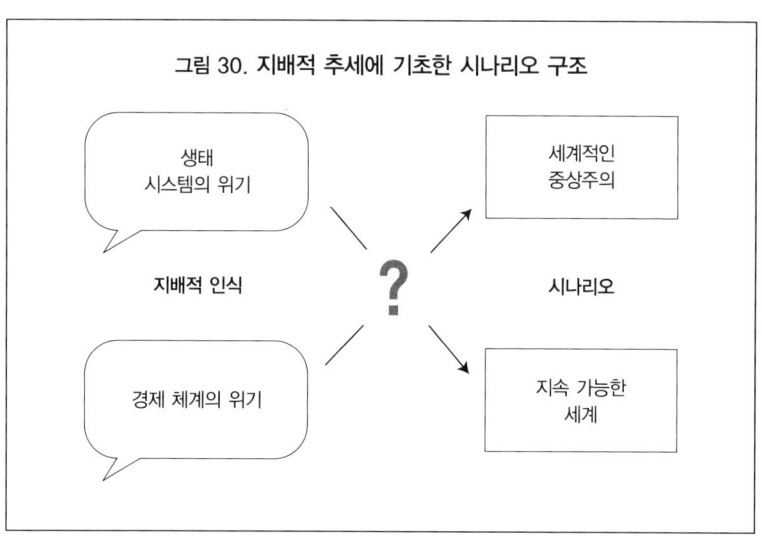

개의 핵심 구조적 변수 혹은 원동력을 알아내는 것에 기초를 두고 있다. 각각의 원동력을 두 개의 결과 범위로 표현하면 2×2(원동력이 세 개인 경우에는 2×2×2) 행렬이 만들어진다. 이는 시나리오 세트의 후보로 네 가지(혹은 여덟 가지) 시나리오 완료 상황이 있다는 뜻이다. 구조적 접근법은 발견할 수 있는 지배적 원동력이 두세 개 정도일 때만 실용적이다. 그 이상이 되면 시나리오 후보의 수가 기하급수적으로 늘어나기 때문에 사용할 수 없다. 오로지 두세 개의 원동력만으로 미래에 실제로 중요한 영향력을 행사할 요소를 정의하려면 팀은 자료의 구조적 '빙산'을 깊이 파고들 필요가 있다. 구조적 접근법의 초창기 사례 중 하나는 1965년에 피에르가 프랑스 에너지사업을 위해 개발한 시나리오다(Wack 1985a). 거기서 피에르는 미래의 모든 불확실성이 두 가지 결정적 차원의 지배를 받는다고 보았다.

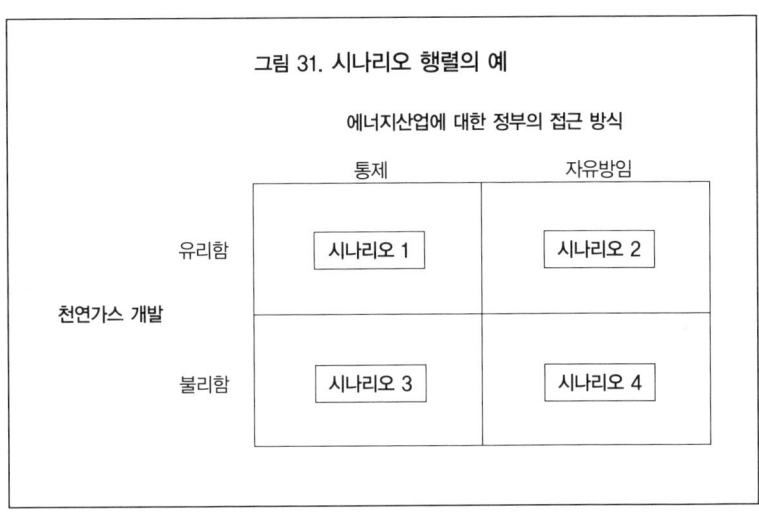

- 에너지산업에 대한 정부 정책의 미래('통제 정책' 대 '자유방임 정책')
- 프랑스 내에서 국가적으로 유의미한 양의 천연가스가 발견될 가능성(이후 부정적인 것으로 나타남)

이에 따라 나온 2×2 행렬이 〈그림 31〉이다. 또 다른 예에서는 환경적 요인인 조직의 '아웃소싱'과 조직의 '축소화'를 '규모'와 인과적으로 결합해 다음과 같은 결과 범위를 가진 하나의 차원을 정의했다.

- 한쪽 끝: 시장을 지배하는 세계적 기업 몇 군데가 모든 중소기업들을 직간접적으로 통제.
- 다른 쪽 끝: 수많은 중소기업이 서서히 저물어가는 대기업으로부터 사업을 탈취.

이때 두 번째 차원은 '경제적 불평등', '사회적 불만', '소비자 취향' 요소를 체계적으로 묶었다. 그 결과 한쪽에는 '세계적으로 균형 잡힌 고객 세분화'가, 다른 쪽에는 '극심한 지역 특수화'가 나타났다.

행렬 접근법

대부분의 시나리오 기획에서는 이처럼 '행렬 접근법'을 이용한다. 행렬 접근법은 몇 가지 차원만으로 우리가 미래 상황에 대해 알고 있는 것 중 많은 부분을 그려낼 수 있다. 그 이유는 직교적 불확실성이 더해지는 방식 때문이다. 우리는 이런 결정적 불확실성을 시나리오 차원이라 불렀다. 시나리오 차원은 서로 현저히 다르게 펼쳐지는 결과 범위를 얼마나 효과적으로 명시할 수 있는지에 따라 선택된다. 그러고 나면 시나리오는 기준년에 시나리오 차원의 결과 범위로 명시된, 이처럼 다른 상황에 이르기까지 과거와 현재 세상이 어떻게 움직였는지를 말해준다.

의뢰인 입장에서는 행렬이 제공하는 논리적 관계를 통해 시나리오를 보고 이해하는 것이 매우 유용할 수 있다. 결과적으로 행렬 접근법은 시나리오 사용자의 신뢰 한도 내에서 가능한 최대한 다른 이야기 서너 개 정도를 만들어내기 때문이다. 그 결과, 의뢰인은 다른 방법을 이용할 때에 비해 사업 환경을 더욱 폭넓게 탐색할 수 있다. 멘탈 모델의 확장은 타당성 한도 내에서만 가능하다. 타당성이 확률과 다르다는 것을 기억하라. 타당성은 누군가의 머릿속에 든 주관적 개념으로 수학적 정보가 아니다. 타당성은 빈도가 아닌 인과관계에 기반을 둔다.

만일 우리가 어떻게 거기에 이르렀는지 인과적으로 잘 들어맞게 이야기할 수 있다면, 그 결과는 타당한 것이다. 행렬 접근법은 시나리오 세트 안의 시나리오의 범위를 타당한 영역 안에서 극대화하는 방향으로 설계된다. 여기서 팀은 폭넓게 사고하고 기승전결식 이야기 줄거리를 만들어내는 일에 도전하게 된다. 이때 이야기 줄거리는 원동력의 그럴듯한 움직임과 구조적인 상호 관련성을 이용해 만들어진다.

타당한 영역 안에서 시나리오의 확장을 극대화하려면, 불확실성의 상대적 불확실 수준뿐만 아니라 의뢰인의 상황에 미치는 잠재적 영향력을 토대로 결정적 불확실성을 선택해야 한다. 만일 어떤 지배적 원동력이 사전에 결정되어 있다면, 이 원동력은 시나리오 세트 내의 시나리오를 구분하는 데 사용할 수 없다. 이때 결정적 불확실성의 결과 범위가 더 넓을수록 시나리오 틀로 더 유용하다.

시나리오 차원을 자연스럽게 선택하는 방법은 높은 영향력과 높은 불확실성을 가진 (즉 광범위하게 영향을 미칠 수 있는) 원동력을 선택하는 것이다. 따라서 영향력과 불확실성 수준(결과 범위의 범위)을 감안하여 그중에서 가장 영향력 있고 가장 예측 불가능한 변수를 찾아 시나리오 차원으로 이용한다. 이런 논의를 정리하는 한 가지 유용한 방법은 영향력·예측 가능성 도표를 사용하는 것이다. 영향력·예측 가능성 도표에서 시나리오 차원이 될 가능성이 있는 후보들은 팀이 영향력과 예측 가능성이라는 두 가지 특성 면에서 각각 어떻게 평가하느냐에 따라 위치가 정해진다. 도표는 단순한 직사각형의 공간으로, 영향력이 적을수록 왼쪽에, 영향력이 클수록 오른쪽에 위치한다. 그리고 예측 가능성이 적을수록 아래에, 예측 가능성이 클수록 위에 위치한다. 여기서 우리는 시나리오 차원의 후보들을 상대적 개념에서 보고 있으므로(모든 것이 중요하다, 하지만 몇몇은 다른 것들보다 더 중요하다. 모든 것이 예측 불가능하다, 하지만 몇몇은 다른 것들보다 예측 가능성이 높다), 이용 가능한 모든 공간을 활용하여 후보 차원들을 배치해야 한다. 일례로 〈그림 32〉를 보라. 우리가 찾는 시나리오 차원은 더 영향력 있고 더 예측 불가능한 구석에서 발견될 것이다.

  계속 진행하기에 앞서 여기서 말하는 예측 가능성이란 무엇인지를 좀 더 명확히 할 필요가 있다. 앞쪽에서 우리는 파업이 일어날 가능성을 예측하는 문제를 논의했다. 파업 그 자체는 예측 가능성이 아주 높았다. 하지만 파업이 언제 일어날지는 불확실했음을 기억하라. 다시 말해, 결정적 불확실성은 파업 그 자체가 아니라 '불만이 증가하는 속도'와 같은 것이다. 그렇다면 파업 가능성은 예측 가능성 면에서 높다고 해야 하나 낮다고 해야 하나? 이때 우리는 '무엇의 예측 가능성'을 묻는 것인지를 명확히 해야 한다. 순위를 매기려면, 그것이 단지 개념에 불과할지라도, 서로 다른 후보군에서 하나의 공통분모를 찾아낼 수 있어야 한다. 우리는 지금 시나리오 결과의 범위를 극대화하려고 노력하고 있기 때문에 공통분모는 의뢰인에게 미치는 결정적 불확실성의 잠재적 영향력이어야 한다.

  예측 가능성을 평가하는 데 매우 유용한 방법으로 결과 범위를 명시하는 방법이 있다. 앞의 예에서 시나리오 기획자는 파업이 내일 일어나는 상황과 파업이 3년 내에 일어나는 상황을 비교할 것이다. 이때 파업 그 자체는 매우 큰 피해를 가져오지만 파업 시기가 달라

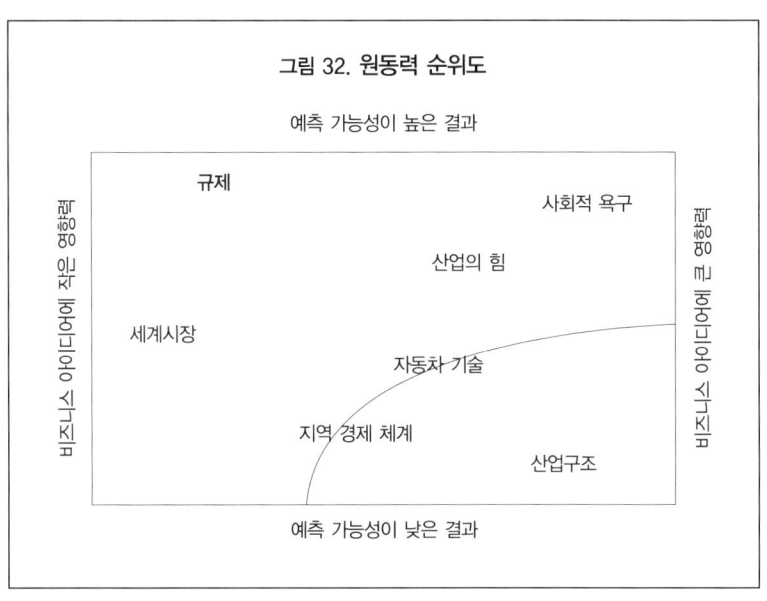

진다고 해서 피해 규모가 크게 달라지거나 하지는 않을 것이라는 결론을 내린다면 예측 가능성은 높게 매겨진다. 혹은 예를 들어 3년 안에 파업이 일어나는 것은 그때쯤이면 산업 내에 새로운 자동화가 도입될 것이기 때문에, 그다지 심각하지 않지만 내일 당장 파업이 일어난다면 회사가 파산할 수도 있다는 결론을 내릴 수도 있다. 이 경우에는 높은 예측 불가능성이 존재하고, 이 변수는 시나리오 차원의 후보가 된다.

이런 식으로 가장 결정적인 두 가지 불확실성을 선택한 다음에는 이제 각각의 기준년 내에서 결과 범위를 좀 더 자세히 산출하여 추가로 명시한다. 결과 범위를 택할 때는, 결과 범위가 시나리오 차원 내에서 불확실성의 범위를 표현하는 것임을 잊지 마라. 그러고 나면

〈그림 31〉에서 보는 것과 같이 이들을 이용해 2×2 행렬을 만들 수 있다. 이를 우리는 시나리오 행렬이라 부른다. 시나리오 행렬은 네 가지 시나리오 세트 사이의 본질적인 차이를 보여준다.

시나리오 행렬의 4분면은 시나리오 팀에게 네 가지 질문을 제기한다. 각각의 분면은 각각 다른 차원과 다른 결과 범위로 결합된 미래 세상을 표현한다. 이는 네 가지 중요한 질문으로 이어지는 데, 그런 질문으로는 "우리가 높은 세금과 세분화된 산업구조 둘 다와 맞서야 하는 세상은 어떤 세상일까?" 혹은 "어떤 조건이 불황기에 석유 가격을 떨어뜨릴 가능성이 있는가?" 등이 있다. 이때 팀은 이런 질문에 상세히 답변하여 서로 이해를 확실히 공유하는 것이 중요하다. 예를 들어 팀은 4분면에 각각의 세상의 특징을 담은 키워드 목록을 적을 수 있다. 그러고 나면 각각의 시나리오가 이 네 가지 질문에 대한 팀의 답이 된다.

다음 단계로 시나리오 팀은 각각의 시나리오에 세부 사항을 적고, 현재 상황에서 완료 상태에 이르는 과정을 설명하는 이야기를 만든다. 여기에는 시간순으로 이어지는 일련의 사건들이 포함된다. 그리고 인과적 논리를 토대로 하여 시간순으로 이야기가 펼쳐져야 한다. 이를 달성할 한 가지 방법은 연구 자료를 가공해 구체적인 사건으로 만들어, 이를 앞서 귀납적 방법에서 이야기한 것처럼 사건 카드에 기록하는 것이다. 사건 카드를 만들어내는 실질적 방법으로 1차 자료 분석 도중 초기에 만들어진 결과 범위를 이용할 수 있다. 연역적 방법에서는 기본적인 시나리오 구조가 이미 정해져 있다. 따라서 사건 카드는 네 가지 시나리오 중 사건이 가장 자연스럽게 어울리는 곳에 배치하기만 하면 된다.

  행렬 접근법의 특성 덕분에 이제 팀은 소그룹으로 나뉘어 각각의 그룹이 시나리오를 하나씩 맡아 개발할 수 있다. 행렬은 각각의 소그룹이 다루어야 할 미래 유형과 다른 그룹에게 맡겨야 할 미래 유형을 확실하게 구분해준다. 덕분에 소그룹은 자신이 다루는 미래에 더욱 집중할 수 있다. 소그룹은 시간순으로 카드를 정렬하고, 만족스러운 이야기를 만드는 데 도움이 된다면 새로운 세부 사항을 끼워 이야기 줄거리를 만든다.

  팀이 진정한 직교적 시나리오 차원을 알아내는 데 성공하면, 거기서 나온 틀은 시나리오 연구 과정에서 나온 결과물을 더욱 잘 요약할 수 있다. 잘된 요약은 팀이 자신들의 발견을 더 잘 표현하고 과거와 현재의 발전상을 이해하는 새로운 방식을 잘 보여줄 수 있게 해준다. 이는 의뢰인이 전통적 멘탈 모델의 재구성을 통해 사업 환경을 감당해내고, 미래 전략 계획을 테스트하고, 필요하다면 도전할 수 있도록 도울 것이다.

  핵심 시나리오 차원을 선택해 시나리오를 연역적으로 개발할 경우 시나리오가 '좋거나 나쁜 상태'에 빠지는 일이 줄어들기는 하나, 그럼에도 그런 일이 발생할 수 있다. 따라서 귀납적 방법에서 제안한 것과 같은 테스트를 할 필요가 있다. 만일 시나리오가 의뢰인 집단 내에서 예상 밖의 매우 다른 (긍정적이거나 부정적인) 가치판단을 불러온다면, 마음속에 이 기준을 염두에 두고 다시 한 번 과정을 반복해보는 것이 좋다. 모든 시나리오는 의뢰인이 살고 싶고 대비하고 싶은 세상을 반영해야 한다.

여기서 한 가지 경고를 해두는 것이 좋겠다. 완벽함은 행렬이 만들어낸 환상일 뿐이다. "우리는 네 모서리를 모두 채웠어. 우리는 미래를 상자에 넣은 거야." 그러나 가장 알 수 없는 것은 팀이 고려조차 하지 않은 불확실성, 시나리오를 만든 집단의 인식도에도 없던 것들, 우리가 불가지라 부르는 불확실성이다. 예기치 못한 사건이 일어날 것이다. 그렇기에 조직은 시나리오를 일회적이고 단편적인 시나리오 수립 프로젝트가 아닌 지속적인 행동–학습 접근법으로 생각해야 하는 것이다. 이것이 모니터링·조기 경보 체계와 반복이 중요한 이유이며, 조직이 지속적으로 환경과 관계를 맺어야 하는 이유이고, 조직이 '문제가 되는 차이'를 천천히 그러나 확실히 알아차려야 하는 이유이다.

점증적 시나리오 구성

시나리오 기획이 잘 자리를 잡은 상황에서는 연역적 방법과 귀납적 방법이 선호된다. 두 방법은 전략적 대화에 기여하는 새로운 생각을 만들어내는 최고의 기회를 제공한다. 하지만 모든 의뢰인 팀이 위의 두 방법을 실행할 준비를 갖추고 있는 것은 아니다. 예를 들어, 시나리오 기획이 막 도입된 상황이라면, 의뢰인 팀은 시나리오 기획이 전통적인 예측 방법들에 비해 상당히 개선된 방법이며 비용 효율적이라는 확신이 아직 부족할 것이다. 흔히 시나리오 접근법에 대한 관심은 '도전 시나리오'를 통해 유발할 수 있다. 그러나 그럼에도 아직 공유된 평상시 사업 전망, 즉 '공인된 미래'에 강하게 집착할 수도 있다. 일단 공인된 미래가 합의된 계획으로 받아들여지면, 미래 예측을 다시 시작하고자 하는 사람들이 환영받기는 힘들다. 의사결정이 협상으로 이뤄지고 사람들이 합의에 집착하는 세상, 이것이 바로 린드블롬이 묘사한 세상이다.

이런 곳에서 시나리오 팀이 완전히 거부되는 일을 피하려면, 아주 조심스럽게 일을 진행할 필요가 있다. 이 경우 점증적 방법을 사용하는 것이 바람직할 수 있다. 점증적 방법은 공인된 미래를 출발점으로 삼는다. 시나리오 팀은 맨 먼저 사람들이 공인된 미래와 관련하여 고민하고 있는 주된 사안과 위협을 식별하려고 애쓴다. 이들은 보통 위협, 진행상의 장애, 혹은 흐릿한 기회들로, 그 자체가 시나리오 논리를 보여준다. 그러고 나면 시나리오 팀은 이런 것들을 중심으로 사안마다 시나리오를 한 개씩 만든다. 점증적 방법은 때때로 '위협 접근법'이라 불리기도 한다. 공인된 미래에서 흠을 찾는 것은 보통 그리 어렵지 않다. 예측 방법에서는 분석가가 깊이 있는 원동력을 분석할 필요가 없기 때문이다. 그 때문에 너무 먼 미래에 대한 추정은 늘 확연한 불일치로 이어진다.

의뢰인의 눈에는 시나리오 기획자들이 하는 일이 그들이 '민감도 테스트'라 알고 있는 것처럼 보일 수 있다. 하지만 시나리오 기획자는 그 둘 사이에 근본적 차이가 있음을, 다시 말해 대체안들은 사업 변수의 변동이 아닌 그 밑에 깔린 원동력의 변동에 의한 것이며, 각 시나리오는 여기에 기반을 둔 내적으로 일관된 이야기임을 확실히 해야 한다.

점증적 방법의 첫 번째 단계는 시나리오 팀이 공인된 미래 시나리오를 주의 깊게 분석하는 것이다. 구체적으로 시나리오 팀은 공인된 미래 시나리오가 내적으로 어느 정도나 일관된 것인지를 살펴보아야 한다. 그러려면 다음의 두 가지 분석 작업을 수행할 필요가 있다.

- 추세 분석: 이 단계에서 분석가는 장기적으로 볼 때 중단점 혹은 새로운 출발점을 포함하고 있어 예측의 토대가 되는 구조를 약화시키는 추세를 알아내려 한다. 이런 추세는 과거에 일어난 유사한 사건을 검토하거나, 확실한 단절선이 드러날 때까지 공인된 미래에 내포된 추세를 더 멀리 추정해봄으로써 표면화할 수 있다.
- 행위자 논리: 이 단계에서는 공인된 미래에서 가장 중요한 이해 당사자를 알아낸다. 그리고 이들 각각의 관점에서 예측을 분석한다. 여기서 문제가 되는 것은 예측이 게임 내 행위자의 논리에 부합하느냐는 것이다.

공인된 미래가 이 두 가지 범주 중 어느 하나에서 내적 일관성 요건을 거스른다면, 이를 대신할 첫 번째 대체 시나리오는 이 문제를 처리할 수 있도록 수정한 공인된 미래의 수정안일 것이다.

이후 시나리오 팀은 의뢰인이 염려하는 주된 사안과 위협을 정렬하고 전략적으로 중요한 몇 가지를 선택한다. 그 각각에 대해 위의 연역적 방법에서 살펴본 것처럼 원동력 분석을 실시한다. 이런 사안들 간의 구조적 관계를 알아내고 나면 이 구조가 어떻게 공인된 미래와는 다른 미래로 몰고 가는지를 이해할 수 있다. 이때 어려운 것은 식별된 사안의 특성을 가리키고 심지어 정의할 수 있는 논리를 표면화하는 것이다. 예를 들어 회사가 고민하는 사안이 한편으로는 시장 경쟁이고, 또 다른 한편으로는 정치권의 시장 개입이라면 전략적 사안은 시장 논리와 개입 논리의 갈등에 의해 유발될 수 있다.

기억해야 할 것은, 이 모두는 철저히 '상자 속 생각'으로 남아야 하며 새로운 통찰로 이어져서는 안 된다는 것이다. 모든 것은 기존의 평상시 멘탈 모델과 이미 고민 중인 전략적 사안에서 출발한다. 점증적 방법은 생각을 정리하고 상황을 좀 더 편안하게 받아들일 수 있게 만들어줄 것이다. 그러나 새로운 발전과 기회를 전체적으로 검토하려면 다른 방법들 중 하나인 연역적 방법의 외부 지향적 사고가 필요하다.

적합한 방법 선택하기

어떤 방법이 어떤 상황에 적합한가? 이러한 선택에는 진행자의 개인적 성향뿐만 아니라 프로젝트에 주어진 시간, 의뢰인 집단이 보여주는 사고의 다양성과 애매모호함을 인내하는 정도가 중요한 영향을 미칠 것이다. 하지만 결정적인 선택의 기준은 시나리오 활동의 목적이다.

연역적 방법의 가치, 특히 행렬 접근법의 가치는 팀의 직관을 깨워 그렇지 않았더라면 가보지 못했을 시나리오 영역으로 팀을 이끌 가능성이 있다는 데 있다. 이 점에서 귀납적 방법은 연역적 방법에 못 미친다. 대신 귀납적 방법을 사용하면 팀은 편안하게 한 번에 한 단계씩 밟을 수 있다. 연역적 방법은 좀 더 도전적인 방법으로 시나리오를 타당성 영역의 가장자리까지 밀어낸다. 타당성 영역의 가장자리는 집단이 이전까지 몰랐던 것을 발견하고, 지금 다루려 애쓰는 질문을 분명히 표현하며, 어떤 것을 연구해야 할지를 구체화하는 곳이란 점에서 중요하다. 따라서 시나리오 기획의 목적이 상황을 좀 더 정확히 이해하고자 하는 것이라면 연역적 방법을 선택해야 한다.

연역적 방법은 세 가지 방법 중 가장 분석적인 방법으로, 다른 방법으로는 이해하지 못했을 영역을 폭넓게 탐구하는 최고의 기회를 제공한다. 그리고 외부 지향적 사고에 역점을 둔다. 고정관념을 깨는 것이 프로젝트 수행의 중요한 목적인, 강한 집단 사고를 보이는 상황에서는 연역적 방법이 바람직하다. 의뢰인 집단이 단결된 사고를 할 경우에는 생각의 폭을 넓히는 데 어려움이 따를 수밖에 없다. 이때는 연역적 방법의 다소 엄격한 속성이 새로운 영역을 생각하도록 하는 데 도움이 된다.

이런 특성 덕분에 연역적 방법은 '상황 이해'를 위한 프로젝트에도 적합하다. 반복 학습 과정에 속하는 연역적 시나리오 수립은 다루기 힘든 오랜 문제들을 해결하는 데도 크게 기여할 수 있다. 연역적 방법의 고유한 특성은 ① 시나리오가 이끄는 여러 학문 분야에 걸친 통합 분석과 ② 세상의 지식 대부분이 망라된 개별 분야의 깊이 있는 연구의 조합이다.

연역적 방법은 새로운 기업가적 발명으로 이어질 가능성도 있다. 만일 연역적 방법이 시나리오 수립과 시나리오 수립에서 제기된 질문에 대한 깊이 있는 연구가 번갈아 일어나는 광범위한 반복 학습 과정이라면 충분히 가능한 일이다. 앞서 살펴본 것처럼 독창적 발명 없이는 성공적인 전략도 없다. 만일 시나리오 기획의 목표가 새로운 전략을 개발하는 것이라면 연역적 방법은 고려할 만한 가치가 있다.

연역적 방법은 심지어 귀납적 방법보다 더 성문화된 단계별 접근법을 제공한다. 시간이 별로 없어 진행자가 서두를 수밖에 없는 경우 연역적 방법은 확실한 이점이 있다.

반면, 대화와 의견 교환, 타협과 합의를 강조할 경우에는 귀납적 방법이 훨씬 효과적이다. 사람들이 종종 '원동력'을 논의하는 동안 손가락으로 책을 두드리고 있다면, 참여를 이끌어내기 쉽다는 점에서 귀납적 방법이 연역적 방법보다 더 매력적이다. 연역적 방법에서는 분석이 결정적 불확실성에 대한 새로운 이해로 이어지는 흥분된 순간이 오기 전까지는 대화가 종종 막연하고 난잡하게 느껴져 '그래서 어쨌다고?'와 같은 반응을 보일 수 있다. 그러나 귀납적 방법에서는 그렇지 않다.

의견이 엇갈리는 의뢰인 집단 혹은 애매모호함을 아주 잘 인내하는 집단은 종종 귀납적 방법으로 좋은 성과를 내기도 한다. 귀납적 방법은 집단의 다양성을 최대한 이용하여 이처럼 다양한 의견을 수용할 수 있는 여지를 제공함으로써 시나리오의 질을 높인다. 그래서 타협하고 공통의 결론에 이르는 데 어려움이 있는 집단은 종종 귀납적 방법에서 좋은 성과를 내기도 한다. 하지만 귀납적 방법으로 좋은 성과를 내려면 강요해서는 안 된다. 따라서 시간 제약이 있을 경우에는 사용하기 어려울 수 있다.

만일 시나리오 기획의 목적이 주로 집단의 다양성 및 행동 방식과 관련된 과정적인 것이라면 귀납적 방법이 바람직할 수 있다. 이 경우 귀납적 방법은 매우 매력적이고 동기를 북돋는 방법이다. 그리고 사람들이 함께 생각할 수 있게 해준다. 반면, 귀납적 방법에는 뚜렷한 완료점 혹은 최종 산출물이 없다. 그래서 계속 진행할 수 있다.

점증적 방법은 의뢰인이 여전히 시나리오 방법의 가치를 확신하지 못할 때 바람직하다. 이 경우 연역적 방법은 너무 힘들 수 있고, 귀납적 방법은 지나치게 불분명할 수 있다. 이런 의뢰인 팀은 오랜 시간에 걸쳐 형성된 환경에 대한 공통된 이해를 발전시켜, 이를 공인된 미래에 단단히 끼워둔 상태다. 그래서 이를 철저히 검토하는 데 본능적인 반감이 있을 수 있다. 이 경우 사고 과정을 변화시키려면 시간이 필요하다. 여기서 시나리오 기획은 의뢰인이 외부 지향적 사고의 가치를 발견하는 학습 과정의 첫걸음이 된다. 이런 경우에는 점증적 방법이 적합하다.

따라서 어떤 방법을 선택할 것인지는 시나리오 기획의 목적에 따라 달라진다. 만일 시나리오 기획의 목적이 수수께끼 같은 상황을 이해하고 새롭고 독창적인 통찰을 개발하는 것처럼 분석적인 것이라면 연역적 방법이 바람직하다. 그러나 사람, 대화, 참여, 팀 구축하기, 합의 도출과 관련이 있다면 귀납적 방법이 더 낫다.

많은 경우 진행자는 한 가지 이상의 방법을 사용한다. 흔히 점증적 혹은 귀납적 방법으로 시작한 의뢰인 팀은 시간 제약에 부딪혀 일을 마무리하기 위해 연역적 방법으로 전환한다. 또는 점증적 혹은 연역적 방법으로 일하던 팀이 부분적으로 귀납적 시나리오 활동을 이용하여 팀 내 생각의 다양성을 점검하려 할 수도 있다. 시나리오 기획을 하는 도중 방법을 전환하는 것은 과정의 질을 높일 수 있다. 따라서 진행자는 늘 그 가능성을 염두에 두어야 한다.

예를 통한 귀납적 방법과 연역적 방법의 비교

흥미롭게도 귀납적 방법과 연역적 방법, 이 두 방법은 종종 같거나 유사한 시나리오를 도출한다. 이는 상황 속에 내재된 강력한 구조가 시나리오 팀의 사고에 영향을 미침을 의미한다. 다음의 예를 살펴보면, 이를 잘 알 수 있다.

캐나다 고위 관리들과 민간 부문 경영자들이 상호 연관성이 증가하고 있는 급변하는 세상에서 성공적으로 조직하고 통치할 방법을 논의하기 위해 한자리에 모였다. 그들은 대화를 체계적으로 나누기 위해 시나리오 방법론을 사용하기로 결정했다. 그들은 위와 같은 주제를 토론하는 데 관심을 보이는 여러 사람들을 초대한 후, 몇 가지 시나리오에서 발견한 것들을 구조화하기 위한 워크숍을 열었다. 다음 내용은 스티브 로셀(Steve Rosell)의 설명을 발췌한 것이다(Rosell 1995).

간단한 소개를 한 후, 향후 10년간 정보화 사회가 통치 환경을 어떻게 발전시킬지에 관한 시나리오 세트를 개발하기 위해 귀납적인 과정을 채택했다. 워크숍에 앞서 우리는 앞으로 통치 환경이 어떻게 발전할지에 관한 주요 확실성과 불확실성을 일부 알아내기 위해 전체를 작은 그룹으로 나누었다. 워크숍 초반에는 이렇게 나눠진 소그룹의 보고서를 검토하고, 이를 종합했다.

그 후 우리는 개인적으로 그런 몇 가지 핵심 요소들이 어떻게 발전할지를 묘사하는 짧은 인과적 순서, 단편적 정보를 적으라는 요청을 받았다. 예를 들자면 이런 것이다. 교육의 초점이 정보 기술 습득에 맞춰진다 → 정보산업에 종사하는 젊은 세대가 증가한다 → 캐나다가 소프트웨어 산업의 핵심 국가가 된다. 이때 단편적 정보는 가능하면 전보를 쓰듯 간단하게 쓰도록 했다. 다음 단계로 전체를 세 개의 소그룹으로 나누었다. 각각의 소그룹은 구성원들이 만들어낸 단편적 정보를 결합하여 좀 더 긴 줄거리 몇 가지를 만들었다. 그렇게 만들어진 줄거리에 이름을 붙이고 이를 전체 회의에서 발표했다.

이후 전체 회의에서 우리는 이렇게 나온 줄거리를 정리하여 초기 시나리오 세트로 만들어냈다. 각각의 단편적 정보는 떼었다 붙였다 할 수 있는 노란색 포스트잇에 적었다. 줄거리는 단편적 정보를 적은 포스트잇을 순서대로 연결하여 구성했다. 줄거리가 발표되고 1차 가공 시나리오로 발전하는 동안 회의실 벽은 점점 추가되는 포스트잇으로 뒤덮였다. 그렇게 단편적 정보는 줄거리가 되고, 줄거리는 시나리오가 되었다. 컴퓨터 시스템으로 연결된 세상, 새로운 경제, 전 세계 십 대들 같은 이야기와 아이디어를 중심으로 대체로 긍정적인 시나리오가 만들어졌다. 실업률, 사회적 불만, 분열을 토대로 하자 대체로 부정적인 시나리오가 모습을 드러내기 시작했다. 뿐만 아니라 사회계약 재구성, 부의 이전, 평생학습, 환경과 평화 유지를 위한 세계기구를 중심으로 적당히 긍정적인 시나리오가 드러나기 시작한 반면, 양극화 현상 증가, 공유된 신화와 정체성 부족, 모든 부문에서 여론 주도층의 합리성 감소를 중심으로 한 다소 부정적인 시나리오도 나타나기 시작했다. 토론 중간 중간에 참가자들은 드러난 이야기를 배열하기 위한 구조를 수십 차례 제안했지만, 이 단계에서 전원이 동의한 제안은 하나도 없었다. 줄거리를 결합하고 재결합하고, 어느 줄거리가 가장 앞뒤가 맞으며, 시나리오를 구분하는 구조로는 어떤 것이 가장 유용한지를 놓고 논의하는 과정은 복잡하고, 까다롭고, 대체로 재미있고, 답답하기도 하면서, 자극이 되고, 혼란스러웠다. 그러다 갑자기 한 구성원이 우리가 개발해온 시나리오를 구조화하는 새로운 방식을 발견하면서 결정적 순간이 찾아왔다. 그가 말하길, "제가 보기에는 정보화 사회가 세계를 바꾸면서부터 이 모든 이야기가 시작된 것 같습니다. 그렇게 보면 여기에는 기본적으로 시나리오를 정의하는 두 가지 차원이 있습니다. 첫째는 경제가 성장할 것인가 하는 것이고, 둘째는 구조적으로 변화를 겪을 것인가 하는 것이죠. 따라서 첫 번째 시나리오에서는 정보화 사회가 세계를 바꾸고, 우리 경제는 성장하고, 구조적 조정을 겪습니다. 그 결과는 '컴퓨터 시스템으로 연결된 세상'과 '새로운 경제'를 토대로 만들어진 시나리오입니다. 두 번째 시나리오는 정보 기술이 세계를 바꾸지만, 우리는 경제성장을 하지 못하고 구조적 변화도 없습니다. 그 결과는 '암흑기' 시나리오입니다. 세 번째 시나리오에서는 정보 기술이 세상을 바꾸고, 우리는 경제성장을 하지만 구조적 변화는 없습니다. 그 결과는 격차가 증가하는, 부자는 점점 더 부유해지고 가난뱅이는 점점 더 가난해지는 '사회 분열' 시나리오입니다. 그리고 네 번째 시나리오는 정보 기술이 세상을 바꾸고 우리는 구조적 변화를 겪는 것입니다. 그 결과는 매우 캐나다적인 어떻게든 살아가는 형태입니다."

전원이 이런 통찰에 동의한 가운데 몇몇 구성원들이 갑자기 뭔가를 깨달았다. 몇 주 전 우리 중 세 명은 초창기 몇 번의 회의에서 발견한 사항들을 검토했다. 연역적인 과정을 통해 이처럼 복잡한 정보들 속에서 어떤 시나리오가 나올지를 결정하려 노력했다. 연역적 과정은 우리끼리 정보화 시대의 경제에 관해 논의하던 중 향후 10년간 경제 발전과 관련해 두 가지 극단적 가능성이 대두되고 있다는 사실에 주목하면서 시작되었다. 그 가능성이란 다음과 같다.

- 새로운 기술로 잠재력을 끌어올려 새로운 장기적 호황을 일으킨다.
- 정보화로 인해 촉발된 경제의 구조적 변화가 지속적인 실업 상태와 (기존의 측정방식으로는) 저성장 혹은 무성장을 낳는다.

이와 비슷하게, 우리는 사회적·문화적 차원에 관해서도 두 가지 극단적 가능성을 규정했다.

- 사회 응집력을 새로이 만들어내고 사회계약을 갱신하는, 정보화 사회에 적합한 새로운 사회적 합의를 만들어낼 방법을 결국 찾아낸다.
- 사회 분열과 분리가 계속 가속화되는 상황과 마주한다. 정보화 시대가 공유된 관점을 만들어내는 우리의 능력을 약화시키기 때문이다.

이 두 가지 가능성은, 분명 지나치게 단순화되어 있기는 하나, 향후 10년간 정보화가 우리의 사회와 경제에 몰고 올 변화로 인해 통치 환경이 변화되는 서로 다른 여러 방향을 묘사한다. 연역적 과정의 다음 단계는 이런 두 가지 차원을 서로 연결 짓는 것이었다. 우리는 이런 사회적 변화와 경제적 변화의 상호작용이 초래할 통치 환경을 묘사하기 위해 각각 사회와 경제를 축으로 하는 행렬을 만들었다.

하지만 이런 행렬을 만들었음에도 우리는 이것으로 무엇을 해야 할지, 그리고 여러 행렬 칸을 채우는 데 사용할 수 있는 실현 가능한 시나리오가 있는지도 몰랐다. 그래서 행렬을 옆으로 치워두고는, 전체에게 배포하지 않았다. 워크숍 도중에 팀원 중 한 명이 이 구조를 발표했을 때, 우리 모두는 깜짝 놀랐다. 지난 며칠간 귀납적 과정을 통해 만들어낸 그 시나리오들이 그보다 훨씬 전에 연역법을 통해 얻은 행렬에 꼭 들어맞을 것처럼 보였기 때문이다. 어찌된 일인지, 귀납적 경로와 연역적 경로는 본질적으로 같은 목적지로 우리를 이끌었다. 이렇게 놀라운 사실을 깨달은 우리는 지금 모두의 동의를 얻은 시나리오들을 구분해주는 기본 구조를 이용해 각각의 시나리오를 더 발전시키기 위해 전체 팀원을 네 개의 소집단으로 나누었다.

이야기 줄거리 개발

팀은 이제 확실히 자리가 잡힌 시나리오의 일반적인 틀과 함께 줄거리에 살을 붙이는 일에 관심을 쏟아야 한다. 이를 통해 궁극적으로 만들어내려는 것은 시나리오 팀이 발견한 중요 사항들을 이용자들에게 설득력 있게 전해줄 시나리오 세트다. 이야기는 호기심을 불러일으키고, 쉽게 잊히지 않으며, 풍부한 상상을 끌어내는 것이어야 한다. 그러므로 시나리오 팀이 할 일은 가장 재미있고 쓸 만한 이야기를 만드는 방법을 찾는 것이다. 이 일에 자신이 적임자라고 느끼는 시나리오 기획자는 자신의 창의적 재능을 마음껏 발휘해도 좋다. 흥미와 기억 용이성은 제한 없는 독창성에서 나온다.

이 일을 수행하는 동안 다음의 몇 가지 사항을 염두에 두어야 한다.

- 시나리오는 과거 사건과 현재의 사건을 미래에 일어날 가상의 사건과 연결 짓는 이야기다. 이야기에는 기승전결이 있어야 한다. 이야기가 타당성이 있으려면 각각의 시나리오는 과거에 확실히 기반을 두어야 한다. 그리고 미래가 과거와 현재로부터 물 흐르듯 자연스럽게 나와야 한다.
- 각각의 시나리오는 단절된 부분들이 아닌 전체로서 평가할 수 있는 하나의 게슈탈트, 즉 하나의 통합된 구조를 끌어내야 한다. 각 시나리오의 기본 논리는 간단한 줄거리 도표로 표현할 수 있다. 마찬가지로 시나리오들 간의 근본적인 차이도 똑같이 명료해야 한다.
- 내적 일관성이 있다는 것은 각각의 이야기가 그 밑에 깔린 (보통 정량적으로 이해되는) 구조적 시스템을 토대로 함을 뜻한다. 이때 배경 체계는 앞서 언급한 영향력 도표를 이용하면 각 시나리오 내 사건들이 일련의 인과적 사슬로 설명되어 아주 쉽게 표현할 수 있다. 배경 체계를 영향력 도표로 확실히 표현하면 줄거리에 살을 붙여 내적으로 일관된 시나리오를 만드는 데 아주 많은 도움이 된다.
- 선결 요소는 모든 시나리오에 나타나야 한다.
- 그리고 핵심 변수는 정량화해야 하며 주요 지표들은 목록화해야 한다.

시나리오 팀은 이런 제약 내에서 예술적 영감을 펼쳐야 한다. 소설가들과 상의해보는 것도 도움이 될 수 있다.

서술의 중요성을 과소평가해서는 안 된다. 원동력의 움직임과 그 구조적 상호 관련성은 글로 표현한 이야기의 우여곡절을 통해 전해진다. 또한 적절한 연구 주제(시나리오 연구에서는 의문이 영감을 주는 것이나 다름없다)로 이어지는 이해가 부족한 곳과 추가 분석이 필요하다고 생각되는 부분이 가장 확실히 드러나는 곳도 이야기의 우여곡절 속이다.

그래서 시나리오를 이야기 지도로 요약할 것을 추천한다. 이야기 지도는 현재부터 기준년까지 이어지는 연대표 상에 주요 사건을 표시한 것이다. 한 사건이 다른 사건으로 어떻게 이어지는지를 보여주는 이야기 지도에서는 사건들을 연결시킬 수 있다.

배경 체계 식별

시나리오는 그 밑에 깔려 있는 구동 체계를 구체화할 때 설득력이 크게 향상된다. 기본 구동 체계를 잘 알고 있다면 시나리오 팀은 '이런 일이 일어나는 이유'를 묻는 어떤 질문에도 답할 수 있다. 일반적으로 각각의 시나리오에는 서로 다른 구동 체계가 있다. 내적 일관성은 첫째로 이야기를 움직이는 배경 체계를 직관적으로 느낄 수 있느냐에 따라 달라진다. 따라서 이야기를 하는 사람과 듣는 사람이 모두 일관성을 느낄 수 있게 하려면 배경 체계를 구체화하려고 노력해야 한다. 구체화 과정은 여러 단계를 거칠 수 있다. 가장 간단한 수준으로는 원동력을 영향력 도표에 그려 서로에게 어떻게 영향을 미치는지를 보이는 것이다. 두 번째 단계로는 영향력 도표를 시스템 역학 관계 개념도로 바꿀 수 있다. 각 변수의 역학 관계적인 속성을 끌어내는 것이다. 그다음 단계로는 정량화가 있다. 정량화의 목적이 현실을 시뮬레이션 하는 것일 수는 없다. 현실을 시뮬레이션 하는 것은 지금 논의 중인 사회 시스템에서는 거의 불가능하다. 그러나 정량화는 청중에게 시나리오가 어떤 식으로 일어날 수 있으며 그렇기 때문에 타당하다고 여겨야 한다는 것을 보여줌으로써, 청중들이 시스템의 핵심을 깊이 이해하는 데 도움을 줄 수 있다.

다음은 팀이 여기서 앞으로 나아가는 데 도움을 주는 일련의 단계들이다.

- 시나리오의 주요 줄거리 부분을 식별하라(마지막 분석에서 시나리오가 진짜 말하고자 하는 것은 무엇인가?).
- 주요 줄거리 부분과 연관된 가장 중요한 핵심 변수 일곱 가지를 식별하라(변수는 오르내릴 수 있는 뭔가로 정의된다는 사실을 기억하라. 변수는 사건이 아니다. 그 뒤에 '증가' 혹은 '감소'를 붙여보고 여전히 말이 되는지를 확인하라. GDP는 변수다. 혼잡이나 갈등 수준도 마찬가지다. '이라크 침공'은 변수가 아니다. 공산주의 체제 전복도 변수가 아니다. 이들은 사건들로, 시스템 도표가 아닌 이야기 지도에 속한다).
- 시나리오 기간 동안 앞서 식별한 일곱 가지 핵심 변수의 행태를 시간순으로 보여주는 그래프를 손으로 그려라. 이 작은 그래프에서 X축은 시간을 나타내며 변수의 역사적 행태를 보여주는 과거에서부터 시나리오의 기준년까지 이어진다. Y축은 핵심 변수의 가치다. 즉 변수가 증가할 때와 변수가 감소할 때를 정량적으로 보여준다.

- 행태를 그래프로 표현한 영향력 도표를 만들어라. 일곱 가지 핵심 변수를 연결하고 필요하다면 몇 가지를 추가하라. 예를 들어 어떤 변수가 특정 시기에 증가하는 것은 그보다 앞선 시기에 변수가 감소한 것으로 설명할 수 있다. 이는 영향력 도표에서 화살표로 대변되는 인과관계를 보여준다.

- 바란다면, 이런 유형의 작업을 좀 더 예측 가능하게 만드는 시스템 역학 관계 소프트웨어 패키지 중 하나를 사용하여 영향력 도표를 시스템 역학 관계 모델로 바꾸어라. 매개변수의 정량화를 시도하라. 머뭇거리지 마라. 이 작업을 과학적으로 하는 방법은 없다. 그러니 직관을 이용하라. 그런 다음 시나리오 행태를 시뮬레이션 하라. 손으로 그린 그래프와 비교하라. 그 차이에 주목하라. 본 것을 설명하라. 생각을 구체화하라.

- 이 결과를 토대로, 시스템의 역학 관계 모델을 구동 '엔진' 으로 사용하여 시나리오 이야기를 다시 만들어라. 이야기에 중심 구동 모델과 일치하는 다른 요소를 더하라. 이야기 지도를 (인과적으로 엮인 사건으로) 갱신하라. 한 일을 문서화하라.

이야기 지도('시간에 따른 사건' 도식)와 영향력 도표('서로 영향을 미치는 변수들')는 둘 다 (시간과 상태라는) 서로 다른 관점에서 시나리오 세상을 완벽히 묘사한다. 하지만 영향력 도표는 의뢰인이 궁극적으로 시나리오 프로젝트를 통해 얻기를 바라는 상황 이해에 해당한다. 이는 시나리오 의뢰인이 지금 무엇을 해야 하는가에 관한 생각으로 이어지는 결과 분석에 투입 요소로 들어가는 그런 이해다.

시나리오 명명하기

의뢰인에게 시나리오는 두 가지 측면에서 중요하다. 시나리오는 어떤 미래 시점의 상황에 대한 여러 가지 상상을 대변한다. 그리고 그 세상이 어떻게 돌아가는지에 대한 다른 해석을 대변한다. 이때 우리가 상황에 대한 상상에 초점을 둔다면 우리는 시나리오를 규범적으로 바라보기 쉽다. 즉 어떤 상상을 다른 상상보다 선호하게 된다. 시나리오 토론을 할 때 종종 이런 상황에 처한다. 많은 시나리오의 이름들에서 이런 시각을 엿볼 수 있다. 시나리오 기획자는 시나리오를 통해 다수의 다른 세상을 역설하는데, 이는 분명 중요한 일이다.

하지만 또한 시나리오는 그 밑에 깔린 원동력이 시스템을 어떻게 형성하는지를 설명하는 여러 다른 의견을 대표하기도 한다. 서로 다른 논리를 대표한다는 것은 전략적 결론을 끌어낸다는 점에서 시나리오가 제공하는 좀 더 강력한 성과다. 이런 논리들은 시나리오의 최종 상황을 향해 움직이면서 동시에 지금도 작동 중이다. 일례로, 시나리오에 대한 즉각적인 반응은 시나리오의 논리가 제시하는 주된 지표를 기다리는 것일 수도 있다. 최종 상황은 환상인 반면, 논리는 지금 작동 중이며, 연구와 테스트가 가능하고, 행동의 토대를 제공한다.

따라서 시나리오의 이름은 시나리오에서 묘사하는 최종 상황이 아닌 그 밑에 깔린 논리를 토대로 선택할 것을 강하게 추천한다. '논리를 따라 명명하는 것'은 시나리오의 의뢰인이 시나리오가 정말 도움을 주는 곳, 다시 말해 조치를 취할 수 있는 곳에 집중할 수 있도록 돕는다.

정량화

의뢰인 조직이 정량화를 요구하지 않는다 할지라도, 시나리오 팀이 자발적으로 정량화를 일정 부분 수행하고자 할 수도 있다. 정량화가 내적 일관성을 검토하는 데 유용하기 때문이다. 앞서 우리는 시스템에 대한 역학 관계적 접근법을 이야기를 정량화하는 데 어떤 식으로 사용할 수 있는지를 살펴보았다. 시스템에 대한 역학 관계적 접근법 외에도 정량화를 하는 다른 방법도 있다. 이들은 기본적으로 새로운 시나리오 논리를 전통적인 정량화 모델에 비춰 테스트한다. 경험에 따르면 정량화를 해보면 불일치가 나타날 확률이 아주 높다. 중요한 것은, 시나리오 팀이 이런 불일치를 식별하고 이런 불일치가 줄거리상에서 의도된 부분인지를 판단하는 것이다. 만일 줄거리에 숫자가 들어 있다면 아무리 논리적인 서술일지라도 거의 수정이 필요하다. 시간과 자원이 충분할 경우, 대체로 정량화가 도움이 된다.

행위자 분석

행위자 분석은 우리가 직관적으로 이해한 게임 내 주요 행위자의 논리와 시나리오 내부 논리를 비교해 모순을 드러내는 것이다.

전략적 사안과 관련된 행위자/이해 당사자는 〈그림 33〉에 나와 있는 것처럼 몇 가지 분류 항목으로 나눌 수 있다. '주체'는 다음의 두 가지 면에서 우리의 관심을 끈다. ① 그들은 결과와 관련해 이해관계에 놓여 있으며, 그러므로 행동 의지가 높다. ② 그들은 앞으로 일어날 일에 영향을 미칠 만한 위치에 있다. 즉 어느 정도 영향력이 있다. 상황에 영향을 미치지 못하는 사람들을 (혹은 집단을) '대중'이라 한다. 대중은 시나리오에서 일어나는 일에 영향을 받지만 줄거리에는 영향을 미치지 못한다. 그렇지만 대중은 연합체를 구성하여 자신들의 영향력을 높이고 서서히 '주체'의 범주로 이동할 가능성이 있다. 심판은 맥락적 환경에서 사는 이들로, 그 상황에 이해관계가 없고 개별 주체에게 영향을 받지 않는 행위자다.

'행위자 분석'에서 팀은 우선 고려 중인 사업 환경에서 가장 중요한 행위자를 식별한다. 이들 대부분은 직관적으로 명확히 드러나기는 하지만, 포터의 5세력에 나오는 분류 항목을 이용해 잠재적 후보군을 효과적으로 만들어낼 수도 있다. 다음 단계는 〈그림 33〉의 분류 항목에 따라 행위자를 분류하는 것이다. 시나리오 팀은 특히 '심판' 영역에 관심이 있다. 여기서 할 일은 각각의 행위자의 논리에 비추어 시나리오를 테스트하는 것이다. 이 과정에서 팀은 순서대로 이들 행위자의 입장이 되어 각각의 시나리오를 생각해본다. 줄거리의 세부 사항이 고려 중인 행위자의 예상 행태와 일치하는지도 점검한다. 이 과정을 통해 팀은 특정 주체가 해당 시나리오에는 포함되지 않은 조치를 취하지 않고는 그 시나리오에서 살아남기 힘들다는 사실을 받아들이게 된다. 그러면 그 시나리오를 무효화해야 한다. 이 지점에서 팀은 이 과정을 거치지 않았다면 드러나지 않았을 미래에 대한 중요한 뭔가를 배운다.

주체를 제외한 나머지 세 칸에 대해서도 개별 행위자가 개발된 시나리오를 논리적으로 무효화할 수 없음을 확인하기 위한 추가적인

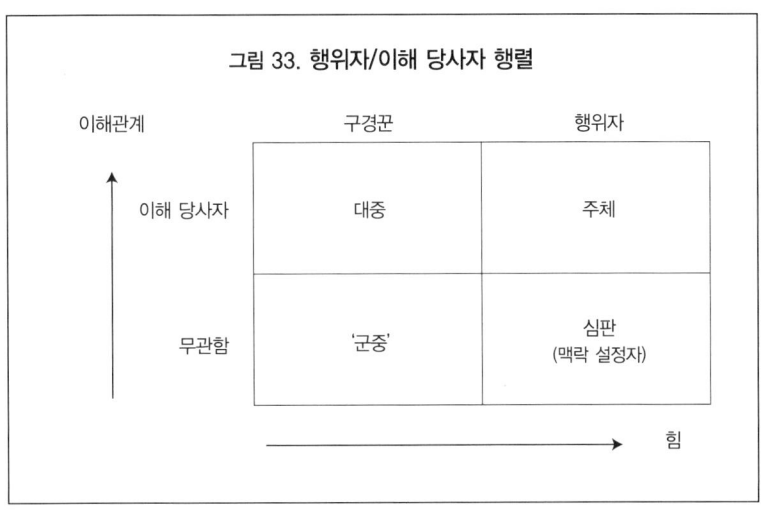

행위자 분석이 이뤄져야 한다.

피에르는 미래 석유 가격에 대한 시나리오 개발과 관련한 논문에서 한 가지 예를 들었다(Wack 1985a). 직관적으로 타당한 산유국의 논리에 비추어 1세대 석유 수요 시나리오를 테스트한 이 예에서 석유 수요가 끊어질 가능성이 드러났다. 이런 상황은 산유국이 벌어들이는 자금을 소화하는 능력을 넘어설 정도로 생산량을 늘리는 것이 과연 현명한 일인지에 의문을 가지기 시작할 때 발생할 수 있었다. 행위자 분석을 통해, 생산자가 수요를 충족시키지 않아 석유 가격이 급등하는 공급 위기 가능성에 대비해 전략을 테스트할 필요성이 드러났다. 이는 산유국에 점점 더 많은 돈이 흘러 들어가면 산유국이 수요를 전부 충족시키지 않기로 결정을 내릴 확률이 더 높아진다는 사실을 보여주었다. 이 같은 위기 가능성과 자기 강화적 속성을 식별한 팀은 이후 그런 상황의 역학 관계를 분석하고 이런 상황이 벌어질 수 있는 조건을 알아냈다. 그리고 앞서 보았듯이, 이런 발견 덕분에 쉘은 정유 업계의 대다수 경쟁자들보다 앞서 이런 만일의 사태에 대비할 수 있었다.

시나리오의 행위자 분석은 모든 시나리오 수립 과정에서 반드시 필요한 부분이다.

전문가와 '놀라운 사람들' 활용하기

앞서 설명한 분석적인 테스트를 실시하지 않더라도 팀은 시나리오를 테스트할 수 있다. 다른 외부 단체에게 의견을 묻는 것이다. 우리는 이 장 초반에서 '놀라운 사람들(RP)'이라는 개념을 소개했다. 전문가와 RP는 특히 시나리오 테스트 단계에서 큰 도움이 될 수 있다. 이들은 예비 시나리오 세트를 살펴보고 그들의 관점에서 관련성, 타당성, 내적 일관성에 대해 말해줄 수 있다.

이 같은 '확인' 단계에는 개인적인 논의 혹은 시나리오 개발 활동에 직접 참여하지 않았던 사람들이 참가하는 반나절짜리 소규모 워크숍이 포함될 수 있다. 이때는 사전에 미리 시나리오 초안을 배포해 참가자들이 답변을 준비할 수 있게 해야 한다. 회의는 짤막한 시나리오 발표·검토로 시작하고, 이후 한두 시간 정도 시나리오를 논의하는 시간을 가진다. 이 시간 동안에는 논리적 모순을 찾는 것은 물론이고, 구체적인 내용을 논의할 수 있어야 한다. 이 회의는 상당히 자유로운 분위기에서 별다른 설득 과정 없이 진행될 것이다.

시나리오를 개발하는 데 참여하지 않았던 사람들의 조언은 시나

▌이해 당사자 역할극

1단계

이해 당사자를 그들의 영향력과 관심 정도에 따라 순위를 매겨라. 주체의 순위는 심판보다 높고, 심판의 순위는 구경꾼보다 높다.

2단계

가장 순위가 높은 이해 당사자를 선택하여 팀원 중 한 명에게 그 역할을 맡겨라. 이런 식으로 모든 팀원에게 하나씩 역할을 맡겨라. 팀원들이 자신들의 역할, 관심사, 세력 기반, 관심 분야의 발전에 대한 개연적 태도를 생각할 수 있게 시간을 주어라.

3단계

시나리오 중 하나를 선택하라. 이제 팀원들은 하나의 그룹으로서 시나리오를 하나씩 하나씩 함께 밟아나가게 된다. 그리고 한 걸음씩 뗄 때마다 이해 당사자가 보이는 타당하고 그럴듯한 반응을 생각하라. 각각의 이해 당사자는 시나리오 이야기 지도에 포스트잇을 붙여 중요한 반응을 기록하라. 그 반응은 그들의 역할을 나타내고 줄거리에 영향을 미칠 수 있다. 다른 역할 수행자들도 차례로 줄거리에 그 같은 변화가 있을 때 각자 어떻게 반응할지 고민하고, 그런 변화에 대한 각자의 반응을 반영하는 새로운 사건을 붙여라. 이야기가 끝날 때까지 이 작업을 계속하라.

4단계

이제 자리에 앉아 시나리오 줄거리가 여전히 논리적으로 일치하는지를 고민하라. 이해 당사자의 반응이 원래의 줄거리에 부합하는지, 논리에 균열이 생기지는 않았는지를 살펴보라. 만일 논리에 균열이 생겼다면 이야기를 수정하여 내적 일관성을 회복시켜라.

> **5단계**
> 네 가지 시나리오 모두에서 3단계를 차례로 실시하라. 이 단계에서 종종 사람들은 시나리오 중 하나가 내적으로 일관된 이야기로 재구성하기가 어렵다거나 불가능하다는 사실을 발견한다. 이를 토대로 네 가지 시나리오로 구성된 세트에서 한 가지를 과감히 폐기하라. 그러지 않으면 훨씬 이전으로 돌아가 시나리오 틀을 재구성해야 할 수도 있다.

리오를 개발하는 데 참가했던 원 참가자들이 내놓는 조언보다 좀 더 연구가 필요한 질문을 제기하는 경향이 있다. 이는 간단하지만 시나리오를 좀 더 탄탄하게 만드는 데 아주 효과적인 방법이다. 따라서 이 과정은 모든 시나리오 프로젝트에 포함시켜야 한다.

제시된 다양한 테스트를 실시하고 나면 팀은 다시 모여 습득한 것을 기록한다. 다음으로 무엇을 포함하고 무엇을 포함하지 않을지를 결정한다. 그런 다음 그에 맞춰 시나리오를 수정한다.

시나리오 수립에 전자통신기술 활용하기

시나리오를 수립하는 과정에서는 전자통신기술을 효과적으로 사용할 수 있다. 팀 구성원이 늘 얼굴을 마주 보고 회의를 할 필요는 없다. 효율적인 통신기술로 서로 단단히 얽힌 팀도 많은 일을 할 수 있다. 경험상 다음 사항은 시나리오 수립 과정을 효과적으로 수행할 수 있게 해준다(Erasmus 1999).

- 다양성(외부 인사 포함)이 힘이다.
- 온라인 상호작용과 간간이 일어나는 오프라인 상호작용을 결합해 신뢰를 쌓아라.
- 정보를 주는 것보다 관심을 끌어내는 것을 목표로 하라.
- '흐름'이 '결과'보다 더 중요하다. 늘 초안인 것처럼 생각하라.
- 요약하고, 논의를 잇고, 이해를 더하고, 초점을 만드는 데 진행자를 이용하라.
- 열린 탐구 공간과 구조화된 수렴 영역을 분리하라.
- 공통의 지식 데이터베이스를 이용하라.
- 모든 것을 보관하라.
- 짧은 중간 보고서를 더욱 광범위하게 배포하라.

원거리로 일할 때 생길 수 있는 문제점은 관심을 관리하는 문제다. 시나리오 프로젝트는 관심을 빼앗아 가는 직접적인 업무 환경의 다른 일들과 경쟁해야 한다. 시나리오만을 위한 워크숍에서 사람들은 당면 프로젝트에 모든 관심을 쏟을 수 있고, 다른 사람들도 그렇게 하도록 영향을 미칠 수 있다. 시나리오의 궁극적 목적이 새롭고 독창적인 통찰을 찾는 것임을 고려하면 시나리오 활동 가운데 일부분은 이처럼 집중적인 워크숍에서 수행할 수밖에 없을 듯하다. 하지만 워크숍과 워크숍 사이에 일어나는 많은 일들은 전자통신을 이용해 좀 더 질을 높일 수 있다.

다음 단계

적응적 시나리오 기획

적응적 시나리오 기획에서 시나리오는 전략 옵션을 '풍동 실험'(테스트와 개발)하는 데 쓴다. 풍동 실험 과정에서는 아무리 작은 일관성 문제라도 큰 장애물로 돌변하기에, 이와 관련해 시나리오를 점검할 필요가 있다. 만족스러운 결론을 얻은 팀은 이제 그 결과(시나리오)를 식별된 전략 옵션 테스트에 적용한다. 우리는 13장에서 이 문제를 다시 다룰 것이다.

생성적 시나리오 기획

생성적 시나리오 기획에서는 시나리오를 과정의 최종 산물이 아닌 적절한 연구 과제로 이끄는 중간 매개체로 본다. 앞서 살펴본 것처럼, 시나리오 기획을 반복적으로 수행하는 이유는 조직이 속한 상황을 해석하는 새로운 시각을 만들어내기 위해서다. 즉 새로운 전략의 토대가 될 새롭고 독창적인 이해를 얻기 위해서다. 고민할 연구 주제를 정하는 것으로 그 시나리오의 핵심 역할은 끝난다. 다음 반복이 마무리되면 새로운 시나리오 세트가 발생할 것이기 때문이다.

이제 우리는 시나리오에서 어떻게 연구 주제가 나타나며 시나리오 연구가 무엇을 수반하는지 살펴보자.

시나리오 연구

대부분의 시나리오 프로젝트는 연구 요소를 포함한다. 그 이유는 아마도 다음과 같은 목적에서일 것이다.

- 이야기의 세부 수준을 높이기 위함: 이는 세부 사항이 풍부한가에 달려 있으며, 시나리오의 설득력에 영향력을 미친다. 적절한 일화를 떠오르게 하는 흥미진진한 묘사는 지나쳐도 될 만한 사소한 것이 결코 아니지만, 종종 상당한 양의 자료 조사를 수반한다.
- 원동력의 깊이와 시나리오 차원의 수를 늘리기 위함: 이를 통해 우리는 원하는 것을 정확히 설명할 수 있다. 예를 들어 '자유화'와 같은 핵심 동인은 여러 방식으로 개념화할 수 있다. 팀은 '그저 시장을 자유화한다'는 다소 모호한 생각을 뛰어넘어야 한다.
- 좀 더 개연성 있고 이해 가능한 역학 관계를 식별하기 위함: 시나리오 서술에 필요한 역학 관계를 알아내려면 완벽히 타당하게 결합되어 있는 사건과 패턴, 그리고 의뢰인이 자신의 상황을 이해하도록 돕는 복잡한 피드백 순환 망을 조사해야 한다.

앞서 우리는 생성적 시나리오 작업과 시스템의 기존 지식을 토대로 예상했던 것과 개입의 결과를 비교하는 '행동 학습'을 비교했다. 예상과 실제 일어난 일의 격차를 통해 우리는 시스템에 대한 이해가 부족한 곳을 알 수 있다. 이제 여러분은 이런 이해를 높이기 위해서는 어디를 봐야 할지 안다. 여러분은 연구 주제를 만들어냈고, 연구 주제는 여러분을 집중적인 연구와 학습으로 이끌 수 있다.

조직이 갖고 있는 사업 환경에 대한 이해는 대단히 복잡한 시스템으로 그 안에서 시나리오 방법은 다음과 같은 식으로 사용될 수 있다. 시나리오 기획자는 조직이 환경에 대해 생각하고 있는 바에 이의를 제기하는 방식으로 조직의 전략에 개입한다. 시나리오를 이용해 조직 내 사고를 평상시 멘탈 모델에서 가급적 최대한 멀리, 타당성 영역의 경계까지 밀어붙인다. 여기서 얻은 가장 중요한 결과는 시스템에 대해 아는 것과 모르는 것을 발견한 것이다. 여기서 드러난 것은 전략적으로 적절하고 연관성이 있는 연구 안건이다. 다음 단계는 제대로 이해하지 못한 시스템의 구조를 연구하는 것이다⟪그림 18⟫ 참고⟫.

생성적 시나리오 기획은 수많은 정밀 분석과 시스템 연구를 수반한다. 그리고 그 과정에서 해당 사업 환경을 움직이는 시스템에 대해 배운다. 새로운 이해는 심도 있는 연구를 통해서만 얻을 수 있다. 시나리오 활동에서 공짜는 없다. 생성적 시나리오 기획에서 가장 중요한 결정적인 순간은 중요한 연구 주제를 되도록 자세히 정의하는 순간이다. 답을 찾는 일은 상대적으로 간단하다. 연구 주제를 정의하는 것은 보통 관련 전문가 및 놀라운 사람들과의 연계가 수반된다. 정확한 질문을 찾는 일은 성공의 기본 요인이다.

생성적 시나리오 기획에서는 연구 주제를 정확히 표현하는 것이 시나리오 활동을 하는 목적이다. 따라서 연구는 보통 시나리오 활동을 따라갈 뿐 선행하지는 않는다. 그런 까닭에, 시나리오를 하기 전에 모든 연구를 끝마치리라 예상하는 것은 큰 잘못이다. 사전 연구는 탐구 영역을 제한하기 때문이다. 그러므로 그룹의 직관력을 이용하고, 연구 대상이 저절로 모습을 드러내도록 두는 것이 바람직하다. 그러면 직관과 분석이 반복되며 새로운 이해로 향하는 최단 경로를 만들어낼 것이다. 시나리오 프로젝트는 직관과 분석 사이에서 생겨난 '대화'여야 한다. 1세대 시나리오는 첫 번째 연구 주제를 만들어낸다. 이 연구 주제에 답함으로써 새롭게 얻은 지식은 2세대 시나리오를 개발하는 데 쓰여야 한다. 그리고 2세대 시나리오는 다시 새롭고 상이한 질문을 만들어낼 것이다. 이 작업은 시나리오의 추가 개발로 돌아오는 이익이 없어질 때까지 계속 반복된다.

사례

연구 주제는 보통 현실과 2×2 행렬에서 개발된, 미래의 완료 상태를 연결하려는 노력에서 나온다. 이때 이야기를 자세하게 하는 것이 매우 중요하다. 그 이유는, 그렇게 해야 상황 속에 깔린 배경 구조에 대한 이해가 부족한 곳을 발견할 수 있기 때문이다. 예를 들어 유럽의 주요 공항 중 한 곳에서 최근 개발한 시나리오 세트를 살펴보자. 당시 시나리오 팀은 그들의 주요 시나리오 차원으로 다음을 선택했다.

- (인구 밀집 지역에 위치한) 이 공항에서 활동 수준에 대한 제약이 지속될 것인지 여부
- 대형 항공사 한 곳 이상이 이 공항을 그들의 유럽 거점 공항으로 사용할 것인지 여부

이런 시나리오 차원은 세 가지 시나리오를 만들어냈다. 네 가지 시나리오 가운데 하나(기존의 제약 조건하에서 대형 항공사의 거점 공항이 되는 것)는 부적절하다고 여겨져 기각되었다. 처음에 시나리오 팀은 시나리오를 더 완벽하게 만들지 않고 세 가지 완료 상태를 전략 테스트 조건으로 사용했다. 그리고 이 시나리오 프로젝트는 다소 성공적이지 못한 것으로 인식되었다. 그 이유는 분명하다. 당시 팀이 1세대 시나리오(정확히 말해, 완료 상태)만 검토했기 때문이다. 이야기를 시간순으로 풀어야 할 필요가 있었다. 그 과정에서 이전에는 알려지지 않은, 추가 연구가 필요한 두 가지 주요 요소가 드러났다.

- 앞으로 20년간 유럽 항공 산업의 집중화 추세는 얼마나 지속될 것인가?
- 거점 경유 시스템은 언제까지 (그리고 어느 수준까지) 항공사가 수익을 창출하는 데 가장 효과적인 방법일 것인가?

이후 팀은 두 가지 측면을 철저히 분석했다. 그리고 그 과정에서 팀이 앞으로 일어날 일을 더욱 잘 이해하는 데 도움이 될 몇 가지 배경 구조가 드러났다. 그리고 이 구조에서 전략을 설계하려면 반드시 알아내야 하는, 숨어 있는 몇 가지 선결 요소를 발견했다. 이 두 영역에서 발견한 몇 가지 시스템적 특성은 프로젝트에 큰 도움이 되었다. 비록 그 시나리오는 유효하지 않게 되었지만. 이후 팀은 2세대 시나리오로 같은 과정을 반복했다. 시나리오 프로젝트를 통해 팀은 덜 중요한 주제에 시간을 쏟지 않고 추가 작업이 필요한 중요한 측면을 강조할 수 있었다.

지금까지의 논의를 요약하면 다음과 같다.

- 시나리오의 목표는 우리에게 우리가 모르고 있기 때문에 연구가 필요한 부분을 알려주는 것이다.
- 우리의 지식이 부족한 부분을 파악하고 나면 그 부분을 연구해야 한다.
- 연구 결과는 다음 세대 시나리오에 통합해야 한다.
- 탄탄한 시나리오 기획 과정에서는 이런 활동이 여러 번 반복된다.
- 좋은 프로젝트는 일 단위, 주 단위가 아닌 월 단위로 평가한다. 이때 작업의 대부분은 시스템 연구다.

시나리오 기획자는 종종 어쩌면 옳은 질문을 이끌어낼지도 모를 시나리오 개발을 중간에 멈춘다. 그로 인해 필요한 연구를 하지 못하게 된다. 그리하여 시나리오 과정을 완수하여 정말 새로운 이해를 얻는 데 실패한다. 시나리오만 가지고는 거기에 다다를 수 없다. 마찬가지로 분석만으로도 거기에 닿을 수 없다. 조합이 필요하다. 분석과 시나리오를 번갈아 진행하다 보면 몇 가지 결정적 질문으로 이어질 것이고, 그 질문에 대한 분석은 가장 중요한 시스템에 대한 이해를 선사할 것이다. 그리고 이런 이해만이 우월한 전략으로 인도할 수 있다.

연구 주제 만들기

행동-학습 관점(위를 참고)에 따르면, 연구 주제는 원칙적으로 개입의 실제 결과와 예상을 비교하는 과정에서 나온다. 조직 내 예상은 '평상시 사고'라 표현하는 현행 통설이 된다. 개입은 시나리오를 만들어내고, 각각의 시나리오는 미래를 타당성 한계까지 몬다. 따라서 연구 주제를 제기하는 기술은 시나리오를 평상시 사고와 대치하는 과정과 관련이 있다. 여기서는 회의론자들이 중요한 역할을 할 수 있다. 시나리오 팀은 회의론자들에게 왜 시나리오가 일어나지 못한다고 생각하는지를 물어야 한다. 그 후 왜 이런 이유들이 시나리오에 반영되지 않았는지를 조사한다.

이런 분석에서 도움이 되는 질문의 예로는 다음과 같은 것들이 있다.

- 이미 '한창 진행 중'이라고 생각하는 것은 무엇인가?
- 정체된 것 같지만 실제로는 느리게 변하고 있는 것은 무엇인가?
- 예를 들어 시장 포화 등으로 결국 깨지게 돼 있는 추세는 무엇인가?
- 정말 불가능해 보이는 것은 무엇인가? 왜 그렇게 생각하는가?

놀라운 사람들에게 다음과 같은 질문을 하는 것도 도움이 된다.

- 현재 일어나는 일 중 중요한 혹은 중요할 수 있는 일은 무엇인가?
- 연구해야 할 관련 시스템은 무엇인가?
- 관찰 결과의 적절한 '세부' 수준은 무엇인가?
- 이를 검토할 다른 방법은 무엇인가?

연구 결과

초기에는 연구 결과가 넓은 영역에 퍼져 있다. 그중 다수는 상대적으로 무관한 아이디어와 관찰 결과처럼 보인다. 팀은 이것이 지금까지 얻은 시스템에 대한 이해에 어떤 영향을 미치는지를 감안하여 이것을 가공해야 한다. 여기서 고려할 일반적 사항은 다음과 같다.

- 사업 환경은 시스템이다. 시스템 내 상호 관계, 시스템을 움직이는 여러 요소들의 조합을 찾아라.
- 현실과 중장기 및 단기 미래 상황을 검토하라.
- 선결 요소에 특히 관심을 쏟아라. 되도록 많은 불확실성을 선결 요소로 바꾸기 전까지 쉬지 마라.
- 영향력을 극대화하는 개입점을 발견하라.

연구 단계가 끝나면 언제나 추가 시나리오 수립 단계가 뒤따른다. 시나리오를 수립하는 과정에서는 연구에서 알아낸 본질적으로 다른 부분들을 묶어서 몇 가지 줄거리에 통합한다.

연구의 주요 목적을 다시 한 번 되풀이하자면, 연구는 주어진 전략적 맥락에서 '시스템 빙산'의 더 깊은 부분을 파헤쳐 진짜 구조적 동인을 알아내기 위한 것이다. 그리고 거기서 상황을 바라보는 관점을 추가로 재구성하기 위한 것이다. 그래서 새롭고 독창적인 방법으로 상황을 볼 수 있도록 하는 것이다. 그러려면 많은 시간과 논의, 사색이 필요하다. 하지만 그 밑에서 발견한 요소는 모든 불확실성 속에서 미래를 새로운 방식으로 이해할 수 있게 해준다.

특별한 종류의 시나리오

여기서 논의한 구조화된 시나리오 구성법은 조직의 일반적인 전략적 필요를 충족하기 위한 것이다. 하지만 가끔은 시나리오 팀이 좀 더 제한적이고 구체적인 목표를 추구할 때도 있다. 이는 보통 조직 내에 (혹은 경영진에) 구체적인 메시지를 전달할 필요가 있을 때다. 이 경우 시나리오가 효과적인 수단일 수 있다. 여기서는 이처럼 구체적인 용도로 시나리오를 사용하는 세 가지 예를 들어볼까 한다.

'뻔한' 시나리오

가끔씩 시나리오 팀은 자신들이 의뢰인보다 앞서 나가 해당 조직에 지나치게 도전적인 통찰을 제시했다는 사실을 발견할 때가 있다. 흔히 이런 일은 대개 의뢰인 팀이 시나리오를 사용한 경험이 많지 않거나 전략적 사안을 논의하는 데 서투른 경우에 발생한다. 만일 의뢰인이 미래를 단선적으로 생각하는 데 익숙하다면 도전적인 시나리오를 보고 겁을 먹을 수도 있다. 특히 의뢰인 팀의 구성원들이 고유한 전략적 안건을 갖고 있고, 우호적인 분위기에서 정치적으로 처리하는 데 익숙하다면, 시나리오로 새로운 아이디어를 소개하는 일이 더욱 어려울 수 있다.

이런 경우 시나리오 세트 안에 조직원이 모두 알고 있는 옛 지혜를 반영한 시나리오를 넣는 것이 도움이 된다. 이는 '뻔한' 시나리오다. 평상시 세상에 기반을 둔 이 시나리오는 의사결정자들이 기존

▌연구자들을 위한 팁

GBN의 최고 연구자인 크리스 에텔(Chris Ertel)은 시나리오 연구자들에게 고려할 가치가 있는 몇 가지 사항을 제시한다.

- 기자처럼 생각하라

'모든 것을 고려하고 있는지'를 너무 걱정하지 말고 되도록 많이, 가능한 한 빨리 배우는 기자 정신으로 연구를 수행하라. 연구의 목표는 질문에 대한 최종 답변을 찾는 것이 아니다. 우리의 이해 수준을 되도록 빠르고 높게 끌어올리는 것이다. 따라서 우리는 시작할 때보다 당면 주제에 관해 더 많이 알기만 하면 목표를 달성한 것이다.

- 인터뷰를 되도록 많이 이용하라

매우 박식한 사람들과 이야기를 나누는 것은, 어떤 주제에 관해 가장 효율적으로 배우는 방법이다. 그렇지만 만일 아는 것이 거의 없는 문제를 다룬다면, 좋은 질문을 하기 위해 사전에 자료를 충분히 읽고 살펴보는 것이 좋다. 그리고 어떤 인터뷰에서든 가장 중요한 질문은 맨 나중에 해야 한다. "이 일과 관련해서 제가 누구와 이야기를 나눠야 할까요?"

- 선도적 사용자 혹은 얼리어답터(early adopter)에게 집중하라

시나리오의 내용은 이미 대부분 어딘가에서 일어나고 있다. 이 세상을 (읽거나 인터뷰를 통해) '방문하는 것'은 미래를 지금 '보는' 가장 좋은 방법 중 하나다.

- 연구할 때는 다른 일은 멈추고 연구에 집중하라

한 번에 한 시간에 불과할지라도, 좋은 연구를 하려면 정말 깊이 생각해야 하고 연구를 방해하는 요소가 없어야 한다. 뒤에서 전화가 울려대고 이메일이 왔음을

알려주는 표시가 깜박이는 환경에서 좋은 연구를 할 수 있는 사람은 드물 것이다.

- 80-20 법칙을 잊지 마라

연구는 시나리오 기획자 스스로 끝났다고 말하기 전까지는 절대 끝나지 않는다. 얻는 것이 줄어들고 있음을 확신했을 때(즉 점점 더 열심히 일해도 새로운 발견이 점점 더 줄어들 때) 이제 충분하다고 판단할지 말지는 전적으로 여러분에게 달려 있다.

- 즐겨라!

배움은 엄청난 기쁨이다. 형사처럼 생각하라. 재료를 가지고 놀아라. 자신과 다르게 생각하는 사람들과 대화하라. 산책을 하거나 조깅을 하라. 저글링을 하라. 문제를 계속 다른 각도에서 검토하라.

에 지녔던 믿음 체계에 시나리오 체계를 단단히 고정시킬 수 있다. '구세계와의 관련성'은 변화를 인식하기 위한 토대가 되고, 좀 더 도전적인 미래를 개발하기 위한 발판으로서 유용할 수 있다.

'도전' 시나리오

뻔한 시나리오를 만드는 일이 간단해 보일 수 있다. 하지만 실제로는 그렇지 않은 경우도 많다. 종종 시나리오 팀은 평상시 관점이 세밀한 분석 작업의 결과가 아닌 관성의 결과임을 발견한다. 그 결과, 시나리오 분석을 하는 도중 공인된 미래를 구성하는 일련의 신념 체계 안에서 종종 모순을 발견한다. 이런 경우, 사람들은 다른 사업 부분과 양립할 수 없는 가설을 세우고 있을 수 있다. 혹은 팀이 상황의 배경 구조를 주의 깊게 감안한 결과, '공인된 미래'에서 선결 요소 혹은 구조가 훼손된다는 사실을 발견할 수도 있다. 이런 경우, 시나리오 팀은 보통 긴급히 자기의 생각을 들려주어야 한다. 이 때 유용한 기법은 단 하나의 도전 시나리오를 만드는 것이다. 그리하여 그 시나리오의 엄격한 내부 논리를 이용해 기존 지식의 결함을 드러내는 것이다.

대체로 이 일은 기존의 계획 가설을 실현하기 위해 동시에 발생해야 하는 조건들을 설명하는 형태로 진행된다. 이는 의뢰인 팀이 이런 발전 국면 혹은 상황의 타당성을 고민하는 계기가 될 것이다. 만일 시나리오 팀이 이 일에 성공하여 의뢰인이 환경에 대한 또 다른 시각이 시급하다는 사실을 받아들인다면, 그 다음 논의는 현재 추진 중인 전략과 정책, 계획 평가에 기초로 쓰인 전체 시나리오 세트를 만드는 일로 옮겨가야 한다.

도전 시나리오는 일반적으로 시나리오 팀이 의뢰인 팀에게 되도록이면 빨리 전달해야 할 중요한 발견을 했을 때 유용하다.

'환상' 시나리오

환상 시나리오는 도전 시나리오를 추가로 발전시킨 것이다. 환상 시나리오는 의뢰인 팀이 그야말로 실행 불가능한 아이디어를 강하게 주장할 때 유용한 수단이다. 이 경우 보통은 시나리오 팀이 이 아이디어를 직접적으로 공격하거나 도전 시나리오를 개발하는 것보다 이 아이디어가 오랜 시간 지속적으로 사용되는, 믿기 힘든 시나리오를 만들어내는 것이 좀 더 효과적일 수 있다. 환상 시나리오를 만드는 목적은 기존의 가정이 이상적인 계획 기반이 아님을 주장하기 위해서이다. 이를 통해, 이런 가정을 갖고 있는 의뢰인 팀이 논리적 결과를 고민하도록 한다.

옵션 설계

　학습 순환은 우리가 새로운 이해와 행동 사이를 연결하기 전까지는 닫히지 않는다. 행동은 실행 권한이 있는 사람들이 내린 결정의 결과이다. 행동은 앞선 행동의 결과로 해석할 수 있는 수많은 경험들의 영향력에 따라 결정된다. 시나리오 분석의 결과 그 자체는 행동을 야기하지 않지만, 경험과 행동 사이를 중재하는 학습 순환에 영향을 미친다. 시나리오 작업은 기업의 학습 순환의 여러 곳에 효과를 미친다. 예를 들어 시나리오 작업은 시나리오 작업이 아니었다면 조직이 알지 못했을 경험을 조직이 걸러낼 수 있도록 돕는다. 이런 여과 작업은 오랜 비결에 의문을 제기하는 추가 시스템 구조를 제공하고, 현재 사용 중인 이론을 강화한다. 이는 의사결정을 돕는 응집력과 낙관론을 만든다.
　이번 장에서는 시나리오 분석이 조직 내에서 사용 중인 이론에 어떤 식으로 영향을 미치는지에 대해 논의할 것이다. 시나리오 기획자는 그 영향력을 고민하고 이를 어떻게 최적화할 수 있을지를 생각할 필요가 있다. 시나리오 기획 방법의 맥락 안에서 의사결정은 어떻게 이뤄지는가? 이는 적응적 시나리오 기획의 영역이다.

전략적 방향 개발하기

시나리오는 다음의 두 가지 범주에서 질문을 제기하는 방식으로 전략의 토대를 제공할 수 있다.

- 내부 관점: 우리 조직이 향후 마주할지 모르는 다수의 똑같이 실현 가능성이 있는 모든 환경에서 살아남아 번영할 준비가 되어 있는가?(조직의 역량)
- 외부 관점: 우리 조직과 우리가 마주하는 환경을 고려할 때, 옳은 영역에서 사업을 개발하고 있는가?(사업 포트폴리오)

전략 설계에 시나리오를 직접 적용하려면 네 단계에 걸친 다음과 같은 질문들에 답변해야 할 것이다.

- 역량 검토
- 포트폴리오 검토
- 전략 옵션 산출
- 전략 옵션 테스트

이 모든 단계에서는 기본적으로 조직이 살아남고 발전하는 능력에 관해 논의한다. 이 시점에서 이슈는 조직이 완료된 시나리오 세트에서 나타나는 미래의 불확실성을 마주할 준비를 잘하는가이다. 시나리오는 예측이 아니며 그 어떤 시나리오도 실제로 일어나지 않을 것임을 기억하라. 그러나 시나리오 세트는 외부 세계에서 '일어날 수 있는 그런 상황'을 묘사한다. 따라서 시나리오는 조직 그 자체를 대표하는 표현에 비춰 고려할 필요가 있다. 이를 통해 전략적 결론을 내린다. 전략적 대화는 조직의 역량과 성공의 정수를 표현할 수 있는 언어를 필요로 한다. 그리고 지금껏 보았다시피 비즈니스 아이디어의 개념이 이런 목적에 부합한다. 비즈니스 아이디어는 전체 조직의 경쟁력 있는 강점과 성장 원리를 표현한다.

'비즈니스 아이디어 구체화'를 다룬 10장에서, 우리는 비즈니스 아이디어가 경영팀 내에서 어떻게 만들어지는지를 살펴보았다. 그리고 비즈니스 아이디어의 가치를 평가하는 시험대로 어떻게 맥락적 환경 시나리오를 제공할 수 있는지를 보았다. 기회와 위협은 사회적 추세, 기술 발전, 정치 발전, 경제, 환경에 대한 우려 등 여러 방향에서 올 수 있다. 또 위협은 경쟁적 모방에서도 발생할 수 있다. 시나리오에는 이런 영역에서 일어나는 중요한 잠재적 발전 국면을 반영해야 한다. 시나리오 안건 설정 활동에서 현재의 비즈니스 아이디어를 활용하라고 하는 것은 바로 이런 까닭에서다. 현재의 비즈니스 아이디어를 활용하면 지금부터 알아볼 옵션 분석과 시나리오를 확실히 연관 지을 수 있기 때문이다.

팀은 비즈니스 아이디어를 다수의 미래 상황에 대입하는 방식으로 비즈니스 아이디어가 광범위한 영역에서 유효할 것인지 여부를 논의한다. 이리하여 팀은 조직이 마주하는 잠재적 위협을 전체적으로 검토할 수 있다. 이런 논의는 팀이 각각의 시나리오별로 비즈니스 아이디어가 가져올 성과를 고민할 수 있게 해준다. 팀은 마음속으로 각각의 시나리오를 한 번씩 검토해보고 다음을 결정한다.

- 비즈니스 아이디어가 지속적으로 고객 가치·비용 우위를 발생시키는 범위. 우리의 차별적 역량 체계는 계속 사회적인 영향력을 발휘할 수 있을 것인가? 우리의 현재 제안에 대한 수요가 계속 존재할 것인가? 우리가 새롭게 시장에 내놓으려 하는 새로운 제안에 대한 수요가 있을 것인가? 우리는 차별적 역량 체계에서 유래한 독창적인 활동 세트를 통해 앞으로도 계속해서 경쟁우위를 활용할 수 있을 것인가?
- 차별적 역량 체계에 대한 경쟁자의 위협. 우리의 차별적 역량 체계는 경쟁자의 맹공격에 계속 맞설 수 있을 것인가? 우리는 어떻게 다른 경쟁자가 우리의 일을 모방하지 못하게 할 것인가? 어떻게 우리의 역량 체계의 독창성을 계속 유지할 것인가? 미래에도 이어질 진입 장벽은 무엇인가?

각 시나리오별로 이 같은 질문을 고민한 경영팀은 조직의 전체적 강점에 관한 시각을 발전시킬 것이다. 또 불확실한 미래 상황에서 비즈니스 아이디어가 얼마나 탄력성을 보일지에 관한 결론을 내릴 수 있을 것이다.

이후 논의는 조직이 택할 수 있는 옵션으로 옮겨간다. 만일 비즈니스 아이디어가 약하다는 결론이 나왔다면, 경영팀은 비즈니스 아이디어를 더 강하게 만들 방법에 초점을 맞추어야 한다. 이는 조직의 역량에 대한 논의로 이어지고 역량 옵션을 만들 것이다. 만일 비즈니스 아이디어가 탄탄하고 광범위한 미래하에서 유효하다고 결론 내렸다면, 주된 과제는 비즈니스 아이디어를 여러 방면으로 확장해 활용할 방법을 발견하는 것이다. 이는 사업 포트폴리오 옵션의 발생으로 이어진다.

지금부터는 전략적 대화의 각 단계별 중요 포인트에 대해 더 자세히 논의해볼까 한다.

옵션 범주

시나리오를 배경으로 한 비즈니스 아이디어 검토를 통해 상상할 수 있는 광범위한 미래에 강력하게 맞설 수 있다고 결론을 내릴 수도 있다. 만일 긍정적인 결론을 얻었다면 미래 사업 세계에서 비즈니스 아이디어를 어떻게 활용할 것인지라는 질문을 던질 수 있다. 여기에는 실세계에서 비즈니스 아이디어를 활용하는 새로운 사업 옵션 포트폴리오 개발을 수반해야 한다.

그러나 시나리오를 감안한 새로운 잠재적 사업 포트폴리오를 논의하기에 앞서 경영팀은 기존 사업 포트폴리오를 검토하는 시간을 가질 필요가 있다. 현재 사업이 그 자체로 성공적인가? 아니면 경영에 방해가 되고 있는가? 사업이 지금 현재의 비즈니스 아이디어와 차별적 역량을 활용하고 있는가? 그게 아니라면, 미래에는 현재의 비즈니스 아이디어와 차별적 역량을 활용할 가능성이 있는가? 체계적인 분석을 통해 다음과 같은 문제를 제기할 수 있다.

① 만일 사업 단위가 전체 비즈니스 아이디어와 직접적인 연관이 있다면 그 정당성을 다음을 통해 설명해야 한다.
  - 사업 단위에 뿌리내린 차별적 역량의 식별과 확인
  - 나머지 사업 단위의 시너지 효과

② 사업 단위가 현재의 비즈니스 아이디어와 관련이 없다면 그 정당성을 다음의 두 가지 범주를 토대로 설명해야 한다.
  - 사업 단위가 그 자체로 성공적이다.
  - 사업 단위가 언젠가는 차별적 역량이 비즈니스 아이디어에 통합될 기회를 제공한다.

위와 같은 조건을 충족하지 못한다면 해당 사업은 현재와 미래, 그 어느 때도 비즈니스 아이디어와 관련이 없다. 그 자체의 가치로 판단해야 하는 독립적인 활동이다. 이런 활동은 지금 우리가 하고 있는 분석에 포함되지 않는다.

다음 단계는 새로운 포트폴리오 옵션(Portfolio Options)을 고민하는 것이다. 이번 논의는 현재의 포트폴리오를 기반으로 진행될 것이다. 현재의 포트폴리오를 출발점으로 해서, 조직은 내부 개발, 합작 투자, 인수 합병 등의 추가 옵션을 발견할 수 있다. 이들은 다음의 일반적인 주제에 따라 분류할 수 있다.

① 내부 중심적(자발적 성장에 투자)

- 집중적 성장(이미 서비스를 제공하는 시장과 인접한 유사 시장으로 진출)
- 시장 개발(시장점유율 확대에 투자)
- 제품 개발(더 광범위한 제품에 걸쳐 비즈니스 아이디어를 확산)

② 외부 중심적(합자, 합작 투자, 인수 합병을 통해 성장에 투자)

- 수평적 통합(인수 합병을 통해 인접한 유사 시장으로 확대)
- 동심적 다각화(인수 합병을 통해 다르지만 밀접하게 연관된 시장으로 확대)

또 다른 옵션의 주요 범주로 역량 옵션이 있다. 역량 옵션은 새로운 비즈니스 아이디어를 만들어내는 데 필요한 원재료이다. 이는 조직이 이미 가지고 있는 차별적 역량에 영향을 미쳐 조직의 역량을 개발하기 위한 옵션이다. 비즈니스 아이디어의 강점은 시간이 흐르면서 차별적 역량의 가치 하락으로 인해 약화되기 마련이다. 경영팀이 현재의 비즈니스 아이디어가 충분히 탄탄하지 않다고 판단할 경우, 이들은 심각한 위협에서 비즈니스 아이디어를 보호하면서 동시에 상승 잠재력을 개발하려면 무엇을 해야 할지에 관해 논의할 것이다. 이런 논의를 통해 경영팀은 비즈니스 아이디어의 근본적인 약점을 깨닫기 시작하고, 변화가 바람직하다는 결론에 이를 것이다.

다음 역량 옵션의 일반적 범주는 사업 경영자의 사고를 촉진하는 데 사용할 수 있다.

① 내부 중심적(자발적 성장에 투자)

- 시장 개발(시장 내 새롭고 합리적인 차별적 역량을 개발)
- 제품 개발(새로운 제품 아이디어로 이어지는 차별적 역량 개발)
- 혁신('상업 게임의 법칙'을 바꾸는 새로운 차별적 역량 조합, 비용 혁신을 도입)

② 외부 중심적(합자, 합작 투자, 인수 합병에 투자)

- 수평적 통합(현재 활동의 위아래로 현재의 비즈니스 아이디어에 영향을 미치는 역량을 구입)
- 동심적 다각화(새로운 사업 영역에서 비즈니스 아이디어에 영향을 미치는 역량을 구입)

비즈니스 아이디어를 좀 더 탄탄하게 만드는 방향으로 재설계하는 데 필요한 아이디어를 찾는 것이 항상 가능하지 않을 수도 있다. 비즈니스 아이디어가 약하며 새로운 역량 개발을 통한 비즈니스 아이디어 강화가 어려울 것이라는 결론이 나올 수도 있다. 이런 경우, 다음과 같은 옵션을 고려해 해당 사업 포트폴리오를 제거해야 할지도 모른다는 결론이 나올 수도 있다.

- 기존 사업의 재구성
- 합병, 매각, 포기를 통한 집중화
- 청산

옵션 세트 관리

제대로 개발한 시나리오는 논의에서 잠재적 포트폴리오와 역량 옵션에 대한 아이디어를 만들어내는 데 유용하다는 사실을 입증한 바 있다. 이 과정에서 의뢰인 팀은 스스로가 각각의 시나리오에 살고 있다고 상상하며 다음과 같은 질문을 해야 한다. "만일 실제 세상이 이런 식으로 발전된다면, 우리는 무엇을 하려 할 것이며 무엇이 좋은 사업 기회일까?" 앞서 보았듯이, 이 과정은 서둘러 끝낼 수 없다. 이 활동은 경영팀 내의 수많은, 그것도 워크숍 형태의 논의를 필요로 한다. 구성원들은 시나리오와 진행자가 조직 전체를 샅샅이 훑어서 만들어낸 아이디어에 익숙해지게끔 준비해야 한다. 그렇게 회의를 잘 준비하고 잘 진행하여 논의 내용을 플립차트에 담는다면 성공 기회가 높아질 것이다.

이때 논의를 다음의 세 가지 단계로 정리하는 것이 도움이 된다.

① 사회적 가치

일반적으로는 세상이, 구체적으로는 조직의 이해 당사자(기존 고객과 새로운 고객, 경쟁자, 종업원, 주주 등)가 각각의 시나리오에서 무엇을 필요로 하는지에 대해 질문을 제기한다. 이 시나리오에서 각 이해 당사자는 어떤 가치 변화와 관련이 있는지를 명시하라. 이 체계에서 새로운 병목 지점은 어디인가? 누가 압박당하고 있는가? 그리고 그들은 이와 관련해 어떤 조치를 취하고 싶어 할 것인가? 각각의 가치 변화마다 연관 사업 기회를 식별하라. 옵션을 만들어내기 위한 적절한 맥락을 설정하려면 이런 논의가 매우 중요하며 절대 뛰어넘어서는 안 된다.

② 조직에 미치는 전략적 영향

다음은 이런 논의에 도움이 되는 유용한 질문이다.

- 각각의 식별된 기회와 비즈니스 아이디어가 어느 정도 중복되는가?
- 가져서 좋은 것은 무엇인가?
- 조직이 아무런 조치도 취하지 않으면 어떤 일이 일어날 것인가?
- 조직이 최적으로 반응한다면 어떤 일이 일어날 것인가?
- 대비를 위해 지금 할 수 있는 일에는 어떤 것이 있는가?

③ 전략적 옵션

앞서 보았다시피 여기에는 두 가지 범주가 있다.

- 손쉽게 활용할 수 있는 기회, 즉 포트폴리오 옵션
- 비즈니스 아이디어를 추가로 개발하는 기회, 즉 역량 옵션

옵션 표면화

아이디어를 제공하는 한 가지 원천은 시나리오 그 자체이지만, 시나리오가 아이디어의 유일한 원천은 아니다. 독특한 아이디어는 종종 다른 곳에서 온다. 여기서 알아야 할 것은 일반적으로 조직에서 추진하는 전략적 옵션 가운데 공식적인 경영 회의를 통해 나온 것은

극히 일부에 불과하다는 사실이다. 포트폴리오 옵션 혹은 역량 옵션에 쓰이는 구체적인 아이디어는 조직 전체에서 끊임없이 만들어진다. '옵션 표면화'란 단어는 흔히 '옵션 산출'이란 말보다 이 단계에서 경영진이 추구해야 하는 바를 더 잘 표현해준다. 대부분의 옵션 아이디어는 조직의 회의실에서, 복도에서, 점심 식사 중에 일반적으로 발생하는 공식적이거나 비공식적인 전략적 대화에서 나온다.

조직 내에서 현재 사용 중인 옵션을 표면화해야 한다. 조직을 샅샅이 뒤져, 이미 어딘가에 존재할지도 모를 이해를 찾는 것은 분명 도움이 된다. 보통 이 일은 경영자 중 한 명이 도맡아 하는 것이 바람직하다. 그중 이 일을 조직화하는 데 적합한 후보로는 사업 개발 책임자가 있다. 그것이 여의치 않다면 다른 경영자들 중 한 명을 임명해야 한다. 진행자는 임명된 경영자와 함께 조직을 돌면서 깊이 있는 인터뷰를 진행하고, 비즈니스 아이디어를 추가로 활용하거나 개발하기 위한 방법을 탐색해야 한다. 사람들은 이 문제를 곰곰이 생각할 시간이 필요할 것이다. 따라서 진행자는 사람들의 아이디어를 개별 인터뷰에서 일대일로 논의하는 것이 좋겠다. 그리고 위에 나온 일반적인 옵션 범주를 인터뷰 대상자들에게 사전에 배포하면 인터뷰 대상자들의 사고를 촉진하고, 그들이 이와 관련해 떠오른 아이디어를 전부 표현하도록 도울 수 있다. 또 이 범주들은 인터뷰 그 자체를 진행하는 동안 일종의 도화선으로 작용한다. 진행자는 이렇게 조직을 돌면서 경영자들에게 관련 아이디어를 전부 수집한다. 즉 이미 조직 어딘가와 연결된 아이디어 혹은 생성적 시나리오 프로젝트에서 개발한 아이디어를 수집한다. 조직을 샅샅이 뒤지며 각각의 인터뷰 대상자들과 함께 '다시 검토' 해본 진행자는 조직에서 사용할 수 있는 옵션의 개요를 작성하여 경영팀에 피드백한다.

시나리오는 이런 대화 속에 스며들어 대화에 방향성을 줄 수 있을 때 비로소 그 진가를 발휘한다. 그러려면 이런 논의를 조직 깊숙이 가져갈 수 있는 과정이 필요하다. 이 책의 4부에서는 이와 관련해 조직의 측면에서 좀 더 자세히 살펴볼 것이다.

옵션 창출

이 단계에서 전략 옵션은 다음의 두 가지 범주에서 만든다.

① 역량 옵션(차별적 역량 개발). 유형자산, 법적 입장, 평판과 브랜드 이미지, 인적자원, 지식, 과정, 문화 등과 관련.
② 포트폴리오 옵션(사업 영역 개발). 시장, 경로, 새로운 제품 개발, 가격 책정, 홍보 등과 관련.

때때로 갱신에 필요한 아이디어를 조직 내에서 찾기 어려운 경우가 있을 수 있다. 독창적인 발명이 필요할지도 모른다. 이는 생성적 시나리오 기획의 영역이다. 생성적 시나리오 기획을 하려면 사업 상황을 바라보는 새로운 관점이 드러날 때까지 탐구하고자 하는, 적응적 시나리오 기획 때와는 완전히 다른 마음가짐이 필요하다. 생성적 시나리오 활동은 성공이 오로지 다름에 의해서만 성취될 수 있다는 가정을 토대로 한다. 때때로 이전 차별성이 더 이상 기능을 하지 않는 경우가 있을 수 있다. 완전히 새로운 무언가를 만들어내야 하는 것이다. 이런 사업은 새롭고 독창적이며 고유한 이해를 필요로 한다. 새로운 비즈니스 아이디어를 발명해야 하는 것이다.

이런 상황에서는 지렛대 개념이 도움이 된다. 5장 '미래에 대한 대비'라는 주제에서 살펴보았듯이, 여기서 중요한 점은 미래 차별성은 살 수 없다는 사실이다. 미래 차별성은 오로지 기존의 차별성에 영향을 줄 새로운 방법을 개발하는 방식으로 만들어내는 수밖에 없다. 팀은 기존 역량을 발전시켜 사업 환경과 다시 연결할 수 있는 새로운 체계로 만들어낼 새로운 방법을 발명해야 한다. 새로운 사업 성공 공식은 경영팀의 의식 안에서 손쉽게 구해지는 것이 아니다. 팀은 평상시 영역 밖을 살펴보아야 할 것이다. 앞서 우리는 근처에 있지만 이해가 부족하거나 관련 가능성이 적은 영역을, 카우프만(Kauffman 1995)의 용어를 따라 '인접 영역'이라 불렀다. 생성적 시나리오 기획은 인접 영역 안에서 사업에 대한 독창적이고 구체화된 이해를 만들어내 전략적 방향을 재정의하는 것을 목표로 한다. 여기서 필요한 것이 바로 생성적 시나리오 기획이다. 생성적 시나리오 기획에서는 팀의 마음속에 본질적으로 새로운 이해가 모습을 드러낼 때까지 새로운 사업 환경과 새로운 사업 배치를 탐구한다. 이처럼 새로운 이해는 사업 환경 맥락에서 기존의 차별성을 재구성하도록 유발하여 새로운 차별성 체계를 만들어낼 수 있을 정도의 품질이어야 한다.

생성적 시나리오 기획 과정은 발명에 관한 것이며, 발명은 강제할 수 없다. 경영진은 충분한 시간을 들여 시나리오 통합과 더 나은 이해를 필요로 하는 사업 환경 요소에 대한 분석을 여러 번 번갈아 되풀이해야 한다. 발명이 언제 일어날지는 예측할 방법이 없다. 한편 경험에 따르면 지속적으로 수행하다 보면 언젠가는 성과를 올린다. 그리고 생성적 시나리오 기획은 새로운 이해가 드러날 경로로 가는 길이다.

옵션 분류

많은 원천으로부터 표면화된 옵션으로 나타나는 결과 목록에는 대규모 구조조정에서부터 위생 요소를 다루기 위한 비교적 온건한 행동에 이르기까지 광범위한 개념적 아이디어가 들어 있을 것이다. 경영팀은 옵션 평가로 넘어가기 전에 되도록 행동 옵션을 재고안하여, 성공적인 미래 발생에 적절한 비중을 실어주는 감당할 수 있는 숫자만큼의 전략 옵션을 만들고 싶을 것이다. 이 작업은 아이디어를 한데 모으는 방식으로 수행할 수 있다. 접근 방식은 인터뷰에서 발생한 아이디어를 무리 지어 분류하던 것과 비슷하다. 이때 무리를 짓는 기준은 두 아이디어가 함께 하는가이다. 즉 논리적으로 하나를 추구하려면 다른 하나를 심각하게 같이 고려해야 하는가이다. 각각의 무리는 옵션 전략을 의미하며 이에 어울리는 적합한 이름을 명명해야 한다. 옵션 전략은 그 이름에 따라 평가될 것이다.

옵션 평가

사업을 강화하기 위한 아이디어가 어느 정도 만들어진 상태에서 창출·표면화 활동으로 얻을 수 있는 결과가 점점 줄어드는 시점에 이르면, 경영팀은 상대적 옵션 평가를 생각하기 시작해야 한다. 이를 위해 한계와 희소 자원을 배경으로 한 전략적 논의를 수행한다. 경영팀은 다음과 같이 다양한 자원 범주 내의 제약들을 고려해야 한다.

- 금융자산
- 유형자산
- 인적자원
- 경영진의 관심

그리고 이런 제약들 때문에 선택이 필요하다. 강한 비즈니스 아이디어가 없을 때는 자원이 특히나 더 부족하다. 진행 중인 활동에서 발생하는 잉여분이 많지 않기 때문이다.

아이디어를 유발하는 것 외에도 시나리오는 이런 선택을 테스트할 수 있는 테스트 조건을 제공한다.

전통적 접근법

대부분의 경영자는 옵션 평가를 그렇게 수행하기 어려운 일이라 여기지 않을 것이다. 옵션 평가는 옵션의 가치에 대한 최소한의 재무적 평가, 아마도 '자본 회수 기간' 혹은 '순현재가치(Net Present Value)'와 관련한 평가를 수반할 것이다. 전통적으로는 많은 그럴듯한 여러 가지 미래 가운데 중심에 있다고 생각하는 미래를 '기준점'으로 채택한다. 이 같은 단선적 미래는 고려 중인 다른 옵션의 현금 흐름 차이를 계산하기 위한 기준선 영점으로 사용할 것이다. 보통은 언뜻 보기에 순현재 가치가 가장 높거나 자본 회수 기간이 가장 짧은 옵션을 선호한다.

사실 대부분의 경영자는 이 방법이 다소 지나치게 단순한 것이 아닌가하는 생각을 한다. 그래서 옵션을 비교할 또 다른 차원을 찾아 나선다. 좀 더 사려 깊은 경영자라면 회사가 전략 옵션을 판단할 때 재무적 예측에 더해 고려해야 할 다음의 세 가지 위험 범주를 찾아낼 것이다(Schoemaker 1992).

- 시나리오상의 위험: 우리가 구체적으로 분명히 표현할 수 있으며 시나리오에 나타나 있는 유의미한 불확실성.
- 전략적 적합성: 전략적 적합성은 전략 옵션이 회사의 기존 비즈니스 아이디어와 얼마나 잘 어울리는지를 고민하는 것이다. 만일 적합도가 높다면 회사가 위험 요인을 판단할 수 있다고 추정한다. 만일 적합도가 낮다면 회사가 명확하지 않은 불확실성이 어디에서 오는지를 판단할 만한 좋은 위치에 있지 않다고 추정한다.
- 조직적 위험: 조직적 위험은 옵션과 조직적·문화적 특성과의 적합 정도에 따른 위험이다. 만일 그 옵션을 실현하기 위해 대규모의 조직적인 혹은 문화적인 변화가 필요하다면, 이때 메워야 할 격차는 추가 위험 요인이다.

위의 세 가지 위험은 직교성을 띤다. 즉 서로 독립적이다. 그리고 보통 이 중 하나가 다른 둘을 압도한다. 그 결과 많은 특이한 옵션의 경우, 전략적이거나 조직적인 위험이 시나리오 활동을 통해 평가할 수 있는 것보다 훨씬 심각하기 마련이다. 예를 들어 서로 다른 회사 간의 인수 합병 프로젝트는 일반적으로 시나리오 분석에서 나타난 것보다 훨씬 더 위험하다. 그 이유는 두 당사자가 서로의 사업을 충분히 이해하고 있지 못하기 때문이다. 이런 프로젝트는 종종 뭔가를 간과하거나 실행 과정에서 아주 다루기 힘든 조직 문제가 발생해 실패한다. 위험을 평가하는 시나리오 분석은 옵션이 확실히 조직의 역량 내에 있을 때만 결실이 있다.

과정주의적 접근법

전략 평가에 대한 전통적인 접근 방식은 합리주의적 의사결정 방식을 표현한다. 좀 더 과정주의적으로 생각하는 시나리오 기획자는 무엇을 '선택'할지 생각할 뿐만 아니라, 검토 중인 옵션 세트를 개선하는 데 평가 과정을 사용할 방법이 있는지를 늘 세심히 살펴볼 것이다. 실천하기 전까지 상황 내 많은 변수들은 추가로 개선할 여지가 있다. 과정주의적 시나리오 기획자는 본능적으로 옵션 폐기가 불가피해질 때까지 옵션을 폐기하기보다는 옵션 세트를 개선하는 쪽으로 움직인다.

그러므로 시나리오 기반 의사결정은 전통적인 '합리주의적' 의사결정과는 철학적으로 다르다. '합리주의적' 의사결정은 어떤 제안을 받아들일 수 있는지 없는지를 판단하는 것이다. 여기서 전제는 세상에는 하나의 최종 정답이 존재하며, 분석 작업의 목적은 최종 정답에 가능한 한 가까이 다가가는 것이다. 시나리오 접근법은 모든 제안은 매력적인 면과 매력적이지 않은 면을 동시에 가지고 있으며, 이를 판별할 절대적 기준은 없다는 가정을 토대로 한다. 그 전제는 미래가 근본적으로 불확실한 것에 있다. 확실한 지점을 넘어서면 그 어떤 추가 분석도 앞으로 일어날 일을 추가로 밝혀내지는 못한다는 것이다. 그래서 다수의 똑같이 실현 가능해 보이는 미래를 고민해야 한다. 그 과정에서 몇몇 미래에서 우리의 제안이 더 효과적이라고 생각할 수 있다. 결국 결정은 늘 타협에서 나오며, 그 결정은 언제라도 개선할 수 있다.

특정 시나리오가 특정 옵션 아이디어를 만들어내는 반면, 각각의 옵션에 대한 평가는 전체 시나리오 세트를 배경으로 한다. 이런 평가가 이뤄질 때 경영진은 다수의 똑같이 실현 가능한 미래 중 앞으로 어떤 미래가 펼쳐질 것인지를 전혀 알지 못한다. 다수의 미래를 배경으로 한 옵션 평가는 전략 옵션의 '풍동 실험'으로 알려져 있다. 풍동 실험이라는 비유는 옵션 가치를 평가하는 테스트 조건으로 시나리오를 사용한다는 아이디어를 잘 전달해준다. 모든 조건(모든 시나리오)을 배경으로 검증하기 전까지는 어떤 디자인도 만족스럽다고 말할 수 없을 것이다⟨그림 25⟩ 참고. 옵션 평가를 모든 발생 가능한 미래를 배경으로 하기 위해서는, 열에는 시나리오가, 행에는 옵션 전략이, 그리고 교차 지점에는 각각의 시나리오에 대한 각 옵션의 점수를 기록하는 행렬을 그려보는 것이 도움이 된다.

전략적 결정과 연관한 일은 대부분 제안과 옵션을 재설계하여 긍정적인 면은 극대화하고 부정적인 면은 최소화하는 것과 관련이 있다. 풍동 실험에서 시나리오는 제안된 디자인의 강점과 약점을 드러

그림 34. 시나리오·옵션 행렬

	타조	절름발이 오리	이카로스	홍학
매각	0	0	0	0
현상 유지		+	+	++
단기 투자	−	+	+++	+++
장기 투자	----	−	+	+++++

나게 하는 테스트 조건이다. 그리고 선택 가능한 사업 전략을 테스트할 모델이다. 목적은 일어날 수 있는 일을 반영한 조건 범위에서 제안을 평가하는 것이다. 즉 승인과 폐기 사이를 결정하는 것이 아니라, 주로 그 제안을 향상하는 방향으로 노력하는 것이다. 그리하여 광범위한 미래 범위 내에서 가능한 한 탄탄한 결과를 획득하는 것이다. 시나리오 기획자가 모든 시나리오를 똑같이 실현 가능하고 테스트 조건으로 동일한 가치가 있다고 보는 것이 중요한 것은 바로 이런 이유 때문이다.

'풍동 실험' 활동의 유용한 수단인 시나리오·옵션 행렬의 예가 〈그림 34〉에 나와 있다. 〈그림 34〉는 남아프리카공화국의 어떤 기업이 인종차별 정책이 마지막으로 실시된 수년간 '몽플뢰르' 시나리오를 배경으로 선택 가능한 몇 가지 전략 옵션을 보여준다. 고려중인 각각의 옵션은 각 시나리오별로 평가된다. 각 칸에는 시나리오별로 옵션이 매력적인 정도를 보여주는 적절한 주석이 달려 있다. 이 표에서는 단어, 색상, 채도, 플러스와 마이너스를 이용한 기호를 사용한 질적 차이만 나타낼 수 있다. 이 행렬을 만든 순간 옵션들이 탄탄한 정도를 간략하게 보여준다. 시나리오·옵션 행렬을 만든 주된 목적은 반드시 전 시나리오에 걸쳐 옵션을 고민하도록 하기 위해서다.

행렬 안에서 옵션들의 상대적 평가의 기준점이 되는 '제로' 옵션을 포함하도록 노력해야 한다. 옵션에는 절대적 가치가 없다. 오로지 다른 옵션과의 비교에서 나온 상대적 가치만 있을 뿐이다. 미래를 향해 가면서 늘 이 옵션들 중 한 가지를 실행할 것이다. 비록 그것이 '현상 유지' 전략일지라도. 여기서 이와 관련한 질문은 다른 옵션을 선택했다면 더 나아졌겠는지다. 옵션 평가는 늘 상대적이다(〈그림 34〉의 예에서는 '매각' 옵션을 기준선 영점으로 선택했다. 그 이유는 그 가치가 시나리오의 발전 국면과 무관하기 때문이다. 결과적으로 평가는 수직적으로뿐만 아니라 수평적으로도 비교 가능하다).

옵션의 이해 당사자 테스트

마지막 테스트는 업무 환경 속 경기장으로 우리를 데려간다. 여기서는 그 안에 포함된 가장 중요한 이해 당사자와 행위자의 입장에서 드러난 전략을 평가한다. 지금부터는 시나리오에 맞춰 옵션을 검토했던 것과 똑같은 방식을 행위자·이해 당사자에 맞춰 실시한다.

그림 35. 옵션 · 이해당사자 행렬

	정부	압력 단체	종업원	금융시장	고객
매각					
현상 유지	++	-	+++		++
단기 투자	++	--	++++	+	+++
장기 투자	+++	---	++++	-	++

〈그림 33〉의 행렬은 전략 이슈를 둘러싼 주요 행위자와 이해 당사자를 분류하고 있다. 전략 옵션을 테스트할 때 우리는 특히 관심과 영향력을 지닌 '주체' 항목에 관심을 가진다. 주체의 가장 확실한 예로는 직접 경쟁자가 있다. 그들은 조직의 비즈니스 아이디어에 직접적으로 관심을 보이며, 그것이 성공적이라고 드러날 경우 유사한 것을 할 생각이 있다. 여기서는 경쟁자의 모방으로 인해 비즈니스 아이디어가 무력해질 가능성에 맞춰 옵션을 평가해야 한다. 앞서 우리는 이와 관련해 반대 입장에서의 질문을 논의한 바 있다. 하지만 우리가 고려해야 하는 이들로 경쟁자만 있는 것은 아니다. 우리는 공급자, 고객, 신규 진입자, 종업원, 정부, 금융 시장 등의 다른 참가자들도 감안해야 한다. 그리고 그들에 대해 좀 더 구체적으로 알아낼 필요가 있다. 그들은 조직이 실행하려 하는 전략을 의도적으로

방해할까, 지지할까? 이때 행렬 접근법이 다시 한 번 도움이 된다. 여기서 행렬은 이해 당사자를 배경으로 옵션을 보여주며, 교차 지점은 고려 중인 이해 당사자의 예상 반응을 가리킨다. 〈그림 35〉가 한 예이다.

거듭 말하지만, 이 작업의 목표는 고려 중인 옵션을 서로 대립관계에 있는 이해 당사자들의 맹공격에 맞설 수 있도록 향상시키는 것이다.

옵션·이해 당사자 행렬은 진행자가 경영팀 내 논의에 대비해 만들어야 하는 것으로, 각 옵션과 연관된 상황 속 (실제 및 잠재적) 핵심 주체를 열거한다. 여기서 핵심 주체들은 그들이 조직에 미치는 잠재적 영향력에 따라 순위를 매긴다. 진행자는 이 중 가장 강력한 이에게 집중한다.

경영팀 내 논의는 옵션·이해 당사자 행렬을 체계적으로 살펴보는 방식으로 구조화될 수 있다. 각각의 옵션·선수 조합마다 선수의 잠재적 반응을 평가하고 적대적 정도나 지지 정도를 나타낸다. 이렇게 하면 추가적인 사고와 발전이 필요한 부분이 어디인지를 개략적으로 알게 된다. 이후 진행자는 탄탄해 보이지 않는 옵션이 더 강해질 수 있을지 여부를 질문한다. 여기서 다시 한 번, 전체 옵션 포트폴리오를 감안하여 옵션의 개선 가능성을 탐색한다면 옵션 목록을 차츰 하나의 종합적인 전략 접근법으로 만드는 데 도움이 될 것이다.

전략 통합

시나리오 기획자는 옵션 개발과 향상을 생각할 때 선택할 수 있는 모든 옵션을 이용하여 종합 전략을 만드는 것을 목표로 한다. 시나리오·옵션 행렬과 옵션·이해 당사자 행렬은 이런 활동을 이끄는 데 일조한다. 이런 행렬을 만드는 주된 이유는 어떤 옵션을 선택할 것인지를 결정하려는 것이 아니라, 옵션 개발에 있어 여전히 추가 작업이 필요한 곳을 찾아내려는 것이다. 예를 들어 〈그림 34〉에서 시나리오 중 한 곳에서 위험해 보이는 옵션이 몇 번의 개선 단계를 거친다면 전체적으로 더 나을 수도 있다. 옵션·이해 당사자 행렬도 이와 비슷하게 생각할 수 있다. 이리하여 시나리오 기획자는 더 이상 큰 추가 개선이 힘들 때까지 옵션 목록을 계속 다듬는다. 모든 시나리오에서 매력적으로 나타나는 옵션도 있을 것이다. 한 시나리오에서 덜 매력적이지만 받아들일 정도의 위험 수준을 보이는 옵션도 있을 것이며, 하나 이상의 시나리오에서 받아들일 수 없을 정도로 위험한 옵션도 있을 것이다.

일단 시나리오 기획자가 선택 가능한 옵션의 부정적인 면을 줄이는 일에 착수하고 나면 결국에는 이 중 많은 옵션이 좀 더 포괄적인 소수의 전략 옵션 혹은 전략 방향으로 결합될 수 있을 것이다. 이 과정은 전략이 더 이상 '목록'을 이루지는 못하지만 조직을 위한 하나의 전체적인 '방향' 개념으로 발전하여 근본적으로 다른 소수의 전략 방향만이 고려 대상으로 남을 때까지 계속되어야 한다.

Part 4

시나리오 기획의 제도화

지금까지 우리는 시나리오 기획을 경영진이 일상적으로 나누는, 대체로 합리적인 일련의 대화 과정이라는 측면에서 살펴보았다. 실제로 많은 시나리오 기획은 이와 크게 다르지 않다. 하지만 9장에서 '목적'이란 주제 아래에서 살펴본 것처럼, 시나리오 기획에는 경영진 내의 합리적인 대화 과정 수준을 넘어 적응적 혹은 생성적 조직학습으로 확장할 수 있는 잠재력이 있다. 이 같은 확장은 조직 전체와 밀접한 관련이 있다. 우리는 4부에서 이런 관련성에 대해 논의할 예정이다. 그리고 시나리오 기반 사고를 지배적·전략적 사고방식으로 채택했을 때만 시나리오 기획이 주는 혜택을 전부 누릴 수 있음을 역설할 것이다. 이 단계에 이르면 시나리오 기반 사고는 하나의 문화적 현상이 되어 조직 행동의 질적 진화를 함께 가져온다.

시나리오 기획 및 시나리오 기반 사고를 도입하는 일은 그저 단 한 번의 결정으로 되는 일이 아닌 장기 프로젝트이다. 그 목적은 단편적 특성을 띠는 프로젝트가 아니라 지속적인 계획과 의사결정 과정 안에 시나리오 사고를 완전히 통합하는 것이다. 시나리오 기반 사고를 도입하길 바라는 경영자나 경영진에게 변화 관리에 관한 문헌은 흥미로운 이야깃거리다.

문화적 과정은 의사소통과 네트워킹의 결과다. 따라서 조직 내 공식, 비공식 의사소통 과정에 관심을 쏟아야 한다. 특히 문화는 비공식 의사소통에 크게 좌우된다. 시나리오 기획 맥락에서 우리는 특히 공식적인 그리고 비공식적인 '전략적 대화'에 관심이 있다. 전략적 대화는 사람들이 사업, 의사결정, 조직 행동 및 행태의 장기적 패턴에 대한 서로의 생각에 영향을 미치기 위한 의사소통 과정의 일부다.

문화 변동은 서서히 일어난다. 시나리오 사고를 도입하는 일은 하룻밤 사이에 '일어날 수 있는' 그런 일이 아니다. 이 일은 이것이 없으면 경쟁 게임에서 점점 더 불리해진다는 사실을 조직 내 사람들이 깨닫기 시작하는 시기에 이르러야 비로소 가능해진다. 이 단계에 이르기까지는 경영진의 고집과 일관성이 필요하다.

변화 관리

시나리오에 따른 조치

'시나리오의 경고에 따른 조치'는 시나리오 기획의 최소한의 원칙이다. 만일 여러분이 시나리오에 따른 조치를 취하지 않는다면, 여러분은 시나리오 기획에 몰두하고 있지 않은 것이다. 하지만 시나리오에 따른 조치는 시작에 불과하다.

1부에서 시나리오 기획의 전체적인 영향력은 시나리오 기획을 조직의 학습 순환에 통합하고 나서야 비로소 이해할 수 있다고 말했다. 조직의 학습 순환은 지각·반영, 이론 정립·이해, 정립된 이론에 따른 외부 세계에서 일어나는 행동을 담고 있다.

2부에서는 시나리오가 '미래 기억' 속에 들어 있는 개념을 풍부히 하여 조직이 연관된다고 인식할 수 있는 범위를 확대함으로써 조직의 통찰에 영향을 미칠 수 있음을 살펴보았다. 우리는 여러 사례를 통해 흩어져 있는 외부 신호들 안에서 일어나는 일에 대해 조직에서 진짜 의미를 인식하여, 이를 토대로 좀 더 능숙하고 신속하게 조치를 취할 수 있음을 알아보았다. 또 조직이 시대의 요구에 맞춰 기존의 방식을 좀 더 능숙하게 수정할 수 있도록 내부 멘탈 모델을 강화하려면 시나리오 접근법을 어떻게 설계해야 하는지도 살펴보았다.

마지막으로 시나리오 기반 사고가 중요한 과정주의적 기능을 한다는 사실을 살펴봤다. 이는 개인의 멘탈 모델을 서로 동조시켜 조직이 자신의 이해를 토대로 행동에 나설 힘을 얻고, 멘탈 모델의 분열과 그로 인한 응집력 부족을 불러오는 마비 상태를 최소화해주는 사실을 통해 확인할 수 있다.

4부에서는 시나리오 기획 중 행동에 초점을 둔 측면을 주로 다룰 예정이다.

애덤 카흐네는 사람들이 시나리오와 행동을 연결하도록 돕는 네 가지 단계를 제시한다. 이 네 단계는 콜브의 학습 순환과도 연결할 수 있다. 이 네 단계는 다음과 같다.

① 시나리오 이야기 속에서 살기
이번 단계에서 바라는 결과는 사람들이 시나리오를 배우고, 이해하고, 기억하여, 스스로 불신을 밀어내고 '미래를 앞서 사는' 시나리오 게임에 동참하는 것이다. 이처럼 이야기에 빠져들어 시나리오 세상에 살고 있다고 상상하는 과정은 콜브의 '구체적 경험'과 사실상 맞먹는 경험을 낳는다.

② 각 시나리오의 영향력 검토

여기서 바라는 결과는 참가자들이 맥락적 환경에서 일어날 가능성이 있는 미래와 그들 및 그들의 조직에게 미치는 결과를 서로 연결하는 것이다. 이 단계는 '관찰과 반영'에 해당한다.

③ 하나의 시나리오 세트에서 나온 결론 그리기

여기서 바라는 결과는 시나리오 상상 여행을 통해 얻은 이해를 참가자의 멘탈 모델로 통합하는 것, 즉 '추상적 개념 및 이론 형성'이다.

④ 다음 단계 계획하기

여기서 바라는 결과는 생각이 행동에 이르는 과정, 즉 '이론이 새로운 상황에 미치는 영향을 테스트하는 과정'에 합의하는 것이다.

사고와 행동의 통합은 이 순환에서 기본이면서 가장 어려운 과정이다. 조직 전체적인 맥락에서 이를 어떻게 이뤄낼 것인가? 통합 없이는 시나리오에 기반을 둔 (생성적 혹은 적응적) 조직 학습도 없다.

3부에서 우리는 전략 개발을 다루었다. 4부에서는 경영진의 전략적 관점과 함께, 조직을 전략적 방향으로 이끄는 방법에 관한 생각의 차이를 좁히는 조직적 과정의 공식·비공식적인 측면을 논의할 예정이다.

조직 내에서 사고 단계를 학습과 적응으로 바꿔놓는 전략적 대화 속에서 계획 사이클의 중요 단계와 그 밖에 가능한 개입에 대해 간략히 알아볼 것이다. 특히 시나리오 기획이 이 모든 부분에 미치는 공헌을 자세히 살펴볼 것이다.

조직 전체적인 과정으로서 시나리오 기획

지금까지 논의에서는 시나리오 기획이 마치 개인적인 활동 혹은 소규모 팀 활동인 것처럼 다루었다. 그러나 행동으로 이어지는 부분은 지극히 조직 전체적인 과정이다. 린드블롬(Lindblom 1959)은 조직의 의사결정이 다중심적 과정이라고 지적했다. 전략에 관한 중요한 결정은 보통 많은 사람들의 참여와 그들의 상호작용을 통해 이뤄진다. 심지어 공식적인 행동 권한이 일개인 혹은 소수의 경영진에게만 주어져 있더라도, 실제 결정 그 자체는 조직 안팎의 많은 사람들에게 영향을 받는다. 이런 참여 활동 중 일부는 제시된 결정을 지지하는 사례를 준비하는 것과 같은 공식적인 활동이다. 하지만 많은 사람들은 조직 내에서 계속 일어나는 전략적 대화에 참여하는 식으로 결과에 영향을 미친다.

학습 순환 이론은 시나리오 기획이 조직의 행동과 피드백에 영향을 미치려면 그것이 조직 전체의 학습으로 이어지는 수밖에 없다고 말한다. 조직의 행동은 무엇을 할지에 대한 임계량만큼의 의견 일치와 합의를 필요로 한다. 시나리오 기획은 이런 아이디어 합의 과정에 기여함으로써 조직의 행동에 영향을 미칠 수 있다. 멘탈 모델에 영향을 미칠 정도로 충분히 중요한 조직의 과정이 되는 경우에 한해, 조직 학습 순환에서 제 역할을 할 수 있다. 그렇게 함으로써 조직이 끊임없이 변하는 환경에서 좀 더 효과적으로 적응하고 혁신할 수 있는 주체가 될 수 있게 도와줄 것이다(Galer & van der Heijden 1992).

많은 경영진들이 처음에는 외부 세계의 발전 국면에 대해 조직화되지 않은 관심 영역을 스스로 개념화하고 명확히 하기 위해 시나리오 기획에 착수한다. 이때 목적은 상황을 이해하는 것이다. 시나리오 기획을 진지하게 수행한 경영진은 시나리오 기획을 통해 시야를 넓히고 새롭고 독창적인 이해를 얻을 수 있다(Schrage 2000과 비교). 이 경우 시나리오 기획자는 시간과 자원을 들여 시나리오 세트를 개발한 경영진의 생각을 알게 될 것이다. 즉 경영진이 거기서 더 나아가 첫째, 전략을 고려하고 싶어 할 것이고, 그것이 성공한다면 둘째, 조직의 발전 과정에 시나리오 세트를 쓰고 싶어 할 것임을 보게 될 것이다.

이는 조직 내에서 그때마다 필요에 따라 이뤄질 수도 있다. 혹은 공식적으로 착수할 수도 있는 일이다. 공식적으로 착수하려면 시나리오 기획을 기업의 계획 사이클의 기초로 만들어 공식적인 전략 개발 과정에 끼워 넣어야 한다. 만일 이 일이 효과적으로 이뤄진다면 시나리오 기획은 공식적인 의사결정 과정에서 전략에 영향을 미칠 것이다. 그러나 시나리오는 조직 내에서 일어나는 전략에 대한 일반적인 대화의 일부가 되어 비공식적인 방법으로도 전략에 영향을 미친다.

그렇게 되면 이전에는 배경으로 남았을 의견이 들리게 될 것이다. 이전에는 주목받지 않았거나 임박한 변화에 약한 신호 역시 놓치지 않고 고려될 것이다. 새로운 생각을 유발하는 새로운 질문이 제기될 것이다. 조직이 변화에 대처할 수 있다는 자신감이 높아질 것이다. 변화와 불확실성은 더 이상 위협적이지 않다. 그것은 맥락적으로 이해 가능한, 그래서 감당할 수 있고 흥미진진한 성장 및 발전 기회로 인식된다. 비관론은 낙관론으로, 마비는 행동으로 바뀐다.

이전의 시나리오 기획은 합리주의적 전략 패러다임을 따르는 개인 집단이 수행하는 지적 활동이었다. 하지만 효과적인 제도화는 이를 전략적 경영의 과정주의적 관점과 긴밀히 연결된 생성적 조직 학습과 적응을 위한 역량으로 옮겨줄 것이다. 이런 맥락에서 시나리오 기획은 조직으로 하여금 각양각색의 미래에 마음을 열도록 만들어 사업 환경에서 좀 더 능숙하게 항해할 수 있도록 해준다고 말할 수 있다.

행동 계획

조직의 행동은 심지어 비공식적일지라도 계획된다. 개념적으로 행동 계획은 다음의 네 단계로 구성된다.

- 현재 상황을 구체화한다.
- 원하는 미래를 구체화한다. 원하는 미래는 우리가 멀리 보면 볼수록 점점 더 불확실해지는 환경의 많은 미래 가운데 한 가지로 이해할 수 있다.
- 메워야 할 둘 사이의 격차를 설명한다.
- 현재를 원하는 미래로 변화시켜줄 세부 계획을 개발한다.

조직이 현재를 벗어나 바람직한 미래로 움직이는 일은 조직이 안고 있는 자원 제약 내에서 이뤄진다. 그러므로 선택은 필수다. 전략은 바로 선택에 관한 것이다.

일단 목표가 정해지면 격차를 메우기 위해 계획을 세울 수 있다.

이를 토대로 조직은 행동에 착수한다. 그러나 아무리 잘 만든 계획이라도 예상치 못한 장애물을 피할 수는 없다. 경영진은 계속 진행을 알려야 하고 예상치 못한 변동이 일어나면 통제해야 한다.

이 때문에 목표는 그것을 기준으로 진행 정도를 측정할 수 있도록 표현해야 한다. 즉 개선 조치의 필요성 여부를 알려주는 지표여야 한다. 무엇을 포함하는가, 그리고 무엇을 배제하는가, 목표는 "무엇을 측정하느냐에 따라 얻는 것이 달라진다"는 오랜 글귀처럼 어디에 행동을 집중할 것인지에 영향을 미칠 것이다. 따라서 목표는 전략 계획이 중요한 모든 영역을 포함하도록 하는 것이 무엇보다 중요하다. 비즈니스 아이디어에 관한 논의는 경영진에게 확실한 재정 목표 외에 어디를 봐야 할지를 알려준다.

'일을 수행하는 것'은 결코 사소한 문제가 아니다. 많은 경영진은 소위 '실행' 문제라 알려진 일들을 겪는다. 이는 조직이 행동하는 과정에서 명시된 전략을 실현하는 방법과 관련한 것이다. 이 문제는 합리주의적 패러다임과 밀접한 관련이 있다. 합리주의적 패러다임에서 사고와 행동은 별개의 연속 활동이다.

반면 과정주의적 관점에서는 사고와 행동을 서로 엮인 활동으로 본다. 따라서 '실행 문제'를 전체 전략 과정의 실패 신호로 생각한다. 경험을 통한 학습은 과정주의적 관점의 기본적인 측면이다. 그래서 계획과 실제 경험의 편차를 인정하고, 평가하며, 처리하는 조직의 능력이 조직의 학습과 적응을 이끈다고 본다.

이 점에서 조직의 기량은 조직 구성원들 사이의 상호작용과 문화를 통해 아이디어를 교환하고 합의하는 정도에 따라 크게 달라진다.

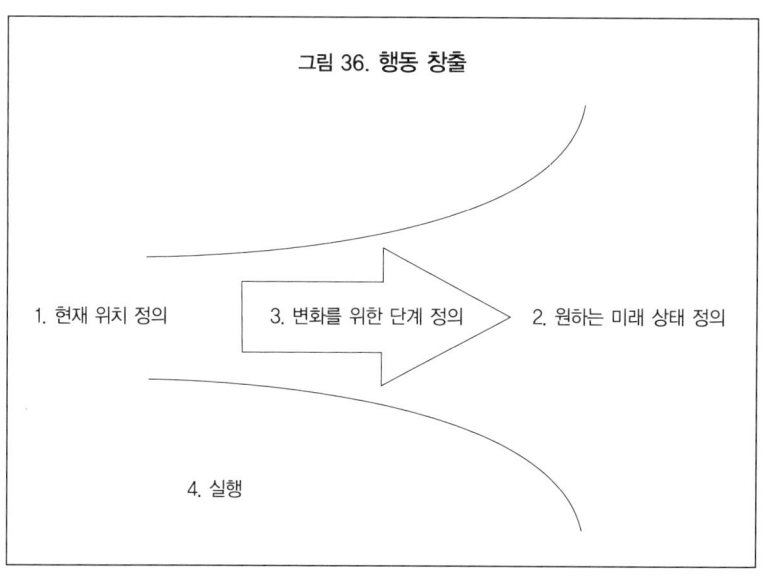

조직이 적응하고 혁신하는 능력은 계획과 실제 경험의 편차를 논의할 수 있는 정도에 따라 달라질 것이다. 이런 편차를 '오류'로 해석하여 정치적으로 '비난' 받는 문화에서는 일상적으로 방어적 성격을 띠게 되고, 의견 교환을 막는 벽이 세워질 것이다. 이렇게 되면 경험이 기업의 행동에 반영되기까지 더 오랜 시간이 걸린다. 계획과의 편차를 삶의 방식으로 보는 열린 문화에서는 약한 신호를 조기에 인지하여 좀 더 빨리 반영할 수 있을 것이다.

과정주의적 패러다임에서는 생각과 행동을 따로 분리하는 '전략 실행'보다 이 둘을 포함하는 '변화 관리' 면에서 생각하기를 선호한다. 시나리오가 조직의 행동에 어떤 영향을 미칠 수 있는지, 그리하여 어떻게 조직 학습 순환의 일부가 되는지를 이해하려면 '변화 관리' 문헌을 살펴보는 게 도움이 될 수 있다.

성공적인 변화 관리를 위한 조건

공식적인 기획 과정, 그 자체로는 변화를 만들어낼 수 없다. 그 이상의 뭔가가 필요하다. 그러나 공식적인 기획 과정이 아무리 정교하다 할지라도 대부분의 의사결정은 전략적 대화가 일어나는 비공식적인 만남을 통해 이뤄진다. 경험 많은 시나리오 기획자는 이 점을 감안하여, 이런 경로를 통해 행동에 영향을 미치려 할 것이다. 이를 달성할 방법을 알아내기 위해서는 먼저 조직 내에서 변화를 이끄는 과정을 살펴볼 필요가 있다.

이에 관한 한 가지 관점은 페티그루(Pettigrew)의 연구를 기초로 한다. 페티그루는 계획한 변화와 적응이 일어나는 데는 다섯 가지 조건이 필요하다고 한다(Pettigrew & Whipp 1991).

- 반드시 변화가 필요한 사업에 대한 조직 내 관심
- 운영적인 면과 행동 가능성 면에서 전략 표현
- 사람이 변화를 만들어내는 자산이라는 점을 인식
- '변화 프로젝트'를 계속 안건으로 유지하는 리더십 발휘
- 전 경영진이 결집된 의도와 행동 발휘

이 모델은 시나리오 기획이 변화를 위한 주요 요인이 될 수 있

음을 보여준다. 시나리오 기획은 위의 모든 요인들을 운용하는 데 도움을 준다. 예를 들어 시나리오 기획은 다음과 같은 일을 할 수 있다.

- 외적인 변화의 필요성에 대한 폭넓은 관심을 불러일으킬 수 있다.
- 공식적인 운영 계획을 이끌어낼 수 있다.
- 조직 내 실행 권한을 가진 사람들에게 협조를 요청할 수 있다.
- 경영진 내에서 의견 일치를 이끌어내 결집된 경영 행동을 만든다.

게다가 시나리오 기획은 조직 내 전략적 이슈를 둘러싼 정치적 긴장을 완화하여 리더십의 수준을 끌어올릴 수 있다. 우리는 앞으로 여러 방면에서 페티그루의 성공적인 변화 관리를 위한 기준을 다시 논의할 것이다. 그리고 이와 관련해 시나리오 기획이 공헌한 바를 살펴볼 것이다.

경영진의 역할

사람들은 정말 학습과 변화를 원할까? 현대에는 배울 기회가 더 많지만 동시에 다음과 같은 이유로 배움에 어려움도 더 많다.

- 조직 내 변화는 현 상황의 타당성, 결과에 대한 우려, 변화를 시도하는 데 필요한 만큼의 심리적 안정에 대한 불만을 필요로 한다.
- 학습자는 또래 집단의 인정을 신뢰한다. 새로운 행동 방식 혹은 새로운 평가 방식을 배우는 것은 다른 이들에게나 학습자에게도 위

협이 될 수도 있고, 보상이 될 수도 있다.
- 조직에 대한 위협을 알아차리는 것은 자신이 취약하다는 불쾌한 기분을 동반한다. 습득한 성공 습관은 이제 자아의식을 보호하기에 불충분한 것처럼 느껴진다.
- 더 많은 정보가 새로운 답으로 이끌고 좀 더 결단력 있는 의사결정을 해줄 것이라 예상한다. 아이러니하게도 대개는 정확히 정반대의 일이 일어난다. 인간의 조건에 대한 더 많은 정보는 보통 더 많은 불확실성으로 이어진다.

그렇다면 학습 행동을 발전시키기 위해 경영진이 할 수 있는 일에는 어떤 것이 있는가? 이에 관해 돈 마이클(Don Michael 1998)은 이런 제안을 한다.

- 의사소통 경로를 열어라. 덴버 대학의 스티븐 어브슐로이(Stephen Erbschloe)가 지난 3년간 진행한 연구 결과에 따르면, 인터넷 사업을 시작한 46개 회사들의 변화가 느려진 1~2번 원인이 부실한 의사소통과 정치적 내분이다. 어브슐로이는 성공한 회사는 내부의 전략 충돌을 재빨리 해결할 수 있었다고 말한다(Stepanec 1999).
- 성공적인 학습 행동에 대한 이야기를 하라.
- 불확실성과 오류를 학습·통제 시스템의 일부로 받아들여라.
- 위기를 학습 기회로 활용하라.
- 조직 내 학습자가 느끼는 취약함을 줄여라.
- 주관하지 말고, 촉진하라.

- 학습을 보상하라.

이 세계에 적절한 학습이란, 유용한 질문이 무엇인지를 배우는 것이며, 계속 변하는 질문에 맞춰 학습하는 방법을 배우는 것이다. 여기에는 정착할 곳도, 질문을 멈출 시간도 없다.

# 15

계획 과정

계획 사이클

대부분의 조직은 계획 수립 방식과 예산 수립 방식을 일종의 학습 순환의 형태로 제도화한다. 먼저 예산 시스템을 생각해보자. 예산 시스템은 1년 앞을 미리 내다보고, 이를 기준으로 그해의 결과가 나오면 실제 성과를 비교한다. 경영진은 예산과 실제 성과 사이에 차이가 나는 까닭을 논의하며 사건들을 이해하려 애쓴다. 이 작업은 학습 순환을 반영하고 이론을 정립하는 단계와 비교할 수 있다. 예산과의 차이에 대한 설명을 토대로 조직은 다시 내년을 새롭게 예측하고 예산을 수정한다. 이는 학습 순환의 '새로운 조치 계획' 단계와 비교할 수 있다. 이는 조직의 새로운 행동으로 이어진다. 계획에서 벗어난 결과는 조직 학습의 토대가 되는 새로운 경험을 구성한다.

공식적인 계획 활동은 흔히 재무 지향적이다. 돈은 조직의 성과를 측정할 때 흔히 사용하는 주요 척도이다. 그러나 계획 사이클에서는 좀 더 근본적인 시각으로 이뤄지는 일을 살펴볼 필요가 있다. 대부분의 경영진은 전략에 근거해 예산과 계획을 세워야 한다고 생각한다. 조직이 착수할 일은 언제나 조직의 수행 능력을 넘어서기에, 선택이 필요하기 때문이다. 선택할 수 있는 대안에 관한 논의는 보통 비공식적인 성향을 띠며, 많은 선택을 직관적으로 한다. 조직 내 다른 이들에게 제대로 설명하지 않는다는 뜻이다. 이는 드러나지는 않지만 유의미한 경영진 안팎의 관점 차이로 이어진다. 이런 차이를 해결하지 못하면 팀은 분열되고, 조직에 엇갈리는 신호를 보낸다.

앞 장에서 보았다시피, 상부에서 엇갈리는 신호를 보내는 것은 계획된 변화를 방해하는 다섯 가지 조건 중 하나에 해당한다. 그러므로 대부분의 팀은 충분한 시간을 들여 미래를 함께 생각해야 한다. 3부에서 우리는 미래에 관한 논의의 질을 높이는 방법을 논의했다. 그 다음 단계는 이런 생각을 나머지 조직으로 확산하는 것이다. 특히 심각한 변화가 절실하다는 결론을 내렸을 때 이 단계는 경영 과정에서 아주 중요한 부분이 된다.

학습 사이클의 관점에서 조직의 성공을 바라보면, 조직 행태의 기저를 이루는 인지 과정과 행동의 연결이 무엇보다 중요하다. 지금까지 우리는 경영진의 사고를 돕는 과정을 논의했다. 이를 어떻게 행동과 연결할 것인가?

위생 요인

경영자는 조직에서 '실행 권한'을 가진 사람들이다. 행동을 유발하는 계기는 전략 목표 혹은 '모범 사례'에서 받아들인 원칙을 적용할 필요에서 생긴다. 후자는 때때로 위생 요인이라 불린다. 일반적으로 조직적이며 사업적인 일을 제대로 수행하는 데 반드시 필요하다고 보는 활동이다. 예를 들어 조직은 좋은 회계 시스템을 필요로 한다. 영리 조직은 적절한 마케팅 기술이 있어야 한다. 경영은 지출을 통제하고 비용을 억제하는 시스템이 필요하다. 내부 의사소통 시스템이 있어야 한다. 이것은 조직이 살아남으려면 갖춰야 할 모범 경영 사례의 원칙들이다.

위생 요인은 다음의 두 가지 범주로 고려해야 한다.

- 건전하고 효율적인 사업 과정 보장
- 모든 이해 당사자들과 건전하고 효율적인 관계 유지

이해 당사자는 어떤 기대를 갖고 있다. 도전 과제는 이런 기대를 식별할 뿐만 아니라 이 중 어떤 부분을 충족해줄 수 있을지 균형을 찾는 것이다. 건전하고 효율적인 사업 과정은 회사가 능률적인 기업이 되게 해줄 것이다.

경영의 위생 요인에 관한 지식은 교과서에도 실려 있고 각종 경영 수업에서도 가르치므로 모든 경영자들이 손쉽게 이용할 수 있다. 그러니 여기서는 더 이상 언급하지 않겠다. 전문 경영인이라면 이런 위생 요인을 알고 있는 것이 당연하고, 위생 요인을 수행하지 못하면 이는 결격 사유에 해당한다. 위생 요인은 게임에 합류하기 위한 최소한의 조건이다. 필수 위생 요인이 부족함을 깨달은 조직은 즉시 결핍된 부분을 찾아내어 되도록 빨리 상황을 복구하기 위한 프로젝트에 착수해야 한다.

이 책은 무엇보다도 전략에 관한 책이다. 전략 경영은 원칙적으로 필수 위생 요인이 제자리에 있음을 전제한다. 만일 그렇지 않다면 경영진은 이 최소한의 조건을 확립하는 데 집중하는 것이 우선이다. 애초에 출발선에 가지도 못했는데 어떻게 경기에서 이길 수 있겠는가.

사업 계획 수립의 5단계

조직의 사업 계획을 전략 계획 수립, 기본 계획 수립, 프로젝트 계획 수립, 예산 계획 수립, 평가 및 통제의 다섯 단계로 구분할 수 있다(《그림 37》 참고).

그림에서 제일 위에 나오는 전략 계획 수립은 3부에서 논의했던 활동을 전부 통합한 것이다. 여기에는 미래 탐색과 이를 조직의 비즈니스 아이디어 형태로 정의하고 발전시키는 과정을 포함한다. 이는 두 단계로 나뉘는 데, 첫 번째 단계에서는 비즈니스 아이디어를 만들어낸다. 이후 두 번째 단계에서는 발생할 수 있는 다수의 미래를 배경으로 만든 비즈니스 아이디어를 테스트한다. 앞서 살펴보았다시피, 전략 계획 수립은 개별 사업체 및 전사 수준에서 이뤄질 수 있

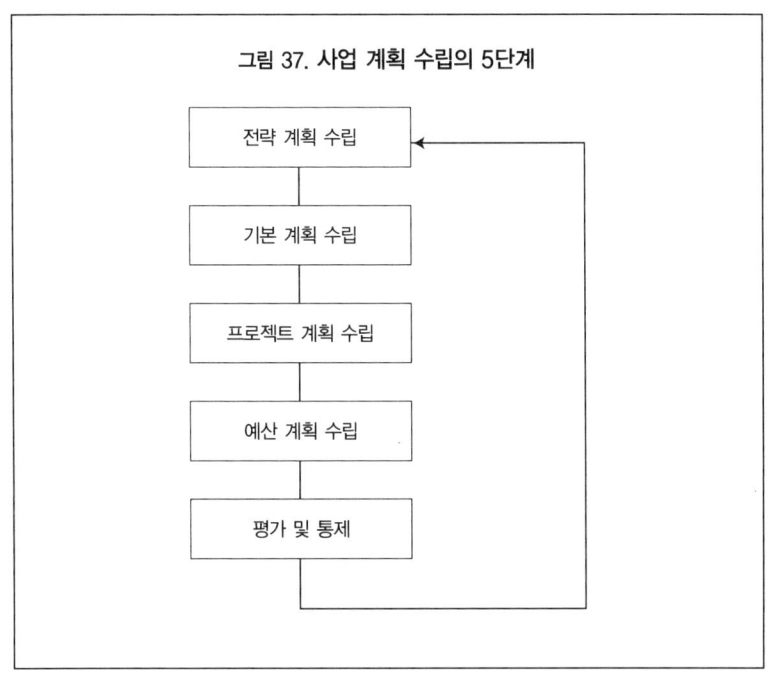

그림 37. 사업 계획 수립의 5단계

다. 전략 계획 수립의 두 단계는 서로에게 영향을 미친다. 기업의 비즈니스 아이디어는 전사가 사업체에 이바지하는 역량을 묘사한다.

한편, 기업의 역량은 독립적으로 존재하는 것이 아니라 상당 부분 사업체에 뿌리를 내리고 있다. 따라서 전략 계획 수립을 처음 시작할 때 바람직한 순서는 전사 수준에서 씨름하기에 앞서 사업체의 비즈니스 아이디어를 개발하는 것이 우선이다. 사업체를 서로 붙여놓아 차별적 역량들의 공통점을 알아낼 수 있다면 전사적 비즈니스 아이디어를 형성하는 데 필요한 강력한 정보를 얻는 것이다.

전략 계획 수립 단계의 유용한 산출물은 전략 목표 세트이다. 이는 조직이 시간이 지남에 따라 성취하길 바라는 상태를 나타내는 주요 요소를 정의한 것이다. 전략 목표는 경영진에서 포트폴리오와 역량 옵션을 고려한 결과와 그에 따라 어떤 방향을 취해야 할지를 대략적으로 알려주는 지표이다. 그러므로 개별 전략 목표에 대한 설명은 지나치게 복잡해서는 안 된다. 그리고 조직의 성공 공식을 제한된 수의 차별적 역량으로 묘사한, 미래 비즈니스 아이디어를 반영해야 한다.

조직의 행동은 작은 점진적 조치에서 대형 프로젝트에 이르기까지 다양한 형태를 취할 수 있다. 어떤 운영 계획이든 행동으로 이어지려면 실행 프로젝트가 필요하다. 실행 프로젝트는 개인이 수행할 수도 있고, 대규모의 집단이 더 큰 전략 실행 프로젝트의 일환으로 수행할 수도 있다. 이때 프로젝트 매니저는 이들의 행동을 조직하기 위해, 전략을 행동으로 전환하려는 목적에서 만든 프로젝트 계획을 수립한다. 프로젝트 계획 수립은 개인이 해야 할 일을 즉각적으로 알려주는 용어로, 단계별 세부 운영 계획을 짜는 것이다.

완전히 독립적으로 계획할 수 있는 프로젝트는 극히 소수에 불과하다. 조직은 하나 이상의 프로젝트를 지원할 수 있는 하나의 '인프라'를 운영한다. 대부분의 프로젝트는 인프라적 속성을 포함하고 있다. 인프라를 조직 전체적으로 통일성 있게 운영하려면 해당 프로젝트가 다른 프로젝트의 관련 행동과 함께 어우러지도록 해야 한다. 이런 이유로 조직, 특히 대규모 조직은 '기본 계획'을 수립해야 한다. 기본 계획을 통해 모든 프로젝트 계획이 전체적으로 통일성을 띨 수 있도록 하는 것이다.

예를 들어 전반적인 채용·연수 계획을 수립하기 위해서는 전 조직에서 인력 수요를 종합해야 한다. 기본 계획은 결합된 프로젝트 계획의 전체 비용·편익 성과를 다루는 종합 계획으로 이어진다. 특히 기본 계획은 조직 전체에 걸친 전사적 자원 배분을 다룬다.

일부 기본 계획은 그 자체가 중요한 프로젝트로 발전하기도 한다. 그 밖에 기본 계획은 비공식적으로 발전할지도 모른다. 여러 프로젝트 챔피언이 몇 번씩 만나 대화를 나누는 것이 그 예다. 기본 계획은 프로젝트 계획과 함께 수립하며, 오로지 기본 계획의 최종 사용자인 프로젝트 계획자들과의 직접적인 협력을 통해서만 이뤄질 수 있다.

다양한 계획을 수립하고 나면 다음 할 일은 계획을 세부 예산으로 나타내는 것이다. 세부 예산에는 수입과 지출 목표가 들어 있다. 이는 수행 중인 프로젝트와 기본 계획을 고려하여 추정한 성과를 토대로 정한다. 이 목표는 이후 실제 성과를 측정하고 평가하는 기준이다.

요약하자면, 사업 계획 수립의 계획 사이클은 전략 개발(3부에서 논의), 기본 계획 수립(전략을 다방면으로 기능하는 계획으로 전환), 프로젝트 계획 수립(전략을 사업 프로젝트와 행동 단계로 전환), 예산 계획 수립(전반적인 정량화와 목표 설정), 평가(계획에서 의도했던 바를 기준으로 실제 성과 검토)로 구성된다.

전략 계획 수립

3부에서는 경영팀이 조직에 필요한 전략을 개발하기 위해 거치는 지적 과정을 살펴보았다. 지적 과정에서는 비즈니스 아이디어와 미래 사업 환경 시나리오 간의 적합성을 고민한다. 전략 계획 수립 단계에서는 비즈니스 아이디어를 분석, 배치하고 시나리오 활동과 관련한 환경을 분석한다.

앞서 보았다시피, 경영진은 두 가지 방법인 적응적 전략 설계와 생성적 전략 설계를 선택할 수 있다. 적응적 시나리오 기획은 예상할 수 있는 미래 환경에서 가장 유리하게 대응하는 유효한 전략 옵션 선택을 목표로 한다. 하지만 이 과정에 제한이 있었다. 조직의 가능성·옵션은 조직과 조직 구성원이 이를 해석하는 데 사용하는 기존 멘탈 모델과 언어로 인해 제한된다. 미래 기억이 관심 범위를 어떻게 만들어내는지를 상기하라. 예견할 수 없는 것은 실제 그 일이 일어난 대도 보지 못한다. 조직 내에서 선택한 틀(의미 정의)과 비유(새로운 이미지를 유발할 수 있다)는 조직이 주위 환경에서 무엇을 추출하고 흡수할 수 있는지를 결정한다. 때때로 조직이 옛 공식에서 벗어나야 할 때가 생긴다. 생성적 전략 수립이 중요한 시기는 바로 이때다.

보통의 경영진이라면 생성적 전략 수립을 단독으로 고민하기보다 전체 조직의 지식을 동원하고자 할 것이다. 조직 전체를 꿰뚫는 새로운 틀과 비유를 개발해야 하기 때문이다. 경영진은 그들이 전략적으로 생각하고 내린 결론을 나머지 조직 구성원들과 함께 공유함으로써 생성적 전략 수립 과정에 시동을 걸어야 한다. 그리고 주요 전략적 위협이 비즈니스 아이디어를 활용하는 데 있는지 비즈니스 아이디어를 개발하는 데 있는지를 밝혀야 한다. 그리고 비즈니스 아이디어와 사업 환경 전망 사이에 전반적인 일관성을 유지하려면 어느 방향으로 발전해야 하는지를 보여주어야 한다. 이를 요약하는 한 가지 유용한 방법은 전략 목표를 체계적으로 정리하여 경영진 전원과 공유하는 것이다. 이때 무엇보다 공유가 중요하다. 페티그루의 연구 결과에서 보았던 것처럼, 변화 프로그램이 수포로 돌아가는 주된 원인 중 하나는 상부에서 보내는 엇갈린 신호에 따른 결집력 부족이다.

스캐닝

생성적 시나리오 기획의 목표는 인접 영역을 가시화하는, 사업에 대한 새롭고 독창적이면서 구체적인 이해를 개발하는 것이다. 시나리오는 구체적인 결정을 내리는 데 도움이 될 뿐만 아니라, 의사결정자가 기존의 평상시 환경을 넘어선 새로운 변화의 조짐을 감지할 수 있도록 용기를 북돋는다. 따라서 시나리오는 변화의 조짐을 찾아 환경을 살피는 데 일조한다.

중요한 것은, 이정표를 식별하고 모니터링 하는 일은 단독 활동이 아닌 더 큰 전략적 대화 과정의 일부라는 점이다. 그렇기는 하지만 공식적인 스캐닝 시스템은 오래 지속되지 못한다. 우리가 아는 많은 시스템은 도입하고 일정 시간이 지나면 다시 버려진다. 도입한 활동이 일상화되면서 효과를 잃어버리기 때문이다. 인접 영역에서 살아가는 것은 힘든 일이다. 그래서 더더욱 '평상시'의 안락함이 주는 매력을 거부하기 힘든 것이다.

전략 목표

모든 변화 프로그램은 이를 실행하는 인적자원에 좌우된다. 조직은 모두가 참여할 수 있는, 비교적 안정적인 일련의 행동 계획이 필요하다. 이런 계획들은 전략 목표와 운영의 세부 사항을 연결한다. 전사 경영진은 전 영역에 걸쳐 일관성을 유지해야 하는 어마어마한 과제에 직면한다. 공유하고 합의한 전사적 목표를 명확히 설명하는 일은 이 과정에서 가장 먼저 해야 할 중요한 단계이다.

완전한 전사적 목표 세트는 다음의 요소를 포함한다.

- 비즈니스 아이디어 순환을 성장 나선형으로 유지하기 위한 수익성 수준(경쟁에서 이기면 어떤 수익성 수준이 나타날 것인가? 비즈니스 아이디어가 우리에게 열어줄 잠재 성장 기회를 활용하려면 어느 정도의 수익성 수준이 요구되는가?)
- 위생 요인에 필요한 대규모 보수 작업. 이는 견실하고 효율적인 사업 과정(가장 중요한 사업 과정은 무엇인가? 전문적인 회사로서 성과가 기대에 못 미치는 부분은 어디인가? 상황을 개선하려면 어떤 일을 해야 하는가?)과 모든 중요 이해 당사자들의 견실하고 효율적인 관계(누가 핵심 이해 당사자이며, 그들과 최적의 관계를 유지하려면 그들과의 접점에서 어떤 행동을 해야 하는가?)를 보장한다.
- 비즈니스 아이디어 조정 및 개발(미래 성공을 위해 의지하고자 하는 차별적 역량은 무엇인가? 그런 차별적 역량이 제자리에 있는지를 어떻게 알 것인가?)
- 사업 포트폴리오 조정 및 개발(비즈니스 아이디어를 활용하기 위해 어떤 포트폴리오 옵션을, 어떤 방식으로, 어떤 속도로 개발하고자 하는가?)

종합적인 전사적 목표 세트는 이 네 가지 범주를 모두 고려해야 한다. 한 회사는 얼마나 많은 목표를 추구할 수 있는가? 목표가 행동과 결과로 이어지려면 전체 목표 세트는 조직 내에서 영감의 원천이 되어야 한다. 그러기 위해서는 전체 목표 세트를 조직의 미래 활동상으로 볼 수 있어야 한다. 이때 목표의 숫자가 일곱 개에서 열 개를 넘으면 전체상이 사라진다는 사실을 기억하라. 조직이 그 이상의 '전사적 목표'를 갖게 되면 전체 목표 세트는 경영 수단으로써의 잠재력을 잃는다. 또 경영진은 그들이 관심을 확대하는 데 한계가 있음을 알아야 한다. 목표가 될 가능성이 있는 것들은 매우 많다. 그러나 그중 달성할 수 있는 것은 아주 제한된 수에 불과하다. 따라서 핵심은 우선순위를 매기는 것이다.

위의 네 가지 범주는 구체적인 전사적 목표를 만들어내기 위한 토대로 쓰일 수 있다. 경영진은 네 개의 범주 각각에 대해 어떤 방식으로 성과를 측정할 것이며, 어느 정도를 만족할 만한 상태로 인식할 것인지를 고민해야 한다. 이때 필요한 질문으로는 다음과 같은 것이 있다. "만일 10년 내에 조직이 대성공을 거둔다면 이를 어떻게 알 것인가? 성공을 가리키는 몇 가지 필요 충분 지표에는 어떤 것이 있는가?" 원칙적으로 이 일은 다음의 단계를 따라 일어난다.

1단계: 목표 식별

경영진은 우선 네 가지 영역 각각에서 무엇이 필요한지 생각하고, 절대적 목표를 발견하기 위해 노력한다. 무엇이 필요한지를 생각하는 한 가지 유용한 방법은 그런 목표의 부재 상황을 받아들이지 못하는 이유를 생각하는 것이다. 그 목표를 이루지 못한다면 어떤 일이 일어날 것인가? 그것이 조직의 전체적인 활동을 어떻게 해칠 것인가?

2단계: 목표 정량화

그 다음은 목표에 다다랐는지 여부를 경영진이 어떻게 알 것인지다. 이 질문에 답하기 위해서는 목표를 측정할 수 있는 형태로 표현해야 한다. 정성적 목표는 한 가지 이상의 정량적 목표로 표현할 수 있다.

정량적 목표는 다음의 두 가지 형태를 띤다.

- 시간과 관계없이 달성하려는 정적인 목표. 예를 들어 경영진은 최소 25퍼센트 시장점유율 유지를 목표로 삼을 수 있다.
- 특정 시점에 달성하려는 동적인 목표. 예를 들어 경영진은 1년 안에 물류 비용의 경쟁력을 높여야 한다고 명시할 수 있다. 시간에 종속되는 목표는 진행상의 이정표로 볼 수 있다.

대부분의 전략 목표는 정량화가 어렵다. 그리고 보통 정량화할 수 없는 목표가 가장 중요하다. 차별적 역량은 특히 수치화가 힘들다. 이는 차별적 역량이 보통 문화와 관련이 있기 때문이다. 예를 들어 비즈니스 아이디어가 고객 관계 관리 영역을 독특한 역량으로 개발할 기회로 간주한다고 하자('사람을 먼저 생각한다'는 영국 항공의 유명한 정책 프로그램이 그 한 예이다). 이런 경우에 목표는 결과보다 투입으로 표현해야 한다. 예를 들면 훈련된 종업원의 수 등이다. 그렇지만 경영자는 목표를 현실보다 희망에 더 많이 기대어 잘못 표현하지 않도록, 되도록 목표의 기본 경쟁 의도에 가깝게 표현해야 한다. 잘못 측정하는 것은 헛된 자기만족을 가져올 수 있다. 이는 아예 정책이 없는 것보다 더 해로울 수 있다.

바른 척도를 발견했는지를 알아보는 마지막 테스트는 그런 식의 성과 측정이 목표 달성 여부와 달성 정도를 경영진에게 보여주는지 여부이다.

3단계: 적절성 고려

목표의 정량화 다음으로 경영진이 할 일은 정량화된 목표가 적절한지 여부를 살펴보는 것이다. 이때 다음과 같은 질문이 도움이 될 수 있다.

- 목표가 현실적이고, 사용 가능한 방법으로 달성할 수 있는가?
- 목표가 확장 가능한가?

이 두 가지는 매우 중요한 기준이다. 비현실적인 목표는 조직 내에서 묵살되어 무력해질 것이다. 한편 목표가 지속적인 경쟁력 향상으로 이어지려면 목표를 계속 확장해야 한다. 따라서 이 두 기준 사이에서 바른 균형점을 찾기 위해 세심한 주의를 기울여야 한다. 한쪽으로 치우치면 조직의 수단으로써 목표의 효율성은 떨어진다.

4단계: 책임 할당

끝으로 경영진 구성원들은 전사적 목표를 하나씩 맡아 책임져야 한다. 여기서 책임이란 다음과 같은 일을 포함한다.

- 현재 상태와 목표하는 상태 사이를 잇기 위한 하나의 혹은 다수의 프로그램을 반드시 실시하도록 한다.
- 조직 전체가 목표를 완전히 받아들일 때까지 아래로 전달되고, 논의되고, 수정되도록 한다.
- 개인 혹은 팀이 배정된 행동 프로젝트로 목표를 옮기도록 한다.
- 자원을 적시 적소에 사용할 수 있도록 한다.
- 목표 대비 진전을 측정하고 만족스럽지 않으면 행동을 조정한다.
- 목표 달성이 여의치 않을 것 같으면 경영진에게 알린다.

경영진 내 목표 개발

물론 위의 네 단계는 개별 경영자가 수행할 수도 있다. 그렇지만 거기서 나온 결과인 목표 세트는 팀 내에서 논의하고, 동의하며, 받아들이는 과정을 거쳐야 할 것이다. 또 경영진은 목표 세트를 마무리 짓기 전에 평가 활동의 결과를 고려해야 할 것이다.

목표 개발은 그것으로 끝이 아니다. 실행할 수 있는 행동 계획을 개발하고 자원을 배분하면서 다시 반복해야 한다. 초기 목표는 비현실적일 수 있다. 또는 경영진이 원하는 모든 일을 하는 데 필요한 자원이 충분치 않은 경우가 많다.

좀 더 엄밀히 말해, 목표는 기본 계획 초안과 함께 만드는 것이 바람직하다. 그러면 회사 내 행동 계획과 실질적으로 연관된 견실한 목표 세트를 만들어낼 수 있다.

기본 계획 수립

기본 계획 수립은 조직의 경제적인 목표와 밀접한 관련이 있으며, 규모의 경제와 범위의 경제를 활용하기 위해 활동을 한데 묶으려 한다. 기본 계획 수립은 회사의 경제적 목표를 고민하고, 이를 계획하며, 궁극적으로 이를 최대한 활용하는 과정이다.

비즈니스 아이디어는 조직 전체를 관통한다. 따라서 변화를 위한 발상 중 다수는 조직 내 다양한 기능 및 부문과 관계된다. 일부 아이디어는 자원 제약에 걸려 조직 전체의 인프라 수준에 영향을 미칠 것이다. 앞서 보았듯이, 보통 제약은 다음과 같은 인프라 자원과 관련이 있다.

- 재정 자산
- 유형자산
- 인적자원
- 경영진의 관심

조직은 어떤 자원 제약이 추가 개발을 제한하는지를 밝혀야 한다. 그리고 잠재적 확장 범위를 고려할 때, 이런 제한 자원을 감안해야 한다. 하지만 희소 자원을 확대하려면 종종 같은 자원의 투자가 필요하다. 예를 들어 인적자원을 늘리려면 채용과 교육이 필요한데, 채용과 교육을 하려면 다른 사업 부문의 인적자원 가용성이 일시적으로 떨어진다. 따라서 자원의 한계로 말미암아 우선순위 선택이 불가피하다. 개발은 조심스럽게 계획해야 한다. 그리고 확장 범위의 한계는 조직 전체에 영향을 미친다. 따라서 이상은 모두 기본 계획을 통해 조직 전체적으로 조정해야 한다. 기본 계획은 프로젝트에 필요한 희소한 전사적 자원을 다룬다. 기능 간 조화는 다음의 두 가지 과제를 안고 있다.

- 개별 프로젝트 전체에 희소 자원 배분
- 비용과 편익 사이에서 균형을 이루는 자원 확대 계획 수립

양측 모두 개별 프로젝트 기획자의 참여가 필요하다. 개별 프로젝트 기획자는 분배 과정에서 자기 프로젝트를 옹호할 수 있어야 하고 비용·편익 문제에서 편익 쪽을 입증해야 한다.

일반적으로 기본 계획은 미래가 만들어지는 모습과 희소한 중심 자원이 배치되는 형태를 설명하고, 의도적인 행동을 통해 이런 미래 상태에 도달하기 위한 계획이다. 기본 계획은 시간에 따라 개발하고자 하는 물리적 상태를, 전 조직(혹은 그 이상)에 영향을 미치는 활동에 필요한 자산, 사람, 자원 면에서 묘사한다. 그 대표적인 예로, 컴퓨터·정보 시스템 기본 계획, 생산·공장 기본 계획, 인적자원 기본 계획(채용, 경력 개발, 승계 계획 등), 경영 개발 기본 계획 등이 있다. 재정상 필요는 오로지 총계 수준에서만 다룰 수 있다. 이 역시 기본 계획을 필요로 한다. 사무실과 건물은 부서 전체를 고려해 계획해야 한다. 공장 배치는 하나 이상의 프로젝트에 좌우될 것이다. 공급자와의 관계에는 전체 구매와 재고 관리를 포함한 물류, 영업 자본 등을

고려할 것이다. '유연한' 기본 계획은 조직 전체에 바람직한 문화적 특성 개발과 같이 비즈니스 아이디어와 긴밀하게 연관된 무형자산을 다룬다.

　이런 책임 중 일부는 자연히 특정 부서의 임무와 결부된다. 그런 이유로 이들 부서는 적절한 기본 계획을 개발하기 위해 활동할 논리적인 후보가 된다. 일부 기본 계획은 부서가 책임질 대상이 아닐 수 있다. 이런 기본 계획은 경영진의 특별한 관심을 필요로 한다. 물리적 설비를 담당하는 부서는 보통 기본 계획 개념에 이미 익숙할 것이다. 예를 들어 공장 배치는 단계적 방법이 아닌, 미래를 통합적 상태로 바라보는 상의하달식으로만 가능하다. 앞으로 일어날 확장과 공간을 생각해야 할 것이고, 이를 위한 생산능력을 따로 남겨두어야 할 것이다. 대부분의 공장장은 충분한 상의하달식 설비 계획 수립이 없으면 작업 흐름이 점차 통제하기 힘들어지고 작업 효율이 떨어진다는 것을 경험적으로 알고 있다. 물류, 전산 및 통신, 설비 관리 등도 마찬가지다.

　경영진은 앞서 설명한 비즈니스 아이디어·시나리오 접근법을 사용하면서 변화를 삶의 기술과 문화, 브랜드명, 정보 흐름 등과 같은 조직의 무형자산으로 표현하는 데 좀 더 능숙해졌을 것이다. 이렇게 보이지 않는 자산 중 다수는 조직 전체에 걸쳐, 사람과 행동을 수반하는 인프라적 속성을 띤다. 보통 이렇게 인프라적 속성을 띠는 것들은 계획하는 데 오랜 시간이 걸린다. 만일 이것이 미래 비즈니스 아이디어의 기본 동인이라면, 이것은 좀 더 유형적이고 물리적인 조직의 징후만큼이나 자체적인 기본 계획을 필요로 할 것이다.

따라서 기본 계획은 다음과 같이 특징지을 수 있다.

- 기본 계획은 공유하는 특정 희소 자원의 미래를 묘사하고, 그 자원을 개발하기 위한 행동 계획을 보여주는 청사진이다.
- 기본 계획은 유·무형자산을 모두 포함할 수 있다.
- 기본 계획은 고려 중인 자원의 수명을 감안해 미래를 좀 더 장기적으로 바라보는 경향이 있다.

좋은 기본 계획 수립은 다음과 같은 특성을 나타낸다.

- 핵심 결정 포인트와 미래 특정 시기에 도달할 핵심 '이정표'를 식별한다.
- 조직 내 수직적, 수평적 의사소통을 가능케 한다.
- 상의하달식 장치이다.
- 장단기의 양립성을 보장한다.
- 기능별, 부서별 계획 간의 일관성을 보장한다.
- 예산과 현금 흐름 계획 수립에 필요한 자료를 제공한다.

기본 계획은 조직의 변화 관리를 돕는다.

- 현재 상태와의 비교는 추가로 필요한 자원을 전체적으로 알려준다. 총계는 경영진이 고려중인 프로젝트의 총액을 통해 전체적으로 필요한 것들을 알 수 있게 해주어, 결과적으로 통제 행동을 취

할 수 있게 한다.
- 기본 계획에서 중요한 측면은 프로젝트와 책임 영역을 조직 전체로 연결 지어, 목표 개발에 직접 관여하지 않은 사람들이 연구하고 견해를 밝힐 수 있게 하는 포괄적 방법을 제공하는 점이다. 이런 식으로 기본 계획은 조직의 강력한 통합 메커니즘이다.

기본 계획 수립은 다양한 방식으로 수행할 수 있다. 경영진은 기본 계획을 수립하기 위해 특별한 팀을 조직할 수 있다. 또는 기존 조직 단위에 이 일을 맡길 수도 있다. 일부 기본 계획, 특히 조직의 위생 요인 유지와 관련한 것은 외주를 줄 수도 있다. 하지만 독창적인 차별적 역량을 개발하는 기본 계획은 해당 조직이 아닌 다른 누군가에게 맡길 수 없다.

차별적 역량을 개발하는 책임은 보통 기능 단위에 할당한다. 이때 사업 단위는 사업 영역 개발을 고민할 것이다. 하지만 이렇게 책임을 할당하고 조정하는 것이 기본 계획의 전부는 아니다. 다른 이들과 상의하고, 최종 계획이 조직 전체적으로 모든 이들의 관심 속에 지지를 얻게끔 만드는 것도 기본 계획의 역할이다.

프로젝트 계획 수립과 기본 계획 수립은 함께 이뤄져야 한다. 이때 프로젝트 계획이 기본 계획에 정보를 주고, 다시 기본 계획이 프로젝트 계획에 정보를 주는 반복 과정은 필수이다. 그러려면 계획 수립 활동에 의도적으로 접근할 필요가 있다. 대다수 조직에서는 일반적으로 적절한 모든 기본 계획을 고려하여 전체적인 계획 수립 활동을 전반적으로 조정하는 일을 한 사람에게 맡긴다. 만일 이 반복 과정을 편성한다면 계획들을 모아 하나의 전체적인 사업 계획으로 종합하여, 이해 당사자와 논의 주제로 활용할 수도 있다.

시나리오와 기본 계획 수립

시나리오 기획은 기본 계획 수립에서 매우 중요하고 직접적인 역할을 한다. 기본 계획은 장기적 속성을 띤다. 그리고 장기적 개발에는 아주 많은 불확실성을 고려해야 한다. 기본 계획을 수립하는 기획자는 기본 계획을 테스트할 수 있는 몇 가지 적합한 시나리오를 개발해 관련 잠재력과 불확실성에 대한 이해를 높일 수 있다.

프로젝트 계획 수립

경험상 '일이 되게 하려면' 팀과 개인에게 구체적인 책임을 부여해야 한다. 전체적인 전략과 기본 계획을 개별 팀과 개인에게 배정하여 구체적인 프로젝트로 바꾸는 것은 변화를 만들어내는 일에 있어 아주 중요한 성공 요인이다. 그렇기 때문에 다음으로는 이 주제에 관해 자세히 알아볼까 한다.

앞서 보았듯이, 변화를 위한 다섯 가지 핵심 조건 중 하나는 전략과 운영을 연결하여, 전략을 행동 가능한 운영 계획으로 바꾸는 것이다. 이 부분에서 경영자들은 상황을 주도적으로 이끌어갈 필요가 있다. 전략을 개발하는 것만으로는 충분하지 않다. 전략을 운용하여 상황을 움직이는 의식적인 활동이 조직 내에서 이뤄져야 한다. 이 단계에서 경영자가 개입할 수 있는 유용한 방법이 있다. '실행 워크숍'을 열어 조직을 계획 실행에 대한 논의에 동참시키는 것이다. 지금부터 조직 내에서 실행에 효과적이라고 입증된 모델(〈그림 36〉을 토대로 한)에 대해 논의할 것이다.

이 워크숍은 전략 계획 수립과 기본 계획 수립을 통해 무엇을 해야 할지를 대략적으로 알고 있음을 전제로 한다. 워크숍을 주최하는 경영자는 향후 실행을 담당할 사람들을 워크숍에 참가시키는 데 앞장서야 한다. 대개의 경우, 진행자는 프로젝트와 직접적인 관련이 없는 사람으로 임명하는 것이 좋다. 필요한 프로젝트를 정의하고 나누는 과정은 바로 다음과 같은 단계를 거친다.

1단계: 워크숍 소개

이때 중요한 것은, 워크숍을 통해 얻고자 하는 것을 참가자들이 조기에 가급적 분명히 인식하는 것이다. 운영팀은 보통 전략 문제를 심도 있게 공식적으로 논의하는 데 익숙하지 않다. 따라서 경영자는 회의를 시작하면서 다음과 같이 회의의 목적을 설명하는 것이 좋다.

- 경영진에서 명시한 전략 문제와 이를 다루기 위한 옵션을 논의한다.
- 이 그룹과 연관된 기본 계획을 검토한다.
- 상세한 프로젝트 목표와 실행 프로젝트를 만들어낸다.

경영자는 비즈니스 아이디어와 개발한 전략 목표, 준비 중인 기본 계획을 서로 연결하여 상황을 하나의 그림으로 설명해야 한다. 그리고 일부 참가자에게 이 그룹과 연관한 새로운 기본 계획의 세부 사항 발표를 준비해줄 것을 요청할 수도 있다.

모든 참가자들에게 1~2분간 말할 시간을 주어, 그들의 눈에는 어떤 문제가 중요해 보이는지를 표현할 기회를 주는 것도 좋다. 참가자들은 제기하고자 하는 문제를 자유롭게 선택할 수 있어야 한다(시간 내에 이뤄진다면).

이 과정은 실행에 관한 대화를 시작하는 데 도움이 된다. 그뿐만 아니라, 이런 과정을 통해 경영자는 팀 구성원들이 어느 정도로 문제를 공유했는지를 관찰할 수 있다.

2단계: 프로젝트 목표와 주요 실행 범위

이후 진행자는 사람들이 프로젝트 실행 그룹으로써 추구해야 할 목표를 논의하도록 인도한다. 여기서 막연하고 행동 가능성이 없는 목표를 제시해 워크숍을 수포로 돌아가게 만들지 않으려면, 논의에 앞서 약간의 선행 학습이 필요하다. 이 점에서, 진행자는 어떤 목표든 정량화하고 실행할 수 있어야 하는 점을 강조해야 한다. 이 단계를 시작하는 가장 좋은 방법은 목표가 포함해야 할 요소들에 관해 자유로운 브레인스토밍을 시작하는 것이다. 이때는 어떤 규칙도 적용되지 않는다. 무엇이든 가능하다. 진행자는 여기서 나온 내용을 플립차트에 기록한다. 이때 내용에는 물리적 목표와 운영적인 목표뿐만 아니라 재정적 목표와 인적자원 목표도 들어 있을 수 있다.

브레인스토밍으로 얻는 것이 줄어들기 시작하면 진행자는 방향을 바꾼다. 지금부터는 구체적인 전사적 전략 목표와 기본 계획을 언급하고, 해당 그룹이 어디에 기여해야 할지에 관해 질문을 제기한다. 이런 질문을 시작으로 그룹은 프로젝트 목표에 관한 추가 아이디어를 만들어낼 것이다. 추가 아이디어 역시 플립차트에 기록한다.

추가 아이디어가 더 나오지 않으면 진행자는 각각의 언급된 목표로 다시 돌아가 다음의 질문을 제기한다.

- 목표가 현실적인가?
- 성공 기준은 무엇이며, 목표를 완전히 달성했음을 언제 어떻게 알 것인가?
- 이 목표에 도달하지 못한 것이 왜 불만족스러운가. 그 목표를 이루지 못하면 어떤 일이 벌어질 것인가?
- 중간에 충분히 진전되고 있음을 어떻게 측정할 것인가?
- 이 목표를 달성하는 데 주된 책임은 그룹 내 누구에게 있는가?

진행자는 이 과정을 계속 진행해야 한다. 이때 큰 위험은 불확실성에 대해 대충 얼버무리는 것이다. 처음에는 다소 임의적인 결정을 내려야 할 수도 있다. 뒤에 그런 결정을 다시 생각하는 과정을 추가로 되풀이할 것이다. 참가자가 반드시 알아야 할 것은 이를 다시 다룰 기회가 뒤에 다시 온다는 점이다.

프로젝트 목표에 관한 초기 아이디어를 개발하고 나면 다음 단계는 프로젝트를 실현하는 데 필요한 여러 가지 활동을 브레인스토밍하고 분류하는 것이다. 여기서 분류하는 목적은 활동을 조직할 수 있는 실행 영역을 알아내는 것이다. 실행 영역은 대개 조직 단위와 겹쳐 있다. 그러나 새 프로젝트의 경우, 종종 아직까지 공식적인 조직의 책임 단위와 이어지지 않는 영역으로 구분될 때도 있다. 관련 실행 영역은 만든 목표에 따라 결정한다. 다음은 몇 가지 실행 영역의 예다.

- 권한 관련
- 고객 관련
- 소매
- 브랜드 개발
- 경쟁
- 설비 관리
- 비용 절감
- 공장 최적화
- 인적자원 개발
- 경영 프로세스
- 정보 및 정보 시스템

워크숍 중 실행 영역 목록은 브레인스토밍 과정을 통해 개발된다. 이후 실행 영역 목록은 분류 과정을 거쳐 되도록 조직의 구조와 많이 겹치는 이상적이고 실질적인 숫자만큼 줄어들게 된다.

3단계: 격차 분석

다음 단계는 전체 그룹을 적절히 나눈 하위 그룹에서 이뤄진다.

각 하위 그룹에는 한두 개의 실행 영역을 배정하고, '현재 위치'와 '있고자 하는 위치' 사이의 격차를 이해하는 과제를 수행하게 된다.

여기서 어떻게 하위 그룹을 조직할 것인지는 약간의 고민이 필요하다. 하위 그룹은 이왕이면 조직 내에서 해당 영역 활동과 관련해 책임을 맡은 사람들로 구성하는 것이 좋다. 그러나 해당 영역 활동과는 관련이 없는 조직에서 와서 각 하위 그룹의 '선의의 비판자' 기능을 수행할 사람을 한 명씩 포함하는 것이 효과적인 경우도 종종 있다.

이렇게 만든 하위 그룹에서는 다음과 같은 일을 수행한다.

- 프로젝트 목표를 재검토한다.
- 현재의 영역 위치를 분명히 표현한다.
- 결정적인 성공 요인을 분명히 표현한다.
- 강점과 약점을 분석한다.

우선 앞서 워크숍에서 개발한 프로젝트 목표를 해당 영역에 맞춰 구체화한다. 여기서 필요한 질문은, "전체 목표를 실현하려면 우리에게는 어떤 영역 목표가 필요한가"이다. 영역 목표는 매우 현실적인 것이어야 하며, 가능한 한 많은 부분을 정량화해야 한다.

이후 영역 목표를 '현재 위치'와 비교한다. 이런 비교는 목표에 다다르기 위해 메워야 할 격차를 정량적으로 이해할 수 있게 해준다. 이런 격차를 메우려면 다음의 두 가지 질문을 고려해야 한다.

첫째, 격차를 메우는 능력을 결정짓는 내·외부적 속성의 결정적 성공 요인(CSFs, critical success factors)은 무엇인가? 이 단계에서는 반드시 순조롭게 진행해야 하는 몇 가지 발전 국면을 고민한다. 일반적으로 하위 그룹은 대략 다섯 가지 결정적 성공 요인을 찾는다. 결정적 성공 요인의 대표적인 예는 다음과 같다.

- 외부적으로: 제품 수요, 당국의 태도
- 내부적으로: 분배 기술, 동기가 부여된 사람들, 정보 시스템

둘째, 무슨 일이 일어나야 하는지를 생각한 후에는 "사람들의 기대에 부합하는 능력 면에서 조직은 어디쯤 있는가? 결정적 성공 요인 영역에서 강점과 약점은 무엇인가?"라는 두 가지 질문이 중요하다.

이 두 가지 질문은 모두 브레인스토밍 상태에서 제기할 수 있다. 질문에 대한 답은 격차를 식별하고, 정량화하며, 조직이 미래의 적절한 시간 내에 격차를 메울 가능성과 능력을 평가하게 된다.

이 단계가 끝나면 전체 회의를 통해 전체 목표를 검토하는 것이 바람직하다. 진행자는 모든 사람을 한데 불러 모아 전체 목표를 어떻게 수정해야 할지에 관한 논의로 이끈다. 이 시점에서 참가자들은 목표를 이루려면 무엇을 수반해야 하는지에 관해 생각한다. 이는 앞서 만든 전체 목표에 다른 시각을 던져 줄 수 있다. 예를 들어 일부 목표의 타당성을 다시 생각할 수 있다. 혹은 새로운 아이디어가 떠오를 것이다. 이 단계에서 전체 토의는 전체 프로젝트 목표 세트가 여전히 전체 그룹에서 인정한 목표로 남게 하는 데 유용하다.

4단계: 실행 항목 개발

수정된 조직 목표를 만들어낸 뒤 하위 그룹은 앞서 한 작업을 되풀이하고 그 격차를 재정의한다. 다음 단계는 격차를 메우기 위해 해야 할 일을 세부적으로 열거하는 것이다. 여기서는 다음과 같은 일을 수행한다.

- 격차를 어떻게 줄일 것인지를 체계적으로 생각하여 행동 목록을 개발한다.
- 하위 그룹을 떠올려 차별적 역량 개발과 관련해 종종 간과되는 조직의 능력을 쌓기 위한 행동을 분명히 포함하도록 하는 것이 도움이 된다.
- 행동을 우선순위 순으로 열거한다.
- 각각의 행동에 대한 책임자를 밝힌다.

마지막으로 연합체는 각 실행 영역별로 다음의 제목에 따라 그들이 내린 결론을 요약한다.

- 영역 목표
- 현재 위치
- 결정적 성공 요인
- 능력 쌓기와 관련한 목표별 행동 조치
- 상대적 순서와 대략적인 시기
- 행동별 책임자

진행자는 모든 하위 그룹이 요약한 결론을 모아 편집을 거쳐 하나의 보고서로 통합한다. 보고서를 준비하는 동안 워크숍은 잠시 휴식시간을 가진다. 이렇게 모은 실행 영역의 수가 상당할 수 있다. 이 경우, 각 실행 영역마다 다수의 목표가 있고, 각 목표별로 행동 목록을 제시하는 점을 생각할 때 전체 양이 상당히 많을 수 있다. 따라서 원활하게 다음 단계로 이동하려면 적절한 편집이 필수다.

5단계: 실행 프로그램 개발

보고서를 만들고 나면 곧바로 참가자 전원에게 배포한다. 이 보고서를 통해 사람들은 처음으로 다른 하위 그룹들이 조직의 목표를 어떻게 행동으로 바꾸었는지를 알게 된다. 이후 워크숍을 다시 소집하여 모든 실행 항목을 통합한 보고서를 토대로 논의를 진행한다.

우선 하위 그룹들은 각각 따로 모여 다른 하위 그룹들이 개발한 행동에 대해 토론하고 비평한다. 이후 전체 회의를 갖고 개별 토론에서 나온 의견들을 발표한다. 이때 결과 논의는 시간이 많이 걸릴 수 있다. 수많은 수정을 제안하고 적용하거나 기각한다. 이 논의가 끝날 쯤에는 여기서 나온 조직의 최종 목표 세트에 전원이 동의해야 한다. 이 단계는 전원이 전체 프로그램의 주인이라는 의식을 갖게 하는 데 무엇보다 중요하다. 따라서 진행자는 이 단계에 반드시 충분한 시간을 할애해야 한다.

전원이 합리적으로 의견 일치를 이루고 나면, 하위 실행 프로젝트로 표현할 수 있는 행동을 카드에 적는다. 각각의 카드에는 명령어로 표현된 하위 실행 프로젝트의 핵심과 적절한 시기, 실행 책임자

(팀 혹은 개인)를 표시한다. 이때 실행 책임자가 다를 경우 다른 색상을 사용하는 것이 좋다. 각각의 실행 항목은 해당 실행 책임자가 직접 검토한다. 그러고 나면 카드를 시간 순으로 화이트보드에 붙인다.

이 단계에서는 조직의 처리 능력을 넘어설 정도로 많은 실행 항목이 즉시 실행 항목으로 분류될 것으로 예상할 수 있다. 이때 앞서 표시한 색상은 누가 일이 많은지, 어떻게 프로젝트를 사람과 시간에 따라 재배치할 수 있을지를 보여준다. 그러고 나면 마지막으로 전체 프로그램을 조직이 감당할 수 있을 때까지 시간 축에 따라 실행 프로젝트를 움직여본다. 이렇게 결정한 새로운 목표 시기를 실행 카드에 적는다.

6단계: 보고

마지막 단계로 진행자는 여기서 나온 결과를 문서로 정리한다. 이 문서에는 누가 어떤 프로젝트 단계를 책임지고 있고, 어떤 식으로 진행이 예상되며, 프로젝트들의 상대적 우선순위가 어떻게 되는지가 들어 있어야 한다. 이 최종 보고서는 이후 정기적인 프로젝트 평가 회의에서 각 하위 프로젝트의 진행 경과를 평가하고 예상치 못한 편차가 있을 시 수정하는 근거가 된다.

시나리오와 프로젝트 평가

시나리오는 프로젝트 개발에서도 기본 계획 수립에서처럼 중요한 역할을 한다. 대형 프로젝트는 장기 전망에 비추어 고려해야 한다. 거기에는 여러 핵심 변수와 관련한 불확실성이 상당하기 때문이다.

다수의 똑같이 실현 가능해 보이는 미래를 배경으로 여러 가능한 결과를 살펴봄으로써 우리는 수익성 평가의 토대와 함께 프로젝트의 여러 면에 숨어 있는 불확실성의 징후를 얻는다. 특히 전체 운영에서 중요한 책임을 맡고 있는 조직이 관련된 대형 프로젝트는 항상 다수의 미래를 배경으로 평가해야 한다.

예산 계획 수립

일단 기본 계획 수립과 프로젝트 계획 수립을 통해 합리적으로 어떤 것을 기대할 수 있는지에 대해 대략적인 개념을 얻은 조직은, 전체 계획이 어떤 모습일지 대략 알고 싶을 것이다. 경영진이 정량화한 종합 사업 계획을 만들고자 하는 데는 여러 이유가 있다.

- 경영진은 전체적인 통일성을 유지해야 한다. 예를 들어 경영진은 마련한 계획에 필요한 자원을 모두 쓸 수 있다는 사실을 확신해야 한다. 특히 현금 자원이 충분함을 확신하고 싶을 것이다.
- 경영진은 또한 주주나 자본가, 혹은 채권자와 같은 외부 이해 당사자들에게 발표할 종합 사업 계획을 작성하고 싶을지도 모른다.
- 종합 사업 계획을 작성하는 또 하나의 목적은 조직 전체가 목표를 달성하는 데 필요한 예산을 알아내는 것이다.

예산 수립 활동은 기획 조정자가 맡거나 토의 결과를 모아 전체적인 재무 상황을 파악하는 재정·감사 부서에 위임한다. 예산 수립 활동은 특히 전체적으로 반복되는 계획 수립 과정일 때 도움이 된다. 첫 결과가 타당한 재무 정책이라 여겨지는 범위 이상의 자원을 필요로 한다면, 경영진은 아마도 이 결과를 받아들이지 않을 것이다. 이 경우, 경영진은 조직의 재정 능력을 넘어선다고 생각하는 일부 프로젝트를 재검토하고 연기하려 할 것이다. 내년도 예상과 목표를 설정하는 것만을 목표로 하는 대부분의 예산 계획 수립은 일 년 주기로 일어난다. 이런 주기적 과정에서는 전략과 실행 계획 수립이 무(無)에서 시작하지 않는다. 이때 계획은 보통 새로운 발전 국면과 정보를 고려하여 지난해 계획을 수정하는 방식이다. 따라서 종합 계획은 일반적으로 별로 놀랄 일이 아니다. 반복된다는 것 자체가 감당할 만한 활동임을 입증한다.

평가

노입부에서 계획 사이클을 학습 순환(〈그림 4〉)에 비유했다. 전략 계획 수립은 '멘탈 모델 만들기' 단계와, 기본 계획 수립과 프로젝트 계획 수립은 '새로운 조치 계획' 단계와 비교했다. 학습 순환은 행동의 결과로 얻은 경험을 숙고하여 완성한다. 이는 계획 사이클에서 실제 성과를 평가하는 것으로 구체화된다. 이런 평가는 상황을 제자리에, 비즈니스 아이디어와 전체 목표에서 구체화된 상태로 돌려 놓기 위한 통제 행동으로 이어질 수 있다. 1부에서 우리는 이를 단일 학습 순환에 비유했다. 그러나 평가를 통해 상황이 조직의 기본 개념을 의심하기에 충분할 정도로 바뀌었다는 인식이 생겨날 수도 있다. 이 경우 전체적인 전략 개념을 다시 생각해봐야 한다. 이것이 바로 우리가 말한 (생성적 시나리오 계획이 중요한 역할을 하는) 이중 순환 학습이다.

비록 평가가 조직 내에서 계속된다 할지라도(조직 내에서 일어나는 대부분의 상호작용은 개인 대 개인으로 일어나는 다소 비공식적인 평가이다) 대다수 조직은 사업 부문과 개인의 성과를 평가하기 위한 제도화된 공식 평가 체계를 운영한다. 측정한 성과 자료에서 드러난 실제 성과는 대개 회계 계정으로 발생한다. 이는 동일한 변수에 필요한 예산과 비교한다. 거기에 심각한 차이가 있으면 상황이 예상한 대로 흘러가고 있지 않다는 지표다. 이런 차이를 설명하고, 통제 조치를 취해 현실을 원 계획에 되도록 맞추려는 조정 활동을 시도할 수 있다.

이런 평가 과정은 흔히 통제 피드백 순환에 비유한다. 통제 피드백 순환에서 시스템의 상태는 원하는 상태와 비교되고 거기서 차이가 있으면 통제 조치를 취한다. 이런 식의 설명에는 다음과 같은 문제가 있다.

- 현실에서는 목표를 결정하는 결정의 중심이 여러 곳에 있다. 다수의 피드백 순환이 상호작용하고 때로는 서로 훼방을 놓기도 한다. 그리고 행동은 이런 결정의 중심들이 모여 결정한 공통의 목표를 아주 조금 반영할 뿐이다. 오히려 아래 사람들의 조정되지 않은 개인적인 목표를 더 많이 반영한다.

- 중앙 집중식으로 계획을 수립하지 않는 조직에서는 목표의 해석과 우선순위가 모호하다. 이런 시스템에서 목표는 흔히 성공 여부를 확실히 가리는 기준이 없는 가치의 표현인 경우가 많다.
- 현재 상태를 측정하는 것 역시 문제가 다분하다. 재정 변수와 경제 변수는 정량적으로 측정할 수 있지만, 좀 더 가치 중심적이고 문화 중심적인 목표를 평가하기 위한 개념 도구는 부족한 경우가 많다.

경영진은 이런 문제를 어떻게 다룰 것인가?

공통 학습과 책임 사이의 딜레마

목표 설정과 목표에 대비한 실제 활동의 평가는 경영의 통제 기능에서 매우 중요한 부분이다. 이런 일을 하는 데는 계층적인 이유(사람들이 자신의 행동에 책임지게 하기 위해)와 유기체적인 이유(경험에서 조직 학습을 만들어내기 위해)가 둘 다 있다.

책임 면에서, 경영진은 과거를 되돌아보고 각 사람들이 맡은 자산의 관리를 책임지게 한다. 성과 평가는 미리 결정한 평가 기준을 근거로 한다. 이 일은 기본적으로 개인에게 동기를 주기 위한 활동으로 종종 상벌 제도와 공식적으로 연계되어 있다. 이런 맥락에서 경영진과 평가 대상자들 간의 관계는 누군가가 다른 이에게 영향을 미치는 정치적인 관계다. 성과 평가는 계획에 대한 책임과 의무를 만들어내고 장려하고, 주주의 권리를 행사하며, 담당자들에게 계획 내 변경 가능성을 알려주기 위해 일어난다. 이는 문제를 해결하고, 목표의 현실성을 증명하며, 계획 수립 과정에 신뢰성을 부여하는 것과 관련이 있다. 그러나 계획대로 되게 하는 데 집중하다 보면 그 계획이 적절한 것인지에 대한 판단력을 잃게 된다.

평가는 조직 학습의 일부로서 때때로 전략 평가 혹은 전략적 사고 과정의 길잡이라 불린다. 이 경우, 평가는 이중 순환 학습으로 전략 목표가 논의할 대상이다. 여기서 경영진과 종업원은 근본적으로 다른 관계를 맺는다. 이들은 차이를 반영하고 이해하려 애쓰며, 따라서 미래 계획의 기반인 멘탈 모델을 수정하려 한다. 이는 오로지 상황에 대한 지식이 자유롭게 오가는 개방적인 분위기 속에서만 성공할 수 있다.

평가 활동은 경영진을 딜레마에 빠뜨린다. 한편으로는 책임을, 다른 한편으로는 이중 순환 학습을 강조해야 하는 것이다. 여타의 모든 경영 딜레마처럼 이 문제도 한 번에 쉽게 풀리지 않으며 신중에 신중을 기해 다루어야 한다.

이를 달성할 방법을 알아내려면 다시 학습 순환 개념으로 돌아가는 것이 도움이 된다. 학습 순환에 숨은 원동력은 다음의 세 가지다.

- 외부에서 일어나는 만일의 사태를 다루기 위해 시스템의 행동 방식을 수정할 필요성
- 좀 더 유리한 환경으로 시스템을 몰아갈 필요성
- 위의 두 가지 기능 면에서 시스템을 좀 더 효과적으로 만들기 위해 시스템 그 자체를 재조직할 필요성

일반적으로 평가자는 조직 단위가 이런 목표를 자발적으로 추구하도록 일부러 나서서 동기를 부여할 필요가 없다. 어차피 조직 단위로서도 불리한 사업 환경에서 경쟁하여 실적을 못 내고 압박당하는 것이 좋을 리 없기 때문이다. 평가자의 실질적인 역할은 상위 계층이 하위 계층의 행동에 도입한, 조직 전체적으로 바람직한 창의적 행동 방식을 만들어내는 데 필요한, 제약을 만들어내는 것과 관련이 있다. 시너지 효과 창출은 상부가 조직 단위의 일에 개입해도 되는 단 하나의 실질적이고 타당한 이유이다. 시너지 효과는 조직 구성원이 만들어낸 행동 방식의 수정을 필요로 한다. 그리고 이를 만들어내는 일이 바로 평가자에게 주어진 과제이다.

타당한 평가 체계는 조직의 자원과 관련 게임의 법칙 면에서, 조직 내 시너지 효과에 관한 명백한 이해와 설명을 필요로 한다. 평가자가 이를 명확히 하지 못한다면 그들의 역할에 대한 이유 있는 의심의 눈초리가 생겨날 것이다.

조직의 평가 체계는 독립적으로 운영되는 개별 조직 단위가 만들어내는 가치에 더해 전체 조직에 추가 가치를 가져올 수 있는 것은 무엇인가라는 질문에 대한 고민으로 시작해야 한다. 예를 들어 전사적 시너지 효과는 다음과 관련이 있다.

- 사업 경험에 관해 제도화된 중앙 집중식 노하우 풀
- 조직 전체의 창의적 행태와 관련이 있는 조직의 정체성
- 역사, 규모, 범위에 근거한 평판
- 경영 능력, 전문 기술, 재능, 자금과 같은 희소 자원의 배분을 통한

포트폴리오 경영과 전체적인 최적화
- 행동을 이끄는 결집력과 내부 신뢰
- 조직이 사업 환경을 바라보는 시각을 넓히는 사고의 '필수다양성' 개발

모기업이 자회사의 행동 방식을 논의할 때는 수많은 시너지 효과 문제를 감안한다. 그 밑에 깔린 공통 요소는 자회사가 조직에 속해 있는 방식을 결정한다. 그리고 거기에 따라 자회사가 혼란을 다루고, '유리한 고지'를 발견하며 생존과 성장을 위해 조직화하는 학습 순환을 다루는 데 도움을 줄 것이다.

평가 역할을 분석하려면 우리는 어쩔 수 없이 조직 전체의 비즈니스 아이디어를 규정하는 단계로 돌아갈 수밖에 없다. 평가가 유효하려면 전사적 비즈니스 아이디어에 대한 확실한 답이 있어야 하기 때문이다. 전체 비즈니스 아이디어를 완전히 이해하지 않고서는 사업 단위를 바람직한 전체 행동으로 이끌 적절한 평가 기준을 정의할 수 없다. 조직이 비즈니스 아이디어를 확실히 이해하고 공유하지 않는 한 평가의 책임 측면은 덜 강조하고 공동 학습과 문제 해결 측면에 힘을 싣는 편이 낫다. 어떤 사업 단위에 책임이 있는지를 확실하고 명백하게 이해하고 있지 않으면 일반적인 논의를 열어 사람들의 직관이 전 영역을 모두 고려할 수 있도록 여지를 남겨 두는 편이 낫다.

비공식적인 전략적 대화

지금까지 조직의 공식적인 기획 활동 요소와 이런 전략 과정에 시나리오 기획이 공헌한 바를 비즈니스 아이디어에 초점을 두어 논의했다. 하지만 많은 조직에서 공식적인 의사결정 과정이 최종 결정에 미치는 기여도는 극히 미미하다. 보통은 비공식적 '학습' 활동이 훨씬 더 중요하다. 비공식적 학습 활동은 복도에서 그리고 구내식당에서 조직 내 전 계층을 대상으로 일어나는 전략 문제에 관한 예정에 없던 논의, 논쟁, 대화다. 비공식적 학습 활동은 사람들이 자유롭게 생각을 탐구할 수 있는 '충분히' 믿음직한 환경을 제공한다. 이런 비공식적인 활동이 없다면 사람들은 일하지 못할 것이다.

정착된 시나리오 기반 사고는 바로 이런 문화에서 살아간다. 시나리오는 여지를 제공한다. 즉 불확실성을 말하는 새로운 언어는 이제 더 이상 영향력이 없지 않다. 이제는 다른 관점을 고민하는 것이 '용납' 된다. 대화는 서로의 세계관을 놓고 다투고 반박하는 데서 벗어나, 대안적 시각에 합의하는 과정을 통해 행동을 놓고 협상하는 쪽으로 이동한다.

시나리오 기반 사고의 도입은 경영진이 '도입하면 바로 실행되는' 것이 아니다. 시나리오 기획을 조직에 도입하는 일은 새로운 기획 체계를 도입하는 것 이상의 의미가 있다. 시나리오 기획은 오직 조직의 사고가 복잡한 도구를 사용할 수 있을 정도의 수준에 이르러야만 비로소 사용할 수 있다. 시나리오 기획은 조직 내 전략적 사고의 질과 함께 진화한다. 결국 시나리오 기획은 대체로 자가 형성되지만, 거기에는 몇 가지 '게임 규칙'이 있다.

- 너무 이른 의사결정은 금물이다.
- 참가자 전원이 다수의 전망과 다수의 미래를 고려할 수 있어야 한다.
- 주요 불확실성에 적극적인 관심을 보이도록 격려한다.
- 불확실성을 관련성 탐구의 한계까지 늘려야 한다.
- 특이한 사건 조합은 일관된 인과관계 개발을 통해 탐구해야 한다.
- 연결되지 않은 아이디어는 통일된 틀로 가공하여, 의식적으로 사용할 수 있게 만들고, 이를 통해 새로이 생겨난 대화에서 소개한다.
- 아이디어의 성숙이 필요하다면 생각하는 데 충분한 시간을 할애한다.

조직의 다른 문화적 특성과 마찬가지로, 이같이 공유한 사고방식은 경쟁자들이 쉽게 따라할 수 없는, 진정한 차별적 역량이 될 수 있다. 이는 경쟁우위의 기반이다.

시나리오 기획은 인식 면에서 '서로 연결되어 있는' 사람들 사이에서 일어나는 전략에 대한 일반적인 대화에 개입하는 것과 관련이 있다. 웨이크(Weick 1979)는 조직을 구성원들의 상호작용으로 만든 인지 순환 체계로 해석할 수 있다고 주장했다. 부곤은 웨이크가 이런 식의 해석을 통해 조직 변화에 관한 역동적인 이론을 만들어냈음을 주목한다(Bougon & Komocar 1990). 조직에 관한 이론은 대부분 계층과 영향력 원천으로 인해 고정적인 속성을 띤다. 그런 면에서, 변화는 하나의 정상 상태를 다른 정상 상태로 대체하는 과정이다. 예를 들어 새로운 전략 방향을 심기 위해 CEO를 교체한다. 그런데도 이런 변화 프로젝트는 종종 성공하지 못한다. 계층 변화가 이뤄져도 조직의 행태가 종종 지속되는 것이다. 결과로 나타난 사고가 경직되거나 분열된 패턴에 갇혀질 수 있는 것은 대화식 순환 시스템의 특성이다. 이는 행동 방식 패턴이 조직 내에서 단단히 자리를 잡을 수 있었던 이유를 분명히 보여준다. 웨이크의 아이디어는 영향력 순환에 의해 발생한 폐쇄 순환 효과가, 계층적 구조가 시사하는 것보다 훨씬 복잡함을 확실히 보여준다. 조직의 구조는 행동과 상호작용 내에 존재한다. 상호작용은 대화를, 일부 공식적인 그러나 대부분은 비공식적인 대화를 통해 일어난다. 대화는 학습 순환(1부 참고)에서 묘사한 것처럼 행동을 부른다. 이 같은 상호 순환 시스템은 고정 모델이 암시하던 것과는 상당히 다르게 움직인다. 순환 시스템의 역동적 속성으로 말미암아 조직은 동적인 시스템이 되고, 상황도 역동적이다.

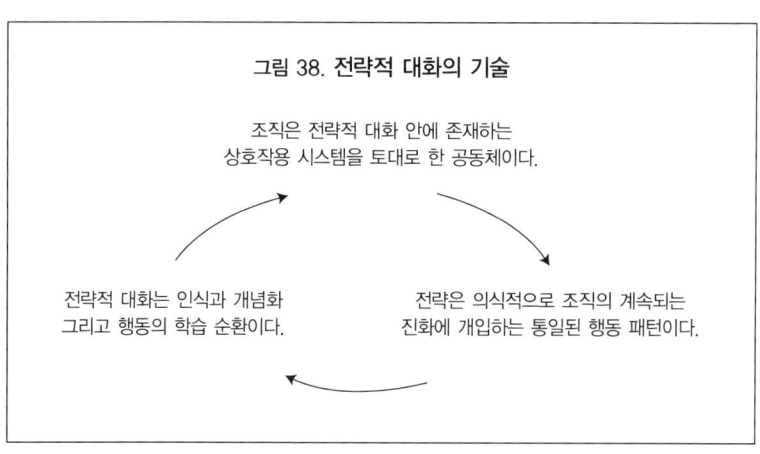

이 같은 순환 시스템은 조직에 변화를 주는 행동 및 관련 대화를 불러오는 대화들 안에 있다. 〈그림 38〉은 이를 도표로 요약하고 있다. 조직에 개입하는 것은 이처럼 인과적이고 비공식적인 대화·영향력 순환에 개입하는 것이다.

성공적인 조직은 그들의 순환 시스템 내에 성장을 몰고 오는 강화 피드백 순환을 포함한다. 우리는 그 정수를 비즈니스 아이디어 안에 표현하려고 노력해왔다. 많은 다른 순환들은 성장 순환을 방해하는 장애물들을 시스템 밖으로 밀어내는 통제 피드백 순환의 형태를 취한다. 한동안 이것이 성공적으로 운영된다면 방어 순환은 확실히 견고해질 것이다. 그러나 이는 종종 변화의 신호를 부정하는 결과로 이어진다. 조직이 자신의 성공적인 비즈니스 아이디어에 대한 위협을 지각하지 못하는 것이다. 우리가 도입부에서 인용한 밀러의 말처럼, '성공만큼 큰 실패는 없기' 때문이다. 경영진이 시나리오 기획을 도입하여 조직의 시야를 넓히려는 것은 이런 위험을 인식한 데 있다. 이런 속성을 가진 프로젝트는 공식적이며 비공식적인 전략적 대화 과정을 수반한 역동적인 순환 시스템을 인식하는 데서 이익을 얻는다.

시나리오와 비공식적인 의견 교환

경영진이 전략적 사고 문화의 지적 수준을 높이기 위해서 할 수 있는 일에는 어떤 것이 있을까? 무엇보다 전략적 대화의 공식적인 부분을 시나리오 기획 과정에 따라 표현할 수 있다. 여기에는 다음과 같은 활동을 수반한다.

- 과정, 시스템, 방법
- 구체화된 그리고 구체화되지 않은 과정과 주제들
- 주요 회의, 의사결정의 핵심 사항
- 예산 수립, 프로젝트 평가
- 전략 검토
- 비용 절감 활동
- 제품, 자본, 시장 결정의 핵심 사항

일반적으로 시나리오 사고를 이런 활동과 행사에 소개하는 일은 경영진의 힘이 미치는 범위 안에 있다. 경영진은 사업 환경에 대한 시나리오 기반 시각을 고려하여 의사소통할 것을 요구할 수 있다.

이런 식으로 조직은 다수의 똑같이 실현 가능한 미래 면에서 사고하는 데 익숙하다. 이로 인해 다양한 사업 전망을 전달하는 약칭으로 시나리오를 일상적 대화에 통합할 것이다.

시나리오를 적절한 시점에 조직 내에서 계속 일어나는 전략적 대화에 도입할 경우, 시나리오는 서서히 다음과 같은 기능을 제공할 것이다.

- 전략적 대화의 도구
- 인식 향상
- 질문 제기
- 개념화 도구 및 언어 요소

결국 시나리오는 조직이 갖고 있는 지식을 '의미 있는 맥락'에서 표현한다. 의미를 부여하는 일은 지식 경영이 해결해야 할 큰 도전 과제이다. 문제는 조직이 (그리고 일반적인 세상이) 지식을 여러 분야로 나누어 놓았는데, 전략적으로 의미 있는 지식은 늘 여러 분야에 걸쳐 있는 데서 출발한다. 시나리오 방법론은 데이터베이스와 전문가들이 간직하는 분야별 지식을 의미 있게 연결해서 분야를 넘나드는 전략과 조직의 성공을 가져오는 방법을 제시한다.

지식 경영은 인간의 기술, 전문 지식, 관계가 조직에서 가장 귀중한 자원이라고 역설한다. 지식 경영자들은 이런 자원들을 동원하는 효과적인 방법으로 시나리오를 주목한다.

시나리오와 조직의 언어

시나리오 세트가 조직 내에 널리 전파되면 시나리오 세트는 조직 언어의 일부가 된다. 잘 만든 시나리오 명칭은 특정 미래가 가진 복잡한 이미지를 전달하는 약칭이 된다. 그렇게 되면 대화 중에 이를 상세히 설명할 필요가 없다. 상대방도 시나리오 명칭이 무엇을 뜻하는지 알기 때문이다. 이런 일이 일어나려면 다음과 같은 효과적인 이름 선택이 뒷받침되어야 한다.

- 짧다(2~3개 단어를 넘겨서는 안 된다).
- 시나리오의 핵심을 잘 묘사한다.
- 기억하기 쉽다.

효과적인 시나리오 명칭의 좋은 예로 3부에서 살펴본 몽플뢰르 시나리오의 '비행' 혹은 '새'에서 따온 시나리오 명칭들을 들 수 있다. '타조', '절름발이 오리', '이카로스', '홍학의 비상'은 분명하고 효과적으로 관련 이야기에 관한 특징적 이미지를 떠올린다. 경험 많은 시나리오 기획자들은 좋은 시나리오 이름을 선택하는 데 심혈을 기울인다.

일단 시나리오가 조직의 언어가 되고 나면, 전략적 대화에서 다수의 똑같이 실현 가능한 미래를 다룬다. 그러면서 시나리오는 기업의 전략적 사고에 두드러진 영향력을 미치기 시작한다. 이런 현상은 조직 내 사고 과정에서 큰 발전을 가져와, 사고 과정이 '하나의 정답'을 찾으려는 단편적 활동에서 사업 환경이 어떻게 바뀌든 타격을 덜

받을 확실한 '우위'로 조직을 몰고 가는 지속적인 활동으로 변한다. 시나리오 줄거리는 서로 무관해 보이는 수많은 자료들을 지적으로 조직하는 가장 효과적인 장치 중 하나임이 입증되었다. 조직의 시나리오 세트는 조직 구성원들이 사건을 해석할 수 있는 넓은 모델을 공유할 수 있게 해준다. 다시 말해, 좀 더 많은 광범위한 사건들을 인식한다는 뜻이다. 이와 관련해서는 8장을 참고하라.

이 단계에 이른 조직은 사람들이 어렵거나 혼란스러운 상황을 마주할 때마다 전 조직에서 목적의식이 분명한 시나리오 작업을 하는 모습을 보게 될 것이다. 경영자, 프로젝트 혹은 기본 계획 책임자, 심지어 평가자조차 자신이 하는 일의 유효성을 높이기 위해 시나리오 기획을 찾을 것이다. 그리고 단 며칠, 또는 단 몇 시간 내에 수행되는 시나리오 프로젝트가 단일 예측보다는 훨씬 더 유용하다는 사실을 알게 될 것이다. 결국 이렇게 시나리오 기획은 계획의 다섯 단계에 스며들 것이다. 시나리오 기획은 더 이상 경영 기술이나 도구가 아니다. 시나리오 기획은 미래를 생각하는 자연스러운 방법이 된다. 시나리오는 환경에서 일어나는 일에 대해 새로운 해석을 제공하고, 새로운 시각을 열며, 기억할 만한 사고 도구가 되어 대화를 돕는다. 그리고 사람들의 이해를 높여 미래에 대한 걱정을 줄여준다.

제도화 과정

그러나 시나리오가 이런 식으로 기능하려면 시나리오 기획의 제도화가 필요하다. 제도화 정도는 조직이 처한 상황, 조직의 구조, 문화, 시나리오 기획 방법론을 사용한 경험에 따라 달라질 것이다. 이에 따라 다양한 모델이 있을 수 있다.

- 경영진을 대신해 기획자가 시나리오 기획을 진행
- 경영진이 전사적 발전에 관해 토의하기 위한 도구로서 시나리오 기획을 진행
- 경영진이 조직의 현안에 영향을 미치기 위한 도구로서 사용하는 시나리오
- 전사적 발전에 관한 제도적 논의를 용이하게 하는 언어로서의 시나리오

시나리오 기획은 3부에서 묘사한 것처럼 경영팀에서 생각과 전략 개발을 돕는 도구로써 시작된다. 만일 시나리오를 전략 설계의 도구로 이해한다면, 시나리오는 전략 방향과 목표를 논의하는 도구로써 조직 전반에서 빠르게 채택할 것이다. 시나리오 기획 문화에서 배경이 되는 다양한 미래를 다루지 않은 채 전략을 논의하는 것은 불가능하다.

처음에 시나리오는 발표 형식으로 혹은 서류 형태로 조직에 소개될 것이다. 최고 경영자 혹은 최고 경영자를 대신한 기획자의 시나리오 발표는 대부분의 시나리오 기획 과정에서 아주 중요한 부분이다. 다음 단계로 이 발표 내용 중 일부를 논의한다. 시나리오는 팀 전체를 전략 워크숍에 참가시켜 최고경영진이 개발한 시나리오 세트가 그들에게 미치는 전략적 영향을 생각하게 하기 때문에 조직에 빠르게 전달할 수 있다. 이런 워크숍의 예는 아래와 같다.

시나리오 기획이 받아들여졌다는 마지막 증거는 기업의 최고경영

진이 전략에 대한 공식적인 의사소통 과정에 시나리오 기획을 넣는 것이다. 궁극적으로 시나리오 과정의 제도적 효과를 확신하는 가장 효과적인 방법은 경영진이 시나리오를 지속적이고 공식적인 의사결정 과정의 일부로 넣는 것이다. 좋은 예로, 2장 도입부에 나온 경영진이 승인 심사에 제출된 모든 프로젝트에 당시 시나리오 세트를 토대로 한 평가와 정당화를 거치도록 한 것을 들 수 있다. 이는 모든 사람이 시나리오의 내용에 관심을 기울이게끔 하는 간단하면서도 효과적인 방법이다. 시나리오 기획의 정착 과정은 시나리오가 얼마만큼 조직 전체의 의사결정에 영향을 미치는지를 경영진이 실감하게 한다. 그 결과 시나리오의 내용에 깊은 관심을 가지게 되면서 완성된다. 일단 이 상태에 이르고 나면, 경영진은 조직 내 어디서나 의사결정을 내릴 때 중요한 주제들이 안건에 올라 있음을 확신할 수 있는 강력하고 새로운 경영 방법을 획득했음을 깨닫게 될 것이다. 이런 간단한 '게임 규칙'은 전략적 대화에 시나리오를 단단히 뿌리내려 경영과 운영을 이전과는 완전히 다른 새로운 수준에서 전략적으로 통합할 수 있게 해준다. 경영진은 그간 조직 전체에 실행 중이던 직접적인 전략적 통제를 느슨하게 할 수 있다.

시나리오 발표

시나리오가 충분한 효과를 발휘하려면 조직에서 전략적 문제를 논의할 때 쓰는 언어가 되어야 한다. 시나리오 기획이 조직 내에 얼마나 스며들어 있는지에 따라 시나리오 팀은 시나리오 세트의 '출시' 과정에 대비한 몇 가지 과제에 착수해야 한다.

- 시나리오를 전반적으로 유용하게 만들기 위한 시나리오의 정량화: 예를 들어 프로젝트 평가의 투입 요소로 정량화가 가능하다(정량화는 다른 목적에서도 유용할 수 있다).
- 발표 준비: 예를 들어 시나리오 책 집필, 오디오·시각 매체 개발 등.
- 발표, 회의, 워크숍, 문서화 등으로 규격화된 논의 과정 조직.
- 공식적인 의사결정 과정의 '게임 법칙' 안에 시나리오를 규정.

시나리오를 조직에 공표하는 방법에는 여러 가지가 있다. 대부분의 회사는 시나리오 팀에서 개발한 시나리오를 담은 소책자를 발행한다. GM은 이야기가 담긴 오디오 테이프와 세트로 구성된 만화를 이용했다. 스텐터(Stentor)는 삽화를 이용했다. 또 다른 조직은 직원들과 의사소통하고 그들을 미래에 관한 논의에 참가시키기 위해 미래 신문을 이용했다. 그리고 기존의 보고서 형식뿐만 아니라 좀 더 창의적인 형형색색의 매력적인 발표와 비디오·CD-ROM을 사용하는 조직들도 많다. 현대 기술은 인터넷·인트라넷, 멀티미디어 등을 이용한 여러 가지 옵션을 제공한다. 어떤 매체를 사용하든 시나리오를 발표할 때 염두에 두어야 할 몇 가지 포인트가 있다. 시나리오는 여러 단계마다 다른 특징이 있으며, 모두가 조직의 전략적 대화에 기여한다. 따라서 모든 단계에서 표현하고 논의해야 한다. 다음은 시나리오의 가장 단순한 표현에서부터 가장 복잡한 표현까지 열거한 것이다.

- 상징적 아이콘

- 시나리오 명칭
- 종료 상태 기술
- 주요 사건(무엇에 '관한' 이야기인가)
- 이야기 요약
- 주요 이야기 요소
- 주요 변수의 시간별 행태
- 시스템 묘사
- 이야기 지도
- 내적으로 일관된 이야기

발표를 할 때 무엇보다도 먼저 해야 할 일은 청중들을 끌어들이는 것이다. 이는 넓게 보면 그 이야기가 얼마나 '진짜' 처럼 들리느냐에 달려 있다. 이런 점에서 시나리오 발표자는 재판장에서 하는 최종 변론에서 어떻게 이야기해야 청중들의 마음을 사로잡을 수 있는지에 관해 유추해낼 수 있다(Bennett & Feldman 1981, Hastie 외. 2002). 이를 통해 유추해보면 시나리오 발표자들이 다음과 같은 제안을 고려해볼 필요가 있다는 결론이 나온다.

- 서술의 특성 외에는 틀린 이야기와 맞는 이야기를 구분할 근거가 없다. 따라서 시나리오의 진정한 가치는 이야기를 얼마나 잘하느냐에 달려 있다. 사람들은 나쁜 이야기는 쉽게 믿지 않고 좋은 이야기는 좀 더 그럴듯하다고 여기는 경향이 있다.
- 증거는 이것이 좋은 이야기임을 증명한다. 이야기에서 증거는 단순

한 사실보다 훨씬 믿음을 얻는다. (증거는 또 다른 서술에 지나지 않는다.)
- 증명은 계층 안에서 일반적으로 받아들인 믿음과 연관한 구체적인 서술로 이뤄진다.
- 좋은 이야기는 다음과 같은 특징이 있다.
  - 쉽게 식별할 수 있는 중심 행동. 모든 것은 중심 행동과 관련이 있다. 그 어떤 것도 혼자 두드러지지 않는다.
  - 왜 그런 중심 행동이 발생했으며 왜 행위자가 그렇게 행동했는지에 관한 충분하고 쉬우며 자연스러운 설명.
- 요약하자면, 진정한 가치에 기여하는 것에는
  - 주요 서술의 타당성
  - 서술이 뿌리를 둔 요소의 개수
  - 증거와 세부 줄거리 사이의 논리적 연관성
  - 서술이 뿌리를 둔 일반적인 믿음의 정당성

시나리오 구조

연속된 많은 다른 이야기를 읽고 듣고 흡수하는 것은 인식 면에서 힘든 일이다. 만일 시나리오 발표자가 청중이 시나리오 세트를 내재화하길 바란다면 인지적 사고 틀을 먼저 제공하는 것이 중요하다. 그래야 청자가 각 시나리오에 '위치를 지정해' 서로 헷갈리는 것을 피할 수 있기 때문이다. 이런 사고 틀로는 3부에서 논의했던 예들이 있다. 그중 인기 있는 방법은 시나리오를 2×2 행렬로 정렬하는 것이다. 이 안에서 시나리오는 줄거리를 묘사하는 데 쓰인 가장 영향력 있는 차원 두 개로 구분된다. 이를 시작으로 시나리오 발표자는 청중에게 다음과 같은 방식으로 추가 도움을 주는 것이 좋다.

- 청중에게 모든 시나리오의 개요와 그 차이를 알려 주어, 그것이 일종의 지도 역할을 하도록 한다.
- 시나리오가 나뉘는 분기점의 논리를 설명한다. 즉 왜 다른 시나리오가 아닌 이 시나리오인지를 설명한다.
- 각각의 이야기를 역사적으로 파고든다. 즉 과거부터 현재, 그리고 미래까지 논리적 인과관계를 이용한 발전상을 보여준다.
- 각 시나리오의 배후에, 그 시스템적 상호작용에 숨어 있는 원동력을 강조한다.
- 각 시나리오의 원인·결과 논리를 간단한 논리 도표로 요약한다.
- 모든 시나리오에 효과적인 이름을 붙인다.
- 시나리오의 전체 특성을 강조하는 데 문자 사용을 최소화하고 이미지 사용을 최대화한다.

효과적인 발표에 대한 이해를 돕기 위해, 지금부터 사회 속 자유화 및 단결·분열의 원동력과 관련한 예를 살펴보자. 〈그림 39〉는 두 가지 시나리오를 하나의 도표로 요약하는 방법을 보여준다. 이는 하나의 단순한 맥락 안에 시나리오 팀이 수행한 분석의 가장 중요한 요소를 보여준다.

- 중심축인 자유화
- 기회·위협과 희망·두려움의 뚜렷한 대조

- 발표된 시스템 안의 강화 피드백(성장)과 안정 피드백 역학 관계 사이의 뚜렷한 차이
- 이 모든 것을 상기시키는 시나리오 명칭, 뉴프런어와 바리케이드

일단 이를 내재화하고 나면 시나리오 구조는 쉽사리 잊을 수 없다.

시나리오 발표

발표자가 할 일은 청중의 기억 속에 시나리오를 각인하는 것이다. 많은 숙련된 시나리오 기획자들은 이야기를 과거시제로 말하길 좋아한다. 즉 시나리오의 종료 상태를 살고 있는 관찰자의 관점에서 뒤돌아보는 것이다. 우리는 마치 모든 인과관계가 알려진 것처럼 이야기함으로써 과거의 사실을 이해하는 데 상당히 익숙하다. 이는 우리가 인과관계를 (아직) 몰라 엉망진창이라고 인식하는 현재에 관한 이야기에서 과거의 일을 구분해준다. 과거시제의 시나리오는 마치 역사를 말하는 것 같은 느낌을 주어 훨씬 더 큰 신뢰감을 준다.

문제는 복잡한 이야기를 청중들의 마음속에 오랜 시간 각인되도록 효과적으로 전달하려면 어떻게 해야 하는지다. 이에 시나리오 발표자들은 수년간 유용하다고 여기는 몇 가지 방법을 찾아냈다.

- 은유
  시나리오 상의 이야기를 일반적으로 알려진, 되도록이면 자연에서 찾을 수 있는 현상에 비유하라. 시나리오 명칭은 흔히 은유적이다.

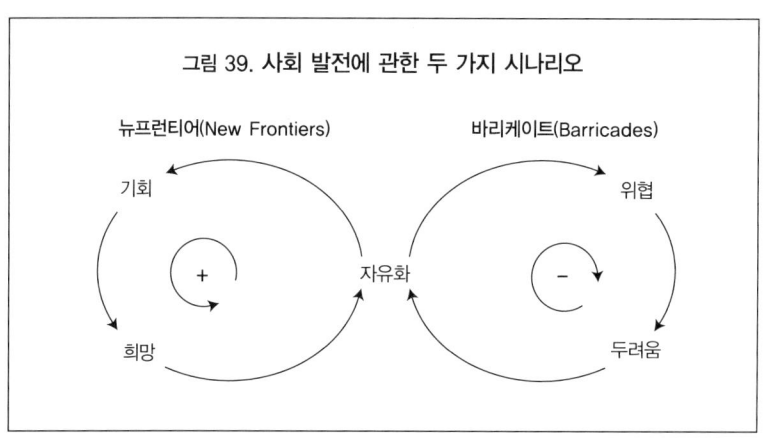

그림 39. 사회 발전에 관한 두 가지 시나리오

따라서 이를 발표에 활용할 수 있음은 물론이다.

• 일화

모든 논리 구조는 의인화하고 개인화될 수 있다. 소설가처럼 생각하라. 즉 이 이야기, 이슈가 아닌 이야기가 무엇인지를 생각하라. 서술적 흐름을 이용하라. 이슈는 그 다음이다.

• 반복

기본적으로 같은 이야기를 몇 번씩 반복하라. 등장인물과 대화를 바꾸고, 설정을 바꾸고, 덧붙인 부분을 바꾸어라. 그러나 기본적으로는 같은 이야기를 하라.

• 경구

시나리오별로 몇 가지 인용구를 만들어라. 그리고 이를 자주 말하라.

3부에서 시나리오 팀의 전자매체 사용에 관해 논의했다. 전자통신은 시나리오 전달에 많이 사용된다. 경험상 '인접한 공간'에서 이뤄지는 의사소통은 직접 만나서 나누는 의사소통에 비해 상대적으로 '좁은 대역폭'으로 인해 많은 부분이 소실된다. 조직 내에서 일어나는 시나리오 출시 과정은 전송자와 수신자의 문제가 아니라 활발한 대화를 통해 이야기가 스스로 만들어지도록 하는 것임을 명심하라. 그러나 직접적으로 만날 수 없는 이들에게 새로운 매체는 값을 헤아릴 수 없이 귀중한 존재일 수 있다. 전자통신은 수많은 사람들이 시간과 장소에 구애받지 않고 시나리오 개발에 참여할 기회를 제공한다.

전자매체는 또한 강력한 지원 부대이기도 하다. 소책자, 템플릿, 읽을거리 등, 지원 자료는 아무리 많아도 지나치지 않다. 시나리오 기획은 합리적이지만 당연한 상식은 아니다. 3개월 이상 전망을 해 본 적이 없는 운영 관리자들은 자연히 시나리오 기획을 처음 들었을 때 그것을 이해하기까지 시간이 필요하다. 이때 지원 자료는 많은 도움이 된다.

그뿐만 아니라, 시나리오 개발을 항상 새롭고 신선하게 유지하기 위한 새로운 접근법을 시험할 필요가 있다. 특히 시간이 흐르면서 사람들이 일련의 시나리오 활동에 관여하고 있다면 더더욱 그렇다. 이때 새로운 매체가 중요한 역할을 할 수 있다.

끝으로 발표의 모든 것은 우리가 발표의 필요성을 알 때 비로소 결정될 수 있다. 여기에는 일반 규칙이란 없다. 오로지 '요령'이 있을 뿐이다. 어떤 옵션을 사용할지는 정해둔 발표 목적을 달성하는 데 얼마나 효과적인지로 평가해야 한다.

> **도넬라 메도우즈(Donella Meadows 2001)가 발표자에게 하는 제안**
>
> - 간결하게 하라. 대중의 관심은 순식간에 지나가고, 곧 논쟁으로 변한다.
> - 확실하게 하라. 일상적인 언어를 사용하라. 추상적이지 않게 구체적으로 하라. 쉽게 상상할 수 있는 예를 많이 사용하라. 단어를 들은 사람들이 머릿속으로 그림을(발표자가 원하는 그림을) 그릴 수 있게 하라.
> - 주어진 시간의 75퍼센트를 근거를 제시하는 데 사용하라. 이야기하고, 확률을 제시하고, 영향을 보여주어라.
> - 말투로 인한 실수를 피하라. 잘난 체하거나, 변명하거나, 방어적인 말투를 쓰지 마라. 항상 아주 조금이라도 긍정적인 자세를 가져라.
> - 사람들을 예로 이용하라. 사람은 다른 사람에게 지대한 관심을 보인다.
> - 겸손하라. 모든 것을 알고 있는 사람은 없다. 적절한 확신을 가지고 말할 수 있는 것을 말하라. 그리고 그 이상은 말하지 마라.

시나리오 워크숍

아무리 시나리오를 능숙하게 발표한들 강의식 발표에서 수동적인 청중이 흡수할 수 있는 데는 한계가 있다. 좀 더 효과적으로 전달하려면 위해서는 청중의 적극적인 참여를 유도하는 것이 바람직하다.

시나리오는 전략 워크숍을 진행하는 토대로 아주 효과적일 수 있다. 대표적인 예는 한 무리의 경영자들을 한데 모아 24시간 동안 논의를 하게 하는 것이다. 저녁 식사 후 시나리오에 대한 짧은 개요를 발표하고 전략적 영향에 관한 자유로운 토론을 시작한다. 다음 날에 다시 모인 팀은 전략적 영향을 좀 더 공식적으로 산출해낸다. 이 일을 할 수 있었던 것은, 사람들이 시나리오 팀의 사고 과정 중 일부 단계를 되짚을 수 있도록 상황을 만들었기 때문이다. 다른 방법으로는, 전략적 영향을 고려하는 방식으로 각각의 시나리오를 다루는 일에 청중을 초대할 수도 있다.

시나리오 수립 과정 되짚기

여기서 과제는 참가자들이 자신만의 시나리오를 만들면서, 동시에 경영진이 내놓은 결론을 배경으로 그 일을 하도록 하는 것이다. 즉 경영진이 생각한 요지를 전달해야 하지만 동시에 워크숍 참가자들이 스스로 실험할 여지도 충분히 있어야 한다. 이를 수행하는 효과적인 방법으로 데이비드 메이슨(David Mason)이 개발한 '사건 카드' 방법론이 있다. 준비 과정으로 시나리오 팀은 각각의 시나리오 줄거리를 일련의 구체적인 사건 안에 담아낸다. 사건들은 사건 하나당 카드 하나씩에 옮기고, 카드에는 사건에 대한 짧은 묘사와 시나리오상의 시점을 적는다. 보통 한 시나리오는 20장에서 많게는 30장의 사건 카드로 적절히 표현할 수 있다. 전체적으로 시나리오 세트는 약 100장의 카드를 만들어낸다. 시나리오 발표자는 한데 모은 카드를 워크숍 참가자들에게 무작위로 나눠준다. 이제부터는 카드를 시간 순으로 배열해 수많은 논리적 시나리오를 만들어내야 한다. 빈 카드를 충분히 구비한 상태에서, 참가자들은 줄거리를 완성하는 데 필요한 것을 스스로 만들어내야 한다. 특히 시나리오가 그들이 속한 사업 상황과 연관되도록 만드는 사건을 개발해 특정 세부 사항을 채

우게끔 격려해야 한다.

　균형 잡힌 워크숍을 하기 위해서는 그룹을 몇 개의 하위 그룹으로 나누고 각각의 하위 그룹이 따로 과제를 수행하도록 하는 것이 좋다. 이것을 마무리하고 나면 모두 모여 자신들의 결과를 서로 발표한다. 발표가 끝나고 나면 시나리오 발표자는 경영진이 그 사건들을 시나리오들 안에 어떻게 정리했는지를 설명한다. 그러고는 이것이 원동력의 역학 관계에 대한 현재의 이해를 얼마나 대변하고 있는지를 보여준다. 하위 그룹에서 작업한 것은 참가자들을 준비시키고 마지막 발표를 통해 더 효과적으로 지식을 전달할 수 있게 만드는 '반드시 알아야 하는 사항'이다. 사건 그 자체를 고심했던 참가자들은 특히 사건들을 줄거리로 정리하는 데 단순한 인과적 순환 모델을 쓸 수 있다는 사실에 특히 관심을 가질 것이다. 경험에 따르면 워크숍 방식은 시나리오 이야기를 청중의 뇌리에 각인할 수 있는 강력한 방법이다.

결과 워크숍

　이 워크숍은 3부에서 설명했던 옵션 설계 활동을 모델로 한다. 여기서 시나리오 발표는 전통적인 강의 방식으로 진행된다. 하지만 이후 참가자들은 시나리오에 나타난 발전상이 가리키는, 구체화된 전략 옵션이 미칠 전략적 결과를 고려한다. 이 활동은 다시 한 번 소그룹에서 하는 것이 바람직하며 다음과 같은 두 단계를 거친다.

1단계: 시나리오에 의한 옵션 생성

각각의 소그룹은 시나리오를 하나씩 배정받는다. 소그룹에게 주어진 과제는 시나리오 속 발전상이 가리키는 전략 옵션을 충분히 생각하는 것이다. 이 일은 그 자체로 두 단계 활동으로 나뉜다. 첫째, 그룹은 시나리오를 자신들이 속한 특정 사업 상황과 관련이 있는 표현으로 옮긴다. 둘째, 그 같은 일련의 사건들이 벌어지면 어떻게 반응하길 바라는지 고민한다.

2단계: 모든 시나리오에 따른 옵션 평가

1단계가 마무리되면 소그룹은 전체 회의에 모여 모든 소그룹이 만들어낸 전체 전략 옵션 목록을 만든다. 그런 후 익숙한 방식인 포스트잇을 이용하여 이 옵션들을 무리 짓는다. 그리고 앞으로 가지고 갈 몇 가지 일반적인 전략을 만든다. 그리고 이런 일반적 전략 한두 가지를 각각의 소그룹에 배정한다. 여기서 소그룹이 할 일은 시나리오 전체에 걸쳐 선택한 전략을 평가하는 것이다. 우선 각 시나리오마다 선택한 전략의 성과를 고민한다. 이후 그 전략을 고려중인 모든 미래에서 좀 더 견고하게 만들 방법을 논의한다. 예를 들어 팀은 미래에 선택에 관한 결정 시점을 만들 수 있다.

이 활동의 마지막 부분은 다음 결정을 내릴 때 사업 환경이 향하는 방향에 대해 더 나은 아이디어를 만들려면 환경 내 어떤 신호를 따라가야 하는지를 고민하는 것이다.

새로운 전략과 관련해 이런 유형의 워크숍에서 나오는 결과에 대해 너무 큰 기대를 해서는 안 된다. 새로운 전략을 만들어내는 것은 이런 워크숍의 주된 목적이 아니다. 이 워크숍은 시나리오를 되도록 이면 효과적으로 전달하기 위한 것이어야 한다. 전략 옵션에 관한 논의는 시나리오 전망에 이목을 집중하고, 참가자들이 적극적으로 거기에 관여하도록 하기 위한 것이다. 시나리오 발표자는 이를 사전에 충분히 설명하여 워크숍에 대한 기대를 현실적으로 유지하는 것이 중요하다.

조직 학습의 문제 처리

시나리오 기획이 전략적 대화에 뿌리내려 문화의 일부가 된 조직은 1부에서 논의한 학습 순환 모델에 따라 학습 능력을 발전시킨 것이다. 구체적으로 조직은 다음과 같은 조직의 능력을 발전시킬 것이다.

- 조직의 '미래 기억'으로 기능하는 다수의 시나리오 덕분에 공유한 멘탈 모델이 풍부해져 사업 환경에 대한 조직의 지각 및 인식이 생긴다.
- 멘탈 모델을 기반으로 광범위한 사건을 이해하는 능력이 향상된다.
- 여러 의견을 논의하고, 비교하며 통합할 수 있는 풍부한 언어를 획득한다.
- '변화 관리' 이슈, 특히 학습 장애와 동기부여를 다루면서 실행 능력이 강화된다.

1부에서 살펴본 것처럼 조직 학습을 다룰 때 첫 번째 할 일은 조직의 분열 혹은 집단 사고라는 양극단의 위험을 피하기 위해 구분과 통합 사이의 딜레마를 다루는 것이다. 다른 딜레마처럼, 이 문제 역시 해결할 수 없다. 그래서 지속적인 관리가 필요하다. 상황이 불균형하다는 결론에 이르렀을 때 경영진이 할 수 있는 일에는 어떤 것이 있는가? 교정이 필요한가?

통합 증대

경영진이 조직의 전략적 사고가 충분히 통합되어 있지 못하다고 결론을 내릴 수 있다. 그런 조짐으로 경영진 내 전략에 관한 논의 부족, 의사결정 시 조정 부족, 조직 내 파벌 사이에 지나친 '우리와 그들'이란 감정, 개방성 부족, 집단이 지나치게 정치적으로 상호작용하는 성향, 방어적인 자기 표현, 전략의 실행 문제, 일반적으로 사람들 혹은 집단이 타인을 고려하지 않고 '자신의 것만 하는 성향' 등이 있다. 이런 상황에서 경영진은 무엇보다도 전략적 대화를 '양적으로' 늘릴 필요가 있다. 사람들이 함께 모여 전략을 논의하도록 격려하는 토론 행사를 만들어 전략적 대화를 늘릴 수 있다. 이런 행사로는 소규모의 임기응변식 행사에서부터 잘 준비된 대규모 회의에 이르기까지 다양하다.

통합 과정에서는 상의하달식 정보교환과 하의상달식 정보교환이 둘 다 중요하다. 상의하달식 정보교환에서는 경영진이 전략적으로 고민한 결과를 조직에 전한다. 이때 자주 쓰는 수단으로 '임무 성명서'를 인쇄해 돌리는 방법이 있다. 이 임무 성명서은 경영진이 지금까지 전략적 사고 과정을 거쳐 내린 결론을 요약하여 공식화한 것이다. 모든 임무 성명서가 똑같은 가치를 지니는 것은 아니다. 우리가 가치 있다고 여길 수 있는 임무 성명서는 앞서 언급했던 것같이 전략적 사고 과정을 토대로 만들어낸 것뿐이다. 같은 결과를 가져오지만 이보다는 덜 공식적인 방식에는 CEO가 조직 전체에 보내는 편지를 직접 작성하는 방법이 있다. 여기에는 경영진이 질적으로 높은 전략적 대화 과정을 거친 후 만들어낸 전략 목표에 관한 설명이 담기게 된다.

한편 경영진이 쌍방향 의사소통을 통해 전략 목표를 전하고 싶어 할 수도 있다. 이때 조직은 전략 목표를 개발하는 과정에 참여한다. 다양한 경영층이 전략에 관해 자신들이 만든 보고서를 공유하고 거기에 관한 대화를 나누는 정보 회의가 열린다. 이런 회의는 흔히 전략적 평가 과정과 같은 계획 사이클의 일부로 열린다.

하의상달식 과정을 조직하는 일은 간단한 문제가 아니다. 위계질서로 인해 바람직한 하의상달식 대화가 일어나는 일은 흔치 않다. 그러므로 조직을 하의상달식 과정으로 이끌려면 경영진의 특별한 노력이 필요하다. 이런 예로는 전략 평가 회의가 있다.

전략 평가 회의

전략 평가 회의는 상대적으로 쉽게 할 수 있는 일이다. 전략 평가 회의에서 최고경영진은 회의에 참가한 사업 경영자들과 함께 특정 사업에 관해 대화를 나눈다. 이때 대화 속 장벽을 최소화하기 위해서는 몇 가지 '게임 규칙'을 미리 정해놓을 필요가 있다.

- 회의는 기본적으로 CEO와 중간층을 대표하는 사업 관리자 간의 대화 과정이다.
- 회의의 주도권은 CEO에게 있을 수도 있고 사업 관리자에게 있을 수도 있다.
- 회의가 진행되는 기간은 보통 반나절이다.
- 사업 관리자는 선호하는 일련의 행동, 프로젝트, 지출을 옹호하는 일을 삼간다.
- CEO는 특정한 일련의 행동을 결정하거나 제안하는 일을 삼간다.
- 첫 발표는 중간 경영층이 아닌 사업 관리자가 한다.
- 발표 자료를 배포하는 일 외에 공식적인 순간이 있어서는 안 된다.
- 참가 인원은 최대 10명이 넘지 않는 소규모 인원이어야 한다.

회의 안건은 보통 다음의 주제와 관련이 있다.

- 사업 환경 시나리오
- 경쟁 포지션
- 비즈니스 아이디어
- 해당 사업에서 선택할 수 있는 옵션 전략

회의의 목적은 사업의 세부 사항에 대한 CEO의 이해를 높이고, 동시에 최고층의 전체 전략에 대한 사업 관리자의 이해를 높이는 것이다. 따라서 이 과정이 관료주의적 '레인댄스(rain dance, 아프리카 원주민들이 기우제 때 추던 춤, 여기서는 의례적 행사를 뜻함—옮긴이)'로 발전하지 않도록 하는 것이 중요하다. 문서화는 최소화에 그쳐야 하며, 사업 관리자가 준비한 유인물은 한 페이지 이내로 제한해야 한다.

구분 증대

반면 경영진이 조직 내 집단 사고가 지나치며, 생각의 '필수 다양성'이 부족하다고 결론을 내릴 수 있다. 알다시피 이는 특히 위험한 상황일 수 있다. 지나친 집단 사고는 조직이 의식하지 못하는 사이 환경의 변화 과정에 마음을 닫아버려 결국 적시에 적응하는 데 실패하는 사태를 불러올 수 있다. 이 경우 조직은 다양한 시각에 높은 가치를 부여해야 한다. 한계를 탐구하고 실험하는 행위를 적극 권장되는 분위기를 만들어야 한다. 경영진은 전략 대화에서 상의하달식 부분을 줄이고, 하의상달식 과정이 전략 대화를 지배하도록 해야 한다. 그러려면 최상층에서 '독창적' 의견에 가치를 둔다는 신호를 분명히 보내야 한다. 실수를 더 많이 용인해야 하며, 실수를 처벌해야 할 잘못이 아닌, 미래를 위한 투자로 여겨야 한다.

이렇게 갇힌 상황에서는 경영진의 확실한 신호가 필요하다. 경영진의 확실한 신호는 책임의 재편성 혹은 재분배와 같은 조직적 형태를 취할 수 있다. 조직적 형태를 취하는 목적은 조직을 흔들어 '상황이 변하고 있으며 새로운 아이디어가 보상받을 것이다'라는 신호를 보내는 것이다.

시나리오 기획은 조직의 시야를 넓히는 데 강력한 도움을 줄 수 있다. '미래 기억' 모델에서 유추해보면, 경영진은 전략적 대화에서 활발한 역할을 하는 다양한 미래 개수를 늘려야 한다. 이때 시나리오는 조직의 미래 기억으로 볼 수 있다. 개인의 경우 미래 기억의 범위가 넓어지면 주변에 일어나는 일을 더 많이 보고 지각할 수 있게 된다. 이와 마찬가지로 조직도 공유한 미래상을 넓혀 관심 범위를 늘릴 수 있다.

이런 유형의 시나리오 기획은 외부 자극에 주로 의존한다. 그 주된 목적은 조직이 기존의 사고방식에서 벗어나도록 하는 것이다. 이는 오직 외부의 자극이 있어야만 가능하다. 이 경우 경영진은 생각을 움직이는 능력을 가진 '놀라운 사람들'을 소개하는 데 특별히 관심을 쏟는 것이 좋다. 새로운 발상을 도입하는 일은 혁신 탐색이라 알려진 과정을 통해 조직할 수 있다.

혁신 탐색

사고를 여는 일에 많은 사람들이 참여해야 할 경우 경영진은 혁신 탐색을 조직할 수 있다. 혁신 탐색은 최대 50명까지 참석할 수 있는 행사이다. 그 목적은 사업의 향후 발전상에 대한 아이디어를 개발하는 것이다. 이런 속성의 행사는 신중하게 준비해야 한다. 그 첫 번째 단계는 참가자들이 브레인스토밍을 할 중심 영역을 결정하는 것이다. 행사 주최자는 광범위한 탐색을 통해 가능한 한 많은 집중 영역 후보들을 제시해야 한다. 이후 경영진과 협의를 통해 후보들에게 우선순위를 매겨 상위 4~5개 후보 항목을 선택한다. 4~5개 정도가 한 워크숍에서 다룰 수 있는 최대이다.

참가자는 참가자 나름대로 사전에 읽어 와서 스스로 회의에 대비해야 한다. 이를 위해 주최자는 혁신적 아이디어에 관한 문헌에서 발췌한 글을 포함한 '사고 늘리기' 자료를 준비해, 사전에 읽을 수 있도록 참가자들에게 배포한다. 여기서 목적은 기존의 전통적 사고에서 벗어나게 하는 것이다. 주최자는 사고 늘리기 자료의 양에 지나치게 신경 쓰지 않아도 된다. 사람들이 흡수할 수 있을 것이라 예상하는 양보다 많은 양을 보내는 데 이점이 있기 때문이다. 넘치는 정보는 전통적인 '사고의 틀'에서 벗어나는 데 도움을 줄 것이다.

회의를 하는 장소도 중요하다. 이 장소는 반드시 업무 공간에서 멀리 떨어진 곳이어야 한다. 그래야 원치 않는 중단을 최소화할 수 있다. 회의실의 환경은 혁신적 아이디어를 찾고자 하는 회의의 목적이 드러나야 한다. 회의실 내 자리 배치는 일반적인 회의실의 모습과는 시각적으로 달라야 한다. 그러려면 비격식적이고 편안한 분위기와 캐주얼한 복장이 좋다. 회의실 벽에는 참가자들이 끊임없이 논의 주제를 상기할 수 있도록 각 주제 영역을 시각적으로 요약한 포스터를 붙인다. 그리고 전체 회의 진행자는 생각날 때마다 참가자들에게 그들이 왜 여기에 있는지를 상기시킨다. 어떤 아이디어든 떠오르는 것이 있으면 아이디어 쪽지에 적도록 참가자들을 격려한다. 이때 아이디어 쪽지는 아이디어 발굴의 중요성을 강조하기 위해 색상을 이용해 시각적인 차이를 둔 것으로 사전에 인쇄해야 한다.

회의를 진행하는 동안에 각각의 집중 영역은 한 번에 하나씩 살펴본다. 각 집중 영역을 살펴보는 데는 대략 반나절이 걸린다. 집중 영역과 조직의 관련성을 논의한 결과를 발표하는 것으로 회의를 시작한다. 이때 발표는 조직 구성원 중 한 사람이 맡는다. 그 다음으로는 조직 외부에서 이 주제 영역을 어떻게 보고 있는지에 대해 발표한다. 이번 발표는 보통 이 주제에 관해 논의하는 조직 내 사람들에 속하지 않는 외부 인사가 준비해야 한다. 논의는 충분한 시간에 걸쳐 이루어져야 한다. 전체 회의 진행자는 참석자들에게 조직이 주제 영역에서 하는 활동을 개선하고 혁신할 수 있는 새로운 방법을 생각하도록 촉구해야 한다. 회의 도중에는 참가자들이 돌아다니며 일대일로 혹은 무리지어 아이디어를 논의할 수 있도록 휴식 시간을 자주 배정해야 한다. 그리고 참가자들이 어떤 아이디어든, 심지어 성숙하지 못한 아이디어일지라도, 아이디어 쪽지에 적도록 끊임없이 상기시킨다. 그리고 되도록 자주 아이디어 쪽지를 걷어 데이터베이스화한다. 회의 도중 인쇄물을 여러 번 배포하여 추가 아이디어를 촉진한다. 이 단계에서는 완벽한 브레인스토밍으로 논의를 진행하며, 아이디어의 질에 대한 판단은 금물이다.

오로지 경영진이 전략을 고민하는 데 쓸 아이디어를 발굴하기 위한 목적하에 회의를 조직할 수도 있다. 이 경우 중요한 것은 참가자들이 이를 사전에 인식하도록 하는 것이다. 사람들은 결과를 혹은 어떤 '결론'을 기대하며 회의에 참석한다. 그래서 회의를 끝맺지 않고 끝낸다면 사람들은 불만을 느낄 것이다. 여기서 실망하고 더 이상 관심을 보이지 않게 되는 사태를 피하기 위해서는 회의 주최자가 사전에 기대치를 관리하는 것이 중요하다. 거기에 더해, 회의가 끝난 후 발굴된 아이디어를 적당하게 무리지어 그 안에서 계층적 순서를 매긴 보고서를 배포하는 것이 좋다.

회의를 마치기 전에는 조직 문화에 맞게 좀 더 공식적인 끝맺음이 필요하다고 생각되면 참가자들에게 아이디어의 순위를 매겨달라고 요청할 수 있다. 이때 보통은 상당히 많은 아이디어가 만들어졌을 것이다. 그러므로 이 아이디어들을 분류하는 것이 우선이다. 일반적으로 전체 회의에서는 아이디어를 분류할 시간이 없다. 분류는 데이터베이스를 만들면서 아이디어가 들어오는 대로 계속 이뤄져야 한다. 이 과정에서 적절한 데이터베이스 소프트웨어는 중요한 성공 요인이다.

끝으로 전체 회의 진행자는 참가자들에게 특정 혁신 영역을 책임질, 최소한 그 특정 영역이 회사의 전략 과정에 전략 옵션으로 들어갈 때까지, 실행 담당자를 정해달라고 할 수도 있다.

인내

우리는 지금까지 쉽게 뿌리내리거나 바꿀 수 없는 문화적 현상을 논의해왔다. 집단 학습에 대한 시나리오 기획 접근법은 조직 내에 서로 연결된 사람들 사이에서 그 필요조건인 폐쇄형 순환이 자리를 잡았다면 머지않아 조직에 정착될 것이다. 대부분의 경우, 이런 일이 일어나면 조직에 자리하던 가정과 가치가 변한다. 여기에는 시간이 걸린다. 그리고 이런 단계에 이를 때까지 경영진은 시나리오 기획을 계속해서 적극적으로 홍보해야 한다. 시나리오 기획은 조직의 발전을 이끄는 '일확천금' 제도가 아니다. 여기에서 충분한 혜택을 누리려면 끊임없는 노력은 필수이다. 조직이 시나리오 기획을 받아들이려면 반드시 인내, 또 인내를 해야 한다. 하지만 이렇게 성장과 자기 발전에 관심이 있는 조직은 다음과 같이 중요한 보상을 얻게 된다.

- 그 목적, 비즈니스 아이디어, 전략, 목표 면에서 자신의 정체성을 인식한다.
- 사업 환경의 변화를 경계하고 구조적 변화의 신호를 조기에 읽을 수 있다.
- 환경의 급격한 변화와 그것이 맺는 관련성을 이해하며, 따라서 위협보다는 기회 면에서 미래 전망을 볼 수 있는 충분한 자신감을 갖는다.
- 특정 행동을 취할 것인지를 놓고 적시에 결론을 내릴 수 있다.
- 변화하는 환경에서 경쟁자보다 빠르고 효과적으로 적응한다.

이런 문화가 조직 전체에 스며들면 이 문화는 조직의 인식 순환 시스템 속 수많은 관계의 속성에 영향을 미치고 수정할 것이다. 그렇게 구석구석으로 스며들게 된다. 조직이 필요로 하는 높은 적응 기술은 체계적 현상이 되어, 관련된 사람들과 무관하게 조직의 모든 전략 및 의사결정에서 나타난다. 이런 이유로 특정 시나리오 프로젝트와 추진 중인 특정 전략 간의 직접적인 연관을 '입증'하기는 어렵다. 앙드레 베나르(쉘의 전 상무이사)의 표현에 따르면, "우리는 사람들이 생각하도록 하려고 애쓰는 중이다." 이보다 나은 전략을 만드는 다른 방법은 없다. 시나리오 기획이 조직의 문화가 되면 경쟁자가 이를 쉽게 모방할 수 없어야 한다. 따라서 시나리오 기획은 진정한 차별적 역량과 조직의 성공 원천이 된다. 다시 말해 아리 드 호이스(쉘의 전 계획 조정 실장)의 말처럼 "경쟁자보다 빨리 배우는 능력은 유일하게 지속할 수 있는 장점이다."

| 결론 |

　조직이란 크게 규칙과 암묵적 가정의 틀 안에서 나누는 대화를 토대로, 서로 연결된 네트워크를 통해 한데 엮인 개인들이 모인 하나의 시스템이다. 조직은 환경을 통해 내부적으로 인식하는 인식 순환 속의 복잡한 적응 시스템으로 해석할 수 있다. 따라서 지속적으로 변화의 영향을 받는다. 인식 순환들은 시간이 갈수록 점점 더 복잡한 조정 과정으로 발전하며 외부 세력과 행동 방식 사이를 간섭한다. 복잡성 수준이 올라갈수록 이런 조정 과정은 점점 더 독립적이고, 자율적으로 행동 방식을 결정한다. 우리가 알고 있는 대부분의 조직 모델은 조직의 행동을 신뢰할 정도로 예측하는 데 그다지 적합하지 않다. 사건이 일어났을 때 조직이 보이는 반응 패턴 중 다수는 사건이 일어나고 난 후에만 해석 가능한 '창의적 전략'이라 할 수 있다.

일반적으로 경영자들은 조직의 모든 행동 방식이 창의적이라는 점을 받아들이지 않는다. 그들은 조직이 환경의 움직임에 좀 더 능숙하게 반응하게 하는 데 에너지를 투자해야 한다고 믿는다. 모든 조직의 행동 방식이 배울 만한 것은 아니다. 다행히 경쟁 세계에서는 그 누구도 완벽할 필요가 없다. 그 조직이 환경의 자극에 경쟁자들보다 좀 더 빨리 반응할 수 있다면, 좀 더 일찍 위험과 기회를 본다면, 그 조직은 생존 전쟁에서 우위에 있게 된다. 이런 생각은 경영자들이 조직의 의사결정 과정에 높은 관심을 갖게 만든다.

조직의 행동에 대한 우리의 연구는 상호 연결돼 조직을 구성하는 대화 네트워크에서 시작한다. 개인들은 환경 내 조직에 관한 생각을 언어로 표현해 서로 교환한다. 그리고 조직의 언어는 합리적이다. 사람들은 합리적 주장을 통해 자신의 견해를 표현하려 애쓴다. 합리적 주장은 영향력이 있다. 바로 이 때문에 전략은 합리성에 기반을 둔 학문인 것이다. 그러나 대부분의 경영자는 불확실한 세계에서는 잘 만든 과정도 그에 못지않게 똑같이 중요하다는 사실을 이미 알고 있다. 그리고 합리성과 과정에 관심을 두던 그들도 일어나는 일이 마치 '주사위 굴리기' 같다고 느낄 때가 있다. 생존하려면 많은 행운이 필요하다는 사실을 깨닫는다. 우리는 경영자들이 업무를 바라보는 이 모든 시각에 주위를 기울였다. 하지만 이 책을 관통하는 중심 주제는 조직이 생겨나고 그 행동을 구체화하는 기본 메커니즘으로서 전략적 대화가 지니는 중요성이다.

우리는 조직이 세상을 전략적으로 항해하려면 환경과 조직 그 자체를 본질적으로 구분해야 한다는 결론을 내렸다. 조직 학습은 이 둘 사이의 적합성을 높이려는 시도로 볼 수 있다. 이때 전략적 항해에 관해 좀 더 집중적인 양질의 대화를 하려면, 대화 시 사용할 수 있는 언어에 조직 자체와 환경을 본질적으로 표현할 수 있는 개념이 들어 있어야 한다. 그래서 이런 개념을 고민하는 데 많은 시간을 할애했다. 우리는 궁극적으로 생존 문제를 고민하고 있기 때문에 조직 자체를 조직의 '성공 공식'으로 표현했다. 그리고 기업의 성공에는 어떤 요소를 포함해야 하는지를 고민했다. 이런 고민은 조직의 특성을 확실하고 충분하게 묘사하여 환경과의 적합성에 관한 대화에서 쓸 '비즈니스 아이디어'라는 개념으로 이어졌다. 여기서 중요한 측면은 경쟁자와 대비할 수 있는 독창성이다. 성공은 독창적인 뭔가를 제안하는 것과 밀접한 관계가 있기 때문이다. 우리는 경영진이 조직의 비즈니스 아이디어를 분명히 표현할 방법을 논의했다.

이후 환경의 특성에 관한 질문으로 눈을 돌렸다. 여기에 답하려면 미래를 전망할 수 있어야 한다고 생각했다. 미래 전망은 불확실성을 다루는 방법에 의문을 제기했다. 우리는 불확실성이 존재한다면 거기에는 하나 이상의 실현 가능한 미래가 있다는 결론을 내렸다. 그리고 환경의 특징을 묘사하고 불확실성을 이해할 적합한 방법으로 상이하면서도 똑같이 실현 가능한 다수의 미래를 이용하는 시나리오 기획을 도입했다. 그리고 환경을 시나리오 세트로 본뜰 수 있는 실제적인 방법을 모색했다.

실질적인 방법을 모색하다 보니 조직의 인식 문제가 나타났다. 지금까지 했던 논의는 전적으로 합리성을 근거로 했다. 만일 합리성이 전부라면 충분히 지적이고 박식한 사람은 전체 조직을 대표해 사고

할 수 있다. 그러나 어떤 사람도(혹은 조직도) 현재 다루는 상황을 완벽하게 묘사한 모델을 갖고 있지 않았다. 그래서 우리는 조직이 사건들을 여과하는 메커니즘을 고민하기 시작했다. 이런 고민은 조직의 인식 과정과 조직 학습이 발생하는 과정에 대한 고민으로 이어졌다. 우리는 대단히 모순되는 조직의 정신적 능력을 추구하는 이 과정에서 경영진의 적극적인 개입이 필요한 두 가지 큰 결점을 발견했다. 우선, 조직은 생각에 차별이 필요하다. 그러려면 환경 내에서 일어나는 일을 광범위하게 지각하고, 이해해야 한다. 거기에 대응하기 위한 다양한 시각도 필요하다. 그러나 조직 학습은 유일하게 공통된 행동을 유발할 수 있는 공통 경험을 필요로 하기 때문에 공통 행동은 시각의 통합을 요구한다. 여기서 우리는 조직의 과정 개입의 영역으로 들어가게 된다. 개인은 그가 아무리 지적이고 아는 것이 많더라도 모든 사고를 혼자 할 수 없다. 조직은 전 조직 구성원이 사고에 기여하는 바와 전략에 관해 구성원들이 상호작용하는 효과를 고려해야 한다.

경영진의 첫 번째 관심사는 조직 내 구분과 통합의 딜레마를 관리하는 것이다. 조직의 분열 혹은 집단 사고라는 병적 측면이 숨어 있는 이 연속체의 양극단은 둘 다 조직의 생존을 위협한다. 진짜 딜레마는 해결할 수 없다. 오로지 지속적인 관리가 있을 뿐이다. 이는 경영진이 수행해야 할 첫 번째 과제이다. 이들은 조직이 좀 더 능숙하게 조직 학습을 하도록 하고 싶어 하기 때문이다. 여기에는 조직 내 전략적 대화, 공식적인 그리고 비공식적인 대화가 미치는 영향력에 대한 경영진의 관심이 필요하다. 경영진은 조직의 병적 측면을 멀리하고 효과적인 행동 방식을 만들어낼 수 있도록 개입할 기회를 식별해야 한다.

시나리오 기획은 경영진이 효율적으로 개입할 수 있는 방법을 제시한다. 이는 조직에 조직 학습 과정의 강력한 요소인 비즈니스 아이디어와 환경 시나리오와 같은 개념을 제공한다. 다양한 시각과 차별화된 사고는 시나리오 접근법의 기본이다. 이런 시각과 사고는 조직 구성원들이 사용하는 조직의 개념과 언어의 일부가 된다. 전략적 대화를 좀 더 능숙하고 의미 있게 하기 위함이다. 이렇게 다양한 시각과 차별화된 사고는 조직의 기억이 되어, 조직이 외부의 신호와 자극의 의미를 이해하여 외부에서 일어나는 일에 대해 좀 더 잘 인식할 수 있게 만든다. 이후 조직은 공유된 개념과 이야기를 통해 결론을 공유한다. 따라서 더 빨리 대응할 수 있게 해준다. 더욱 강력해진 공유 개념은 조직의 언어와 문화에 뿌리내려 조직 전체의 학습 기량에 영향을 미치고, 조직 전체를 학습에 동원한다.

이런 문화적 측면은 학습 조직 구축이 결코 '도입하면 실행되는' 일이 아니며 경영진과 조직의 인내력을 요하는 일임을 보여준다. 이 책에서 살펴본 여러 실행 수단은 결코 어렵지 않다. 다만 이 수단들을 '우리가 여기서 설명하던 식'으로 기업문화의 일부가 될 때까지 계속 고수하는 것이 어렵고, 시간과 에너지, 인내를 요할 뿐이다. 이는 분명 일어날 수 있는 일이다. '값싸고 쉬운' 성공은 말 그대로 모순이다. 바로 적용할 수 있을 것 같은 간단한 공식은 모두가 따라할 것이다. 그러면 위생 요인이 되어 경쟁력은 사라진다.

전략적 성공은 싸고 쉽게 얻을 수 없다. 성공에 한 가지 필수 요소가 있다면 그것은 바로 세상에 대한 새롭고 독창적인 이해를 만들어 내는 것이다. 이것 없이는 어떤 전략도 성공할 수 없다. 독창적 발명은 쉽게 얻을 수 없다. 많은 시간과 논의, 깊은 생각이 필요하다. 조직 내 전략적 대화는 이 같은 독창적 이해를 얻기 위한 기반이다. 전략적 대화는 우리가 지금까지 논의한 시나리오 기획의 두 가지 형태에서 강력한 도움을 얻을 수 있다. 첫 번째는 계속해서 변화하는 사업 환경에 물 흐르듯 적응하기 위한 적응적 방식이며, 두 번째는 조직의 성공 공식을 본질적으로 재발명하기 위한 생성적 방식이다.

우리는 많은 에너지와 인내심 속에 서서히 변화하는 복잡한 문화적 현상을 다루고 있다. 그러나 일단 거기에 도착해 상황의 구조와 선결 요소를 발견하고 나면 미래를 '볼 수 있고', 여러분만의 독특한 위치를 찾을 수 있을 것이다.

| 참고문헌 |

Allen, J., Fairtlough, G. & Heinzen, B. (2002), *The Power of the Tale: Using Narratives for Organisational Success*, John Wiley & Sons, Ltd, Chichester.

Amara, R. & Lipinsky, A. J. (1983), *Business Planning for an Uncertain Future, Scenarios and Strategies*, Pergamon Press, New York.

Argyrus, C. & Schon, D. (1978), *Organizational Learning: A Theory of Action Perspective*, Addison Wesley, Reading, MA.

Ashby, W. R. (1983), Self-regulation and requisite variety, in Emery, F. E. (ed), *Systems Thinking*, Penguin, New York.

Bandler, R. & Grinder, J. (1982), *Reframing, Neuro-linguistic Programming and the Transformation of Meaning*, Real People Press, Moab, Utah.

Bateson, G. W. (1967), *Mind and Nature*, Dutton, New York.

Bateson, G. W. (1972), *Steps to an Ecology of Mind*, Ballantine, New York.

Benard, A. (1980), World oil and cold reality, *Harvard Business Review*, Nov-Dec 1980, 91-101.

Bennett, W. L. & Feldman, M. S. (1981), *Reconstruction Reality in the Courtroom*, Travistock, London.

Bougon, M. G. & Komocar, J. M. (1990), Directing strategic change, a dynamic holistic approach, in Huff, A. S. (ed), *Mapping Strategic Thought*, John Wiley & Sons, Ltd, Chichester.

BP Statistical Review, The British Petroleum Company Plc, Britannia House, 1 Finsbury Circus, London EC2M 7BA.

Brand, S. (1999), *The Clock of the Long Now, Time and Responsibility*, Basic Books, New York.

Buzzell, R. D. & Gale, B. T. (1987), *The PIMS Principles, Linking Strategy to Performance*, The Free Press, New York.

Checkland, P. (1981), *Systems Thinking, Systems Practice*, John Wiley & Sons, Ltd, Chichester.

Christensen, C. M. (1997), *The Innovator's Dilemma, When New Technologies Cause Great Firms to Fail*, Harvard Business School Press, Boston, MA.

De Geus, A. P. (1988), Planning as learning, *Harvard Business Review*, vol 66, no 2, 70-74.

Douglas, M. (1986), *How Institutions Think*, Syracuse University Press, New York.

Eden, C. (1987), Problem solving/finishing, in Jackson, M. & Keys, P. (eds), *New Direction in Management Sciences*, Gower, Aldershot.

Eden, C. (1992), Strategic management as a social process, *Journal of Managing Studies*, vol 29, 799-811.

Eden, C. & Ackermann, F. (1998), *Making Strategy, the Journey of Strategic Management*, Sage, London.

Einhorn, H. J. & Hogarth, R. M. (1982), Prediction, diagnosis and causal thinking in forecasting, *Journal of Forecasting*, 22-36.

Emery, F. E. & Trist, E. L. (1965), The causal texture of organisational environments, *Human Relations*, vol 18, 21-32.

Erasmus, D. (1999), *Mastering Information Management, a Common Language for Strategy*, Financial Times, London.

Freeman, S. (1984), *Strategic Management*, Pitman, London.

Galer, G. & van der Heijden, K. (1992), The learning organisation, how planner create organisational learning, *Information Systems for Strategic Advantage*, vol 10, no 6, 5-12.

Gerstner, L. V. (2002), *Who Says that Elephants Can't Dance*, HarperCollins, New York.

Goold, M., Campbell, A. & Alexander, M. (1994), *Corporate Level Strategy, Creating Value in the Multi-business Company*, John Wiley & Sons, Inc, New York.

Gools, M. & Quinn, J. J. (1990), *Strategic Control, Milestones for Long Term*

Performance, Hutchinton, London.

Grant, R. M. (1991), The resource-based theory of competitive advantage, *California Management Review*, vol 23, Spring 1991, 114-135.

Haeckel, S. H. (1999), *Adaptive Enterprise: Creating and Leading Sense-and Respond Organizations*, Harvard Business School Press.

Hamel, G. (2000), *Leading the Revolution*, Harvard Business School Press, Boston, MA.

Harris, P. L. (2000), *The Work of the Imagination*, Blackwell Publishing, Oxford.

Hart, S. & Banbury, C. (1994), How strategy-making processes can make a difference, *Strategic Management Journal*, vol 15, 251-269.

Hastie, R., Penrod, S. D. & Pennington, N. (2002), *Inside the Jury*, The Lawbook Exchange Ltd.

Ingvar, D. (1985), Memories of the future, an essay on the temporal organisation of conscious awareness, *Human Neuro-biology*, 1985/4, 127-136.

Janis, I. & Mann, L. (1977), *Decision Making: A Psychological Analysis of Conflict Choice and Commitment*, Free Press, New York.

Johnson, G. & Scholes, K. (2002), *Exploring Corporate Strategy* (6th ed), Financial Times Prentice Hall, London.

Kahane, A. (1992a), Scenarios for energy, sustainable world versus global mercantilism, *Long Range Planning*, vol 25, no 4, 38-46.

Kahane, A. (1992b), The Mont Fleur Scenarios, *Weekly Mail and The Guardian Weekly*, Bellville, SA.

Kahn, H. & Wiener, A. (1967), *The Year 2000*, Macmillan, New York.

Kauffman, S. (1995), *At Home in th Universe: The Search for the Laws of Complexity*, Viking, London.

Kay, J. (1993), The structure of strategy, *Business Strategy Review*, vol 4, no 2, 17-37.

Kelly, K. (1994), *Out of Control: The Rise of Neo-biological Civilization*,

Addison Wesley, Reading, MA.

Kemeny, J., Goodman, M. & Karash, R. (1994), Starting with storytelling, in Senge, P. et al. (eds), *The Fifth Discipline Fieldbook*, Doubleday Currency, New York.

Kirkland, R. I. (1987), L. C. van Wachum, Royal Dutch/Shell, *Fortune*, 3 August 1987, vol 116, 28.

Kolb, D. & Rubin, I. M. (1991), *Organizational Behavior, an Experimental Approach*, Prentice Hall, Englewood Cliffs, NJ.

Lewin, K. (1935), A Dynamic Theory of Personality, *Selected Papers*, McGraw-Hill, New York.

Lindblom, C. E. (1959), The science of muddling through, *Public Administration Review*, vol 19, 79-88.

Lorenz, C. (1993), Avoiding the IBM trap, *Financial Times*, 15 October 1993, 18.

Marsh, B. & van der Heijden, K. (1993), System thinking and business strategy, *Systems Thinking in Action Conferences*, 8 November 1993, Boston, MA.

Martin, P. (1997), Look out, it's behind you, *Financial Times*, 15 May 1997, London.

Meadows, D. (2001), Dancing with systems, *Whole Earth*, #106, Winter 2001, 58-63.

Michael, D. N. (1973), *On Learning to Plan and Planning to Learn*, Jossey-Bass, San Francisco, CA.

Michael, D. N. (1998), *Barriers and Bridge to Learning in a Turbulent Human Ecology*, vol 2, no 2, Presearch series, GBN, Emeryville, CA.

Miller, D. (1993), The architecture of simplicity, *Academy of Management Review*, vol 18, no 1, 116-138.

Miller, G. A. (1956), The magical number seven, plus or minus two, some limits on our capability for processing information, *Psychology Review*, vol 63, no 2, 81-96.

Mintzberg, H. (1979), Patterns in strategy formation, *Management Science*, 1979.

Mintzberg, H. (1990), The design school, reconsidering the basic premises of strategic management, *Strategic Management Journal*, vol 11, 171-195.

Mintzberg, H. (1994), *The Rise and Fall of Strategic Planning*, Prentice Hall, Hemel Hempstead.

Mintzberg, H. & Waters, J. (1985), Of strategies, deliberate and emergent, *Strategic Management Journal*, vol 6, 257-272.

Mohr, L. B. (1982), *Explaining Organizational Behaviour, the Limits and Possibilities of Theory and Research*, Jossey-Bass, San Francisco.

Morgan, G. (1986), *Images of Organisation*, Sage Publications, Beverly Hills, CA.

Normann, R. (1977), *Management for Growth*, John Wiley & Sons, Ltd, Chichester.

Normann, R. (1984), *Service Management, Strategy and Leadership in Service Business*, John Wiley & Sons, Ltd, Chichester.

Normann, R. (2001), *Reframing Business, When the Map Changes the Landscape*, John Wiley & Sons, Ltd.

Normann, R. & Ramirez, R. (1994), *From Value Chain to Value Constellation, Designing Interactive Strategy*, John Wiley & Sons, Ltd, Chichester.

Perkins, D. N., Allern, R. & Hafner, J. (1983), Differences in Everyday Reasoning, in Maxwell, W. (ed), *Thinking: The Frontier Expands*, Erlbaum, Hillsdale, NJ.

Pettigrew, A. & Whipp, R. (1991), *Managing Change for Competitive Success*, Blackwell, Oxford.

Porter, M. E. (1980), *Competitive Strategy, Techniques for Analyzing Industries and Competitors*, The Free Press, New York.

Porter, M. E. (1985), *Competitive Advantage, Creating and Sustaining Superior Performance*, The Free Press, New York.

Quinn, J. B. (1980), *Strategies for Change, Logical Incrementalism*, Irwin,

Homewood, IL.

Quinn, L. L. & Mason, D. H. (1994), How digital uses scenarios to rethink the present, *Planning Review*, vol 22, no 6, 14-17.

Ramirez, R. & Wallin, J. (2000), *Prime Movers, Define your Business or Have Someone Define it Against You*, John Wiley & Sons, Ltd, Chichester.

Rosell, S. A. (1995), *Changing Maps, Governing in a World of Rapid Change*, Carleton University Press, Ottawa.

Rumelhart, D. E. (1980), Schemata, the building blocks of cognitions, in Spiro, R. J., Bruce, B. C. & Rewer, W. F. (eds), *Theoretical Issues in Reading Comprehension*, Erlbaum, Hillsdale, NJ.

Rumelt, R. P. (1987), Theory, strategy and entrepreneurship, in Teece, D. J. (ed). *The Competitives Challenge*, Ballinger, Cambridge, MA.

Rumelt, R. P., Schendel, D. & Teece, D. J. (1991), Strategic management and economics, *Strategic Management Journal*, vol 12, 5-29.

Schein, E. (1992), *Organizational Culture and Leadership*, 2nd edition, Jossey Bass, San Francisco, CA.

Schoemaker, P. (1992), How to link strategic vision to core capabilities, *Sloan Management Review*, vol 34, no 1, 67-81.

Schoemaker, P. & van der Heijden, K. (1992), Integrating scenarios into strategic planning at Royal Dutch/Shell, *Planning Review*, vol 20, no 3.

Schrage, M. (2000), *Serious Play, How to World's Best Companies Simulate to Innovate*, Harvard Business School Press, Boston, MA.

Schwartz, P. (1991), *The Art of the Long View*, Doubleday Currency, New York.

Schwartz, P, (1992), Composing a plot for your scenarios, *Planning Review*, vol 20, no 3, 4-9.

Schwartz, P. & Gibb, B. (1999), *When Good Companies Do Bas Things, Responsibility and Risk in an Age of Globalization*, John Wiley & Sons, Inc, New York.

Selznick, P. (1957), *Leadership in Administration*, Harper and Row, reissued in 1984 by University of California Press, Berkeley, CA.

Senge, P. (1990), *The Fifth Discipline*, Doubleday, New York.

Simon, H. A. (1971), Designing organizations for an information-rich world, in Greenberged, M. (ed), *Computers, Communications and the Public Interest*, pp 40-41, The Johns Hopkins Press, Baltimore.

Simon, H. A. (1979), *Models of Thought*, Yale University Press, New Haven.

Smith, G. N. & Brown, P. B. (1986), *Sweat Equity, What It Realty Takes to Build America's Best Small Companies - By The Guys Who Did It*, Simon and Schuster, New York.

Stepance, M. (1999), How fast is net fast, *Businessweek Online*, Nov 1, 1999 issue.

Stern, W. (1906), *Person and Sache*, Verlag von Johann Ambrosius Barth, Leipzig.

Teece, D. J. (1986), Firm boundaries, technological innovation and strategic management, in Thomas, L. G. (ed), *The Economics of Strategic Planning*, Lexington Books, Lexington, MA.

van der Heijden, K. (1993), Strategic vision at work, discussing strategic vision in management teams, in Hendry, J. & Johnson, G. (eds), *Strategic Thinking, Leadership and the Management of Change*, John Wiley & Sons, Ltd, Chichester.

van der Heijden, K. (1994), Probabilistic planning and scenario planning, in Wright, G. & Ayton, P. (eds), *Subjective Probability*, John Wiley & Sons, Ltd, Chichester.

van der Heijden, K., Bradfield, R., Burt, G., Cairns, G. & Wright, G. (2002), *The Sixth Sense, Accelerating Organisational Learning with Scenarios*, John Wiley & Sons, Ltd, Chichester.

Vickers, G. (1965), *The Art of Judgement*, Chapman and Hall, London.

Vygotsky, L. S. (1986), *Thought and Language*, MIT Press, MA.

Wack, P. (1985a), Scenarios, uncharted waters ahead, *Harvard Business Review*, Sep-Oct 1985, 73-90.

Wack, P. (1985b), Scenarios, shooting the rapids, *Harvard Business Review*, Nov-Dec 1985, 131-142.

Weick, K. E. (1979), *The Social Psychology of Organizing*, Addison Wesley, Reading, MA.

Weick, K. E. (1990), Cartographic myths in organizations, in Huff, A. S. (ed), *Mapping Strategic Thought*, John Wiley & Sons, Ltd, Chichester.

Whittington, R. (1993), *What Is Strategy and Does it Matter?* Routledge, London.

KI신서 3632

시나리오 경영

1판 1쇄 인쇄 2011년 10월 21일
1판 1쇄 발행 2011년 10월 28일

지은이 케스 반 데르 헤이든 **옮긴이** 정수지
펴낸이 김영곤 **펴낸곳** (주)북이십일 21세기북스
출판콘텐츠사업부문장 정성진 **출판개발본부장** 김성수 **편집팀장** 박정혜
책임편집 정지은 **디자인 표지** 엔드디자인 **본문** 네오북 **해외기획팀** 김준수 조민징
마케팅영업본부장 최창규 **마케팅** 김현섭 김현유 강서영 **영업** 이경희 박민형 정병철
출판등록 2000년 5월 6일 제10-1965호
주소 (우 413-756) 경기도 파주시 문발동 파주출판문화정보산업단지 518-3
대표전화 031-955-2100 **팩스** 031-955-2151
이메일 book21@book21.co.kr **홈페이지** www.book21.com
21세기북스 트위터 @21cbook **블로그** b.book21.com

ISBN 978-89-509-3388-3 13320
책값은 뒤표지에 있습니다.

이 책 내용의 일부 또는 전부를 재사용하려면 반드시 (주)북이십일의 동의를 얻어야 합니다.
잘못 만들어진 책은 구입하신 서점에서 교환해 드립니다.